비밀이야의
맛있는 프랑스

머리말

2016년 7월, 첫 책인 〈맛있는 이탈리아〉를 내고 난 뒤 2년여의 시간이 지나 벌써 네 번째 책의 머리말을 쓰고 있다. 〈맛있는 이탈리아〉와 〈전국해장음식열전〉은 회사 다닐 때부터 쓰고 싶다는 생각이 있었지만, 프랑스와 스페인까지 책으로 낼 생각은 못했다. 프랑스는 애초에 가본 곳도 적고 다녀온 횟수도 적어 스페인과 묶어서 한번 써볼까 싶기도 했지만, 결국은 완성도와 리스트 정복에 대한 욕심을 채우다 보니 이전보다 훨씬 방대한 분량의 책이 되고 말았다.

2004년 처음 프랑스를 다녀오고 2006년 나에게는 첫 미슐랭 3스타인 파리의 알랭 뒤카스 오 플라자 아테네 Alain Ducasse au Plaza Athénée를 경험하고 난 뒤 해외 파인 다이닝에 대한 욕구가 무럭무럭 샘솟았던 것 같다. 프랑스는 2004년부터 지금까지 열네 번을 다녀왔는데 실질적으로 레스토랑을 찾아 돌아다닌 것은 2011년부터다. 2011년 가족들과 여행을 하면서 온 가족이 다이닝의 즐거움을 알았고 2013년 부모님까지 모시고 간 파리 여행의 테마가 레스토랑이었을 정도니까.

이후 좀 더 다양한 경험을 해보고 싶다는 욕심에 레스토랑만 찾아다니는 프랑스 미식 여행을 여덟 번 더 다녔다. 돌아보면 〈맛있는 스페인〉을 쓴 작년 이후에 뭔가 약간 나도 모르게 집착을 한 느낌이다. 2017년 기준으로 이탈리아와 스페인의 미슐랭 3스타를 다 가보고, 막상 프랑스에서도 안 가본 미슐랭 3스타가 다섯 곳 남짓 남다 보니 괜한 욕심이 생겨 올해는 억지로 두 번의 여행을 통해 결국 28개의 프랑스 미슐랭 3스타를 다 방문했다. 막상 끝나고 나니 '뭐 하러 그랬지' 하는 허탈한 마음도 든다. 자타공인 미식의 종주국이자 최고의 미식을 즐길 수 있는 프랑스는 사실 이탈리아나 스페인과 다르게 대부분의 고급 레스토랑이 (파리를 제외하면) 대도시나 주요 관광지에서 멀리 떨어져 있어 찾아가는 길도 쉽지 않고 영업하는 날도 많지 않아 매번 속으로 욕을 하며 다녔던 것이 기억에 남는다.

회사를 그만두고 잠시 쉬는 동안 책 한 권 내자고 생각했던 것이 벌써 네 권째가 되었다. 원래 이렇게까지 할 생각은 없었는데 이제 뭔가 숙제를 다 한 듯 홀가분한 느낌이다. 요리사도 아니고, 음식 관련된 직업을 가진 것도 아닌데 왜 이렇게까지 다니느냐는 질문을 받는다. 사실 처음에는 그냥 그 레스토랑과 본고장의 수준 높은 음식이 궁금했고, 내가 좋아하는 음식의 원형과 극한을 맛보고 기준을 잡고 싶었다. 본의 아니게 어떤 음식 혹은 레스토랑에 대한 이야기를 하게 될 때 내 주관이 들어갈 수밖에 없는데 그 주관에 조금이나마 정당성을 부여하고 싶은 마음도 있었다. 요리를 전공하고 직업으로 삼지 않은 이상 그나마 내가 객관적인 정량화된 수치로 내세울 수 있는 것은 남들이 따라올 수 없는 압도적인 경험밖에 없다고 생각했다.

그렇게 다니다 보니 재미도 있었고 그 수가 늘어나니 나름 욕심도 생겼다. 이제 거의 마지막까지 오니 욕심도 줄어들고 뭔가 재미도 덜하니 이제 사명감만 남았다고 할까. 이왕 다녀온 거 정리해서 뭔가 결과물을 손에 쥐고 싶은 욕심에 책을 내게 되었던 것 같다. 매번 가이드책을 들고 여행을 다닐 때마다 전혀 참고가 되지 않는 레스토랑 정보를 보면서 '우리나라에 이런 책 하나쯤 있어야 되지 않나' 하는 생각을 했는데 그걸 내가 쓰게 될 줄이야….

누군가가 프랑스 책을 쓰는 데 페이지당 얼마가 들었냐고 물어봤다. 기존의 책보다 레스토랑 숫자도 훨씬 많고 가격도 비싸니, 그동안 수지 타산이 전혀 맞지 않는 노동을 한 것 같다. 그저 이 책을 통해 많은 분들이 여행의 즐거움을 알게 되고 미식 여행을 손쉽게 할 수 있기를, 그리고 국내에서도 프렌치를 더 많이 접하고 소비해줬으면 하는 작은 소망뿐이다.

이 책을 쓰면서 프랑스어를 전혀 몰라 고생을 많이 했다. 악상을 붙이는 것도 모르겠고 발음도 하나도 몰라 후배 예율이가 많이 도와줬다. 늘 여행을 같이 다니는 친구들과 함께 음식을 즐기는 형님, 누님, 동생들의 응원과 지원도 내게 늘 큰 힘이다. 다른 때보다 방대한 분량의 원고를 정리하느라 고생한 BR미디어의 신혜진 에디터와 김진원 에디터, 권혁민 디자이너, 그리고 늘 든든한 누님 김은조 편집장님께도 감사의 인사를 전한다.

내가 이렇게 프랑스 음식을 접하고 즐기게 된 데에는 우리나라의 척박한 환경 속에서도 열심히 프랑스 음식을 소개하고 접하게 해준 많은 셰프들이 계신다. 그분들의 열정과 노력 속에 우리나라의 프렌치도 10년 전과 비교할 수 없을 정도로 발전했다.

처음 프렌치라는 것을 접했던 라미띠에의 장명식 셰프, 20년 가까이 한 자리를 지키고 계신 팔레드고몽의 서현민 사장과 이재훈 셰프, 늘 지나친 애정을 보이는 루이쌍끄의 이유석 셰프, 강남에서 술 생각이 나면 가장 먼저 떠오르는 레스쁘아뒤이부 임기학 셰프와 '최애 레스토랑'인 톡톡의 김대천 셰프가 우선 떠오른다. 멋진 공간과 전망에 맞는 음식을 만들어주시는 다이닝인스페이스의 노진성 셰프, 그릇 성애자 오프레 이지원 셰프, 푸근한 형님 같은 비스트로드욘트빌의 타미리 셰프, 우리나라에 네오 비스트로를 소개한 제로컴플렉스의 이충후 셰프, 최고의 가성비 프렌치인 파씨오네의 이방원 셰프, 그리고 그랑아무르의 이형준 셰프와 퀴숑82의 김영원 셰프, 여성이기에 더 돋보이는 더그린테이블의 김은희 셰프, 꼼모아의 김모아 셰프 등…. 이 분들 덕분에 나도 여기까지 올 수 있었던 것 같다.

마지막으로, 부모님 입장에서 이해할 수 없는 길만 고집하는 아들을 항상 지지해주시는, (항상인지 사실 잘 모르겠지만.) 그리고 프랑스로 모시고 간 여행에서도 아들 따라 괜히 비싼 밥 드시고 사주시느라 고생하신 부모님께 정말 감사드리고 싶다. 그리고 (전생에 나라를 구했느냐고 하지만) 이렇게 싸돌아다니는데도 불평 한 번 하지 않고 흔쾌히 나가게 해주는 우리 마님과 이제는 아빠보다 방탄소년단을 더 좋아하는 우리 제인이에게, 이 자리를 빌려 늘 사랑하고 감사하는 마음을 전하고 싶다.

2018년 11월
배 동 렬

목차

머리말	004
목차	008
이 책을 보는 법	016

INTRO   프랑스 미식 여행 준비하기   020

1. 여행 계획 세우기   022
2. 레스토랑 이용하기   048
3. 프랑스 미식 여행 개요   056

CHAPTER 1   **Paris** 파리   070

고급 레스토랑

1. Alain Ducasse au Plaza Athénée 알랭 뒤카스 오 플라자 아테네   080
2. L'Astrance 라스트랑스   084
3. L'Arpège 라르페주   088
4. Pavillon Ledoyen 파비용 르두아양   092
5. Le Cinq 르 생크   096
6. Guy Savoy 기 사부아   100
7. L'Ambroisie 랑부아지   104
8. Epicure 에피퀴르   110
9. Le Pré Catelan 르 프레 카틀랑   114
10. Pierre Gagnaire 피에르 가니에르   118
11. Le Meurice 르 뫼리스   122
12. Le Grand Véfour 르 그랑 베푸   126
13. Taillevent 타유벙   130
14. Passage 53 파사주 53 (생캉트루아)   134

15. Carré des Feuillants 카레 데 푀이양	138
16. Le Grand Restaurant Jean-François Piège 르 그랑 레스토랑 장 프랑수아 피에주	142
17. Maison Rostang 메종 로스탕	146
18. Gordon Ramsay au Trianon 고든 램지 오 트리아농	150
19. La Tour d'Argent 라 투르 다르정	154
20. Lasserre 라세르	160
21. Relais Louis XIII 를레 루이 트레즈	164
22. Lucas Carton 뤼카스 카르통	168
23. L'Atelier de Joël Robuchon 라틀리에 드 조엘 로뷔숑	172
24. Saturne 사튀른	176
25. Hexagone 엑자곤	180
26. Benoit 브누아	184
27. La Table d'Aki 라 타블르 다키	188
28. Neige d'Été 네주 데테	192
29. La Truffière 라 트뤼피에르	196
30. ES 에에스	200

캐주얼 레스토랑

31. Bofinger 보팽제	204
32. Le Grand Colbert 르 그랑 콜베르	208
33. La Coupole 라 쿠폴	210
34. La Rotonde 라 로통드	212
35. Au Pied de Cochon 오 피에 드 코숑	214
36. Les Relais d'Alsace - Taverne Karlsbrau 레 를레 달자스 – 타베른 칼스브라우	216
37. Pirouette 피루에트	218
38. Le Quincy 르 쾡시	222
39. Aux Lyonnais 오 리오네	226
40. Clover Grill 클로베 그릴	228

41. Le Soufflé 르 수플레		230
42. Pétrelle 페트렐		232
43. Le Train Bleu 르 트랭 블뢰		234
44. Buvette 뷔베트		236
45. Le Verre Volé 르 베르 볼레		238
46. Le Frenchie Bar á Vin 르 프렝시 바르 아 뱅		240
47. Inaro 이나로		242
48. Chez L'Ami Jean 셰 라미 장		244
49. Les 110 de Taillevent 레 110 (성디스) 드 타유벙		246

외국 음식 레스토랑 250
기타 추천 레스토랑 262
디저트 284
카페 302
쇼핑 306
특집 327

CHAPTER 2 Côte d'Azur 코트다쥐르 330

니스 레스토랑
50. Café de Turin 카페 드 튀랭 336
51. Boccaccio 보카치오 340
52. Rina 리나 342
53. La Merenda 라 므렝다 344

근교 레스토랑
54. Louis XV 루이 캥즈 348
55. La Vague d'Or 라 바그 도르 354
56. Mirazur 미랴쥐르 360

57. Château de la Chèvre d'Or 샤토 드 라 셰브르 도르		366
58. Château Eza 샤토 에자		370
59. Restaurant le Tilleul 레스토랑 르 튜욀		372

기타 추천 레스토랑 374
디저트 376
쇼핑 378

CHAPTER 3   Provence 프로방스   380

마르세유 레스토랑

60. Le Petit Nice Passédat 르 프티 니스 파세다   386
61. Chez Michel 셰 미셸   392

프로방스 레스토랑

62. Christophe Bacquié 크리스토프 바키에   398
63. L'Oustau de Baumanière 루스토 드 보마니에르   402
64. La Bastide de Capelongue - Restaurant Edouard Loubet
    라 바스티드 드 카펠롱그 – 레스토랑 에두아르 루베   408
65. Alexandre – Michel Kayser 알렉상드르 – 미셸 케제르   412
66. Christian Etienne 크리스티앙 에티엔   416
67. Dan B. - La Table de Ventabren
    당 B.(베) – 라 타블르 드 방타브랑   420

기타 추천 레스토랑 424
쇼핑 425

011

CHAPTER 4 Sud-Ouest 남서부   428

보르도 레스토랑
- 68. Le Saint James 르 생 제임스   432
- 69. L'univerre 륀니베르   436

기타 지역 레스토랑
- 70. Les Prés d'Eugénie - Michel Guérard
  레 프레 되제니 – 미셸 게라르   438
- 71. Auberge du Vieux Puits - Gilles Goujon
  오베르주 뒤 비외 퓌 – 질 구종   444
- 72. Le Suquet - Maison Bras 르 쉬케 – 메종 브라   450
- 73. Michel Trama 미셸 트라마   456
- 74. Le Bibent 르 비벙   462
- 75. L'Ostal des Troubadours 로스탈 데 트루바두르   466

기타 추천 레스토랑   470
쇼핑   472

CHAPTER 5 Rhône-Alpes 론 알프스   474

리옹 레스토랑
- 76. L'Auberge du Pont de Collonges - Paul Bocuse
  로베르주 뒤 퐁 드 콜롱주 – 폴 보퀴즈   480
- 77. La Mère Brazier 라 메르 브라지에   486
- 78. Guy Lassausaie 기 라소제   490
- 79. Pierre Orsi 피에르 오르시   494
- 80. Le Passe Temps 르 파스 텅   498
- 81. Le Gourmet de Sèze 르 구르메 드 세즈   502
- 82. La Meunière 라 뫼니에르   504

83. Daniel et Denise Saint Jean 다니엘 에 드니즈 생 장	506
84. Le Bouchon des Cordeliers 르 부숑 데 코르들리에	510
85. Brasserie Georges 브라스리 조르주	512

론 알프스 근교

86. Maison Troisgros 메종 트루아그로	514
87. Georges Blanc 조르주 블랑	518
88. Maison Pic 메종 픽	524
89. Flocons de Sel 플로콩 드 셀	530
90. Régis & Jacques MARCON 레지 에 자크 마르콩	536
91. Le 1947 르 1947 (밀 뇌프 성 카랑트 세트)	540
92. La Bouitte 라 부이트	546
93. La Maison des Bois - Marc Veyrat 라 메종 데 부아 – 마르크 베라	552

기타 추천 레스토랑	558
쇼핑	561

CHAPTER 6

Bourgogne 부르고뉴   562

94. Maison Lameloise 메종 라믈루아즈	566
95. La Côte Saint Jacques 라 코트 생 자크	572
96. Aux Terrasse 오 테라스	576
97. Le Soufflot 르 수플로	580

기타 추천 레스토랑	584
쇼핑	585

013

| CHAPTER 7 | Alsace 알자스 | 586 |

98. L'Auberge de L'ill 로베르주 드 릴   592
99. Maison Kammerzell 메종 캄메르젤   598

기타 추천 레스토랑   602
디저트   604
쇼핑   604

| CHAPTER 8 | Champagne 샹파뉴 | 606 |

100. L'Assiette Champenoise 라시에트 샹프누아즈   610
101. Le Parc Les Crayères 르 파르크 레 크레예르   614
102. Café de la Paix 카페 드 라 페   620

기타 추천 레스토랑   622
쇼핑   622

| CHAPTER 9 | Loire 루아르 | 626 |

103. L'Orangerie de Château a Blois 로랑주리 드 샤토 아 블루아   630
104. La Roche Le Roy 라 로슈 르 루아   634

기타 추천 레스토랑   636

CHAPTER 10   Normandie & Bretagne
노르망디 & 브르타뉴   638

105. SaQuaNa 사카나   642
106. La Mére Poulard 라 메르 풀라르   646
107. Le Pré Salé 르 프레 살레   648
108. Cancale Marché aux Huîtres
     캉칼 마르셰 오 위트르 (캉칼 굴 시장)   652
109. La Couronne 라 쿠론   654

기타 추천 레스토랑   660
쇼핑   662

부록: 비밀이야가 뽑은 프랑스 BEST 10   665
저자 소개   694

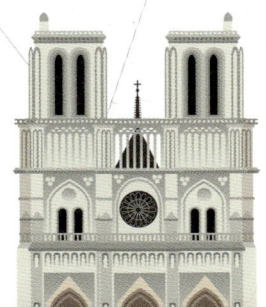

015

이 책을 보는 법

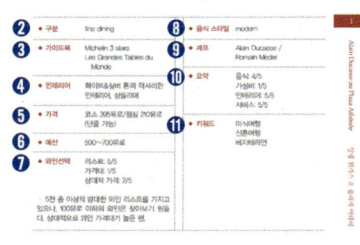

❶ **가이드북 평점** 〈미슐랭 가이드〉의 평점을 해당 가이드북의 기호를 사용해 한눈에 볼 수 있도록 표시했습니다. 수록된 평점은 2018년 판 기준입니다.

❷ **구분** 본문에 수록된 레스토랑을 총 여덟 가지 분류로 구분했습니다.

- **fine dining** 격식을 차린 고급스러운 분위기의 레스토랑으로, 〈미슐랭 가이드〉 별을 받을 만한 곳
- **restaurant** 비교적 고급 식당에 속하며, 그중에서도 편안한 분위기에 괜찮은 음식이 있는 곳
- **brasserie** 비교적 대형 식당으로, 어느 정도 격식을 차려야 하며 인테리어도 화려한 곳이 많다. 전형적인 음식을 내며 휴무나 브레이크 타임이 대부분 없는 것이 특징이다.
- **bistro** 가볍게 먹을 수 있는 캐주얼한 식당
- **neo bistro** 캐주얼한 분위기에서 모던하고 창의적인 음식을 내는 새로운 스타일의 비스트로
- **bouchon** 리옹의 전통 음식을 파는 작은 비스트로
- **café** 식사를 팔기도 하지만, 음료만도 주문이 가능한 곳
- **cave à manger** 와인을 팔기도 하지만 (대개 간단한) 음식도 같이 주문할 수 있는 와인바

❸ **가이드북** 레스토랑을 선택하는 데 있어 도움이 될 만한 레스토랑 가이드북에 실린 곳은 별도로 가이드북의 평점을 명시했습니다.

- **Michelin Guide (미슐랭 가이드)** 프랑스 타이어 회사인 미쉐린에서 발간하는 가이드북으로, 호텔과 레스토랑에 대한 평가를 담은 레드가이드가 있습니다. 레스토랑 음식의 맛은 보통 스타(마카롱이라고도 한다.)라고 부르는 ✿ 1~3개로 평가하며 인테리어나 서비스 등의 안락함은 ✗ 1~5개로 평가합니다. 실제 〈미슐랭 가이드〉에는 별이 없는 레스토랑도 많이 수록되어 있습니다. 전 세계적으로 미슐랭 3스타 레스토랑은 100여 개 남짓이고 프랑스(모나코 포함)에는 3스타 레스토랑이 28곳 있습니다.

✿✿✿	Exceptional cuisine, worth a special journey 그 레스토랑을 찾아가기 위한 여행을 할 가치가 있는 레스토랑
✿✿	Excellent cooking, worth a detour 멀리 돌아서 들러볼 만한 가치가 있는 레스토랑
✿	A very good restaurant in its category 그 분야에서 요리가 훌륭한 레스토랑
☺	Bib Gourmand(빕 그루망) – exceptional good food at moderate prices 우리나라 돈으로 보통 인당 4~5만 원 정도의 가격으로 먹을 수 있는 가성비 좋은 레스토랑

- **The World's 50 Best Restaurants (월드50베스트레스토랑)** 2002년 영국 잡지 〈레스토랑 매거진〉에서 시작한 세계 최고의 레스토랑 50개를 뽑는 행사로, 세계적인 셰프와 레스토랑 오너, 미식가와 저널리스트 등 다양한 투표인단이 최고의 레스토랑을 선정합니다. 전 세계 1,000명 정도의 투표인단이 18개월 이내에 방문한 가장 인상적인 레스토랑 열 곳을 선정하는데, 본인과 경제적인 관계가 없어야 하며 자신이 속한 지역에서는 여섯 개까지만 투표할 수 있습니다.

초창기에는 전형적인 고급 레스토랑이 리스트의 대부분을 차지했지만 시간이 지날수록 〈미슐랭 가이드〉와 조금 다른 경향이 생겨 몇 년 전부터는 상대적으로 모건한 퀴진을 선보이는 곳들이 리스트에 많이 들어가고 있습니다. 2000년대에는 지금은 폐업한 스페인의 전설적인 레스토랑 엘 불리가 무려 다섯

번이나 1위를 차지했으며 2010년 이후로는 스페인의 엘 세예르 데 칸 로카와 덴마크의 노마가 양분하고 있습니다. 2017년에는 뉴욕의 일레븐 메디슨 파크, 2018년에는 이탈리아 오스테리아 프란체스카나가 1위를 차지했습니다. 국내 레스토랑 중 50위 안에 이름을 올린 곳은 없으며, 같은 기관에서 주최하는 〈아시아50베스트레스토랑〉에는 세 개의 레스토랑이 선정되었습니다.

· **Les Grandes Tables du Monde (레 그랑드 타블르 뒤 몽드)** 1954년 프랑스 파리를 중심으로 한 Traditions & Qualite라는 고급 레스토랑의 협회로 시작되어, 현재는 전 프랑스 및 유럽을 중심으로 세계적인 협회로 발돋움하였습니다. 엄격한 심사를 거쳐 회원을 받으며 전 세계에 걸쳐 170개 레스토랑이 가입되어 있습니다. 유럽여행 시 음식, 서비스, 인테리어 등을 종합적으로 봤을 때 가장 믿을 만한 곳이 많이 수록되어 있어 가장 먼저 참고하는 책이며 신생 레스토랑이 들어가는 경우는 거의 없습니다. 미슐랭 2스타 이상의 고급 레스토랑이 대부분입니다.

· **Relais & Chateaux (를레 에 샤토)** 1954년 프랑스의 7개의 호텔로 시작한 고급 호텔 및 레스토랑 협회로, 현재 전 세계에 540개의 회원이 가입되어 있습니다. 편안한 서비스와 안락함을 중점으로 두고 있으며, 레스토랑 단독으로 들어가 있는 곳은 얼마 없고 대부분 호텔에 속한 레스토랑이라 도시보다는 지방을 여행할 때 유용한 책입니다.

· **Gault & Millau (고미요)** : 앙리 고$^{Henri\ Gault}$와 크리스티앙 미요$^{Christian\ Millau}$가 1965년부터 발간한 프랑스 레스토랑 가이드북. 20점 만점이 기준이며 모자 1개부터 5개로 레스토랑을 분류합니다.

❹ **인테리어** 레스토랑의 전체적인 실내 장식, 분위기 등을 간단히 표현했습니다.

❺ **가격** 레스토랑의 음식 가격을 파악할 수 있습니다.
· **코스** 여러 음식이 코스로 나오는 메뉴의 가격
· **테이스팅 메뉴** 일반적인 코스보다 소량의 음식이 길게 나오는 코스를 뜻하는 테이스팅 메뉴의 가격
· **단품** 단품 메뉴의 가격

❻ **예산** 적당한 코스나 단품과 함께 와인 한두 잔 정도 마실 때 드는 평균적인 비용

❼ **와인 선택** 레스토랑에서 와인을 선택할 때 고려할 만한 기준을 세 가지로 분류해 점수를 매겼습니다. 5점을 만점으로 하며 상세 점수의 의미는 다음과 같습니다.

· **리스트 :** ③/ 5   ┌ 1 : 와인의 종류가 매우 적음
                    └ ~5 : 와인의 종류가 매우 많음
와인의 종류와 보유하고 있는 와인의 규모

· **가격대 :** ③/ 5   ┌ 1 : 2~30유로대 저렴한 와인이 전혀 없음
                    └ ~5 : 2~30유로대 저렴한 와인이 꽤 많음
와인 리스트의 절대적인 가격대

· **상대적 가격 :** ③/ 5   ┌ 1 : 상대적으로 와인의 가격에 매우 비쌈
                        └ ~5 : 와인숍에서 사는 것 이상으로 와인의 가격이 저렴함
다른 레스토랑과 비교한 평균적인 와인의 가격대

❽ **음식 스타일** 레스토랑에서 선보이는 음식의 스타일을 세분화하여 명시했습니다.
- creative 셰프의 독창적이고 창의적인 음식 스타일이 주를 이루는 곳
- classic 전통적인 레시피를 비교적 충실하게 지킨 음식이 나오는 곳
- modern 클래식한 음식을 좀 더 새롭게 표현한 곳
- traditional 어떤 지역의 음식 위주로 파는 곳
- seafood 해산물 전문점
- grill 숯불에 구운 음식 전문점

❾ **셰프** 레스토랑의 음식을 책임지는 셰프를 아는 경우에는 별도로 셰프의 이름을 수록했습니다.

❿ **요약** 레스토랑에 대한 전체적인 만족도를 네 가지로 세분화해 각각 점수를 부여했습니다. 5점을 만점으로 하며 상세 점수의 의미는 다음과 같습니다.

- **음식 :** ③/ 5   1 : 만족하지 못함 ~5 : 매우 만족
개인적으로 판단한 절대적인 음식의 만족도

- **가성비 :** ③/ 5   1 : 만족하지 못함 ~5 : 매우 만족
가격을 고려한 음식의 만족도

- **인테리어 :** ③/ 5   1 : 평범함 ~5 : 매우 인상적
전체적인 실내 장식, 소품들의 수준

- **서비스 :** ③/ 5   1 : 불친절하고 미숙함 ~5 : 매우 친절하고 숙련됨
종업원들의 친절도와 숙련도, 서비스 수준

⓫ **키워드** 레스토랑의 특징을 핵심 키워드로 정리했습니다.

⓬ **레스토랑 정보**

Restaurant 레스토랑 영문 상호

D 드레스코드
A 주소
T 전화번호
H 홈페이지
R 예약 방법
O 레스토랑의 영업시간과 휴무일을 한눈에 보기 쉽게 표로 정리했습니다.
   색 표시가 되어 있지 않은 부분은 휴무일을 뜻합니다.

	월	화	수	목	금	토	일
점심				12:30~14:15			
저녁			19:30~22:15				

INTRO

프랑스 미식 여행 준비하기

1. 여행 계획 세우기

1. 일정 짜기
2. 교통편 결정하기
3. 숙소 결정하기
4. 레스토랑 선정하기
5. 레스토랑 예약하기

2. 레스토랑 이용하기

1. 드레스코드
2. 레스토랑 찾아가는 방법
3. 와인 주문하기
2. 음식 주문하기
3. 식사 매너 및 계산하기

3. 프랑스 미식 여행 개요

1. 프랑스 음식 개요
2. 프랑스 식재료 및 음식
3. 프랑스 코스 구성
4. 프랑스 와인
5. 프랑스 식당 구분

1. 여행 계획 세우기

1. 일정 짜기

여행을 준비하는 첫 번째 단계는 전체적인 기간과 시기를 결정하는 것이다. 각자 직장과 가정의 여건에 따라 휴가를 낼 수 있는 시기가 제한적일 수도 있고, 기간도 4~5일에서 몇 주까지 다양할 것이다. 또한 미식만을 목적으로 여행할 수도 있고, 단순히 여행 도중에 몇 끼를 좋은 레스토랑에서 잘 먹고 싶은 경우, 혹은 도시에서 그저 남들보다 조금 더 맛있는 음식을 먹기 위해 레스토랑을 찾아보는 사람들도 있을 것이다.

1. 여행가기 좋은 계절

지금까지 프랑스의 사계절을 두루 경험했는데 (7월을 빼고 매월 최소 한 번은 방문했다.) 미식 여행을 하는 데 있어서 언제든 큰 관계는 없다. 워낙에 땅이 넓어 기후도 다양하지만, 일반적으로 여름이 우리나라처럼 지나치게 덥지 않고 겨울에도 혹독하게 춥지 않아 여행하기에 큰 불편은 없다.

하지만 여름에는 남부지방이 꽤 더운 데다 방학을 맞아 여행하는 사람들이 세계 각국에서 몰려들기 때문에 늘 복잡하고 비싼 요금을 감수해야 한다. 특히 7, 8월에는 대도시에 있는 많은 고급 레스토랑들이 문을 닫고 바캉스를 가기 때문에 미식 여행을 가고자 하면 여름은 피하는 것이 좋다. 부득이하게 여름철에 여행을 가야 한다면 미리 레스토랑의 휴가 스케줄을 찾아봐야 한다. 파리의 레스토랑 대다수는 7~8월에 문을 닫고, 남부지방에서는 1~3월에 문을 여는 고급 레스토랑이 많이 없다. 알프스의 리조트에 있는 많은 레스토랑들은 겨울철 위주로 영업한다.

가장 추천하는 계절은 역시 봄과 가을이다. 3월부터 6월까지는 날씨도 선선하고 화창하며, 봄에 나는 제철 채소를 다양하게 갓볼 수 있는 장점도 있다. 8월 말부터 11월까지는 다양한 과일과 채소, 그리고 버섯 등의 재료가 풍성해지는 때라 다른 계절에 맛보기 힘든 진미를 경험할 수 있다. 특히 11월부터 3월까지의 트러플 시즌에는 많은 고급 레스토랑에서 블랙과 화이트 트러플(10~12월)이 들어간 특별 메뉴를 맛볼 수 있다.

의외로 미식 여행에 나쁘지 않은 계절이 겨울이다. 프랑스의 겨울은 우리나라와 달리 혹독하게 춥지 않고 연말 연초를 제외하면 비수기라 전반적인 물가도 저렴하기 때문에 합리적인 여행을 할 수 있다. 반면 작은 마을이나 바닷가에 자리한 레스토랑, 남프랑스의 레스토랑 대다수는 겨울에 문을 닫는 경우가 많기 때문에 일정을 짤 때 주의할 필요가 있다.

2. 전체적인 루트, 기간

여행을 계획할 때 가장 먼저 정해야 할 것 중 하나는 기간이다. 대개 그 기간은 가정과 직장의 상황에 따라 얼마만큼의 휴가를 낼 수 있는지에 따라 결정되기도 하고 시간 여유가 있다면 항공권이 싼 날짜에 맞춰 일정이 며칠 변동되기도 한다.

지난 여행을 돌이켜보면 최소 1주에서 2주 정도의 여행이 적당하다. 1주 이하가 되면 비행기를 타고 오가는 시간이나 도시 간 이동에 너무 많은 시간을 뺏겨버리고, 2주 이상이 되면 여행이 조금 느슨해지고 지루해지는 경우가 종종 있었다. (물론 이 부분은 개인차가 있을 것이다.) 프랑스는 땅덩이가 넓고 주요 도시가 곳곳에 산재해 있어 이탈리아처럼 남쪽에서 북쪽으로(혹은 반대로) 일주하는 여행을 할 수가 없다. 스페인처럼 주요 미식의 거점 레스토랑이 모여 있는 것이 아니고 곳곳에 흩어져 있다.

프랑스의 주요 미식 거점은 다음과 같다.
- 파리
- 리옹과 근교
- 남프랑스 (코트다쥐르, 프로방스)
- 남서부 내륙

이 모든 곳을 다 돌아보려면 스쳐 지나가는 일정을 짜도 3주 이상 강행군을 해야 하니 원하는 지역을 선정하거나 한두 개씩 묶어 일정을 짜는 것이 좋다. 파리는 한 달을 있어도 다 못 다닐 정도의 도시이니 논외로 하고, 리옹과 그 근교는 핵심만 돌아보려면 2~3일, 전체적으로 훑어보려면 5일 정도 소요된다. 남프랑스는 주요 레스토랑을 돌아보는 데 3일, 관광을 겸해 다니려면 일주일 정도로도 충분하다. 남서부 내륙의 경우 2~3일이면 주요 레스토랑은 다녀올 수 있다. 만약 스페인 바르셀로나 혹은 산 세바스티안을 일정에 포함하거나 이탈리아 북부(베네치아~밀라노~토리노)와 묶는다면 최소한 3~5일 정도 추가하는 것이 좋다.

대략적인 루트를 짜려면 우선 여행 시기와 기간을 정하고 난 뒤 방문할 도시와 꼭 가보고 싶은 핵심 레스토랑을 선정해야 한다. 방문할 도시는 수많은 가이드 책을 보고 참조하면 되고, 핵심 레스토랑은 〈미슐랭 가이드 Michelin Guide〉나, 〈를레 에 샤토 Relais & Chateaux〉, 〈레 그랑드 타블 뒤 몽드 Les Grand Tables du Monde〉 같은 미식 관련 서적과 다양한 웹사이트를 참조해 기호요 여행 콘셉트에 맞게 고르면 된다. 프랑스에는 〈고미요 Gault & Millau〉라는 로컬 레스토랑 가이드가 있어 〈미슐랭 가이드〉와 교차

검증하면 어느 정도 신뢰 있는 정보가 된다. 말은 쉽지만 일반인이 이렇게 다양한 서적을 구해서 참고하고 외국의 사이트를 통해 검증한다는 것은 거의 불가능에 가깝다. 하지만 단언컨대 〈맛있는 프랑스〉 이 책 하나면 다른 어떤 책도 참조할 필요가 없다.

 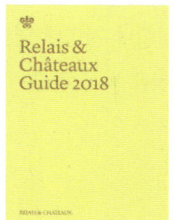 

3. 핵심 레스토랑 선정하기

일반적으로 미식 여행을 갈 때면 꼭 가보고 싶은 레스토랑이 몇 군데 있을 것이다. 영화에 나왔다거나 신뢰할 만한 이웃 블로거의 방문기를 보았던 곳일 수도 있고, 인스타그램에서 매혹적인 사진을 봤다거나 매체 혹은 잡지에서 본 곳일 수도 있다. 〈미슐랭 가이드〉에서 별을 여러 개 받았거나 〈월드50베스트레스토랑〉 순위에 오른 곳일 수도 있다. 아니면 그냥 지인이 추천해준, 시골 뒷골목의 할머니가 하는 가정식일 수도 있다. 그리고 아마도 대다수는 이 책을 읽고 가보고 싶은 곳이 생길 수도 있다.

꼭 가보고 싶은 레스토랑을 쭉 적은 후 구글 맵으로 검색해 저장하면 지도상에 별로 표시된다. 저장 기능을 이용할 때 구글에 나온 영업시간(휴무)을 체크해보거나 링크된 홈페이지에서 확인하는 것이 좋다. 유럽의 고급 레스토랑은 일주일에 이틀 이상 쉬는 경우가 많기 때문에 휴무를 확인하지 않고 일정을 짜놓으면 나중에 일정이 꼬여 이동 거리가 멀어지거나 원하는 곳을 방문하지 못할 수도 있다. 물론 이 책에 나온 레스토랑은 휴무일을 모두 확인해 수록했기 때문에 어지간하면 따로 찾아볼 필요가 없도록 했다. (행사나 케이터링 혹은 휴가 등의 사유로 비정기적인 휴무를 하는 곳이 많기 때문에 100% 정확한 휴무 정보는 제공할 수 없다. 어차피 예약 단계에서 레스토랑과 메일이나 전화를 주고받기 때문에 그 시점에서는 정확하게 확인할 수 있다.)

일반적으로 주요 도시의 레스토랑은 일요일 휴무인 곳이 많고, 토요일 혹은 월요일에 쉬거나 이틀 다 쉬는 곳도 많다. 지방 도시의 레스토랑은 화요일과 수요일에 쉬는 곳이 많은 것도 특징이다. 평일 점심이나 저녁때 영업을 하지 않는 경우도 많으니 복잡한 휴무일을 면밀히 살펴 보고 일정을 짜야 한다.

4. 대략적인 일정 잡기

주요 도시와 꼭 가고 싶은 핵심 레스토랑이 표시된 지도를 펴놓는다. (보통 구글 맵이 유용하다.) 프랑스를 여행하는 많은 관광객은 파리로 들어가는 경우가 많으며, 그게 아니면 니스, 마르세유, 리옹 중에 한 곳인 경우가 대부분이다.

※ 프랑스 핵심 레스토랑 지도
프랑스에서 꼭 방문해야 할 미슐랭 스타 레스토랑을 표시한 지도를 수록했다. 지도상에 주요 도시와 핵심 레스토랑의 위치를 표시한 후 세부적인 일정을 잡는 것이 좋다.

일단 출발지는 정하지 않고, 요일이 적힌 캘린더에 반드시 가고 싶은 레스토랑을 휴무를 고려하여 쭉 적어본다. (수도 없이 지우고 다시 써야 하므로 엑셀을 활용하고, 출력한 종이라면 연필을 이용하자.) 캘린더의 각 날에는 숙박하는 도시명과 도시 간 이동 경로를 반드시 표시하는 것이 좋다. 이렇게 적다 보면 원하는 날짜가 휴무와 겹치는 경우가 생기게 마련이다. (안 생긴다면 그건 기적에 가깝다.) 그러면 숙박일수와 일정을 조정해보고 그래도 계속 안 된다면 출발지와 도착 도시를 반대로 바꿔본다. 프랑스는 워낙에 레스토랑마다 휴무(주마다 쉬는 휴무, 연간 휴무, 휴가)가 많아 일정을 짜는 것이 결코 쉽지 않다.

5. 여러 미식 루트

프랑스를 중심으로 한 미식 여행의 몇 가지 주요한 루트를 만들 수 있다. 위에서 말한 미식 거점(파리, 리옹/근교, 남프랑스, 남서부 내륙)에 스페인 카탈루냐 지방(바르셀로나와 근교), 바스크 지방(산 세바스티안과 빌바오), 이탈리아 북부(베네치아, 밀라노, 피에몬테)까지 합치면 유럽 전체, 아니 세계를 놓고 봐도 가장 수준 높은 미식을 경험할 수 있는 일정을 만들 수 있다. 일주일에서 2주 정도까지 원하는 지역, 원하는 레스토랑을 넣어 자기만의 루트를 만드는 데 있어 몇 가지 참고할 만한 일정을 만들었다. 각 일정을 소화하고 개인 사정에 따라 마지막에 파리 일정을 며칠 추가하면 된다.

(1) 남프랑스 완전 정복
- 주요 일정: 니스~마르세유~보르도 (약 일주일)
- 개요: 니스에서 숙박(2~3박)하면서 에즈/망통/모나코/생트로페 ⇒
      마르세유를 거점으로 이동하면서(2~3박) 엑상프로방스/프로방스 마을/아비뇽
      ⇒ 남서부 내륙으로 이동(1~2박)한 후 보르도에서 다무리

	일	월	화	수	목	금	토
		8/21	8/22	8/23	8/24	8/25	8/26
	12:30 인천 ~17:50 파리 샤를드골 공항	09:00 파리 오를리 ~10:30 니스 코트다쥐르 니스 벼룩시장	10:00 차량 렌트, 니스 공항(Europcar) 180km	220km	200km	300km	스트라스부르 시장 360km
		La Merenda	Restaurant Dan B.☕	Restaurant le Soufflot	Maison Lameloius☕☕	Auberge de l'Ill☕☕	Le 520 (에페르네)
		니스 시가지 메세나 광장	400km	44km	본 시내	18km 콜마르	30km Les Caves du Forum
		Rina	Aux Terrasses	la cote saint jacques☕			L'assiette Champenoise ☕☕
	8/27	8/28	8/29	8/30	8/31	9/1 (점)	9/2 (점)
	랭스 시내	차량 반납 11:45 ~ 12:36 파리 동역	(레알) Angelina Jean Paul Hevin / Laura Todd Cookies Michel Cluzel / Godiva	Song Huong Lazare 무프타르 시장	(생제르망) 카페 레 되 마고 Boulangerie de Papa 피에르 에르메 /외고 에 빅토르 라 파티스리 데 레브 / 무일랑 봉마르셰 / 더 콘란 숍 Jadis et Gourmande	(샹젤리제) 메종 뒤 소콜라 / Be Boulangepicier Jean Pierre Cohier	Buvette 방브 벼룩시장/생투앙
		Song Heng	carre des feuillants ☕☕	Le Grand Restaurant☕	Guy Savoy☕☕	Lucas Carton☕	Michel Roastang☕
		K Mart (생제르망) Le Proccope / Café de Flore Creperie Ty Breiz	(몽마르트) Arnaud Delmontel / Sebastien Gaudard De Pain et des Idees Michalak Premiere Pression Provence 베르티용 / 아모리노	(마레) Pozzetto / L'As du Falafel Patrick Roger / Georges Larnicol Au Levain du Marais L'éclair de Genie A l'Olivier / A la ville de Rodex Mariage Freres	(마들렌) 갤러리 라파예트 / 쁘렝땅 카페 르 라페 드보브 에 갈레 / 피에르 마르콜리니 Au Chat BleuAuge / Autour du Vin Valete / Maille / La Maison du Miel Hediard / Fauchon / 메종 드 라 트뤼프 La Graineterie du Marche	(생제르망) 봉마르셰	Legrand Filles et Fils Librairie Gourmande Terroir D'avenir Boco
	le parc les crayeres☕☕	Bofinger	La Tour d'Argent☕	Petrelle	쌀국수, 와인바	Taillevent☕☕	19:50 파리 샤를드골 공항 ~13:50 인천
	파리	파리	파리	파리	파리	파리	파리

(2) 프랑스 미식의 꽃
- 주요 일정: 니스~마르세유~리옹 (약 7일~10일)
- 개요: 니스에서 숙박(2~3박)하면서 에즈/망통/모나코/생트로페 ⇒
  마르세유를 거점으로 이동하면서(2~3박) 엑상프로방스/프로방스 마을/아비뇽
  ⇒ 프로방스에서 리옹으로 이동하면서(2박) 주요 레스토랑 방문 ⇒
  리옹을 거점으로(2~3박) 리옹과 근교의 레스토랑 방문

(3) 프랑스 완전 정복
- 주요 일정: 니스~마르세유~리옹~부르고뉴~샴파뉴~파리 (약 10일~15일)
- 개요: 니스에서 숙박(2~3박)하면서 에즈/망통/모나코/생트로페 ⇒
  마르세유를 거점으로 이동하면서(2~3박) 엑상 프로방스/프로방스 마을/
  아비뇽 ⇒ 프로방스에서 리옹으로 이동하면서(1~2박) 주요 레스토랑 방문
  ⇒ 리옹을 거점으로(1~2박) 리옹과 근교의 레스토랑 방문 ⇒
  부르고뉴를 거쳐 샴파뉴로 이동(2박)하며 레스토랑 방문

(4) 프랑스와 스페인의 정점을 한번에
- 주요 일정: 바르셀로나~지로나~프랑스 남서부~산 세바스티안(약 7~10일)
- 개요: 바르셀로나에서 머물며(2~3박) 타파스와 엘 불리의 유산 즐기기 ⇒
  지로나와 동부 해안을 거쳐(1박) 프랑스로 이동 ⇒
  프랑스 남서부 내륙을 이동하며(2~3박) 레스토랑 방문 ⇒
  산 세바스티안을 거점으로(2~4박) 스페인 바스크 지방의 레스토랑 및
  핀초 바 방문

(5) 유럽 최고의 미식 루트
- 주요 일정: 산 세바스티안~남서부~프로방스~리옹~부르고뉴~샴파뉴~파리
  (약 15~18일)

- 개요: 산 세바스티안을 거점으로(2~4박) 스페인 바스크 지방의 레스토랑 및 핀초 바 방문 ⇒ 프랑스 남서부 내륙을 이동하며(1~2박) 레스토랑 방문 ⇒ 마르세유를 거점으로 이동하면서(2~3박) 엑상프로방스/프로방스 마을/아비뇽 (필요하면 니스 인근까지 이동) ⇒ 프로방스에서 리옹으로 이동하면서(1~2박) 주요 레스토랑 방문 ⇒ 리옹을 거점으로(1~2박) 리옹과 근교의 레스토랑 방문 (필요하면 알프스까지 이동) ⇒ 부르고뉴를 거쳐 샹파뉴로 이동(2박)하며 레스토랑 방문(필요하면 알자스까지 이동)

(6) 이탈리아, 프랑스의 정점을 한번에
- 주요 일정: 베네치아~밀라노~피에몬테~니스~프로방스(약 7~9일)
- 개요: 베네치아에서 출발하여(2~3박) 밀라노까지 이동하면서 주요 레스토랑 방문 ⇒ 밀라노에서 머물며(1~2박) 북부 레스토랑 방문 ⇒ 토리노/알바에서 머물며 (2~3박) 피에몬테 레스토랑 방문 ⇒ 니스에서 프로방스로 이동하며(2~3박) 남프랑스 레스토랑 방문

2. 교통편 결정하기

대략적인 일정이 나왔다면 그다음은 교통편을 정해야 한다. 교통편은 가장 중요하고 많은 비용을 차지하는 항공 예약과 도시 간 이동 수단인 기차편, 차량 렌트를 말한다.

1. 항공편 예약하기

항공편을 예약하는 다양한 방법은 가이드 책이나 인터넷에 수도 없이 나오기 때문에 다시 언급할 필요는 없고 몇 가지 팁 정도만 소개하고자 한다.

프랑스까지 가는 직항은 대한항공, 아시아나, 에어프랑스가 있고 모두 파리 노선을

운항하고 있다. 유럽을 경유하는 항공사나 중동을 경유하는 항공사를 이용하면 니스, 리옹, 마르세유 등의 주요 도시까지 1번 경유해서 이동할 수 있다. (경우에 따라서는 보르도, 툴루즈, 스트라스부르 등의 도시까지 가는 것도 가능하다.)

　보통 프랑스를 여행하면 귀국할 때 파리에서 출발하는 것이 보통이다. 항공편도 그렇고 마지막 쇼핑은 파리에서 하는 것이 제일 편하기 때문에, 나는 대개 일정에 따라 니스나 지방 도시로 들어가 파리에서 귀국하는 항공권을 구매한다. 파리에서부터 여행을 시작해도 소도시까지 저가항공이 발달해 있어 부담스럽지 않은 가격으로 이동할 수 있다. (파리에서 출발하는 저가항공의 대부분은 오를리 Orly 공항을 이용한다는 사실에 주의하자.)

　항공권은 대개 11개월 전부터 검색하는 것이 좋다. 각 항공사들의 얼리버드 early bird 특가가 10~11개월 전에 나오는데, 이때 상상도 못할 가격에 표를 구매할 수 있다. 유럽 여행을 계획한다면 유럽계 항공사와 중동계 항공사 홈페이지에 가입해놓으면 뉴스레터를 통해 특가 정보를 받을 수 있다. 플레이윙즈 Playwings 같은 할인항공 검색 어플리케이션을 사용해도 되지만, 모든 특가 정보를 다 보여주지는 않는다. 항공사에 따라 무조건 일찍 구매하는 것이 유리한 곳도 있고, 9개월이나 6개월 전에 특가를 더 싸게 푸는 항공사가 있다. 특가의 경우 원하는 날짜에 자리를 잡기가 쉽지 않아 일찍 구매하는 것이 대개는 유리하다.

　개인적으로 유럽계나 중동계 항공사를 선호한다. 가격도 훨씬 저렴하고 비교적 신형 기체를 사용하기 때문에 상대적으로 쾌적한 여행이 가능하다. 그중에 항공편이 많은 루프트한자를 자주 이용하는 편이고, 최근에는 영국항공과 핀에어 등도 마일리지 적립률이 좋아 눈여겨보고 있다. 비수기를 기준으로 200만원 초반이면 비즈니스를 타고 왕복으로 다녀올 수 있고 이때 적립된 마일리지로 일본을 이코노미로 왕복할 수 있다. 일정을 변경하지 않을 자신이 있다면 미리 외국계 항공사의 저렴한 특가 티켓을 노려보자. 이것보다 더 조건이 좋은 항공권도 많지만 이 이상은 영업비밀. 최근에는 대한항공이나 아시아나 직항표도 비수기에 꽤 경쟁력 있는 가격으로 표가 나오는 경우도 있다.

항공권 가격 비교, 검색 등은 스카이스캐너를 이용하는 것이 제일 좋다.

스카이스캐너 www.skyscanner.com

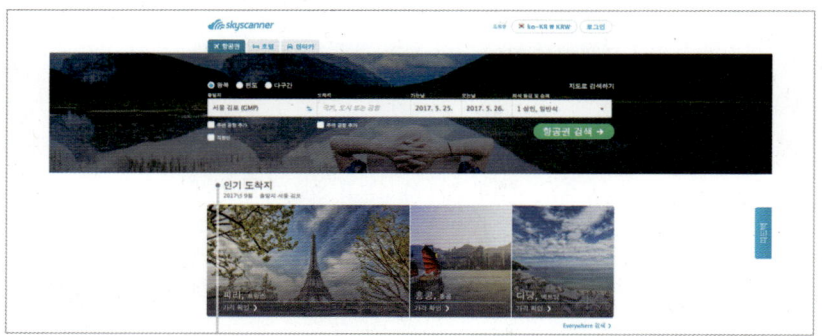

2. 이동수단 결정하기

항공권을 구매하고 대략적인 일정이 나왔다면 프랑스 내 이동수단을 결정해야 한다. 프랑스는 주요 도시를 중심으로 고속열차인 테제베TGV가 발달한 편이라 어지간하면 3시간 이내로 목적지에 도착할 수 있다. 각 지역으로 가면 거점 도시를 중심으로 기차와 버스편이 많기 때문에 어지간하면 대중교통으로 이동할 수 있다. 하지만 프랑스의 주요 레스토랑 대부분이 도시보다 외곽 지역의 작은 마을에 있기 때문에 결국 차량이 없으면 찾아가기가 불가능한 곳이 많다. (미슐랭 3스타 레스토랑 중 파리를 제외하면 대도시에 있는 곳은 마르세유의 르 프티 니스 파세닷Le Petit Nice Passédat, 단 하나다.)

(1) 대중교통

주요 도시 간의 기차 이동시간을 알아두면 편하다.
- 파리~리옹 : 2시간
- 파리~스트라스부르 : 1시간 45분

- 파리~보르도 : 2시간
- 파리~마르세유 : 3시간 20분
- 파리~툴루즈 : 4시간 30분
- 파리~니스 : 5시간 45분
- 파리~스페인 이룬(산 세바스티안) : 7시간
- 파리~스페인 바르셀로나 : 6시간 30분
- 리옹~스페인 바르셀로나 : 5시간 15분

파리~툴루즈 이상의 시간이 걸리는 곳은 기차보다는 비행기를 권하고 싶다. 저가항공이 오히려 금액도 저렴하고 시간도 많이 단축할 수 있다. 특히 파리~니스 구간은 워낙에 비행편도 많아 가격도 저렴하고 언제나 이용할 수 있다. 프랑스의 기차는 예매하면 할인이 많이 되는 편인데, 회원 가입도 필요 없고 신용카드 결제 후 이메일로 승차권을 받기만 하면 된다. 빨리 예매하면 1등석과 2등석의 가격 차이가 없는 편이다.

프랑스 기차 사이트 www.oui.sncf

(2) 차량 렌트

앞에서 말한 대로 파리를 제외하면 프랑스의 톱 레스토랑 대부분은 대도시에 없다. (심지어 소도시에도 잘 없고 시골의 작은 마을에 자리한 곳이 대부분이다.) 따라서 프랑스 미식 여행을 하고자 한다면 차량 렌트는 필수다.

3. 니스까지 항공기로, 그 후 차량으로!
리옹까지는 기차로, 그 후 차량으로!

프랑스 미식의 핵심 지역은 결국 파리, 리옹 근교, 남프랑스로 나눌 수 있다. 남프랑스를 돌아보는 출발지로는 니스가 제일 좋다. 니스는 남프랑스 동쪽에 있어 길을 되돌아가지 않아도 되고, 관광지이다 보니 렌트할 수 있는 차량의 종류가 넉넉한 편이다. 파리에서 니스까지 항공기로 이동하고 그 이후에 차량으로 남프랑스를 돌아본 후 목적지에 반납하면 된다. 리옹 근교를 돌아보고자 할 때는 리옹까지 기차를 이용해서 이동하고 리옹에서 차량을 렌트하면 된다.

4. 차량 이용 시 주의사항

일반적인 렌트 방법, 운행 방법에 대한 정보는 인터넷에 검색하면 충분히 나온다. 책자도 몇 가지 발간되어 있고, 네이버 카페 중에는 유럽 자동차 여행에 대한 정보를 공유하는 카페도 있다. (유럽자동차여행 카페 cafe.naver.com/eurodriving) 운전 방식도 우리나라와 크게 다르지 않기 때문에 교통 규칙만 잘 지킨다면 어려움 없이 운전할 수 있다. 그래서 몇 가지 필수적인 팁만 남긴다.

(1) 차량을 렌트할 때 편도 반납비용을 꼭 확인한다.

여행자의 경우 대개 차량을 빌린 도시와 반납하는 도시가 다르다. 편도 반납비용을 받는 곳이 있기 때문에 미리 확인해야 한다. 일부 차량의 경우 운행거리가 넘어가면 추가 비용을 받기도 한다.

(2) 보험료 풀 커버리지full coverage**를 포함한 총액을 비교해본다.**
차량 렌트 비용은 저렴하지만 보험료가 터무니없이 비싼 경우도 있다. 보험은 반드시 풀 커버리지로 한다.

(3) 차종을 결정할 때 인원수보다 중요한 것이 트렁크의 크기다.
캐리어가 몇 개까지 들어갈 수 있느냐에 따라 차종을 결정해야 한다. 네 명 정도가 여행한다면 일반 세단으로는 불가능하다. 네 명이면 최소한 미니밴이나 MPV 등이 적당하고, 대여섯 명 정도가 되면 미니밴으로도 공간이 충분하지 않기 때문에 밴을 빌려야 한다. 구글에서 차종별 적재공간 carrier capacity, luggage capacity 등을 확인하고 빌리는 것이 좋다. 일반적인 세단이면 트렁크에 큰 캐리어 두 가, 왜건이면 큰 캐리어 세 개가 들어간다. 미니밴에는 네 개 정도 들어가고 남은 공간에 작은 가방을 조금 더 넣을 수 있다.

(4) 내비게이션은 굳이 빌릴 필요 없이 구글 맵을 사용하면 된다.
거치대는 한국에서 준비해가는 편이 당연히 저렴하다. 요새는 로밍요금이 많이 저렴해졌지만, 그래도 데이터가 걱정된다면 미리 오프라인 지도를 다운로드해 가면 된다.

(5) 일반적으로 렌탈카스닷컴rentalcars.com**이나 허츠 Hertz의 국내 대리점에서 견적을 받아 비교해보고 결정한다.**
유럽의 자동차는 대부분 기어가 수동manual이기 때문에 자동automatic을 선택하려면 오래 전에 예약해야 한다. 허츠는 대형회사이고 한국 대리점을 통해 진행하는 것이어서 여러 가지 상황에 대처하기가 좋으므로 금액 차이가 크지 않다면 이쪽을 권하고 싶다. 렌탈카스닷컴은 차량의 종류나 선택 가능한 옵션이 훨씬 많으나 렌탈카스닷컴의 자체 풀커버 보험은 사고 시 운전자가 비용을 먼저 부담하고 나중에 렌탈카스닷컴으로부터 비용을 환불받는 구조다. 풀커버 보험이 렌트카 회사를 통해 드는 것보다 훨씬 저렴하지만 걱정 없이 편하게 운전하려면 렌탈카스닷컴의 풀커버 보험보다는 각 렌트카 회사의 풀 커버리지 보험을 이용하는 편이 낫다.

렌탈카스닷컴 www.rentalcars.com / 허츠 www.hertz.com

3. 숙소 결정하기

프랑스에는 여러 가지 형태의 숙소가 있다. 최고급 호텔부터 아파트, 호스텔, 한인민박 등 다양한 숙박시설이 발달해 있으며, 최근에는 에어비앤비 Airbnb가 인기를 끌면서 집 전체를 빌려주거나 방을 빌려주는 공유 숙박도 점차 늘어나고 있다.

1. 숙소 결정하기

보통 호텔 예약 사이트를 통해 예약하거나 에어비앤비를 이용하는 경우가 많다.
경험상 유럽 쪽 숙소는 부킹닷컴 booking.com이 비교적 숙소를 다양하게 보유하고 있고 사용하기 편리해 자주 이용하는 편이다. 도시에 들어가 2박 이상 머무를 때는 관광의 중심부로 이동해 아파트형 숙소를 잡는 경우가 많고, 1박을 할 때는 기차역에서 가까운 호텔을 잡는 경우가 많다.

아파트는 주방이 있어 간단한 식사를 해먹을 수 있는 장점도 있고, 빨래를 할 수 있는 곳도 있어(세탁기 유무는 반드시 확인해야 한다.) 일주일에 한 번 정도는 반드시 들르는 것이 편하다. 다만 아파트는 체크인 시간이 제한적인 경우가 많고 전화 연락을 통해 약속 시간을 잡아야 하는 경우도 있어 주의가 필요하다.

또한 차량을 이용할 때는 주차장이 있는지와 주차 요금이 얼마인지 확인하는 것이 좋다. 부킹닷컴 사이트의 숙소 시설 정보에 세탁기와 주방 유무 등이 표시되어 있으며, 주차 가능 여부와 요금도 미리 고지되어 있다.

개인적으로 파리에서 숙박할 때는 한국인이 운영하는 아파트를 빌려주는 '빠리별장'을 주로 이용한다. 파리의 호텔 가격은 상상을 초월할 정도로 비싼 데다가 방도 작고 시설도 보잘 것 없는 경우가 많다. 빠리별장은 주요 관광지를 중심으로 다양한 규모의 숙소를 보유하고 있고, 가격도 호텔에 비해 훨씬 합리적이라 3박 이상을 할 경우면 늘 이곳에서 숙소를 잡는다.

빠리별장 cafe.daum.net/homeo

다양한 시설을 갖추고 있다.

합리적인 가격의 숙소인 빠리별장

2. 각 도시별 최적의 숙소 위치

- 파리 : 레알/루브르, 몽토르게이, 마레, 오페라/마들렌, 생제르망, 몽파르나스
- 리옹 : 파르디유 역, 벨쿠르 광장
- 니스 : 구 시가지, 마세나 광장
- 마르세유 : 구 항구

프랑스 여행에서는 파리를 제외하면 (일반적인 관광객이) 한 지역에 3~4일 이상 머무르면서 관광을 하는 경우가 많지 않다. 개인적으로 파리에 가면 레알이나 루브르 쪽 숙소를 잡고는 하는데, 파리의 중심부에 있어 어디를 가든 접근성이 좋고 주위에 각종 편의 시설이 많기 때문이다. 레알에서 가까운 몽토르게이는 위치도 좋고 주위에 재래시장이 있어 가족이나 친구들끼리 아파트를 빌렸을 경우 숙소에서 식사하기에 편하다. 마레 지구는 힙한 쇼핑 스팟이 많아 젊은 여행객에게 추천한다. 오페라나 마들렌 인근은 쇼핑하는 데 최적화되어 있는 곳이고 생제르망은 구석구석 다니며 길거리 문화를 즐기고, 카페나 캐주얼한 레스토랑을 가기에도 좋다. 파리에 비행기를 타고 들어오거나 다른 곳으로 출발기 전 짧게 머무른다면 몽파르나스 쪽의 숙소를 추천한다. 샤를드골 공항이나 오를리 공항에서 직행하는 리무진 버스가 있고 주요 관광지까지 오가기도 멀지 않다.

남프랑스, 특히 코트다쥐르 여행을 하면 니스를 거점 삼아 작은 마을을 둘러보는 경우가 많다. 니스에서는 마세나 광장 혹은 구 시가지를 추천한다. 마세나 광장에서는 해변으로 가기도 좋고 먹자골목, 백화점 등이 가까이 있다. 구 시가지로 가면 재래시장이나 레스토랑 등이 가깝다. 차를 가지고 다닌다면 구 시가지에 있는 대부분의 숙소 주차장이 멀어 불편한 경우가 많다는 것을 명심하자.

4. 레스토랑 선정하기

대략적인 일정이 정해지고 교통편까지 정해졌다면 핵심 레스토랑 외에 일정 중 찾아갈 나머지 레스토랑을 정해야 한다.

이전에 쓴 책에서도 말했고 바로 앞에서도 이야기했지만, 가보지도 않고 쓰는 책 혹은 아무 데나 들어가서 막 소개하는 가이드 책이나 저렴한 곳 위주로 소개하는 블로그, 오로지 예쁜 음식에만 집중하는 인스타그램은 이제 잊어버려도 된다. 심지어 〈미슐랭 가이드〉 등 외국의 유명 책자나 잡지도 다 필요 없다. 바로 이 책에 그것들을 분석해서 모은 엑기스만 골라서 뽑았다. 100개가 넘는 레스토랑은 직접 맛본 경험을 후기로 담았다. 간단한 정보만 소개한 곳도 신뢰할 만한 지인이나 유명 평론가가 다녀온 곳이 아니면 아예 올리지 않았다. 각 레스토랑의 특징을 보고 자기 취향이나 상황, 예산 등에 맞는 곳을 고르면 된다. 여러 나라에서 수많은 책자를 뒤져봤지만 그 어떤 나라에서도 프랑스의 레스토랑에 대해 이 정도로 방대한 규모의 정보를 다룬 책은 보지 못했다. 감히 말하건대, 이 책은 미식의 나라 프랑스를 제대로 즐기기 위한 가장 완벽한 참고서가 될 것이다.

1. 도시별 주요 레스토랑 정하기

앞서 소개한 과정을 따라 일정을 정했다면 여행 중 꼭 가봐야 할 핵심 레스토랑은 이미 정해진 상태다. 핵심 레스토랑은 대부분 미슐랭 2, 3스타인 경우가 많기 때문에 늘 그런 식사를 이어갈 수는 없다. 점심, 저녁 모두 미슐랭 스타 레스토랑을 가는 것은 쉽지 않다. 자칫 소화가 되지도 않았는데 저녁 식사를 해야 하는 경우도 발생할 수 있다. 가능하면 한 끼는 비교적 캐주얼한 음식(비스트로나 단품으로 간단한 식사, 샌드위치, 스트리트 푸드)으로 정하고, 고급 레스토랑은 하루에 한 끼만 가는 것을 권한다.

사실 일반적인 여행에서 그저 조금 잘 먹고 다니고 싶은 것이라면 미슐랭 별을 받은 레스토랑은 2~3일에 한 번 정도가 적당한 것 같다. 만약 하루에 두 군데의 미슐랭 스타급 레스토랑을 가고자 한다면 한 군데서는 단품이나 점심 코스 위주로 가볍게 주문하는 편을 권한다. 2스타 이상의 레스토랑이 하루에 겹치는 것은 반드시 피하라고 권하고 싶다. 실제 그렇게 많이 다녀봤는데 힘들고 무의미한 일정이 될 뿐만 아니라 음식도 충분히 즐길 수 없다.

도시별로 몇 가지 상황에 맞는 대표 레스토랑을 소개해놨으니 그 위주로 선정하면 좋을 듯하다. 관광을 많이 할 예정이라면 고급 레스토랑은 저녁에 가는 것이 좋다. 점심때 미슐랭 스타 레스토랑에 가면 보통 세 시간 정도의 식사를 하게 되는데, 오가는 시간 등을 고려하면 관광할 시간이 많이 남지 않는다.

2. 프랑스 가스트로노미에 대한 단상

몇 년째 프랑스를 다니다 보니 프랑스의 파인 다이닝, 가스트로노미에 지속되고 있는 몇 가지 흐름이 눈에 보인다.

우선 전통적인 조리법에 충실한 클래식한 레스토랑과 모던함을 중무장한 레스토랑 간의 경쟁이 그 어느 때보다 치열하다는 것이다. 2007년과 2008년을 기점으로 오랫동안 미슐랭 3스타를 유지하던 역사와 전통 있는 레스토랑이 2스타로 떨어진 반면에, 모던하고 젊은 감각의 셰프가 맡고 있는 레스토랑이 3스타로 속속들이 올라오고 있다. 스페인만큼은 아니더라도 새로운 조리법과 다양한 기술을 가미한 모던한 레스토랑이 점차 많아지는 것이다. 레스토랑을 분류할 때 클래식classico이나 전통traditional이라고 할 만한 곳이 이제는 얼마 보이지 않는다. 개인적으로는 클래식 퀴진의 위대함을 신봉하고 직관적인 맛은 거기서 나온다고 생각하기 때문에 여전히 전통을 고수하는 레스토랑을 좋아한다. 해가 갈수록 클래식에 조금씩 모던함이 가미되고 그 완성도가 높아지면서 또 한 단계 발전하는 것 같다.

다음으로 10여 년 전부터 이어진 비스트로노미의 등장, 그리고 이와 연결선상에 있는 네오 비스트로의 강세를 들 수 있다. 비스트로노미는 90년대 중후반부터 이브 캉드보르드Yves Camdeborde 등의 톱 클래스 셰프가 합리적인 가격의 비스트로를 오픈하면서 태동되기 시작했다. (정작 그는 비스트로노미라는 단어를 좋아하지 않았지만.) 2005년 르 콩투아Le Comptoir를 오픈한 것이 비스트로노미의 시작점이라는 의견이 많다. 비스트로노미는 '비스트로 분위기에서 즐기는 가스트로노미 요리gastronomic dishes in a bistro setting'라고 요약될 수 있다. 사람들이 갈수록 지나치게 비싸지는 고급 레스토랑에 피로를 느끼면서, 비스트로노미가 서서히 퍼져나가다 2008년 전 세계적인 경제위기 이후 하나의 트렌드가 되었다. 프랑스의 많은 고급 레스토랑 역시 경영난을 겪으면서 스타 셰프마저 비스트로노미에 뛰어들었고, 이런 경향이 한층 가속화되어 네오 비스트로Neo Bistro라는 용어까지 낳게 되었다. 특히 채소 요리로 유명한 3스타 라르페주L'Arpège의 알랭 파사르Alain Passard 셰프의 제자들이 본격적으로 활약하며, 좀 더 가볍고 신선하면서 간결하게 조리하는 음식이 네오 비스트로의 특징으로 인식되고 있다. 어찌 보면 이제 가스트로노미 레스토랑은 패션의 오트 쿠튀르haute couture와 같은 느낌이 든다.

그리고 날이 갈수록 파인 다이닝에서의 아시안 터치가 강해지고 있다. 모던함을 추구하는 곳이 많아지고 새로운 조리법이 퍼지면서 차별화의 일환으로 새로운 재료, 새로운 맛을 원하는데, 프랑스에서는 이것이 아시아 음식과의 접목으로 많이 나타난다. 프랑스의 요리사들이 전 세계로 나가 일하고 돌아오거나, 아시아의 셰프들이 프랑스에 진출해 일하며 서로 교류를 통해 새로운 흐름을 만들어내고 있다. 이미 프렌치에 있어 일본의 영향은 무시할 수 없을 정도여서 재패니즈 프렌치Japanese French라는 장르까지 있을 정도다. 심지어는 프랑스 셰프가 프랑스에서 내는 음식이 오히려 더 재패니즈 프렌치 느낌이 나는 경우도 있을 정도다. 이제는 일본을 넘어 태국, 한국 등 아시아 각국의 터치가 들어간 요리가 한층 더 팬시해졌고 그만큼 인기를 끌고 있다. 내 개인적인 취향에서는 쉽게 납득이 가지 않는다. 어설픈 아시안 터치는 아시아인의 입장에서 항상 아쉬움이 남기 마련이다. 그래도 점점 완성도 높은 조합을 선보이는 셰프들이 늘어나고 아시아 음식에 대한 이해도가 높아지고 있다는 것은 환영할 만한 일이며 발전의 한 과정이 아닐까 싶다.

마지막으로 파리보다는 지방에 있는 미슐랭 스타 레스토랑의 만족도가 훨씬 높다는 점이다. 파리에서 파인 다이닝의 인기가 예전만 못하다고 하지만, 날이 갈수록 가격은 올라가고 있다. 3스타의 경우 테이스팅 메뉴의 가격이 300유로 이하인 곳은 두 군데 정도에 불과하고 이제는 거의 400유로에 육박한다. 와인 가격도 매년 올라가는 것이 눈에 보일 정도다. 하지만 지방의 경우는 사정이 다르다. 50년째 미슐랭 3스타를 유지하고 있는 레스토랑의 테이스팅 메뉴가 200유로 이하인가 하면 3스타라 해도 100유로 후반에서 250유로 이하의 가격대가 많다. 가격을 꼭 언급하지 않더라도 음식 구성이나 여러 가지 면에서 만족도가 훨씬 높은데, 2스타 이하로 내려가면 이런 경향이 더 강하다. 그래서 주변 지인이 파리로 미식 여행을 간다고 하면 며칠이라도 시간을 들여서 리옹이나 남프랑스 몇 군데라도 가보라고 권하는 것이 이런 이유에서다.

3. 프랑스에서 레스토랑 고르기

여행을 많이 하고 여러 레스토랑을 가다보면 대개 미슐랭 1스타와 2, 3스타 사이에 많은 차이가 있음을 깨닫게 된다. 2스타 레스토랑이 3스타보다 만족스러운 경우는 종종 있지만, 1스타가 3스타보다 나은 경우는 정말 보기 힘들다. 반면에 굳이 찾아갈 만한 어떤 '의미'나 '특징'이 있는 레스토랑을 찾는다면 3스타가 확실히 값어치를 한다. 그들에게는 어떤 특징이나 독창적인 부분이 분명히 있기 때문이다. 하지만 1, 2스타 레스토랑은 큰 의미나 특징이 없는 경우도 많다.

프랑스의 〈미슐랭 가이드〉 스타 레스토랑은 이탈리아와 스페인에서 고개를 갸웃하게 만들던 것과 달리 개인적인 평가와도 거의 일치하고는 했다. 이탈리아와 스페인의 3스타 레스토랑에서는 형편없는 음식으로 분노했던 경험이 몇 번 있는데 프랑스에서 그런 경험은 없다. 2스타에서 3스타 이상의 만족스러운 경험을 한 곳이 종종 있다. 하지만 대개는 클래식한 레시피를 고집하는 곳으로, 내 개인의 취향과 관계없이 왜 3스타가 아닌지 납득이 가는 경우가 많다. 1스타로 내려가면 더더욱 인상적인 음식을 만나기 어렵다. 이는 이탈리아나 스페인에서 재기발랄한 1스타 레스토랑을 종종 경험한 것과 대비된다.

프랑스의 진정한 힘은 미슐랭 별을 받은 곳보다 별은 없지만 음식 하나만큼은 별이 몇 개 있는 레스토랑에 못지않은 곳이 많다는 것이다. 한 접시, 한 접시의 수준이 어느 가스트로노미와 견줘도 될 것 같은 곳이 즐비하다.

개인적으로 미슐랭 3스타 혹은 가보고 싶던 지역이나 레스토랑을 기준으로 대략적인 일정을 정하고, 그 사이사이에 전통 있는 1, 2스타 레스토랑과 지역을 대표하는 비스트로나 캐주얼한 레스토랑을 추가하는 편을 권한다.

5. 레스토랑 예약하기

레스토랑 예약은 선정한 핵심 레스토랑을 먼저 예약하고 그다음에 도시별 주요 레스토랑을, 마지막으로 캐주얼한 레스토랑과 비스트로를 예약한다. 핵심 레스토랑은 경우에 따라 6개월 전에 예약하기도 하는데 대개는 3개월 전에 예약하면 충분하다. 지나치게 일찍 예약해도 받지 않고 2~3개월 전에 예약 오픈을 한다. 미슐랭 별이 없는 캐주얼한 곳은 2~3주 전에 예약해도 충분하고 대개는 1주일 이내에 예약해도 자리가 있는 편이다.

프랑스는 스페인처럼 예약하기 어려운 레스토랑은 없다. 파리의 3스타 중에는 라스트랑스 L'Astrance가 가장 예약이 힘든 편인데, 원래 전화로만 예약을 받다가(하지만 전화 통화하기는 불가능에 가깝다.) 최근 인터넷 예약이 가능해지면서 접근성이 좋아졌다. 그 외에는 셉팀 Septime 정도가 예약 오픈 날짜에 바로 잡아야 하는 레스토랑에 속한다. (셉팀은 21일 전에 예약이 오픈한다.) 여름 휴가철이라면 남프랑스의 레스토랑은 2~3달 정도 전에는 예약해야 하며, 겨울 스키 시즌이라면 알프스의 레스토랑 역시 2~3달 전에 예약하는 것이 좋다.

1. 예약하는 방법

외국 관광객 입장에서 가장 간편한 예약 방법은 홈페이지에서 온라인으로 예약하는 것이다. 대부분의 고급 레스토랑은 홈페이지를 운영하고 레스토랑 대부분이 온라인 예약을 받는다. 그렇지 않을 경우도 대개 이메일로 예약할 수 있으니 굳이 잘 안 통하는 영어를 쓰며 전화할 일은 거의 없다. 다만 홈페이지가 없는 캐주얼한 레스토랑은 전화 예약만 받는다. 70~80%의 레스토랑은 영어로 예약이 가능하고, 영어가 통하지 않으면 호텔 컨시어지에 부탁하는 것이 좋다.

주의해야 할 점은 가족여행의 경우 어린아이 동반이 가능한가이다. 고급 레스토랑의 경우 6세 미만, 10세 미만, 14세 미만의 아동 동반이 불가능한 경우가 종종 있기 때문에 예약 시에 반드시 문의하도록 하자. 어린아이의 입장이 가능한 곳은 아이들을 위한 메뉴가 따로 있는 경우도 있다. 아이와 함께 레스토랑을 간다면 아이의 음식은 따로 시켜주는 것이 좋다. 같은 코스를 소화하지는 못해도 단품이라도 주문하는 것이 일반적이다.

전망이 빼어나거나 특별한 좌석이 있는 레스토랑은 먼저 예약한 순서대로 좋은 자리에 앉을 수 있기 때문에 가능하면 빨리 예약하고 예약 시에 원하는 자리를 요구하는 것이 좋다.

(1) 온라인 예약

대부분의 레스토랑에서는 영문 홈페이지를 운영하기 때문에 시스템에 맞춰 필요한 날짜와 시간, 인원수 등을 적고 예약을 진행하면 된다. 대개는 온라인으로 예약이 확정되는 것이 아니고 확인 메일을 받아야 확정되기 때문에 확인 메일이 스팸메일함으로 들어가지 않았는지 잘 확인하도록 한다.

(2) 이메일 예약

일부 레스토랑은 홈페이지에 예약을 받는 이메일 주소를 올려놓는다. 다음과 같은 양식을 보내 예약을 진행하면 된다.

> - Name: Mr. Bai, Dongryul
> - Date: 21/05/2016 Monday, 혹은 21/May/2016 Monday
>   (일/월/년도 요일 순서 – 혼동할 수 있으므로 요일을 명시하는 것이 좋다.)
> - Time: Dinner, 20:00
> - Number of guests: 4
> - Phone Number: +82-10-1234-5678
> - Hotel: Hotel de Europe

(3) 전화 예약

홈페이지가 없는 경우도 있고, 있더라도 예약은 전화로만 받는 경우도 있다. 어지간한 고급 레스토랑은 영어를 할 수 있는 직원이 있기 때문에 "English?"라고 물어 대화가 가능한 직원을 찾아 예약하면 된다. 홈페이지나 이메일로 예약할 때는 자리가 없던 곳이라도 전화하면 자리가 있는 경우가 종종 있기 때문에 전화로 확인하는 습관을 들이면 좋다.

2. 신용카드를 요구하는 경우

대부분의 고급 레스토랑은 예약 시에 신용카드 번호를 요구한다.

일정 금액 승인만 이루어지고 카드 유효 여부만 확인하는 경우도 있고 인당 일정 금액을 미리 결제하는 경우도 있다. 레스토랑마다 규정이 다르지만 당일 취소 시 1인당 코스 금액이 청구되는 경우가 많고 2~3일 전에 취소해도 일부 금액이 결제될 수 있다. (예약 시에 공지한다.)

규정된 시간 이전에 취소를 하면 결제가 미리 되었다 해도 카드 승인이 취소된다. 선결제한 경우라면 반드시 기록해두었다가 식사 비용 결제 시에 확인해보는 것이 좋다. 몇몇 레스토랑은 예약금을 받고 몇 달 전에 취소해도 예약금을 돌려주지 않는 경우도 있으니 예약 시에 레스토랑마다 상이한 규정을 숙지하는 것이 좋다.

3. 컨시어지 서비스를 이용하는 경우

본인이 고급 호텔 혹은 규모가 큰 호텔에 숙박하고 있다면 컨시어지 서비스를 이용해 레스토랑을 예약할 수 있다. 컨시어지의 추천을 받아 레스토랑 예약을 할 수도 있고, 묵고 있는 도시에 예약하고 싶은 리스트가 있으면 호텔에 메일을 보내 대신 예약을 부탁할 수도 있다. 직접 예약하는 것에 비해 간편하기도 하지만 예약이 성공될 확률도 더 높다. (좋은 호텔에 묵을수록 성공 확률이 높아진다.)

카드사에서도 컨시어지 서비스를 제공하는 경우가 있는데 대개 특별한 카드를 사용하는 경우에 한하고 있다.

4. 예약 확인하기

예약을 하고 나면 대개 레스토랑에서 예약 확인을 요구한다. 가장 간편한 예약 확인 방법은 레스토랑과 주고받은 이메일로 도착 2~3일 전에 컨펌 메일을 보내거나 전화로 확인하는 것이다. 가끔 컨펌이 되지 않은 상태에서 본인이 알려준 전화로 통화가 되지 않으면 예약이 취소되는 경우도 있으니 주의하자. (로밍하면서 유심USIM이 변경되어 전화번호가 바뀔 경우 통화가 안 돼 취소되기도 하니 이럴 경우 미리 예약 확인을 하거나 바뀐 전화번호를 알려줘야 한다.)

만약 선결제가 일정 금액 이루어졌다면 (승인만 하는 경우는 제외하고) 레스토랑에서도 컨펌을 요구하지 않고 컨펌이 필요 없는 경우가 대부분이다.

가능하면 이메일로 컨펌하는 쪽을 추천한다. 전화로 하게 되면 의사소통이 잘 되지 않아 다른 날짜에 잘못 예약되어 있는 경우가 있어 증거가 있는 메일이 확실하다. 스페인에서도 예약이 꼬여 자리가 없다고 한 경우가 있었고 해외 다른 레스토랑에 예약하고 방문했는데 예약이 다른 날짜로 되어있어서 그 자리에서 메일을 보여주고 자리를 만들어 식사한 경험이 몇 번 있다.

2. 레스토랑 이용하기

1. 드레스코드

최근 들어 많은 레스토랑에서 엄격한 드레스코드가 없어지는 추세다. 불과 몇 년 전만 해도 어지간한 미슐랭 스타 레스토랑에서는 재킷을 필수로 입어야 했으며 저녁에는 타이까지 매야하는 곳이 많았다. 하지만 최근에는 대부분의 레스토랑에서 재킷은 필수가 아니며 점심에 재킷이 필요한 곳이나 타이까지 요구하는 곳은 찾아보기 힘들다.

그렇다고 아무렇게나 입고 간다면 본인 스스로도 부끄러울 것이고, 몇 가지 제한 규정이 있는 곳도 있다. 이런 규정은 대개 남성에게 해당되는 것이며 여성의 복장에 대해서는 비교적 관대한 편이다. 특히 원피스나 드레스 정도면 어떤 드레스코드라도 OK.

드레스코드 분류는 국가마다 다르고 여러 군데를 찾아봐도 조금씩 다른 경우가 많아 보편적인 규정을 소개한다. 대부분의 고급 레스토랑은(일부 바닷가, 해변의 레스토랑을 제외하면) 반바지, 슬리퍼, 소매 없는 셔츠로 입장할 수 없다.

한 가지만 추가로 얘기하자면, 대개의 고급 레스토랑에 등산복 차림으로 입장하는 건 불가능한 것은 아니지만 권하고 싶지 않다.

- **캐주얼** casual : 긴 바지(경우에 따라 반바지 허용), 운동화, 티셔츠 가능
- **스마트 캐주얼** smart casual : 긴 바지(데님 포함)에 소매 있는 셔츠를 입어도 무방하나 칼라가 있는 티셔츠나 셔츠를 권장함
- **비즈니스 캐주얼** business casual : 깔끔한 정장, 면바지 등에 벨트 착용, 폴로 셔츠류도 가능. 남방이나 드레스 셔츠, 니트류를 권장. 운동화는 대개 허용되지 않는다.
- **재킷** jacket : 타이 없이 정장이나 비즈니스 캐주얼 차림에 재킷을 걸치면 가능
- **재킷 위드 타이** jacket with tie : 넥타이를 맨 정장만 가능

미슐랭 스타 레스토랑의 경우 별도의 설명이 없으면 스마트 캐주얼이라고 봐도 무방하나 대개의 경우 비즈니스 캐주얼 이상을 입는다. 아무래도 도심지에 있는 레스토랑보다 관광지에 있는 레스토랑이 좀 더 관대한 편이다.

현재 파리의 일부 클래식한 레스토랑을 제외하고 재킷을 필수로 하는 곳은 모나코의 루이 캥즈Louis XV 말고는 거의 없다. (재킷이 없더라도 입구에서 빌려주는 경우가 대부분이다.)

2. 레스토랑 찾아가는 방법

요새는 구글 맵이 있어 레스토랑을 찾아가는 것이 어렵지 않다. 예약시간보다 조금 일찍 도착하는 것이 좋고 도착하게 되면 리셉션에서 안내 받을 때까지 기다린다. 만약 예약시간보다 15~20분 이상 늦어지게 되면 레스토랑에 전화로 미리 얘기해놓는 것이 좋다.

영업시간이나 예약시간 전에 도착하면 대개의 고급 레스토랑의 경우 입구 쪽에 바에서 기다리게 하기도 한다. 이때 간단한 스낵이나 웰컴 디시를 가져다 주며 물이나 식전주(아페리티프 aperitif)를 주문받는다. 기다리며 메뉴판이나 와인 리스트를 보면 된다.

예약한 시간에 도착해도 종종 아페리티프를 자리에서 먹거나 바 혹은 테라스에서 먹는 것을 권할 때가 있는데 취향껏 선택하면 된다.

3. 와인 주문하기

1. 식전주 주문하기

자리에 앉으면 가장 먼저 물이나 식전주인 아페리티프 aperitif 주문을 받게 된다.

물은 일반 미네랄워터 plate, still water, no gas와 탄산수 gazeuse, sparkling water, with gas 로 나뉘며 취향에 따라 주문하면 된다.

식전주는 입맛을 돋우기 위한 스파클링 와인이나 몇 가지 칵테일을 말하는데, 대개 프랑스에서는 샴페인을 선택하게 된다. 샴페인을 선택하면 잔에 보통 20~40유로 정도 청구된다.

만약 인원이 네 명 이상이거나 스파클링 와인을 마실 의향이 있다면 와인 리스트를 달라고 해서 병으로 주문하는 편이 낫다. 물과 와인 리스트를 원하면 서버에게 "Just still water and wine list, please" 정도로 이야기하면 된다.

2. 와인 주문하기

식전주 주문을 할 때 와인 리스트를 달라고 하면 소믈리에가 책을 하나 가져다준다.

대부분의 고급 레스토랑은 우리나라에서는 보기 힘든 방대한 양의 리스트를 갖추고 있다. 리스트를 면밀히 검토해서 주머니 사정에 맞으면서도 맛있는 와인을 찾는다는 것은 전문가 수준의 지식을 겸비하고 있지 않으면 절대 불가능하다.

이 책에서 프랑스 와인의 개요가 어떻고 어떤 지방의 어떤 와인, 어떤 와이너리에서 만든 몇 년도 와인이 좋다고 아무리 설명한들 그 자리에 가면 아무런 기억도 안 나고 딱 들어맞는 와인을 찾는다는 보장도 없다.

어차피 전문적인 지식을 가진 와인 애호가라면 아무런 가이드가 필요 없을 것이고, 와인에 대한 지식이 부족한 사람이라면 글로 설명해봐야 머릿속에 들어오지 않는다.

그래서 몇 가지 와인 주문하는 팁만 소개하는 것이 제일 좋을 것 같다.

(1) 와인을 병으로 주문할 것인지, 잔으로 주문할 것인지 정한다.

- 잔으로 주문할 경우는 글래스 와인glass wine, by the glass 리스트를 달라고 한다.
- 고급 레스토랑에서는 음식 코스에 맞춰 여러 종류의 와인이 조금씩 나오는 와인 페어링wine paring을 선택할 수도 있다.
- 소믈리에에게 문의하면 어떤 와인이 몇 잔 나오고 얼마 가격인지 알려주는데, 대개 코스 가격의 50~80%인 경우가 많다.
- 주량에 자신이 있고 다양하게 마시고 싶다면 그 레스토랑에서 엄선한 와인 페어링을 선택하는 것이 좋다.

(2) 와인 종류를 정한다.

병으로 주문할 때는 우선 몇 병을 마실 것인지, 스파클링 와인/화이트 와인/레드 와인 중에 무엇을 마실 것인지를 정한다.

(3) 소믈리에의 추천을 받는다.

- 경험상 미슐랭 2~3 스타 같은 고급 레스토랑에서는 100유로 안팎의 와인을 가장 먼저 추천하는 것이 보편적이다. 1스타 정도 되는 레스토랑에서는 50유로 정도, 일반적인 레스토랑이나 캐주얼한 레스토랑은 20~30유로의 와인을 추천한다.
- 어느 정도의 수준이나 가격대의 와인을 원한다면 가격을 손으로 짚고 이 범위this range의 와인을 추천해달라고 한다.
- 보통 소믈리에는 드라이dry, 스위트sweet한 것 중 어떤 것을 선호하는지, 풀 바디full body나 미디엄medium, 라이트light 중에 무엇을 선호하는지 묻는다. 취향을 말하면 그에 맞는 와인을 추천해준다.
- 비교적 저렴한 와인을 마시고 싶은데 우아하게(?) 표현하고 싶다면 "Recommend from this region."이라고 말하면 된다. 대개 프랑스 어느 지역에서나 와인을 만드는데, 인근 지역에서 만든 와인은 대부분 가격이 저렴하다. (물론 보르도나 부르고뉴에 가서 이와 같은 이야기를 하면 안 된다!)

(4) 가능하면 한국에서 마시기 힘든 오래된 와인을 시도해보자.

우리나라에도 어지간한 좋은 프랑스 와인은 거의 들어와 있다. 하지만 좋은 상태로 충분히 숙성된 와인은 찾아보기 힘든 만큼 가능하면 올드 빈티지의 와인을 몇 번쯤 시도해보는 것이 좋겠다.

레스토랑 소개 개요 부분에 와인 리스트에 대한 평가를 해두었다. 얼마나 다양한 와인을 보유하고 있는지, 전반적인 가격대는 어떤지(부담 없는 가격대의 와인이 있는지), 다른 레스토랑이나 숍에 비해 얼마나 좋은 가격으로 파는지 등을 평가했다.

4. 음식 주문하기

1. 메뉴의 구성

대부분의 프랑스 레스토랑은 몇 가지 코스 메뉴^{menu}와 단품$^{a\ la\ carte}$으로 구성되어 있다. (프랑스에서는 '메뉴'라는 말이 코스를 의미한다.) 많은 레스토랑의 경우 점심 코스가 따로 있으며 몇몇 레스토랑은 코스로만 구성되거나 단품으로만 구성되기도 한다.

처음 방문하는 레스토랑이라면 중간 정도의 테이스팅 메뉴를 주문하는 것이 가장 일반적이다. 테이스팅 메뉴는 파리를 기준으로 미슐랭 1스타의 경우 저녁 기준 80~100유로가 일반적이며, 2스타의 경우 150~250유로, 3스타는 250~400유로 정도 된다. 지방으로 가면 이보다 조금 저렴하다고 보면 된다. 이 책의 레스토랑 소개 부분에 메뉴 및 음료를 포함한 예산의 범위를 적어놨다.

2. 주문하기

프랑스의 고급 레스토랑 대부분에는 코스 메뉴가 있다. 그리고 많은 레스토랑이 코스 메뉴를 그들의 대표 시그니처 메뉴로 구성해놓는 경우가 많다. (관광객이 많은 레스토랑일수록 더 그렇다.) 코스 구성은 미리 정해져 있어 얄레르기나 못 먹는 음식을 제외하면 서버와 딱히 나눌 이야기가 없다. 만약 못 먹는 음식이 있으면 이야기를 해야 하는데 영어를 그다지 잘하지 못해도 상관없다. 어차피 그들도 영어가 외국어인 만큼 간단한 단어로 대화를 이어나가면 된다. 굳이 학창시절에 배운 영어 문장을 만들 필요도 없고 가이드 책에 나오는, 읽지도 못하고 대답해도 알아듣지 못하는 프랑스어를 얘기할 필요도 없다.

· 코스를 고를 경우 못 먹는 음식이 있는지 살펴보고, 만약 있다면 변경해줄 것을 요청한다.
· 단품으로 주문할 경우, 일반적으로 프랑스에서는 전채-메인-디저트의 3코스 구성을 따른다. 전채-해산물-고기-디저트의 코스를 주문할 경우 양이 지나치게 많아져 3코스를 택하는 것이 적당하며 단계마다 시그니처 메뉴를 물어보는 것이 좋다. 캐주얼한 레스토랑에서는 하나만 주문해도 관계없으나 고급 레스토랑에서는 일반적으로 점심때라 해도 최소 두 가지 코스는 시켜야 한다. 메인에서 인당 하나씩 시키는 것이 일반적인 룰이다.
· 프랑스에서는 아뮈즈 부슈를 먹고 식전주를 마시면서 천천히 메뉴판을 들여다보고 주문한다. 서버는 보통 손님들에게 충분한 시간을 주고 다가와서 설명을 해주거나 주문을 받는다. 우리는 식전빵이라는 단어를 쓰기도 하지만 프랑스의 고급 레스토랑에서는 메뉴판도 주기 전에 아뮈즈 부슈부터 나오고, 메뉴를 주문하고 본 식사가 시작되고 난 후에 빵이 나오는 것이 일반적이다.
· 프랑스의 가스트로노미에서는 원래 음식을 셰어share해서 먹지 않는 것이 룰이나, 최근에는 그런 경향이 완화되는 추세다.
· 특별히 명시되어 있지 않으면 커피나 차는 코스 메뉴에 포함되지 않는다.
· 주로 해산물 레스토랑에서는 100g이나 1kg 단위로 가격이 나와 있는 경우가 있다. 일부 이탈리아 관광지 레스토랑 중에는 1kg 단위로 가격이 표시된 메뉴판으로 주문을 받고 나중에 계산 시 100g 단위라든지 다른 가격이 쓰여 있는 메뉴판을 보여주는 곳

도 있으므로 꼭 사진을 찍어놓는 것이 좋다. 프랑스에서는 그런 경우가 별로 없는 것 같지만 주의하는 것이 좋다. 물론 이 책에 소개되어 있는 레스토랑을 방문할 때는 그런 걱정은 할 필요가 없다.

5. 식사 매너 및 계산하기

1. 식사 매너

· 고급 레스토랑에서는 포크와 나이프가 코스마다 교체된다. 여러 벌이 놓여 있으면 바깥에서 안쪽의 순서대로 사용하면 된다. 식사 중에는 포크와 나이프를 'ㅅ' 모양으로 놓고 식사를 다 했다면 비스듬히 11자로 나란히 놓으면 된다.

· 예전에 어느 광고에도 나왔지만 물과 와인잔은 오른쪽에 있는 것, 빵은 왼쪽에 있는 것이 본인의 것이다.

· 대개 고급 레스토랑에는 서버가 많기 때문에 조용히 손을 들거나 눈만 마주쳐도 무언가를 요청할 수 있다. 고급 레스토랑이 아니더라도 우리처럼 소리를 내어 부르는 경우는 거의 없다.

· 모든 서비스는 상당히 천천히 이루어지기 때문에 급하게 요청하지 않는 것이 좋다. 급하게 재촉한다고 빨리 이루어지는 것도 아니므로 느긋하게 마음의 여유를 갖자. 식사를 마치고 계산서를 요청하고 계산이 이루어지는 데까지 10분 넘게 걸리는 경우가 많다.

· 가끔 인터넷을 보면 식사 중에 팔을 내리지 않고 팔꿈치는 식탁에 대지 않는다거나 하는 이야기가 많이 나오는데 그런 엄격한 테이블 매너는 사라진 지 오래다. 보편적인 상식에 비추어 남에게 해가 되지 않는 행동이면 무방하다.

2. 계산하기

계산이 필요할 때는 간단하게 체크check 혹은 빌bill이라고 하면 된다. 굳이 되지도 않는 프랑스어를 하거나 문장을 만들 필요는 전혀 없다. 심지어 손가락으로 네모난 모양을 만들기만 해도 계산서를 요청한다는 것을 다 알아듣는다.

(1) 커버 차지cover charge

유럽에서는 고급 레스토랑이든 캐주얼 레스토랑이든 관계없이 자릿세 개념의 커버 차지를 받는 경우가 종종 있는데, 프랑스에서는 이런 경우를 본 적이 몇 번 없다. 커버 차지를 받으면 빵을 제공한다거나 물을 제공하는 경우도 있지만, 레스토랑마다 다 다르고 정해진 룰도 없다. 대개 고급 레스토랑에서는 커버 차지가 없다.

(2) 팁tip

대부분 메뉴판에 적힌 음식의 가격에는 부가세와 봉사료가 포함되어 있다. 가끔 별도로 명시되어 세금이나 봉사료가 추가되는 경우가 있는데, 이때도 일괄적으로 걷기 때문에 반드시 팁을 줄 필요는 없다. 팁을 주지 않아도 무방하며, 서비스가 마음에 들 경우 고급 레스토랑이라면 지폐로 주고(동전을 주는 것은 실례다.) 캐주얼한 레스토랑이라면 동전 몇 유로 정도 주는 성의 표시 정도면 충분하다. 계산서 아래에 팁을 적는 칸이 있는 경우도 있는데, 아무것도 적지 않아도 무방하며 적은 금액만 적어도 아무 문제가 없다.

3. 프랑스 미식 여행 개요

1. 프랑스 음식 개요

이 책은 프랑스 레스토랑을 소개하는 책이지 프랑스 음식에 대해 소개하는 데 목적이 있지 않다. 프랑스 음식이 어떻고, 지역적으로 어떤 특징이 있으며, 역사는 어떻게 되는지 등등 길게 얘기하기에는 내 전문적 지식도 부족하고 독자도 별 관심이 없을 것 같다. (난 어디까지나 '잘' 먹고 마시고 즐기는 데 소질이 있고 그 분야에서만큼은 전문가라고 자부하지만, 학문적인 부분은 전문적으로 배우고 공부한 사람들의 몫으로 남겨두고 싶다.)

16세기 앙리 2세의 아내인 피렌체 메디치 가문의 카트린느 드 메디치가 파리로 와 이탈리아 르네상스 요리를 프랑스에 전파하면서 프랑스 요리가 본격적으로 형성되었다고들 한다. 이어 '요리사의 왕, 왕의 요리사'라고 불린 조르주 오귀스트 에스코피에 George August Escoffier가 19세기~20세기 초에 '오트 퀴진'이라고 하는 웅장하고 고급스러운 요리에 대한 기초를 닦았다. 20세기 후반부에는 폴 보퀴즈 Paul Bocuse, 장에피에르 트루아그로 Jean & Pierre Troisgros, 미셸 게라르 Michel Guérard 등 누벨 퀴진의 기수들이 나타나 좀 더 가볍고 신선함을 중시하는 방향으로의 변화를 거쳐 한 단계 도약하게 된다. 현재는 분자요리 등의 혁신적인 조리 기법과 전 세계적인 교류의 영향으로 날이 갈수록 새로운 물결이 프랑스 요리에 접목되고 있다.

그럼에도 프랑스 요리의 특징은 크게 변하지 않았다. 프랑스 요리의 특징은 재료의 신선함을 중시하고, 자연적 풍미를 강조하며, 넓은 땅에서 나타나는 다양한 지역색을 존중하고, 세련되면서 복잡한 조리법을 이용한다는 것이다. 어디선가 프랑스와 이탈리아 요리에 대한 인상 깊은 문장을 읽었는데 그 문장에 프랑스 요리에 대한 핵심이 담겨 있다고 생각한다.

"이탈리아 요리는 자연을 그 최상의 상태로 표현한다. 프랑스 요리는 자연에 대한 도전으로 자연을 뒤집고 고유의 새로운 자연을 창조하는 예술이다."

프랑스 요리는 수백 년 동안 서양 요리의 토대이자 기준이었고, 이는 현재도 마찬가지이며 앞으로도 그럴 것이다.

프랑스에서는 스페인이나 이탈리아와 달리(?) 평범하게 하루 세 끼만을 먹는다. 아침petit déjeuner은 크루아상, 커피, 오렌지 주스 등으로 간단하게 먹으며, 점심déjeuner(보통 12:00~14:30)과 저녁dinner(보통 19:00~23:00)의 비중은 거의 동일하다.

2. 프랑스 식재료 및 요리

가능하면 영어 표기를 병기하였다. 레스토랑에 가면 실제 영어로 된 메뉴판도 많고 서버와 영어로 대화를 나누는 경우가 대부분이라 프랑스 단어보다는 영어 단어를 숙지하고 있는 편이 훨씬 도움이 된다. 중요한 단어의 경우 괄호 안에 영어로 표기했다.

1. 육류 vivandes

- 그레누유 grenouille(frog) : 개구리
- 라팽 lapin(rabbit) : 토끼
- 무통 mouton(mutton) : 양
- 보 veau(veal) : 송아지
- 볼라유 volaille(bird) : 새
- 뵈프 boeuf(beef) : 소고기
- 샤르퀴테리 charcuterie : 햄, 소시지, 소시송 등 고기로 만든 가공품
- 세르 cerf(deer) : 사슴
- 아뇨 agneau(lamb) : 어린 양
- 앙두예트 andouillette : 돼지 내장으로 만든 하얀 소시지

- 에스카르고escargot : 달팽이
- 외프ouef(egg) : 계란
- 장봉jambon : 돼지 넓적다리로 만든 햄
- 지비에gibier : 야생동물을 사냥한 고기
- 카나르canard(duck) : 오리
- 카유caille(quail) : 메추리
- 테린terrine : 익힌 고기를 틀 안에 넣은 것
- 파테pâté : 고기를 굳혀 반죽/틀 안에 넣어 구운 것
- 포르/코숑porc/cochon(pig) : 돼지
- 푸아그라foie gras : 푸아그라
- 풀레/코크poulet/coq(chicken) : 닭
- 피종pigeon : 비둘기

2. 생선, 해산물poissons

해산물은 한국과 미국, 프랑스에서 나는 종이 조금씩 다르기 때문에 정확한 번역이 어렵다. 유사한 재료로 대강 이해할 수 있도록 했으나 100% 일치하는 것은 아니다.

- 감바gamba(prawn) : 새우
- 도라드dorade(sea bream) : 도미
- 랑구스틴langoustine : 랑구스틴
- 로트lotte(monk fish) : 아귀
- 루제rouget(red mullet) : 노랑촉수
- 물moules(mussel) : 홍합
- 바르뷔barbue : 광자미
- 사르딘sardine(sandine) : 정어리

- 생 자크saint jacques : 가리비
- 생–피에르Saint-Pierre(John Dory) : 달고기
- 소몽saumon(salmon) : 연어
- 솔sole : 서대와 비슷한 생선
- 앙슈아anchois(anchovy) : 멸치
- 오마르homard(lobster) : 랍스터
- 우르생oursin(sea urchin) : 성게
- 위트르huitre(oyster) : 굴
- 카비요/아도크cabillaud / haddock(cod) : 대구
- 칼마르calmar(squid) : 오징어
- 크라브crabe(crab) : 게
- 클람clam : 조개
- 통thon(tuna) : 참치
- 튀르보turbot : 광어/넙치
- 트뤼트truite(trout) : 송어
- 풀프poulpe(octopus) : 문어

3. 채소légume

- 리riz(rice) : 쌀
- 무타르드moutarde(mustard) : 겨자
- 슈chou(cabbage) : 양배추
- 아르티쇼artichaut(artichoke) : 아티초크
- 아망드amande(almond) : 아몬드
- 아스페르주asperge(asparagus) : 아스파라거스
- 아이ail(garlic) : 마늘

- 에피나르 epinard(spinach) : 시금치
- 오뇽 oignon(onion) : 양파
- 오베르진 aubergine(eggplant) : 가지
- 쟁정브르 gingembre(ginger) : 생강
- 토마트 tomate(tomato) : 토마토
- 포티롱 potiron(zucchini) : 호박
- 폼므 드 테르 pomme de terre(potato) : 감자
- 푸아로 poireau(leek) : 대파

4. 과일 fruit

- 레쟁 raisin(grape) : 포도
- 마롱 marron : 밤
- 바난 banane(banana) : 바나나
- 시트롱 citron(lemon) : 레몬
- 아나나 ananas(pineapple) : 파인애플
- 아브리코 abricot(apricot) : 살구
- 페슈 pêche(peach) : 복숭아
- 폼므 pomme(apple) : 사과
- 푸아르 poire(pear) : 배
- 프랑부아즈 framboise : 산딸기
- 프레즈 fraise(strawberry) : 딸기
- 피그 figue(fig) : 무화과

5. 대표적인 빵

- 바게트 baquette
- 브리오슈 brioche
- 쇼숑 오 폼므 chaussons aux pomme
- 크루아상 croissant
- 팽 드 캉파뉴 pain de campagne
- 팽 오 쇼콜라 pain au chocolat

6. 대표적인 디저트

- 마카롱 macaron
- 바바 오 럼 baba au rhum
- 수플레 soufflé
- 일 플로탕트 il flottante
- 파리 브레스트 paris brest
- 프로피테롤 profiterole

7. 몇 가지 기타 주요 음식

- 글라스 glace(ice cream) : 아이스크림
- 레 lait(milk) : 우유
- 미엘 miel(honey) : 꿀
- 뱅 vin(wine) : 와인. 화이트 와인은 뱅 블랑 vin blanc, 레드 와인은 뱅 루주 vin rouge라 한다.
- 베샤멜 bechamel : 밀가루, 버터, 우유 등으로 진하게 만든 소스
- 뵈르 beurre(butter) : 버터

- 부아송boisson : 음료
- 비네그레트vinaigrette(vinegar) : 식초
- 비스크bisque : 갑각류 등으로 우려낸 소스
- 비에르bière(beer) : 맥주
- 셀sel(salt) : 소금
- 쉬크르sucre(sugar) : 설탕
- 아이올리aioli : 프로방스의 전통 소스, 마늘이 들어간 마요네즈와 비슷하다.
- 오eau(water) : 물
- 위일huile(oil) : 오일
- 콩소메consommé : 소스나 수프에 쓰이는 맑은 국물
- 푸아브르poivre(pepper) : 후추

8. 대표적인 음식, 조리 용어

- 그리예grillé : 그릴
- 로티roti : 로스트한 요리
- 뫼니에르meuniere : 버터, 레몬즙과 함께 구운 생선요리
- 소테sauté : 버터나 기름에 갈색이 나도록 튀겨내듯 익힌 요리
- 아시에트assiette : 모둠
- 알 라 플랑샤à la plancha : 철판에 조리한 요리
- 쥘리엔julienne : 채 썰기
- 콩피confit : 기름으로 천천히 익히는 조리법
- 파르시farci : 속을 채워 구운 고기 요리
- 퓌메fumé : 훈제
- 프리카세fricassée : 다양한 고기를 넣은 스튜와 비슷한 요리
- 푸알레poêle : 팬에 구운 요리

3. 프랑스 코스 구성

프랑스의 코스는 엉트레entrée(전채), 플라plat(메인), 데세르dessert(디저트)의 3코스 구성이 일반적이다. 고급 레스토랑이나 비스트로, 브라스리 할 것 없이 메뉴판부터 3코스에 맞춰 짜여 있고, 심지어 패스트푸드를 사먹어도 3코스로 구성되는 경우가 많다.

고급 레스토랑에 가면 앙트레 전에 식전 음식으로 아뮈즈 부슈와 같은 스낵이 나오기도 한다. 앙트레가 차가운 것, 뜨거운 것 등으로 나뉘어 여러 가지 나온다거나 메인이 생선과 고기로 나뉘는 경우도 있다.

최근 고급 레스토랑이나 네오 비스트로 등을 중심으로 정형화된 구성을 따르기보다 본인만의 구성으로 코스를 내는 곳이 많아졌다.

4. 프랑스 와인

프랑스는 세계 최대의 와인 생산국이자(이탈리아와 늘 1, 2위를 다툰다.) 세계 최고의 고급 와인을 생산하는 곳으로, 우리나라 사람들은 누구나 와인 하면 일단 프랑스 와인을 떠올린다. 개인적으로도 가장 좋아하는 와인이 프랑스 와인이다. 프랑스 와인은 생산지역도 매우 방대하고 종류도 많아 여기서 대략적으로 소개하고 설명한들 와인을 고르는 데 아무런 도움이 될 것 같지 않다. 어떤 레스토랑에서 어떤 와인이 먹을 만한 가격인지, 와인이 시음 적기에 들어 지금 마셨을 때 맛이 있는지 판단하는 것은 와인 관련 일에 종사하는 사람들에게도 어려운 일이다. 아마추어로서 본격적으로 와인을 마시고 즐긴 지 고작 15년 정도 된 나 역시 말할 것도 없다.

그렇다고 프랑스 레스토랑과 음식에 대한 책을 쓰고 있는데 와인에 대한 이야기를 하지 않고 넘어갈 수는 없는 법. 주요 생산지와 품종에 대해서만 간단하게 소개하고자 한다. 명심할 것은 두 가지! '와인에 대해 잘 몰라도 와인을 고르는 것에 대해 두려워하지 말자', '소믈리에와 상의하자.' 이것만 알면 프랑스에서 와인 즐기기 어렵지 않다.

1. 주요 포도 품종

(1) 레드 와인 품종

- 그르나슈 Grenache : 남부 론 지방. 샤토네프 뒤 파프의 블렌딩에 주로 사용되는 품종으로, 은은한 단맛이 특징이다.
- 메를로 Merlot : 보르도 와인의 블렌딩에 사용되고, 포므롤의 주품종이다. 벨벳처럼 부드러운 뉘앙스가 특징이다.
- 시라 Syrah : 북부 론 지방의 주요 품종. 스파이시하고 강렬한 맛이 특징이다.
- 카베르네 소비뇽 Cabernet Sauvignon : 보르도 와인(메독)의 주품종으로, 탄닌이 강하고 장기 숙성이 가능하다.
- 카베르네 프랑 Cabernet Franc : 보르도 와인의 블렌딩에 사용된다.
- 피노 누아 Pinot Noir : 부르고뉴 최고급 레드 와인의 단일 품종으로 사용되거나 샴페인을 만들 때 블렌딩에 사용된다.

(2) 화이트 와인 품종

- 비오니에 Viognier : 화사한 아로마가 특징인 론 지방의 화이트 와인을 만드는 주품종
- 샤도네이 Chardonnay : 부르고뉴 최고급 화이트 와인을 만드는 단일 품종으로 사용되거나 샴페인을 만들 때 블렌딩에 사용된다.
- 세미용 Semillion : 보르도 소테른의 귀부 와인을 만드는 데 쓰거나 블렌딩에 많이 사용된다.
- 소비뇽 블랑 Sauvignon Blanc : 꽃과 풀 향기가 나는 드라이 화이트 와인으로, 루아르 및 각 지방에서 많이 사용된다.
- 슈냉 블랑 Chenin Blanc : 루아르 지방의 쌉싸름한 드라이 와인 혹은 디저트 와인을 만드는 데 사용된다.

2. 와인 생산지역

(1) 보르도
고급 와인의 대명사와도 같은 보르도 와인의 생산지역은 지롱드Gironde강을 중심으로 좌안으로 메독Médoc(포이약Pauillac, 생 줠리앙Saint Julien, 생테스테프Saint-Estèphe, 마고Margaux)과 그라브Graves 지역이 있고, 우안으로는 포므롤Pomerol과 생테밀리옹Saint Emilion이 있다. 디저트 와인이 생산되는 소테른Sauterne도 보르도 와인 생산지 중 하나다. (이외의 다른 지역까지 반드시 알 필요는 없다.) 좌안의 와인은 1855년 제정된 그랑 크뤼Grand Cru 등급을 기준으로 주요 와인을 1~5등급으로 구별하고 있다. 그 아래 등급으로 크뤼 부르주아Cru Bourgeois도 생겼지만 등급과 맛이 꼭 일치하지는 않는다. 일반적으로 장기 숙성형 와인이 많아 잘 숙성된 와인을 마시기를 권한다.

(2) 부르고뉴
부르고뉴 레드 와인은 피노 누아, 화이트 와인은 샤도네이 단일 품종으로 만드는 것이 일반적이다. 이 지역에서는 세계 최고의 와인을 생산하고 있다. (물론 가격도 세계 최고다.) 부르고뉴에는 본 로마네, 쥐브리 샹베르탱, 샹볼 뮤지니, 샤블리, 풀리니 몽라셰 등 다양한 마을이 있다. 마을마다 밭도 다양하고 생산자도 여러 명이다보니 이 지역의 와인을 이해하고 선택하는 것은 와인 애호가에게도 대단한 도전이다.

(3) 론
개인적으로 무척 좋아하는 지역인 론은 시라를 주품종으로 하는 북부 지역과 그르나슈를 중심으로 여러 가지 블렌딩을 하는 남부 지역으로 나뉜다. 북부에서는 에르미타주Hermitage와 코트 로티Côte Rôtie에서 좋은 품질의 레드 와인이 생산되며, 콩드리외Condrieu의 화이트 와인은 실패할 일이 거의 없다. 남부에서는 샤토네프 뒤 파프Châteauneuf du Pape에 세계적으로 유명한 생산자가 많다.

(4) 샹파뉴

피노 누아, 피노 뮈니에르, 샤도네이를 블렌딩해서 만드는 스파클링 와인인 샴페인이 생산된다. 주로 아페리티프로 많이 마시는데, 정찬을 샴페인 한 잔과 함께 시작하는 것이 프랑스인의 문화다.

5. 프랑스 식당 구분

프랑스에서는 식당을 구분하는 단어가 여러 가지다. 레스토랑과 조금 캐주얼한 비스트로가 대표적이고 카페에서도 간단한 음식을 파는 경우가 많다. 조금 애매해서 우리가 쉽게 이해하기 힘든 브라스리도 있는데, 항상 명확하게 구별되는 것은 아니다.

- 레스토랑restaurant : 흔히 식당을 통칭하는 말로 쓰이기도 하지만, 일반적으로 어느 정도 격식 있는 식당을 가리킨다. 음료만을 주문할 수 없으며 점심, 저녁 영업시간이 구별되어 있는 곳이 대부분이다.

- 비스트로bistro/bistrot : 레스토랑보다 조금 캐주얼하고 소박한 식당을 의미하지만, 비스트로노미/네오 비스트로 열풍이 불면서 고급 레스토랑에 버금가는 음식을 내는 곳이 많아지는 추세다. 보통 테이블보가 깔려 있지 않고, 테이블 간의 간격도 좁은 편이며 메뉴 선택의 폭이 넓지 않다.

- 브라스리brasserie : 브라스리는 원래 알자스 지방의 맥주 양조장에서 유래된 이름이다. 대개 규모가 있는 캐주얼한 음식을 파는 레스토랑으로, 휴일이 없고 브레이크 타임도 없는 경우가 대부분이다. 비스트로보다는 격식 있고(프린트된 메뉴가 있고, 린넨 천이 테이블에 깔려 있는 등) 정중한 서비스가 있는 곳을 말한다. 미식 여행에서 브라스리를 추천하는 경우는 거의 없지만, 일반 관광객에게는 가장 접근성이 좋아서 여러모로 추천할 만하다.

첫째. 대부분의 브라스리는 규모가 크기 때문에 예약이 어렵지 않고, 조금만 기다려도 자리가 금방 난다.

둘째. 고급 레스토랑에 비해 가격대가 부담스럽지 않으며 단품 메뉴로 주문할 수 있다.

셋째. 전통 있는 브라스리가 많기 때문에 아주 훌륭하고 클래식한, 그야말로 '나 지금 파리에 와 있다'라는 것을 실감할 수 있는 인테리어를 가진 곳이 많이 있다.

넷째. 브레이크 타임이 없고, 영업시간이 여유롭기 때문에 언제 방문해도 좋다.

다섯째. 대개의 브라스리는 메뉴가 다양하다. 에스카르고(달팽이), 프랑스식 육회, 양파수프, 홍합요리, 해산물 트레이 등 관광객이 상상하는 프랑스의 유명 음식을 한곳에서 거의 다 맛볼 수 있다.

여섯째. 아이들이 있는 경우, 비스트로보다는 시설이 좋고 테이블 간격이 여유 있는 경우가 많다. 10유로선의 키즈 메뉴를 따로 갖추고 있는 곳이 대부분이다.

- **카페**café / **살롱 드 테**salon de thé : 많은 카페에서 음식을 팔지만, 기본적으로 카페는 식사를 하지 않고 음료만(혹은 간단하게 과자를) 즐길 수 있는 곳을 말한다. 대개 이른 아침부터 늦은 밤까지 운영한다.

비 밀 이 야 의

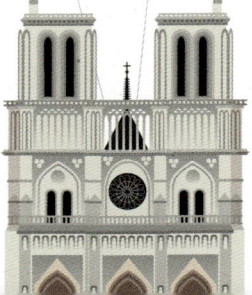

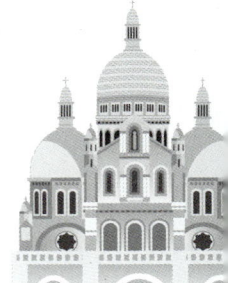

맛있는 프랑스

CAPTER 1

Paris 파리

1. **Alain Ducasse au Plaza Athénée** 알랭 뒤카스 오 플라자 아테네
2. **L'Astrance** 라스트랑스
3. **L'Arpège** 라르페주
4. **Pavillon Ledoyen** 파비 용 르두아양
5. **Le Cinq** 르 생크
6. **Guy Savoy** 기 사부아
7. **L'Ambroisie** 랑부아지
8. **Epicure** 에피퀴르
9. **Le Pré Catelan** 르 프레 카틀랑
10. **Pierre Gagnaire** 피에르 가니에르
11. **Le Meurice** 르 뫼리스
12. **Le Grand Véfour** 르 그랑 베푸
13. **Taillevent** 타유벙
14. **Passage 53** 파사주 53 (생캉트루아)
15. **Carré des Feuillants** 카레 데 푀이양
16. **Le Grand Restaurant Jean-François Piège** 르 그랑 레스토랑 장 프랑수아 피에주
17. **Maison Rostang** 메종 로스탕
18. **Gordon Ramsay au Trianon** 고든 램지 오 트리아농
19. **La Tour d'Argent** 라 투르 다르정
20. **Lasserre** 라세르
21. **Relais Louis XIII** 를레 루이 트레즈
22. **Lucas Carton** 뤼카스 카르통
23. **L'Atelier de Joël Robuchon** 라틀리에 드 조엘 로뷔숑
24. **Saturne** 사튀른
25. **Hexagone** 엑자곤
26. **Benoit** 브누아
27. **La Table d'Aki** 라 타블르 다키
28. **Neige d'été** 네주 데테
29. **La Truffière** 라 트뤼피에르
30. **ES** 에에스

캐주얼 레스토랑

31. **Bofinger** 보팽제
32. **Le Grand Colbert** 르 그랑 콜베르
33. **La Coupole** 라 쿠폴
34. **La Rotonde** 라 로통드

Paris

35. Au Pied de Cochon
    오 피에 드 코숑

36. Les Relais d'Alsace - Taverne Karlsbrau
    레 를레 달자스-타베른 칼스브라우

37. Pirouette 피루에트
38. Le Quincy 르 쾡시
39. Aux Lyonnais 오 리오네
40. Clover Grill 클로베 그릴
41. Le Soufflé 르 수플레
42. Pétrelle 페트렐
43. Le Train Bleu 르 트랭 블뢰
44. Buvette 뷔베트
45. Le Verre Volé 르 베르 볼레
46. Le Frenchie Bar á Vin
    르 프렝시 바르 아 뱅

47. Inaro 이나로
48. Chez L'Ami Jean 셰 라미 장
49. Les 110 de Taillevent
    레 110 (성디스) 드 타유벙

세계 최고의 미식 도시, 파리

세계 최고의 미식 도시로 손색이 없는 파리에는 10개의 미슐랭 3스타 레스토랑을 비롯해 100개가 넘는 미슐랭 스타 레스토랑이 있다. 하지만 파리의 경쟁력은 이런 고급 레스토랑의 숫자보다는 별을 못 받았지만(혹은 안 받았지만) 그 이상의 음식을 내는 수많은 레스토랑과 비스트로에 있다.

100년이 지나도록 그대로 유지하고 있는 클래식한 레시피의 음식부터 전 세계 각국의 다양한 음식, 그리고 이를 프랑스다운 방식으로 재해석한 요리까지. 세계 최고의 재료와 최상의 조리 기술이 합쳐져 진정한 미식의 끝을 경험할 수 있는 도시가 파리다. 단, 어느 곳을 가야할지 제대로 알고 있기만 한다면….

파리 최고의 레스토랑 Le Pré Catelan 르 프레 카틀랑
파리 최고가 레스토랑 L'Ambroisie 랑부아·지
파리 '최애' 레스토랑 Maison Rostang 메종 로스탕
파리 최고의 인테리어 Le Meurice 르 뫼리스
파리 최고의 전망, 와인 리스트 La Tour d'Argent 라 투르 다르정
파리 최고의 클래식 레스토랑 Taillevent 타유벙

파리 최고의 로맨틱 레스토랑 **Lasserre** 라세르
파리 최고의 비스트로 **Le Quincy** 르 퀭시
파리 최고의 브라스리 **Bofinger** 보팽제
파리 최고의 가성비 **La Table d'Aki** 라 타블르 다키
파리에서의 식재료 쇼핑 **La Grande Épicerie de Paris** 라 그랑드 에피스리 드 파리
파리 최고의 재래시장 **Marché Bastille** 마르셰 바스티유
파리 최고의 디저트숍 **Fou de Patisserie** 푸 드 파티스리

파리

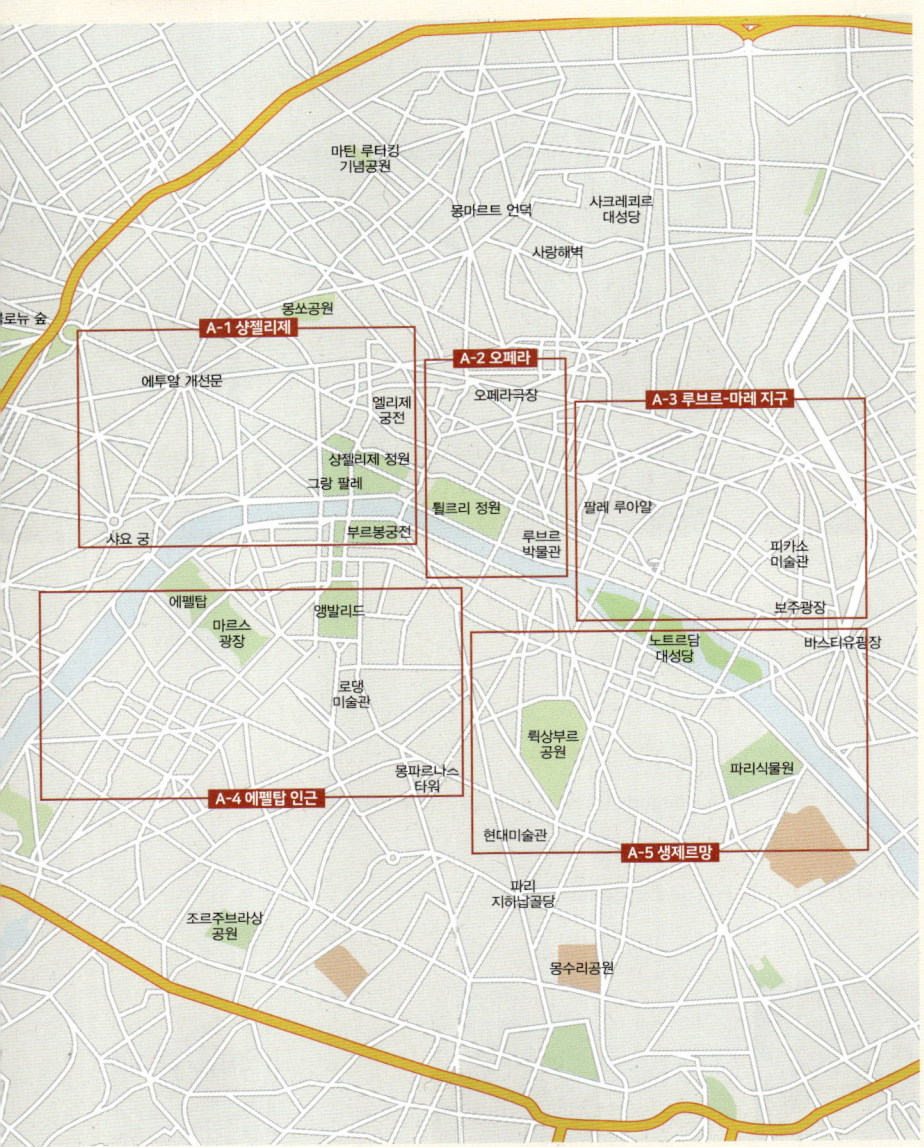

A-1 샹젤리제

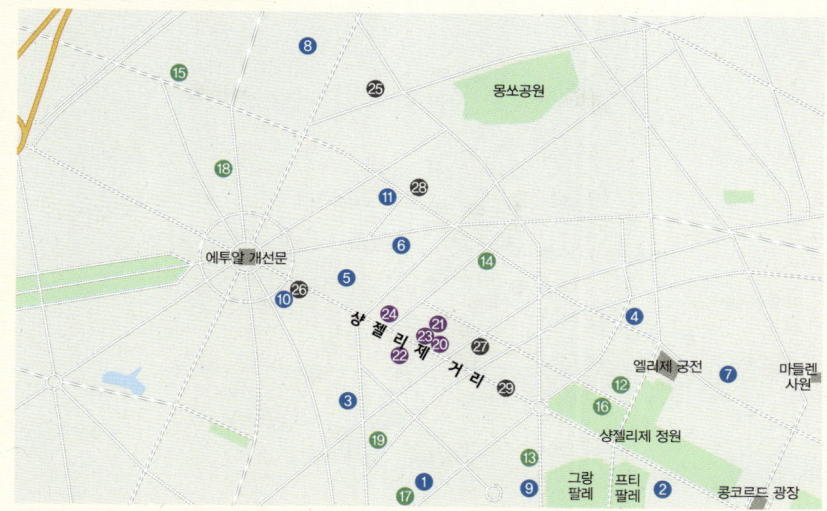

핵심 레스토랑

1. 알랭 뒤카스 오 플라자 아테네
2. 파비용 르두아양
3. 르 생크
4. 에피퀴르
5. 피에르 가니에르
6. 타유뱅
7. 르 그랑 레스토랑 장 프랑수아 피에주
8. 메종 로스탕
9. 라세르
10. 라틀리에 드 조엘 로뷔숑
11. 레 110 (성디스) 드 타유뱅

기타 추천 레스토랑

12. 르 가브리엘
13. 르 클라렁스
14. 아피시우스
15. 레시
16. 로렁
17. 메종 블랑슈
18. 그랭도르주
19. 라 페르메트 마르뵈프

디저트

20. 브리오슈 도레
21. 폴
22. 라 뒤레
23. 록시땅 엉 프로방스×피에르 에르메
24. 제프 드 브뤼즈

쇼핑

25. 부티크 페트로시앙
26. 퓌블리시스 드럭스토어
27. 모노프리 샹젤리제점
28. 레 카브 타유뱅
29. 크리스마스 마켓 – 샹젤리제

A-2 오페라

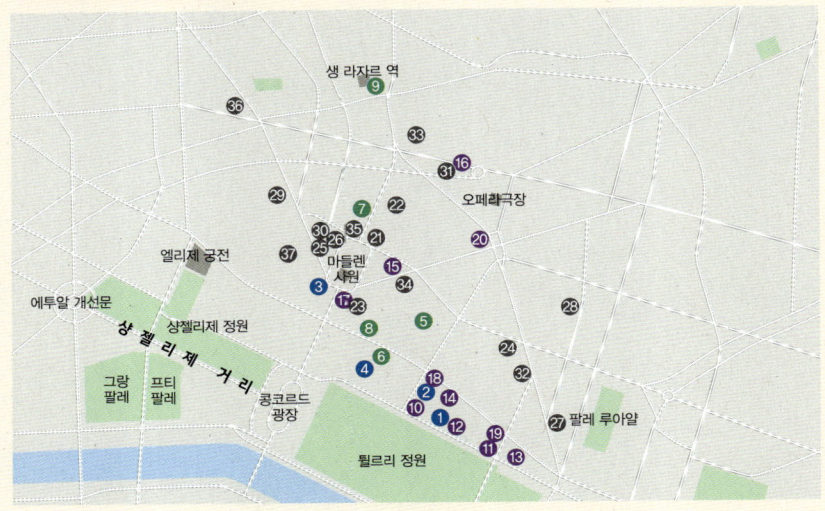

핵심 레스토랑

1. 르 뫼리스
2. 카레 데 푀이양
3. 뤼카스 카르통
4. 르 수플레

기타 추천 레스토랑

5. 라 타블르 드 레스파동
6. 쉬르 므쥐르 파르 티에리 막스
7. 아크람
8. 구마르
9. 라자르

디저트

10. 라 파티스리 뫼리스 파르 세드릭 그롤레
11. 라 퀴르 구르몽드
12. 앙젤리나
13. 세바스티앙 고다르
14. 장 폴 에뱅
15. 라 메종 뒤 쇼콜라
16. 르 쇼콜라 알랭 뒤카스
17. 파트릭 로제
18. 피에르 마르콜리니
19. 미셸 클뤼젤
20. 카페 드 라 페

쇼핑

21. 포숑
22. 라 메종 뒤 미엘
23. 부티크 마유 파리
24. 보코
25. 부티크 프뤼니에
26. 카비아 카스피아
27. 케이 마트
28. 에이스 마트
29. 콩투아 뒤 카비아
30. 라 메종 드 라 트뤼프
31. 갈르리 라파예트 메종 에 구르메
32. 모노프리 오페라점
33. 쁘렝땅
34. 라비니아
35. 니콜라
36. 카브 오제
37. 라 메종 뒤 위스키

A-3 루브르-마레 지구

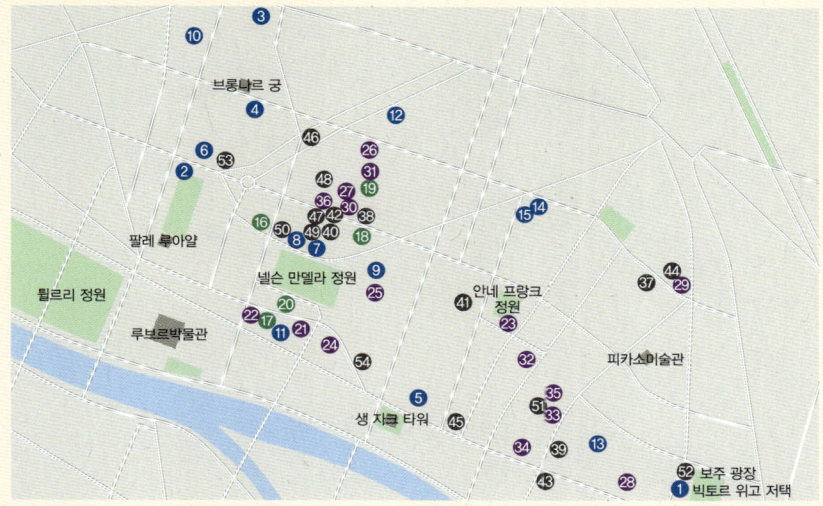

핵심 레스토랑

1. 랑부아지
2. 르 그랑 베푸
3. 파사주 53 (생캉트루아)
4. 사튀른
5. 브누아
6. 르 그랑 콜베르
7. 오 피에 드 코숑
8. 레 를레 달자스 – 타베른 칼스브라우
9. 피루에트
10. 오 리오네
11. 클로베 그릴
12. 르 프렁시 바르 아 뱅
13. 라스 뒤 팔라펠
14. 마이 칸
15. 송 헹

기타 추천 레스토랑

16. 레스토랑 케이
17. 얌차
18. 레스카르고 몽토르게이
19. 오 로셰 캉칼
20. 르 풀 오 포

디저트

21. 블랑제리 장 노엘 쥘리앙
22. 고슬랭
23. 위레
24. 라 파리지엔
25. 르 팽 코티디앙
26. 에릭 케제르
27. 스토레
28. 레클레르 드 제니
29. 포펠리니
30. 푸 드 파티스리
31. 아 라 메르 드 파미유
32. 자디 에 구르망드
33. 아모리노
34. 포제토
35. 윈 글라스 아 파리
36. 카페 에티엔 마르셀

쇼핑

37. 마르셰 데 정팡 루주
38. 몽토르게이 거리
39. 아 라 빌 드 로데즈
40. 르 콩투아 드 라 가스트로노미
41. 르 콩투아 드 마틸드
42. 제 드투
43. 아 롤리비에
44. 베요타 베요타
45. 르 베아슈베 마레
46. 리브레리 구르망드
47. 라 보비다
48. 아 시몽
49. 모라
50. 에 드일르랭
51. 마리아주 프레르
52. 다망 프레르
53. 르 그랑 피유 에 피스
54. 비에르 퀼트

A-4 에펠탑 인근

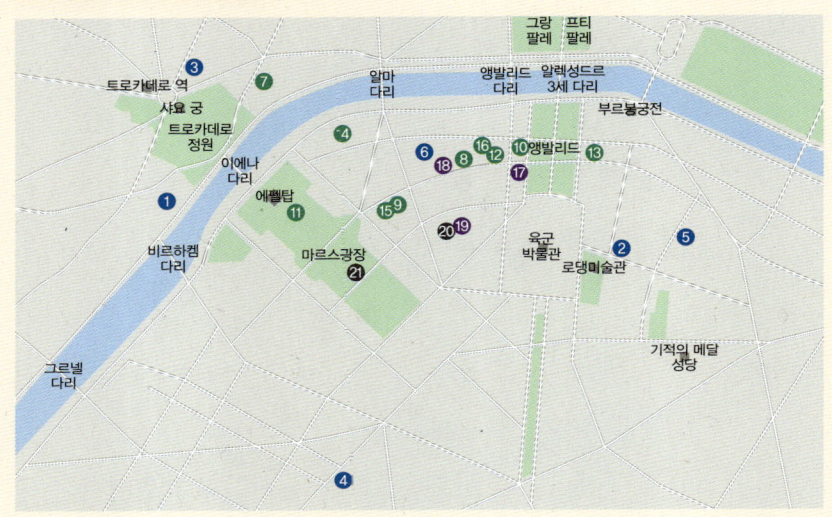

핵심 레스토랑

1. 라스트랑스
2. 라르페주
3. 엑자곤
4. 네주 데테
5. 에에스
6. 셰 라미 장

기타 추천 레스토랑

7. 라베뉴
8. 실베스트르 와히드
9. 르 비올롱 댕그르
10. 디블랙
11. 르 쉴 베른
12. 다비드 투탱
13. 가랑스
14. 레 종브르
15. 카페 콩스탕
16. 토미 & 코

디저트

17. 카라멜 파리
18. 르무안
19. 마르틴 랑베르

쇼핑

20. 다볼리
21. 크리스마스 마켓 – 에펠탑 인근

A-5 생제르망

핵심 레스토랑

1. 기 사부아
2. 라 투르 다르정
3. 를레 루이 트레즈
4. 라 타블르 다키
5. 라 트뤼피에르

기타 추천 레스토랑

6. 솔라
7. 즈 키친 갈르리
8. 브라스리 리프
9. 르 프로코프
10. 레피 뒤팽
11. 르 콩투아 뒤 를레

디저트

12. 푸알란
13. 라 파티스리 데 레브
14. 엉 디망슈 아 파리
15. 데 가토 에 뒤 팽
16. 피에르 에르메
17. 드보브 에 갈레
18. 위고 에 빅토르
19. 자크 주냉
20. 메종 조르주 라르니콜
21. 베르티용
22. 르 프로코프
23. 카페 드 플로르
24. 카페 레 되 마고

쇼핑

25. 라 그랑드 에피스리 드 파리
26. 더 콘랜 숍
27. 쿠스미 티
28. 카브 뒤 팡테옹

고급 레스토랑

1 Paris

알랭 뒤카스 오 플라자 아테네
Alain Ducasse au Plaza Athénée

처음 경험한 3스타의 위엄

MICHELIN

개인적으로 처음 맛본 미슐랭 3스타가 바로 파리 플라자 아테네 호텔에 있는 알랭 뒤카스 오 플라자 아테네였다. 블로그를 운영한 지 2년쯤 지나 해외 레스토랑에도 관심을 갖기 시작할 무렵, 마침 파리로 출장갈 일이 있어 최고의 레스토랑 딱 한 군데를 찾아 식사해보자고 마음을 먹었다. 국내외 지인에게 물어본 끝에 찾은 자타공인 최고의 레스토랑은 (이름만 여러 번 들어본) 알랭 뒤카스. 방문 두 달 전 저녁 시간으로 예약하려 했으나 만석이라 지인을 통해 점심으로 예약하고 방문했다.

당시 알랭 뒤카스를 맡고 있던 셰프는 현재 라세르Lasserre를 거쳐 파리 샹그릴라 호텔 라베이L'Abeille에 있는 크리스토프 모레Christophe Moret로, 뒤카스의 오른팔이라

1 킹크랩과 벨루가 캐비아
2 아스파라거스와 블루 랍스터
3 망고크림소스의 가리비

고 불렸다고 한다. 점심 메뉴가 따로 없어 300유로짜리 테이스팅 메뉴와 와인을 주문했다. 메뉴는 아뮈즈 부슈, 크랩&캐비아, 가리비, 아스파라거스 수프, 블루 랍스터, 브레스 치킨, 치즈, 그리고 프리 디저트와 디저트 순으로 나왔다. 특히 디저트만 거의 한 시간 동안 계속 나온 것은 지금까지도 잊지 못하는 경험이다.

여전히 그때의 첫 경험(?)을 잊지 못하는데, 최근에는 알랭 뒤카스가 무슨 바람이 불었는지 너무 단순성simplicity을 강조해 음식이 지나치게 간결하고 단순하게 변한 부분도 있다. 특히 플라자 아테네 호텔은 버터와 고기 사용을 지양하고 자연주의를

아스파라거스 벨루테   초콜릿 디저트

표방한다고 해서 다시 방문하고 싶다는 생각이 쉽게 들지는 않는다. 자고로 단백질이 풍부하고 버터가 충만해야 프랑스 음식이 아니겠는가!

   그럼에도 압도적인 인테리어 사진을 보면 언젠가 한번은 다시 가볼 듯하다. 첫사랑과도 같은 레스토랑이니까.

◆ 구분	fine dining
◆ 가이드북	Michelin 3 stars Les Grandes Tables du Monde
◆ 인테리어	화이트&실버 톤의 럭셔리한 인테리어, 샹들리에
◆ 가격	코스 395유로/점심 210유로 (단품 가능)
◆ 예산	500~700유로
◆ 와인선택	리스트: 5/5 가격대: 1/5 상대적 가격: 2/5

· 5천 종 이상의 방대한 와인 리스트를 가지고 있으나, 100유로 이하의 와인은 찾아보기 힘들다. 상대적으로 와인 가격대가 높은 편.

◆ 음식 스타일	modern
◆ 셰프	Alain Ducasse / Romain Meder
◆ 요약	음식: 4/5 가성비: 1/5 인테리어: 5/5 서비스: 5/5
◆ 키워드	미식여행 신혼여행 베지테리언

Alain Ducasse au Plaza Athénée

D jacket
A 25 Avenue Montaigne, 75008 Paris
T +33 1 58 00 23 43
H https://www.alainducasse-plazaathenee.com
R 홈페이지, 전화 예약

O	월	화	수	목	금	토	일
점심				12:30~14:15			
저녁			19:30~22:15				

라스트랑스
L'Astrance

모던 프렌치의 정석

MICHELIN ✿✿✿

파리에서 가장 예약하기 힘든 레스토랑 중 하나가 파스칼 바르보 Pascal Barbot 셰프의 라스트랑스다. 바르보 셰프는 파리의 막심 Maxim's, 런던의 레 사뵈르 Les Saveurs, 로앙의 트루아그로 Troisgros와 같은 전설적인 레스토랑에서 경력을 쌓은 후 라르페주 L'Arpège에서 그의 멘토 셰프인 알랭 파사르 Alain Passard를 만나게 된다. 알랭 파사르 밑에서 5년간 일하다가 2000년 7월, 크리스토프 로아 Christophe Rohat를 만나 파리에 라스트랑스를 오픈하게 되는데, 당시 그의 나이는 28살이었다. 오픈 1년 만에 미슐랭 1스타를 받고 2005년 2스타를 받은 그는 2007년 기존의 강자들을 제치고 3스타의 반열에 올라 세상을 떠들썩하게 했다.

양송이와 푸아그라 밀푀유   도미구이

   라스트랑스는 일주일에 4일간 영업을 하는데, 직원이 편하고 즐거워야 맛있는 음식이 나오기 때문이라고 한다. 바르보 셰프는 본인이 출장이나 행사 등으로 업장에 없을 때는 레스토랑 문을 닫을 정도로 철저한 장인 정신을 가진 셰프이기도 하다.

   에펠탑과 샤요궁에서 멀지 않은 골목에 자리 잡고 있는 이 레스토랑은 규모나 외관, 내부 인테리어는 전형적인 3스타 레스토랑으로는 보이지 않을 정도로 소박하다. 실제로 초반에는 라스트랑스가 3스타를 받을 자격이 되냐는 비판이 많이 나오기도 했다. 이는 워낙에 규모도 작고 음식을 제외한 나머지 하드웨어가 기존의 3스타와 격(?)이 다르기 때문에 나온 비판이었다. 하지만 역설적으로 〈미슐랭 가이드〉가 오로지 음식만 가지고 별을 부여한다는 것을 보여주는 예라고 말하는 이도 있다.

   메뉴는 점심과 저녁 각각 한 가지씩만 있다. 점심때 방문했지만 저녁 메뉴로 주문할 수 있었다. 파리의 다른 3스타 레스토랑과 비교하면 상대적으로 메뉴 가격도 저렴한 편이다. (2014년 기준 230유로, 현재는 250유로.)

   음식은 전반적으로 무거운 소스는 배제하고 비교적 간결하고 완벽한 조리와 명확한 간으로 재료의 맛을 끌어내는 데 중점을 두고 있다. 일식, 더 나아가서는 아시안 터치가 비교적 많이 들어간 편이다. 보통 (아시아인의 한 사람으로서) 유럽 요리에서 아시안 터치가 많은 경우 완성도가 떨어지기도 하거니와 잘 어울린다는 느낌을 받는 경우가 별로 없는데, 바르보 셰프는 그런 어색함 없이 무척 만족스러운 음식을 내줬다. 모든 음식이 다 괜찮았지만 시그니처인 푸아그라와 버섯 갈레트, 생선요리는 명

불허전이었고, 닭과 오리 요리는 정확한 퀴송(굽기)을 생명처럼 여긴다는 바르보 셰프의 철학이 절로 느껴지는 맛이었다. 디저트로는 화려하지는 않지만 간단하면서도 맛있는 디저트가 여러 개 나온다. 굳이! 억지로! 라스트랑스에서 아쉬운 점을 꼽는다면, 디저트의 화려한 부분이 부족했다는 것이 아닐까 싶다.

예전에 블로그에 써놓은 글이 라스트랑스에 대한 감상을 가장 잘 전달하는 구절인 듯하다.

라 투르 다르정La Tour d'Argent처럼 노트르담이 내려다보이는 근사한 경치나 보기만 해도 질리는 환상적인 와인 리스트도 없고….
르 뫼리스Le Meurice처럼 발을 들여놓는 순간 동화 속으로 빠져드는 화려한 인테리어도 없고….
에피퀴르Epicure처럼 모든 것이 완벽한 서비스도 없고….
타유벙Taillevent처럼 잘 짜여 돌아가는 대형 레스토랑도 아닌데….

그 모든 파리의 대단한 레스토랑을 제치고 맛의 성지로 꼽힌 데는 분명 이유가 있었다. 하지만 최근에는 아시안 터치가 더 강해졌다는 비판도 종종 보인다.

저온 조리한 닭

샬란 덕 요리

◆ 구분	fine dining
◆ 가이드북	Michelin 3 stars
◆ 인테리어	모던하고 깔끔함. 3스타치고는 소박한 편
◆ 가격	코스 170/250유로, 점심 95유로
◆ 예산	220~400유로
◆ 와인선택	리스트: 4/5 가격대: 2/5 상대적 가격: 4/5

· 작은 규모지만 와인 리스트는 3스타에 걸맞게 부르고뉴산을 중심으로 잘 짜여 있다. 전반적으로 고급 와인 위주인데, 놀라울 정도로 저렴하게 책정된 와인이 많다.

◆ 음식 스타일	modern
◆ 셰프	Pascal Barbot
◆ 요약	음식: 5/5 가성비: 4/5 인테리어: 3/5 서비스: 5/5
◆ 키워드	미식여행 신혼여행 와인애호가

L'Astrance

- **D** business casual
- **A** 4 rue Beethoven, 75016 Paris
- **T** +33 1 40 50 84 40
- **H** http://www.astrancerestaurant.com
- **R** 홈페이지, 전화 예약

O	월	화	수	목	금	토	일
점심		12:15~13:15					
저녁		20:15~21:00(라스트 오더 기준)					

087

고급 레스토랑

3 Paris

라르페주
L'Arpège

채소의 끝을 보여주마

MICHELIN ✿✿✿

파리의 3스타 레스토랑 열 군데 중에서도 가장 독특한 콘셉트의 요리를 내는 곳은 알랭 파사르Alain Passard 셰프의 라르페주다. 1956년생인 알랭 파사르는 프랑스 브르타뉴 출신의 전설적 셰프 중 하나인 알랭 성드렁Alain Senderens(캐주얼한 레스토랑을 만들겠다고 미슐랭 별 3개를 스스로 반납한 셰프. 그러나 그마저도 2스타를 받았다.)의 레스토랑에서 20대 초반을 보내며 알랭 성드렁을 멘토로 여기게 된다. 20대 후반에 첫 미슐랭 스타를 받은 그는 서른이 되던 해인 1986년, 멘토인 알랭 성드렁으로부터 라셰스트라트L'Achestrate를 인수하고 이름을 라르페주라고 짓게 되는데, 그게 이 레스토랑의 시작이다. 오픈 첫 해 1스타를 받고 이듬해 2스타를 받았으며

1996년 마침내 3스타를 받아 지금까지 그 별을 유지하고 있다.

여기까지는 그저 있을 법한 스토리다. 2001년, 파사르는 채소로 영감을 받은 컬렉션vegetable-inspired collection을 선보이면서 계절 채소요리와 유기농으로 재배된 재료, 그리고 자연적인 소스에 매료됐다. 이를 계기로 프랑스 지방에 세 개의 농장을 직영하게 되었다. 이 농장들은 위치도 다르고 토양도 달라 각기 다른 채소를 재배하고 있으며, 상당수의 과일도 직접 기르고 있다고 한다. 그래서 지금은 육류, 특히 붉은색 고기를 거의 쓰지 않고 다양한 채소를 주력으로 하는 메뉴를 선보이고 있다. 심지어 가격도 파리에서 가장 비싼 편이라 여러모로 논란이 되고 있다.

주목할 만한 점은 최근 파리의 미식 트렌드 중 하나인 네오 비스트로 열풍을 주도하는 곳 중 상당수가 바로 파사르의 제자들이 차린 곳이라는 점이다. 결국 그 뿌리에 대한 궁금증이 비싸고 좋아하지도 않는 채소요리임에도 나를 여기까지 이끌었다.

상대적으로 저렴한 가격의 코스가 있어 점심시간에 레스토랑을 찾았다. 2014년에는 점심 코스가 140유로였는데 지금은 175유로로 올랐다. 고로 진심으로 채소의 끝

1 다양한 채소의 아뮤즈
2 제라늄 꽃과 머스터드 소스의 비트 스시

화이트 아스파라거스와 청어   브르타뉴 랍스터

이 궁금한 것이 아니라면 점심때 방문하기를 권하고 싶다.

인테리어는 3스타 레스토랑답지 않게 무척 소박하고 테이블 간격도 좁았는데 여기에서 일했던 '파씨오네' 이방원 셰프가 미리 연락을 해서 그런지 여러 가지로 신경을 많이 써줬다.

채소로 만든 것이라고는 상상이 가지 않는 갖가지 음식이 쭉 이어져 나온다. 생각보다 훨씬 맛도 있었고, 재미난 시도도 많아 감탄하면서 먹었다. '좋은 재료로 잘 조리하고 간도 잘 맞춘 음식이라 채소여도 맛있구나.'라고 단순히 생각했는데, 곰곰이 다시 보니 거의 모든 재료에 좋은 버터를 아주 '때려 박았다'는 것을 알 수 있다. 그래서 맛있었던 거였어!

물론 채소만 나온 것은 아니고 랍스터(이건 아마도 서비스였던 듯하다.), 생선, 닭 요리가 나왔는데 역시 전부 기대 이상의 맛이었다. 테이블마다 당근과 오렌지를 넣어 만든 주스를 시켜 먹고 있는데, 당근을 무척 싫어하는 나조차도 맛있게 먹은 기억이 있으니 궁금하면 한 번쯤 맛봐도 좋을 것 같다.

기대 이상으로 맛있게 먹기는 했지만, 굳이 또 갈 것 같지는 않다. 만약에 누가 간다면 역시 점심때 방문하기를 권하고 싶다. 먹고 나서 소화할 겸 바로 앞의 로댕미술관을 산책하는 것도 좋을 듯!

◆ 구분	fine dining	◆ 음식 스타일	modern
◆ 가이드북	Michelin 3 stars Les Grandes Tables du Monde	◆ 셰프	Alain Passard
◆ 인테리어	깔끔한 톤의 소박한 인테리어	◆ 요약	음식: 4/5 가성비: 3/5 인테리어: 3/5 서비스: 4/5
◆ 가격	코스 390유로, 베지터블 테이스팅 메뉴 320유로, 점심 175유로 (단품 가능)	◆ 키워드	미식여행 베지테리언
◆ 예산	300~500유로		
◆ 와인선택	리스트: 3/5 가격대: 2/5 상대적 가격: 2/5		

· 3스타치고 다소 빈약한 리스트. 화이트 와인이 상대적으로 많고 비싸다.

L'Arpège

- **D** business casual
- **A** 84 Rue de Varenne, 75007 Paris
- **T** +33 1 47 05 09 06
- **H** http://www.alain-passard.com
- **R** 홈페이지, 전화 예약

O	월	화	수	목	금	토	일
점심	12:00~14:00						
저녁	19:00~22:00						

고급 레스토랑

파비용 르두아양
Pavillon Ledoyen

역사와 전통의 럭셔리 레스토랑

MICHELIN ✿✿✿

파비용 르두아양은 샹젤리제 거리 초입, 콩코드 광장 인근에 있는 역사적인 건물에 들어선 레스토랑이다. 1779년에 작은 여관으로 시작한 이 건물은 1784년 지금의 2층 건물로 만들어졌고, 1791년 피에르-미셸 르두아양Pierre-Michel Ledoyen이 사들여 1792년부터 레스토랑으로 다시 문을 열었다. 1814년 지금의 이름인 르두아양으로 영업을 시작했으며, 1842년 샹젤리제 정비 계획에 의해 현재 위치로 이전해 지금까지 이어져오고 있다. 역사적인 곳이니만큼 많은 명사들이 다녀갔는데, 특히 나폴레옹과 조세핀이 자주 다녔다는 이야기가 전해진다.

2014년 5월 방문했을 때는 크리스티앙 르 스케Christian Le Squer 셰프가 있었는데,

다이닝 홀로 올라가는 계단

그해 7월부터 르 뫼리스Le Meurice에 있던 야닉 알레노Yannick Alleno 셰프가 맡게 되었다. (크리스티앙 셰프는 현재 르 생크Le Cinq에 있다.)

 1층 리셉션을 지나 2층으로 올라가면 클래식하고 고풍스러운 디자인의 공간에서 식사를 하게 된다. 숲 속에 자리한 듯한 건물 외관의 근사함에 비해 내부는 조금 평범한 편이다. 음식은 그때와 완전히 달라졌을 테니 여기서 이야기해도 큰 의미는 없을 것 같다. 다른 곳에서 맛본 야닉 알레노 셰프의 음식을 생각해보면 무척 모던한 스타일의 음식으로 예상된다.

 참고로 야닉 알레노 셰프의 레스토랑 중 캐주얼 브랜드 격인 스테이Stay가 우리나라 잠실롯데시그니엘호텔 81층에 들어와 있다. 전망도 좋고 인테리어도 근사해서 인기 있는 곳인데, 이번에 미슐랭 1스타를 받았다. (파비용 르두아양의 음식과 비교할 수는 없겠지만.) 나중에 알프스의 슈발 블랑 호텔에 있는 르 1947 (밀 뇌프 성 카랑

1 블랙 트러플과 튀르보
2 랑구스틴
3 1975 알마냑 등 디제스티프 리스트가 좋다

트 세트)^{Le 1947}도 다녀왔는데, 이곳도 야닉 알레노 셰프가 운영하는 3스타 레스토랑이다. 일 년에 네 달만 영업하기 대문에 파비용 르두아양 팀 중 일부가 넘어가 음식을 만든다고 한다. 궁금한 사람은 론 알프스 챕터에 있는 르 1947 소개를 찾아보면 될 것 같다.

 이곳 테이스팅 메뉴의 가격은 무려 380유로라 간단히 식사하려면 단품으로 주문하는 것이 좋을 것 같다. 평일 점심때는 메인과 커피, 프티 푸르만 간단히 한 시간 이내에 먹을 수 있게 나오는 르 프랭시팔^{Le Principal}은 82유로라 보통 관광객이 택하기 좋다.

◆ 구분	fine dining		◆ 음식 스타일	modern
◆ 가이드북	Michelin 3 stars Relais & Chateaux Les Grandes Tables du Monde		◆ 셰프	Yannick Alleno
			◆ 요약	음식: 4/5 가성비: 3/5 인테리어: 4/5 서비스: 4/5
◆ 인테리어	클래식하고 고풍스러운 인테리어			
◆ 가격	테이스팅 메뉴 380유로, 점심 82유로 (단품 가능)		◆ 키워드	미식여행 신혼여행 로맨틱
◆ 예산	450~700유로			
◆ 와인선택	리스트: 5/5 가격대: 3/5 상대적 가격: 3/5			

· 3스타답게 훌륭한 와인 리스트지만 가격대는 비싼 편

Pavillon Ledoyen

D jacket
A 8 Avenue Dutuit, 75008 Paris
T +33 1 53 05 10 00
H http://www.yannick-alleno.com
R 홈페이지, 전화 예약

O

	월	화	수	목	금	토	일
점심		12:30~14:00					
저녁			19:30~22:00				

095

고급 레스토랑

5 Paris

르 생크
Le Cinq

파리의 표준과도 같은 3스타 레스토랑

MICHELIN ✹✹✹

현재 파리에는 10개의 미슐랭 3스타 레스토랑이 있는데, 가장 최근에 3스타로 올라선 곳이 2016년 3스타가 된 포시즌스호텔 조르주 생크에 있는 르 생크다. 원래 에릭 브리파르Eric Briffard 셰프가 이끌던 르 생크는 계속 2스타를 유지해왔는데 파비용 르두아양Pavillon Ledoyen에서 3스타를 유지해오던 크리스티앙 르 스케Christian Le Squer 셰프를 영입해서 기어코 3스타를 받았다. 영입 1년 뒤에 학수고대하던 3스타가 되었으니 그 투자의 결실을 제대로 본 것 같다.

호텔 1층 안쪽에 있는 레스토랑은 베르사유에 있는 그랑 트리아농Grand Trianon의 인테리어를 참고한 럭셔리한 팰리스풍 인테리어다. 와인은 대략 5만 병 정도 보유하

1 가장 먼저 나온 웰컴 디시
2 커피무스와 캐러멜
3 키조개 관자
4 키위와 파인애플

고 있다고 하는데, 워낙에 고급 와인 위주의 구성이라 쉽게 손이 가지는 않지만 소매가에 비해 저렴한 와인도 잘 찾아보면 분명히 있기는 하다.

    2016년 방문했을 때는 점심 메뉴를 주문했다. 이전에 파비용 르두아양에서 크리스티앙 르 스케 셰프가 만든 저녁 메뉴를 맛본 기억이 있는데 전반적으로 아주 만족스럽지는 않았다.(근래의 리뷰를 보면 전반적으로 큰 차이는 없는 듯.)

    음식은 길고 다채로운 아뮈즈 부슈와 마찬가지로 길고 다양한 디저트가 특징으로, 요새 모던한 느낌이 나는 2, 3스타의 프렌치 레스토랑의 전형을 보여준다. 전채와 메인은 적당히 클래식과 모던의 경계 선상에 있는 느낌이다.

    이 레스토랑은 몇 가지 장점이 있는데, 워낙 유명하고 럭셔리한 포시즌스호텔 조르주 생크에 있다는 점과 휴일 없이(심지어 일요일에도) 영업한다는 점이다. 화려한 인테리어에 적당한 가격으로 3스타를 '경험'해보고 싶다면 좋은 선택이 될 것 같다.

1 럭셔리한 인테리어
2 최고의 쿠안 아망

　만약 내가 다시 간다면, 그건 아마도 마지막에 내주는 쿠안 아망 Kouign Amann 때문일 것이다. 쿠안 아망은 브르타뉴 지방의 페이스트리 겸 디저트로, 바스스 부서지는 라이트한 텍스처에 달콤함이 녹아 있어 한 번 맛보면 누구나 사랑에 빠지고 만다.

◆ 구분	fine dining
◆ 가이드북	Michelin 3 stars Les Grandes Tables du Monde
◆ 인테리어	베르사유궁을 모티브로 한 화려하고 럭셔리한 인테리어
◆ 가격	코스 340유로, 점심 145/210유로 (단품 가능)
◆ 예산	350~600유로
◆ 와인선택	리스트: 5/5 가격대: 2/5 상대적 가격: 2/5

· 5만 병을 보유한 방대한 와인 리스트를 갖고 있지만 가격대는 높은 편이다.

◆ 음식 스타일	modern
◆ 셰프	Christian Le Squer
◆ 요약	음식: 5/5 가성비: 5/5 인테리어: 5/5 서비스: 5/5
◆ 키워드	미식여행 신혼여행 분자요리 로맨틱 와인애호가

Le Cinq

D jacket
A 31 Avenue George V, 75008 Paris
T +33 1 49 52 71 54
H hhttp://www.restaurant-lecinq.com
R 홈페이지, 전화 예약

O	월	화	수	목	금	토	일
점심	12:30~14:00						
저녁	19:00~21:30						

고급 레스토랑

6 Paris

기 사부아
Guy Savoy

전설이 되어가는 셰프를 만나다

MICHELIN ✦✦✦

 센 강 남단에 있는 조폐박물관 내에 자리한 기 사부아는 프랑스를 대표하는 스타 셰프 중 한 명인 기 사부아가 운영하는 곳이다. 1953년생인 기 사부아는 로안에 있는 트루아그로Troisgros에서 오랫동안 일하다 1980년 파리에 본인의 레스토랑 문을 열었다. 1985년 2스타를 받고 2002년 마침내 3스타를 받은 후 지금까지 유지하고 있다. 2018년에는 프랑스에서 전 세계 레스토랑 1,000개를 뽑아 발표하는 〈라 리스트La Liste〉라는 순위에서 1위 자리에 오르기도 했다.

 파리의 3스타는 가격이 대체로 비싸지만, 다른 3스타에 비해서도 유독 높은 가격대라 쉽게 찾지 못하다 마지막으로 들르게 되었다. 2017년에 380유로이던 테이스

1 메인으로 나온 양
2 블랙 트러플 아티초크 수프
3 시그니처 디저트인 밀푀유

팅 메뉴가 현재는 415유로가 되었고, 트러플 시즌에는 700유로가 넘는 메뉴도 있다. 게다가 원래 점심 메뉴도 없는데 홈페이지 정보에 따르면 하루에 한 테이블, 온라인으로 예약한 테이블에 한해 130유로의 점심 메뉴를 주문할 수 있다고 되어 있다. 이게 정확하게 어떻게 이루어지는지는 잘 모르겠는 데다가 홈페이지 상에서 그 메뉴를 선택해 예약할 수도 없고 확인도 불가능하다. 게다가 우리가 방문했을 때 기대하지 않은 상태에서 점심 메뉴판을 받았는데, 옆 테이블도 점심 메뉴를 시키는 것을 보면 한 테이블 제한도 없는 것 같고 약간 애매한 듯하다. 물어봐도 명확하게 설명을 해주지 않는다.

꽤 인기 있는 3스타 레스토랑임에도 와인 리스트는 약간 약한 편이고 가격도 많이 비싸다. 워낙에 테이스팅 메뉴가 비싸기도 하고 점심때 방문한 것이어서 단품으로

조폐박물관에 자리한 레스토랑   클래식한 느낌의 실내

  몇 가지 먹으려고 했다. 코스에 기 사부아의 시그니처인 트러플 아티초크 수프가 들어 있었기에 고민 없이 그걸 선택했다. 단품 메뉴판의 전채, 메인, 디저트에서 하나씩 고르는 구성이 130유로다. 단품 메뉴판에 시그니처 메뉴가 대부분 포함되어 있기 때문에 점심 메뉴 구성이 매우 만족스럽다.

  다른 음식은 그냥 기대한 만큼의 맛 이상은 아니었지만, 시그니처라는 트러플 아티초크 수프는 실제로 놀라울 정도로 맛있었다. 정말 이 한 그릇 먹으러 다시 찾고 싶을 정도다! 메인 요리는 의외로 아쉬움이 많이 남았다.

  시그니처 디저트로는 클래식한 밀푀유가 나왔는데, 비주얼에서부터 압도되고 맛도 훌륭했다. 파리의 3스타 레스토랑답게 길게 이어지는 디저트도 전반적으로 다채롭고 재밌었다. 항상 마무리를 이렇게 만족스럽게 해줘서인지 계산하고 나갈 때 기억이 좋은 것 같다.

◆ 구분	fine dining	◆ 음식 스타일	modern
◆ 가이드북	Michelin 3 stars Les Grandes Tables du Monde La Liste 2018 1위	◆ 셰프	Guy Savoy
		◆ 요약	음식: 4/5 가성비: 3/5 인테리어: 4/5 서비스: 5/5
◆ 인테리어	클래식한 인테리어지만 약간 어둡고 답답함		
◆ 가격	코스 415유로, 점심 130유로 (온라인 예약 시만 가능) (단품 가능)	◆ 키워드	미식여행 신혼여행 스타셰프
◆ 예산	400~700유로		
◆ 와인선택	리스트: 4/5 가격대: 2/5 상대적 가격: 2/5		

· 생각보다 와인 리스트가 다양하지 않고, 영빈 위주 구성에 가격도 비싼 편이다.

Guy Savoy

D jacket
A Monnaie de Paris, 11 Quai de Conti, 75006 Paris
T +33 1 43 80 40 61
H https://www.guysavoy.com
R 홈페이지, 전화 예약

O

	월	화	수	목	금	토	일
점심		12:00~13:30					
저녁		19:00~22:00					

고급 레스토랑

7 Paris

랑부아지
L'Ambroisie

더럽게 비싸고, 짜증나게 맛있던 곳

MICHELIN ✿✿✿

파리에 있는 10개의 미슐랭 3스타 레스토랑 중 가장 오랫동안 별 세 개를 유지하고 있는 곳이자 가장 클래식한 음식을 내며 가장 비싸기도 한 곳이 바로 보주광장에 자리한 랑부아지다. 베르나르 파코Bernard Pacaud 셰프는 한눈팔지 않고 오직 요리에만 집중하고 집요할 정도로 고집스러운 음식에 대한 집착 때문에 은둔자적 성향이 강한 것으로 알려져 있다. 이러한 성향 때문인지 다른 레스토랑과 달리 분점이나 지점도 없고 미디어에 얼굴도 내비치지 않고 한길만 걷는 곳으로 알려져 있다. (반면 그의 아들은 사업 수완을 발휘해 맹렬하게 사업을 확장하고 있다는 것이 아이러니하다.)

이미 미슐랭 2스타 셰프였던 1947년생 베르나르 파코가 1986년 문을 연 랑부아지는 1988년 미슐랭 3스타를 받아 지금까지 유지하고 있다. 궁전을 연상케 할 정도로 초 럭셔리한 공간은 아니지만, 클래식하고 꽤 고급스러우면서도 기품 있는 공간이라는 느낌이 든다. 파리의 3스타 레스토랑 중 예약이 비교적 어려운 편은 아니지만 아무래도 극악스러운 가격이 가장 큰 이유인 것으로 브인다.

미국 드라마 〈블랙리스트Blacklist〉를 보면 주인공이 자기가 죽을 수 없는 이유로 랑부아지의 음식 때문이라고 말하는 장면이 나오는데, 결론적으로 말하면 일부 인정할 수밖에 없다!

1 블랙 트러플과 달걀 요리
2 커리소스의 랑구스틴
3 화이트 트러플을 올린 솔

1 시그니처 랍스터
2 초콜릿 케이크

자리에 앉자 아주 간단한 아뮈즈 부슈를 내주고 메뉴판과 와인 리스트를 줬다. 와인 리스트는 개인적으로 방문했던 파리 2, 3 스타 레스토랑을 통틀어 가장 빈약하고 가격이 비쌌다. 와인 잔도 거의 '막잔' 수준으로 나오니 와인이 중요한 사람이라면 마음을 비우는 것이 좋을 듯하다.

음식 메뉴판을 보면 코스 메뉴가 없고 오로지 단품만 있다. 단품 가격이 다른 3스타 레스토랑의 단품과 비교해도 극악할 정도다. 참고로 영어 메뉴판은 아예 없고 원하면 영어로 설명을 해주는 것도 특징. 모든 서버가 영어를 능수능란하게 하는 데다 메뉴가 자주 바뀌는 곳도 아닌 데도 영어 메뉴판 하나 구비해놓지 않는 불친절함이 묘하게 다가온다. 보통 전채의 가격은 90~170유로, 해산물과 고기 메인은 100~200유로 정도. 디저트도 40유로 정도 하니 3코스만 시켜도 300유로는 금방이다. 다른 레스토랑은 단품으로 주문하면 한 접시 옆에 이런 저런 작은 요리를 같이 내주는 경우도 많은데, 여기는 그런 것도 없는 편. 아무튼 단품 포션 자체는 넉넉하기 때문에 전채-메인-디저트 3코스만 시켜도 식사로 충분한 것이 그나마 다행이다.

이런 극악한 가격에도 불구하고 이곳을 찾는 이유는 메뉴 하나하나의 완성도가 대단하고 맛이 끝내주기 때문이다. 전채 중에서 인기 있는 메뉴는 커리 소스를 곁들인 랑구스틴과 랍스터 요리다.(캐비아 요리는 비싸서 시킬 엄두도 못 냈다.) 랑구스틴을 먼저 맛보고 맛있어서 놀랐다. 이 전채에 과연 100유로를 지불해야 하는지 스스로 묻는다면 "아니오."라는 대답은 못하겠고 "나에겐 아직 그 정도의 여유가 없다."라는 대답이 나올 것 같다. 랍스터 역시 기가 막힐 정도로 맛있었다. 이 이상의 랍스터 요리는 없을 것이라고 생각했던 조르주 블랑Georges Blanc이나 레 프레 되제니Les Pres d'Eugenie의 랍스터를 먹고 난 뒤였음에도 나도 모르게 감탄사(라고 쓰지만 실제로는 욕)가 나올 정도였다. 물론 이 전채의 가격이 140유로라서 무의식중에 욕이 나온 것 같기도 하다.

메인으로는 도버 솔sole과 달고기saint pierre가 유명한데, 그중 솔을 주문했다. 솔은 서대와 비슷한 생선으로, 우리나라와 달리 프랑스에서는 최고급 생선으로 꼽힌다. 크기가 무척 크고 특유의 탱글탱글하고 탄탄하면서도 쫀득한 식감이 일품이라 서대

오렌지 소스의 양고기   프티 푸르

를 생각하면 오산이다. 알바산 화이트 트러플까지 넉넉하게 올라가 한 접시에 20만 원이 넘는 생선요리지만 정말이지 맛은 황홀할 정도였다. 고기 요리 중 가장 인기 있는 것은 2인 이상부터 주문 가능한 브레스 닭이다. 맛보지는 못했지만, 다음에 꼭 경험해보고 싶다. 동행한 후배가 주문한 양고기는 다른 요리들에 비하면 좀 평범한 편. 디저트도 무척 단순한데 그중 초코케이크는 꼭 먹어보라고 권하고 싶다. 파리의 다른 3스타와 달리 디저트 뒤에 이것저것 화려하게 나오지 않는 것도 약간 유행에는 뒤처지는 느낌이지만 그게 또 자존심이 아닐까도 싶고.

   가성비도 떨어지고 와인 리스트도 만족스럽지 못하지만, 한 접시, 한 접시의 맛만 놓고 봤을 때 이만한 곳이 또 있을까 싶다. 돈을 열심히 벌고 싶게 만드는 맛!

◆ 구분	fine dining
◆ 가이드북	Michelin 3 stars Les Grandes Tables du Monde
◆ 인테리어	고급스럽고 럭셔리한 인테리어
◆ 가격	단품만 주문 가능 (100~180유로)
◆ 예산	300~600유로
◆ 와인선택	리스트: 3/5 가격대: 1/5 상대적 가격: 1/5
◆ 음식 스타일	classic
◆ 셰프	Bernard Pacaud
◆ 요약	음식: 5/5 가성비: 3/5 인테리어: 5/5 서비스: 5/5
◆ 키워드	미식여행 신혼여행 로맨틱

· 오래된 3스타치고 와인 리스트는 실망스러운 편. 종류도 적고 가격대도 상대적으로 높다. 와인 잔도 고급 와인을 즐기기에는 실망스러운 수준이다.

L'Ambroisie

D jacket
A 9 Place des Vosges, 75004 Paris
T +33 1 42 78 51 45
H https://www.ambroisie-paris.com
R 홈페이지, 전화 예약

O

	월	화	수	목	금	토	일
점심			12:00~13:45				
저녁			20:00~21:45				

고급 레스토랑

에피퀴르
Epicure

누구나 좋아할 만한 모범적인 3스타 레스토랑

MICHELIN ✦✦✦

프랑스 대통령궁인 엘리제궁 인근의 팰리스급 호텔인 르 브리스톨^{Le Bristol}에 자리한 에피퀴르는 2008년 미슐랭 3스타를 받고 최근 가장 각광을 받으면서도 안정적인 평가를 받고 있는 곳이다. 에피퀴르 자체가 그렇게 오랜 전통의 레스토랑이거나 대단한 스토리가 있는 곳은 아니지만, 사르코지 전 대통령으로부터 레지옹 도뇌르 Legion d'Honneur 1 훈장까지 받은 에릭 프레숑 Éric Fréchon 셰프가 1999년부터 이곳을 맡고 있어 의미가 있다. 에릭 프레숑 셰프는 파리 크리용 호텔에서 명성을 얻고 1993

주 1 프랑스 최고 권위의 훈장
주 2 4년마다 열리는 대회를 통해 뽑는 프랑스 최고의 명장 칭호

1 첫 번째 아뮈즈
3 두 번째 아뮈즈
2 베이컨이 들어간 빵
4 셀러리악으로 만든 탈리아텔레

년 MOF^{Meilleurs Ouvriers de France 2}를 받았으며 1996년 자신의 레스토랑을 오픈했다. 1999년부터는 에피퀴르를 맡아 2001년 2스타, 2008년에는 마침내 3스타를 거머쥐게 됐다.

에피퀴르는 우리나라 관광객이 가장 많이 찾는 파리의 3스타 레스토랑이기도 하다. 샹젤리제 인근에 있어 관광 및 쇼핑을 하는 동선에서 벗어나지 않고, 3스타치고 비교적 합리적인 가격의 점심 메뉴가 존재하며 일요일에도 문을 여는 (심지어 휴일 없이 운영) 유일한 파리의 3스타라서 그런 것 같다. (2년 전 포시즌스호텔의 르 생크 Le Cinq가 3스타를 받으며 휴일 없이 영업하는 3스타 레스토랑 대열에 합류했다.) 물론 따뜻한 느낌을 주는 아름다운 인테리어도 한몫한 것이 분명하기는 하지만.

클래식과 모던의 경계를 잘 타고 있는 프레숑 셰프의 음식은 호불호가 크게 갈리지 않으며 누가 먹어도 맛있다는 느낌을 준다. 아티초크와 푸아그라가 들어간 트러

1 아름다운 정원
2 프리 디저트

플 마카로니가 대표메뉴로 꼽힌다. 개인적으로 에피퀴르 하면 파리에서도 첫손에 꼽을 만큼 완벽했던 서비스가 기억에 난다. 이곳은 부모님과 아내, 그리고 딸아이가 경험한 첫 번째 3스타 레스토랑이었는데, 다들 음식보다 이곳의 집기류나 서비스에 대해서 두고두고 얘기하고는 했다.

시그니처 메뉴인 마카로니를 먹어보지 못하기도 했고, 점심 식사 때 비교적 간소하게 경험한 터라 언젠가 다시 갈 날이 오기를 기다리는 곳이기도 하다.

◆ 구분	fine dining
◆ 가이드북	Michelin 3 stars Les Grandes Tables du Monde
◆ 인테리어	따뜻한 느낌의 꽃무늬(?) 인테리어
◆ 가격	코스 340유로, 점심 140유로 (단품 가능)
◆ 예산	300~500유로
◆ 와인선택	리스트: 5/5 가격대: 2/5 상대적 가격: 2/5

· 프랑스 와인 위주의 훌륭한 리스트지만 고급 와인이 대부분이고 상대적으로 가격대도 높은 편이다.

◆ 음식 스타일	modern
◆ 셰프	Éric Fréchon
◆ 요약	음식: 4/5 가성비: 3/5 인테리어: 5/5 서비스: 5/5
◆ 키워드	미식여행 신혼여행 로맨틱 일요일 영업

Epicure

D jacket
A 112 Rue du Faubourg Saint-Honoré, 75008 Paris
T +33 1 53 43 43 40
H https://www.oetkercollection.com/destinations/le-bristol-paris/restaurants-bar/restaurants/epicure
R 홈페이지, 전화 예약

O

	월	화	수	목	금	토	일
점심				12:00~14:00			
저녁				19:30~22:00			

> 고급 레스토랑

르 프레 카틀랑
Le Pré Catelan

파리의 3스타 중 단 한 곳만 꼽는다면 바로 이곳!   MICHELIN ✿✿✿

파리의 서쪽에 자리 잡은 불로뉴 숲은 낮에는 공원을 찾는 현지인과 관광객으로 붐비지만, 밤이 되면 황량하고 다소 위험한 느낌이 드는 곳으로 변한다. 불로뉴 숲 한복판에 근사한 궁전 같은 멋진 레스토랑이 있는데, 그곳이 바로 르 프레 카틀랑이다.

르 프레 카틀랑의 역사는 1856년으로 거슬러 올라간다. 1905년 불로뉴 숲에 있던 18세기 건물에 카지노와 레스토랑을 짓는 프로젝트로 시작해 1908년 샹젤리제의 전설적인 레스토랑 겸 바가 된 푸케Fouquet's의 오너 레오폴드 무리에Leopold Mourier가 문을 열면서 파리의 명소로 자리 잡게 된다. 이후 1923년 샤를 드루앙Charles Drouant이 이어받으며 가스트로노미 레스토랑으로 변신했다. 1976년 르노트르Lenotre에서

1 인테리어
2 푸아그라 소스의 랑구스틴
3 Armand Rousseau Chambertin 2010

인수했는데, 이후 르노트르를 프랑스 거대 식품 기업인 소덱스Sodex에서 인수해 현재는 소덱스 산하 르노트르 소속이다.

르 프레 카틀랑의 셰프 프레데릭 앙통Frédéric Anton은 1964년생이다. 프랑스 샹파뉴의 3스타였던 레 크레예르Les Crayères와 조엘 로뷔숑 밑에서 일을 하다 1997년에 이곳을 맡게 된다. 1999년에 미슐랭 2스타를 받고 2000년에는 MOF 타이틀을 거머쥐었으며 2007년, 마침내 미슐랭 3스타를 받고 현재까지 유지하고 있다.

벨 에포크 시대의 인테리어를 재현했다는 평을 받는 실내는 녹색 톤이 적당히 섞여 차분하면서도 지나치게 화려하지 않고 상당히 럭셔리하게 꾸며져 있다. 무척이나 아름답고 인상적인 공간이라 식사하는 내내 나도 모르게 기분이 들뜨는 느낌이었다.

메뉴는 단품으로도 주문이 가능한데, 파리의 다른 3스타 레스토랑에 비해 비교

라임 소스의 대구 　　　　　　　　　레몬이 들어간 머랭

적 저렴하다. 280유로 메뉴와 220유로 메뉴의 코스 구성이 꽤 좋고 점심때는 130유로 점심 메뉴도 주문 가능하다. 220유로 메뉴와 280유로 메뉴의 차이는 해산물 요리 하나와 디저트 하나의 차이다. 비교적 좋은 와인을 주문해서인지 아니면 같이 간 동행이 프랑스 요리를 하는 셰프라고 해서인지 280유로에 나오는 음식을 서비스로 내줬다. 음식 중에서는 대구 요리와 브레스 치킨이 인상적이었다. 대구 요리는 후에 '톡톡' 김대천 셰프의 시그니처로 자리 잡은 대구 요리 탄생에 큰 기여를 했다.

와인은 대략 3만 병을 가지고 있다고 들었는데, 프랑스산을 중심으로 꽤 다양한 고급 와인 위주로 구성되어 있다. 대부분 와인 가격은 절대적으로나 상대적으로나 비싼 편이지만 100유로 대에 고를 수 있는 와인도 꽤 많았고, 몇몇 와인 가격은 시중에 비해 현격하게 저렴해서 마음에 들었다.

파리에서 그동안 먹었던 수많은 레스토랑, 특히 3스타 레스토랑 중에서도 꽤나 인상적인 식사를 했다. 단순한 플레이팅에 직관적인 음식도 좋았지만 좋은 가격에 마셨던 훌륭한 와인과 서비스에 더 감동 받았던 식사였다. 280유로를 다 지불하고 먹었어도 완전히 만족했을 것 같다. 공간이 주는 아름다움도 있어 누군가 파리에서 3스타 중 한 군데를 간다고 하면 제일 먼저 여길 추천하고는 한다.

◆ 구분	fine dining		◆ 음식 스타일	modern
◆ 가이드북	Michelin 3 stars Relais & Chateaux Les Grandes Tables du Monde		◆ 셰프	Frédéric Anton
			◆ 요약	음식: 5/5 가성비: 5/5 인테리어: 5/5 서비스: 5/5
◆ 인테리어	화려하고 럭셔리한 인테리어			
◆ 가격	코스 280/220유로, 점심 130유로 (단품 가능)		◆ 키워드	미식여행 신혼여행 로맨틱 와인애호가
◆ 예산	300~500유로			
◆ 와인선택	리스트: 5/5 가격대: 3/5 상대적 가격: 3/5			

· 3만 병 정도의 와인 리스트, 100유로 선의 와인도 많이 보유하고 있다.

Le Pré Catelan

D business casual
A Route de la Grande Cascade, 75000 Paris
T +33 1 44 14 41 14
H http://www.leprecatelan.com
R 홈페이지, 전화 예약

O

	월	화	수	목	금	토	일
점심			12:00~13:30				
저녁			19:30~21:30				

> 고급 레스토랑

피에르 가니에르
Pierre Gagnaire

비교적 가볍게 만날 수 있는 파리의 3스타

MICHELIN ✦✦✦

샹젤리제 안쪽 골목에 있는 럭셔리 호텔 중 하나인 오텔 발자크^{Hôtel Balzac}에 자리 잡고 있는 피에르 가니에르는 우리나라 롯데호텔에도 들어와 있어(1년여 간의 리뉴얼 끝에 지난 9월 재오픈했다.) 한국인에게도 비교적 익숙한 레스토랑이다.

피에르 가니에르 셰프는 1950년생으로, 프랑스를 이끌어가는 원로 셰프 중 한 명이다. (지금은 작고한) 조엘 로뷔숑, 알랭 뒤카스와 함께 가장 영향력이 큰 셰프로 꼽기도 한다. 가니에르는 레스토랑 집안의 아들로 태어나 리옹에서 요리 공부를 하고 전설의 레스토랑 중 한 곳인 뤼카스 카르통^{Lucas Carton}에서 일했다. 이후 고향으로 돌아와 주방을 맡아 1976년 첫 미슐랭 스타를 받았다. 1981년 독립해서 생테티엔^{St-}

1 다채로운 아뮈즈
2 사이드로 나온 화이트 빈
3 헤이즐넛과 허브를 채운 뿔닭

   Etienne이라는 곳에 자신의 레스토랑을 열었고, 그곳에서 미슐랭 2스타를 받았다. 인근에 새로 연 레스토랑은 1992년 3스타를 받았지만 경영은 어려워 문을 닫게 된다. 이후 1996년 지인들의 도움으로 파리에 다시 레스토랑을 열었고 2년 뒤 3스타를 받았다. 이후 파리에서의 경력이 계속 이어졌고 파리와 프랑스를 비롯한 전 세계에 걸쳐 13개 레스토랑을 운영 중이다. 아시아에서는 서울, 도쿄, 홍콩, 상하이, 다낭에 지점이 있다.

   내부는 럭셔리함이 묻어나는 것은 아니지만 목재로 이뤄진 따뜻하고 고급스러운 분위기다. 서버도 훈련이 잘 되어 있고 교과서적인 서비스가 이뤄지는 느낌이다. 2016년 방문 당시에는 300유로 정도 하는 코스 메뉴와 85유로의 점심 메뉴가 있었는데 (물론 단품도 주문할 수 있다.) 2시간 만에 식사를 마치고 기차를 타야 해서 점심 메뉴로 주문했다. 지금은 점심 메뉴가 해산물 요리 한 코스가 추가돼 155유로로 운영 중이다.

다양하게 나오는 디저트

피에르 가니에르는 원로 셰프이지만 모던한 요리 기법을 적극적으로 사용하는 것으로 알려져 있다. 코스마다 작은 접시 3~5개 정도로 다양한 음식을 선보이는 스타일이 특징이다. 간단한 점심 코스에도 아뮈즈 부슈만 5종, 전채 4종에 메인 뿔닭요리도 두 접시로 나눠서 서빙되었고, 디저트도 조금씩 다양한 맛을 보여줬다.

제대로 된 테이스팅 메뉴를 접하지 못해 아쉬움이 있다. 이런 유의 모던하고 아기자기한 음식에 경험이 없는 이가 3스타를 합리적인 가격으로 경험해보고자 한다면 좋은 선택이 될 수도 있을 것 같다.

◆ 구분	fine dining	
◆ 가이드북	Michelin 3 stars Relais & Chateaux Les Grandes Tables du Monde	
◆ 인테리어	목재 위주의 클래식하고 고급스러운 인테리어	
◆ 가격	코스 310유로, 점심 155유로 (단품 가능)	
◆ 예산	380~600유로	
◆ 와인선택	리스트: 5/5 가격대: 2/5 상대적 가격: 3/5	

· 방대한 와인 리스트지만 가격대는 높은 편이다. 몇몇 와인 가격은 꽤 경쟁력 있게 책정되어 있다.

◆ 음식 스타일	modern	
◆ 셰프	Pierre Gagnaire	
◆ 요약	음식: 4/5 가성비: 5/5 인테리어: 5/5 서비스: 5/5	
◆ 키워드	미식여행 신혼여행 분자요리 로맨틱 와인애호가	

Pierre Gagnaire

- **D** smart casual
- **A** 6 Rue Balzac, 75008 Paris
- **T** +33 1 58 36 12 50
- **H** http://www.pierre-gagnaire.com
- **R** 홈페이지, 전화 예약

O	월	화	수	목	금	토	일
점심		12:00~13:30					
저녁		19:30~21:30					

> 고급 레스토랑

르 뫼리스
Le Meurice

베르사유에 와있는 느낌의 압도적 인테리어

MICHELIN ✦✦

워낙에 럭셔리한 인테리어의 레스토랑이 많은 파리에서도 인테리어 하면 첫손에 꼽을 수 있는 곳이 바로 르 뫼리스다. 튈르리 정원 앞에 자리한 럭셔리 호텔 르 뫼리스 호텔에 있는 미슐랭 2스타 레스토랑(2014년 방문 당시엔 3스타) 르 뫼리스는 2013년까지 야닉 알레노 Yannick Alleno 셰프가 맡아 별 3개를 유지하던 곳인데, 그 뒤로 알랭 뒤카스 그룹에서 이어받았다. 사실 이 레스토랑은 음식보다는 유명 디자이너 필립 스탁이 베르사유 궁전 살롱 드 라 페 Salon de la Paix (평화의 방)를 모티프로 디자인한 럭셔리한 인테리어로 더 잘 알려져 있다.

    인테리어 때문인지 확실히 동양인 관광객이 많은 편이다. 최근에 방문했을 당시

1 아뮈즈로 나온 굴
3 모렐버섯과 닭
2 뿔닭 파테
4 농어와 펜넬

보다 중국 관광객이 상당히 많아졌다고 한다. 특히 알랭 뒤카스 오 플라자 아테네와 달리 비교적 합리적인 가격의 점심 코스가 있기 때문에 인스타그램 유저의 성지로도 인기가 높은 편이다.

음식 가격이 음식의 맛뿐만 아니라 위치, 서비스, 인테리어 등 모든 것이 반영된 종합적인 가치라면, 이곳의 인테리어는 같은 음식을 내는 다른 곳보다 최소 50~100유로는 더 지불할 마음이 들게 한다.

음식은 알랭 뒤카스의 최근 경향을 엿볼 수 있었다. 재료 중심의 간결하고 심플한 플레이팅이 주를 이뤘는데, 가격이나 양을 생각하지 않고 맛만 놓고 본다면 분명 만족스러운 요리였다. 특히 바닷가재와 농어, 닭 요리는 하나하나 최고의 맛이었다. 오히려 디저트가 파리의 다른 레스토랑에 비해 생각보다 간결하고 큰 임팩트가 없어서 다소 의아했다.

산딸기 디저트 Chateau Rayas 2000

다만 가격을 생각해본다면 아무래도 맛과 코스의 구성, 그리고 양에서 아쉬움이 약간 남는다. 그러므로 이곳을 가보고 싶은 사람이라면 점심 코스를 먹거나 단품으로 주문할 것을 추천한다.

◆ 구분	fine dining
◆ 가이드북	Michelin 2 stars Les Grandes Tables du Monde
◆ 인테리어	베르사유 궁전 살롱 드 라 페를 모티브로 한 럭셔리한 인테리어
◆ 가격	코스 380유로, 점심 85/110/130유로 (단품 가능)
◆ 예산	450~700유로
◆ 와인선택	리스트: 4/5 가격대: 1/5 상대적 가격: 2/5

· 규모에 걸맞은 방대한 와인 리스트를 가지고 있으나 전반적으로 고급 와인이고 가격대도 높은 편. 소매가 대비 괜찮은 가격의 와인이 조금 있다.

◆ 음식 스타일	classic
◆ 셰프	Alain Ducasse / Jocelyn Herland
◆ 요약	음식: 4/5 가성비: 2/5 인테리어: 5/5 서비스: 5/5
◆ 키워드	미식여행 신혼여행 로맨틱 프로포즈

Le Meurice

D jacket
A 228 Rue de Rivoli, 75001 Paris
T +33 1 58 00 21 20
H https://www.alainducasse-meurice.com
R 홈페이지, 전화 예약

O	월	화	수	목	금	토	일
점심			12:30~14:00				
저녁			19:30~22:00				

고급 레스토랑

르 그랑 베푸
Le Grand Véfour

18세기의 인테리어와 가성비 좋은 점심

MICHELIN ✿✿

파리를 대표하는 클래식 레스토랑 중 하나인 르 그랑 베푸는 한 자리에서 가장 오랫동안 영업한 프랑스 레스토랑이자 스타 셰프 기 마르탱Guy Martin의 레스토랑으로 유명한 곳이다. 이곳의 역사는 1784년으로 거슬러 올라간다. 카페로 시작했던 곳을 1820년 장 베푸Jean Véfour가 사들이면서 레스토랑으로 바뀌게 된다. 당시 인테리어를 아직도 간직하고 있는 것도 이곳의 유명 요인 중 하나다.

이런저런 말할 필요 없이 르 그랑 베푸를 이야기할 때는 딱 이 한 문장만으로도 설명이 충분할 것 같다. "나폴레옹이 조세핀에게 청혼한 레스토랑"

기 마르탱 셰프는 1957년생으로, 17살 때 피자집에서 일하며 요리를 시작해 독학

18세기부터 이어져 온 실내 인테리어

으로 요리를 배워 27살에 첫 미슐랭 스타를 받았다. 이후 1991년부터 르 그랑 베푸를 맡은 그는 2011년 레스토랑을 사들인 후 오너 셰프가 되어 지금까지 운영하고 있다. 2000년부터 2007년까지 미슐랭 3스타를 유지하던 이곳은 2008년 2스타로 떨어진 후 지금까지 유지하고 있다. 르 그랑 베푸의 별이 떨어졌다는 소식은 프랑스 신문 헤드라인을 장식할 정도로 많은 논란이 되었는데, 이런 것이 셰프와 레스토랑의 유명세를 증명하는 일이 아닐까 싶다.

이 레스토랑은 문을 열고 들어가면서부터 그 아우라에 압도되는데, 르 뫼리스처럼 럭셔리하고 입이 딱 벌어지는 인테리어는 아니지만 뭔가 현존할 것 같지 않은 다소 몽환적이고 독특한 장식과 인테리어에 금방 마음을 뺏기고 만다. 이 때문에 고급 레스토랑치고 다소 비좁고 불편한 자리도 기꺼이 감수할 수 있다는 생각이 들 정도다!

요새 기준으로는 비교적 클래식한 음식을 낸다. 저녁 코스 메뉴의 가격은 315유로로 2스타치고 꽤 높은 편이지만, 점심 코스는 115유로로 꽤 합리적으로 즐길 수 있고 다른 레스토랑의 점심 코스 요리보다 만족도가 높은 편이다. 기 마르탱 셰프의 시그니처는 푸아그라가 들어간 오리 라비올리인데, 2013년 방문 당시에는 이걸 몰라서 못 먹은지라 다시 가고 싶은 생각이 든다. 메인 요리 중에는 프린스 레니에 3세 피죤 Prince Rainier III pigeon이 유명하고 디저트로는 헤이즐넛 페이스트리와 밀크 초콜릿 무스가 손꼽힌다.

많은 이들이 파리에 온 기분을 느낄 수 있는 고급 레스토랑 추천을 부탁하고는 한다. 그럴 때마다 음식, 서비스, 인테리어, 와인 그리고 이런저런 이야깃거리까지, 여러모로 머릿속에 가장 먼저 떠오르는 곳 중 하나가 르 그랑 베푸다.

1 아뮈즈 부슈
2 푸아그라 테린
3 헤이즐넛 페이스트리와 밀크 초콜릿 무스
4 알자스식 페이스트리

◆ 구분	fine dining	◆ 음식 스타일	classic
◆ 가이드북	Michelin 2 stars Relais & Chateaux Les Grandes Tables du Monde	◆ 셰프	Guy Martin
		◆ 요약	음식: 5/5 가성비: 4/5 인테리어: 5/5 서비스: 5/5
◆ 인테리어	19세기 초 화려한 인테리어를 그대로 유지		
◆ 가격	코스 315유로, 점심 115유로 (단품 가능)	◆ 키워드	미식여행 신혼여행 로맨틱 와인애호가 클래식
◆ 예산	300~500유로		
◆ 와인선택	리스트: 5/5 가격대: 2/5 상대적 가격: 3/5		

· 다양한 종류와 가격대의 와인이 있는 훌륭한 리스트. 대부분 비싸지만 소매가 대비 저렴한 고급 와인을 다수 보유하고 있다.

Le Grand Véfour

- **D** 점심 business casual / 저녁 jacket
- **A** 17 Rue de Beaujolais, 75001 Paris
- **T** +33 1 42 96 56 27
- **H** http://www.grand-vefour.com
- **R** 홈페이지, 전화 예약

O		월	화	수	목	금	토	일
	점심	12:30~14:00						
	저녁	20:00~22:00						

고급 레스토랑

타유벙
Taillevent

와인과 함께 즐기는 최고의 식사

MICHELIN ✦✦

샹젤리제에서 멀지 않은 곳에 자리한 타유벙은 파리를 대표하는 고급 레스토랑 중 한 곳으로, 공식적이지는 않지만 세계에서 두 번째로 많은 와인을 보유하고 있다고 알려져 있다. 타유벙은 1946년 앙드레 브리나 André Vrinat가 문을 연 후 1948년 1스타를, 1954년에는 2스타를 받았고 1973년 클로드 들리뉴 Claude Deligne 셰프가 오면서 마침내 3스타가 됐다. 그 뒤로 필리프 르정드르 Philippe Legendre 셰프를 거쳐 2002년부터 알랭 솔리베레 Alain Solivérès 셰프가 맡고 있다. 2007년에 2스타로 강등이 되는데, 르 그랑 베푸와 함께 별 하나를 잃은 것이 화제가 되기도 했다.

알랭 솔리베르 셰프는 루이 캥즈 Louis XV와 뤼카스 카르통 Lucas Carton에서 일하다 이곳에 왔는데, 전반적으로 육류보다는 해산물 요리를 더 잘한다고 알려져 있다. (불과 몇 달 전에 노르망디 출신의 다비드 비제David Bizet 셰프가 새로 영입되었다는 소식을 최근에야 들었다.) 이 레스토랑의 이름은 프랑스에서 나온 기욤 티렐Guillaume Tirel이 쓴 첫 번째 요리책에서 유래했는데, 그 저자의 닉네임이 타유벵이었다고 한다. 타유벵은 일본에 분점이 있었기 때문에 일본인도 많이 찾고 중국에서도 널리 알려진 곳이라 동양인 관광객이 유독 많은 편이다. 레스토랑의 규모 자체도 파리치고는 상당히 큰 편이다.

타유벵의 점심 코스 요리는 88유로인데, 110유로를 내면 와인 두 잔과 물, 커피까지 제공된다. 음식의 퀄리티도 좋아 가성비가 좋기로 유명하다. 저녁 테이스팅 메뉴의 가격은 198유로이며 단품 주문 또한 가능한데, 다른 곳보다 테이스팅 메뉴 구성이 좋고 합리적인 편이라 단품을 주문하기가 쉽지 않다.

위에서 언급한 바와 같이 타유벵은 2천여 종, 수십만 병에 이르는 와인을 보유하고 있다. 30유로 정도부터 몇 만 유로까지 워낙에 다양한 와인을 갖추고 있어 와인

1 새우 머리로 만든 칩
2 개구리 다리가 올라간 리조토

워터크레송 & 캐비아 수프　　　　　　　　Chateau Rayas 2000

애호가라면 그냥 지나치면 안 되는 곳이다. 전반적인 가격도 합리적인 편이고, 와인을 잘 모르더라도 소믈리에가 비싸지 않은 가격의 와인을 추천해주기 때문에 이곳에서는 꼭 와인을 맛보도록 하자!

음식은 전반적으로 클래식한 편이고, 다양한 식재료를 지나치게 무겁지 않게 잘 구성했다. 오랫동안 잔상이 남을 정도로 화려하고 대단한 요리는 없지만 어느 하나 빠지는 느낌이 드는 요리도 없고, 역사가 말해주듯 안정적인 느낌의 음식이 나왔다. 어찌 보면 맛이 강렬하거나 튀지 않기 때문에 와인과 함께 즐기기에 더없이 좋다고 할까?

여기도 정말 매년 한 번씩 방문하고 싶은 마음이 드는 곳이다. 누군가 파리의 고급 레스토랑을 추천해달라고 할 때 취향을 고려하지 않고 단 한 군데만 이야기한다면 두말할 것도 없이 타유뱅을 고르게 된다.

◆ 구분	fine dining		◆ 음식 스타일	classic
◆ 가이드북	Michelin 2 stars Relais & Chateaux Les Grandes Tables du Monde		◆ 셰프	David Bizet
			◆ 요약	음식: 5/5 가성비: 4/5 인테리어: 4/5 서비스: 5/5
◆ 인테리어	아주 화려하지는 않지만 고급스러운 느낌의 공간		◆ 키워드	미식여행 신혼여행 로맨틱 와인애호가 클래식
◆ 가격	코스 198유로, 점심 88유로 (단품 가능)			
◆ 예산	250~400유로			
◆ 와인선택	리스트: 5/5 가격대: 4/5 상대적 가격: 4/5			

· 전 세계 두 번째로 방대한 와인 리스트를 보유. 다양한 가격대의 와인이 많고 상대적으로 가격도 합리적이다.

Taillevent

D jacket
A 15 Rue Lamennais, 75008 Paris
T +33 1 44 95 15 01
H https://letaillevent.com
R 홈페이지, 전화 예약

O

	월	화	수	목	금	토	일
점심		12:15~14:00					
저녁		19:15~22:00					

고급 레스토랑

파사주 53 (생캉트루아)
Passage 53

일본 셰프가 보여주는 간결하고 모던한 프렌치   MICHELIN ✿✿

2011년 방문한 파사주 53(생캉트루아)은 여러모로 기억에 많이 남는 곳이다. '루이 쌍끄' 이유석 셰프의 추천으로 방문했는데 당시 막 2스타를 받았던 때라 가성비도 좋았고, 이런 라이트한 터치의 프렌치 요리를 처음으로 맛있게 먹어본 것이라 기억이 난다. 당시 36개월이던 딸아이가 처음으로 긴 코스 요리를 시켜서 먹은 (앙팡 메뉴가 없기도 했고 본인 앞에도 음식을 달라고 주장했다. 비록 많이 남기기는 했지만.) 레스토랑이라 더 인상 깊었다.

이곳의 셰프는 당시 라스트랑스 출신으로, 30대 초반의 나이에 오픈한 지 1년 만에 미슐랭 1스타, 다시 또 1년 만에 2스타를 받은 최초의 외국인 셰프(일본인 사토

1 백합 뿌리와 캐비아
2 과일 폼의 랑구스틴
3 산딸기 소스의 푸아그라

신이치Shinichi Sato)라는 점이 화제였다. 최고의 레스토랑에만 재료를 공급하는 식자재상이나 정육점에서 고기를 납품받는 점도 오픈할 때부터 현지에서는 화제였다고 한다.

파사주 53은 우리로 치면 실내 아케이드 비슷한 상점가에 있는데, 파리 오페라 극장 인근 그랑 불르바르Grands Boulevards역 주변에 있는 파사주Passage 안에 자리 잡고 있다. 외관이나 인테리어는 전혀 2스타에 어울리지 않지만, 그에 반해 음식 맛은 스승인 파스칼 바르보 셰프의 라스트랑스에 비견될 정도로 뛰어났다. (예전에는 반값이었지만 지금은 큰 차이 안 난다는 것이 함정이지만.)

　라스트랑스의 연장선상에 있는 듯한 비교적 라이트한 소스에 완벽한 퀴송과 간을 한 요리가 줄지어 나오는데, 소스의 맛이 하나하나 꽤 진하고 잘 어울려서 개인적으로 취향에 잘 맞았다. 특히나 당시에는 무척 다양한 재료 때문에 가성비도 좋다고 느꼈는데, 최근에는 가보지 않아 이 부분은 판단을 유보할 수밖에 없겠다.

　비교적 오래 전에 방문한 곳이라 지금과 미식 경험이 많은 차이가 있기에 다시 가서 지금도 같은 감동을 느낄 수 있는지 확인해보고 싶은 곳이다.

다양하게 내준 디저트

◆ 구분	fine dining	
◆ 가이드북	Michelin 2 stars Relais & Chateaux	
◆ 인테리어	화이트 톤의 심플한 인테리어	
◆ 가격	코스 170유로, 점심 95유로	
◆ 예산	200~300유로	
◆ 와인선택	리스트: 3/5 가격대: 3/5 상대적 가격: 3/5	

· 와인 리스트는 2스타치고 비교적 간단한 편이다. 다양한 가격대의 와인이 있다.

◆ 음식 스타일	modern	
◆ 셰프	Shinichi Sato	
◆ 요약	음식: 5/5 가성비: 4/5 인테리어: 3/5 서비스: 4/5	
◆ 키워드	미식여행 일본셰프	

Passage 53

D smart casual
A 53 Passage des Panoramas, 75002 Paris
T +33 1 42 33 04 35
H https://www.passage53.com
R 홈페이지, 전화 예약

O		월	화	수	목	금	토	일
	점심			12:00~13:00				
	저녁			20:00~21:00				

고급 레스토랑

Carré des Feuillants

카레 데 푀이양

음식은 아쉽지만 또 가고 싶은 곳

MICHELIN ✿✿

파리 한복판에 있는 1구, 그중에서도 중심부라고 할 수 있는 방돔 광장 인근에 자리한 2스타 레스토랑 카레 데 푀이양은 알랭 뒤투르니에 Alain Dutournier 셰프가 운영하는 꽤 오래된 2스타 레스토랑이다. 약간 명성이 퇴색된 면이 없지 않아 있지만 파리에서도 10여 개밖에 없는 2스타 레스토랑 중 하나임은 분명하다. 하지만 우리나라에서 방문하는 사람도 거의 없고 현지에서도 조금 잊혀져가는 느낌의 레스토랑이라 이유가 궁금했다. 비교적 클래식한 음식을 낸다고 알려져 있어 궁금하기도 하고, 파리에서도 손꼽히는 와인 리스트를 가지고 있다고 하니 가지 않을 수 없지 않은가!

실내는 의외로 무척이나 모던하견서 원색의 화려한 모습이었다. 평일 점심이었지

의외로 모던한 실내

만 테이블이 반 이상 비어 있었다. 음식은 단품 주문이 가능하고, 저녁 코스는 220유로인데 점심 코스는 생각보다 무척이나 저렴한 68유로였다. 코스 가격 차이가 심하고 중간 가격대의 코스가 없는 데다 음식이 별로라는 이야기가 많아 저렴한 점심 코스를 주문했다. 와인 리스트는 파리에서도 손에 꼽힐 정도로 훌륭했는데, 다양한 가격대의 와인이 있는 것도 좋았지만 전반적인 가격이 아주 좋았다. 파리에 이런 곳이 어떻게 남아 있을까 궁금할 정도로.

파리의 가장 중심부 방돔 광장에 있는 2스타 레스토랑이 아무리 점심이라 할지라도 68유로라면 지나치게 싼 가격이 아닐까도 싶다. 1스타의 점심 가격보다도 비싼 느낌이 아닌데 사실 음식 퀄리티는 어떻게 별을 받았을지 의아함이 들 정도. 가격을 감안하더라도 음식은 전반적으로 무척이나 실망스러웠다. 저녁때는 또 괜찮았다

1 가재와 푸아그라
2 수준 이하였던 생선 요리
3 Domaine Leflaive Batard Montrachet 1993

는 지인의 평이 있기는 하지만 굳이 가서 시험에 들고 싶지는 않다. 다만 워낙에 좋은 와인 리스트가 있으니, 분위기와 서비스가 좋고 가성비 최고인 고급 와인바에 가서 낮술을 즐긴다고 생각하면 또 이만한 곳이 없지 않을까 싶다.

◆ 구분	fine dining		◆ 음식 스타일	classic
◆ 가이드북	Michelin 2 stars Les Grandes Tables du Monde		◆ 셰프	Alain Dutournier
◆ 인테리어	다양한 원색을 사용한 모던한 인테리어		◆ 요약	음식: 3/5 가성비: 1/5 인테리어: 4/5 서비스: 4/5
◆ 가격	코스 220유로, 점심 68유로 (단품 가능)		◆ 키워드	미식여행 신혼여행 로맨틱 방돔광장 와인애호가
◆ 예산	250~400유로			
◆ 와인선택	리스트: 5/5 가격대: 3/5 상대적 가격: 4/5			

· 3천 종이 넘는 방대한 와인 리스트에 다양한 가격대의 와인을 보유하고 있다. 전반적으로 와인 가격이 매우 좋다.

Carré des Feuillants

D business casual
A 14 Rue de Castiglione, 75001 Paris
T +33 1 42 86 82 82
H http://www.alaindutournier.com/wp/carredesfeuillants
R 홈페이지, 전화 예약

O	월	화	수	목	금	토	일
점심		12:30~13:30					
저녁		19:30~21:30					

고급 레스토랑

Paris 16

르 그랑 레스토랑 장 프랑수아 피에주
Le Grand Restaurant Jean-François Piège

모든 면에서 만족스럽지만 특별하진 않았던 곳

MICHELIN ✯✯✯

르 그랑 레스토랑을 이끄는 장 프랑수아 피에주Jean-François Piège 셰프는 1970년생으로, 이브 캉드보르드Yves Camdeborde, 크리스티앙 콩스탕Christian Constant, 알랭 뒤카스Alain Ducasse 등의 거장 밑에서 오랫동안 일했다. 특히 알랭 뒤카스 오 플라자 아테네의 셰프를 맡아 2001년 3스타를 받기도 했던 그는 2005년 알랭 뒤카스를 나와 레장바사되르Les Ambassadeur로 가서 2스타 셰프가 됐다. 이때 알랭 뒤카스의 미움을 받아 지금까지도 3스타 셰프가 되지 못하고 있다는 소문 아닌 소문도 있는데, 뭐, 믿거나 말거나. 2009년에는 투미외Thoumieux로 가서 자신의 이름을 딴 레스토랑과 브라스리를 열었으나 큰 임팩트는 없었던 듯하다. 2016년부터 르 그랑 레스토랑 문을

1 다양한 채소와 달고기
3 시그니처 밀푀유
2 블랑망제
4 아이스크림

열어 2스타를 받았으며, 지금은 클로베 그릴 Clover Grill 등 다른 레스토랑도 운영하고 있다.

　결코 화려한 2스타 레스토랑이 있을 것 같지 않은 작은 문을 열고 들어가 보니 규모도 생각보다 작았다. 아마도 작은 규모에서 집중도 있게 운영하려는 의도가 아닐까하는 생각이 든다. 내부는 심플하지만 아늑하고 따뜻한 느낌으로 잘 꾸며져 있다. 르 그랑 레스토랑은 단품 메뉴 주문이 가능하고 점심 코스는 85유로, 테이스팅 메뉴는 216유로, 276유로 두 가지가 있다. 아무래도 신생 레스토랑이다 보니 와인 리스트에는 한계가 좀 있었다.

　음식은 전반적으로 모던하면서도 좋은 재료에 정확한 퀴송과 간을 한, 약간 각이 잡힌 듯한(?) 음식이었는데 점심 코스를 먹었던지라 셰프의 역량을 충분히 보지 못한 것 같아 아쉬움이 있다. 그래도 매시드 포테이토는 조엘 로뷔숑보다 더 맛있어서

1 빵에 발라 먹은 치즈
2 사이드로 나왔던 매시드 포테이토

한 번 더 청했을 정도였다!

디저트는 블랑망제라는 프리 디저트와 밀푀유가 피에주 셰프의 시그니처인데, 입에 넣으면 그야말로 절로 미소가 지어지는 맛이다. 밀푀유 이후에도 여러 가지 다양한 디저트를 계속 내주어 마무리가 근사했다. 다음에 피에주 셰프의 시그니처인 가토 푸아그라와 바닷가재를 먹으러 다시 와야겠다고 다짐했다. 그의 다른 요리를 맛보기 위해 언젠가는 이곳에 다시 와야겠다.

◆ 구분	fine dining	◆ 음식 스타일	modern
◆ 가이드북	Michelin 2 stars Les Grandes Tables du Monde	◆ 셰프	Jean-François Piège
◆ 인테리어	작고 아늑하며 깔끔한 분위기	◆ 요약	음식: 4/5 가성비: 4/5 인테리어: 4/5 서비스: 5/5
◆ 가격	테이스팅 메뉴 216/276유로, 점심 96유로 (단품 가능)	◆ 키워드	미식여행 신혼여행 디저트
◆ 예산	250~400유로		
◆ 와인선택	리스트: 3/5 가격대: 2/5 상대적 가격: 2/5		

· 많지 않은 종류에 전반적으로 가격대도 높은 와인 리스트를 갖고 있다.

Le Grand Restaurant Jean-François Piège

D business casual
A 7 Rue d'Aguesseau, 75008 Paris
T +33 1 53 05 00 00
H http://www.jeanfrancoispiege.com/fr
R 홈페이지, 전화 예약

O		월	화	수	목	금	토	일
	점심		12:30~13:30					
	저녁		19:30~21:30					

> 고급 레스토랑

17 메종 로스탕
Maison Rostang

클래식 프렌치의 대명사

MICHELIN ✤✤✤

미셸 로스탕Michel Rostang은 1948년생으로, 5대째 요리를 하는 집안에서 태어났다. 그의 아버지는 남프랑스 앙티브Antibes에서 한때 3스타였던 레스토랑의 셰프였으니, 그야말로 '금수저' 집안에서 요리를 시작했다고 할 수 있겠다. 메종 로스탕은 1978년 오픈한, 파리의 역사에 남을 만한 레스토랑 중 하나다. 미셸 로스탕 셰프는 파리의 전설적인 레스토랑 라세르Lasserre와 뤼카스 카르통Lucas Carton 등을 거친 후 1973년 당시 2스타였던 아버지의 레스토랑으로 돌아가 일했다. 1978년 파리로 돌아온 그는 셰 드니Chez Denis라는 이름으로 지금의 레스토랑 문을 열었고, 이듬해 1스타를 받게 된다. 바로 그 다음해에는 2스타가 되서 현재까지 쭉 올라가지도, 내려가지도 않

파리에서도 손꼽히는 와인 셀러

고 2스타를 유지하고 있다.

　그 사이 미셸 로스탕 셰프는 비스트로도 몇 개 열고, 해외에도 레스토랑을 여는 등 아주 활발하지는 않지만 조금씩이나마 비즈니스 활동도 이어나가고 있다. 현재는 공식적으로 은퇴한 상태다. 2008년까지 야닉 알레노 셰프의 수 셰프로 일한 니콜라 보망Nicolas Beaumann이 미셸 로스탕 밑에서 몇 년간 같이 일하다가 이곳의 셰프를 맡고 있다.

　샹젤리제와 개선문에서 그리 멀지 않은 곳에 있는 이 레스토랑은 비교적 한적한 주택가에 자리하고 있다. 내부는 목재를 많이 사용해 따뜻한 분위기였는데 전반적으로 레스토랑의 크기나 분위기, 심지어는 음식까지도 이런 인테리어와 잘 맞아 떨어졌다. 음식은 단품 주문이 가능하고, 점심 코스는 90유로, 저녁에는 6코스가 185유로, 8코스가 225 유로다. 테이스팅 메뉴는 현재 셰프의 음식과 미셸 로스탕의 클래식이 조금씩 섞여 있는데, 이 레스토랑의 백미는 단연 미셸 로스탕의 클래식 단품 요리다. 랍스터 소스의 피케 수플레, 2인분 이상 주문 가능한 솔, 오리 요리 등이 시그니처라고 하는데, 옆자리에 나오는 솔 요리를 보니 다음번에 꼭 다시 와야겠다는 다짐이 절로 솟구쳤다. 와인 리스트는 생각보다 두껍지는 않았지만 와인 이름이 작은 글씨로 빽빽하게 쓰여 있었다. 대략 1천 3백여 종 정도 보유하고 있다고 하는데, 가격도 무척이나 좋아서 고르기가 힘들 정도였다. 하지만 큰 고민은 하지 않았다. 내년에 다시 오면 되니까!

전채로 나온 게와 캐비아 요리는 오랜 시그니처 중 하나인데, 예쁜 모양만큼이나 맛도 훌륭했다. 푸아그라는 소위 '인생급' 푸아그라를 경험할 수 있었다. 라 투르 다르정의 푸아그라와 우열을 가리기 힘들 정도였다! 비둘기가 나온 메인이나 디저트도 로스탕 셰프의 돌직구와 같은 강렬하고 진한 요리와 보망 셰프의 모던함이 가미된 요리가 적절히 잘 조화를 이루는 느낌을 받았다. 클래식한 음식을 좋아하는 이들에게 일순위로 추천하고 싶은 곳이다.

압도적인 퀄리티의 푸아그라

메인으로 나온 비둘기

◆ 구분	fine dining	◆ 음식 스타일	classic
◆ 가이드북	Michelin 2 stars Relais & Chateaux Les Grandes Tables du Monde	◆ 셰프	Michel Rostang / Nicolas Beaumann
◆ 인테리어	나무로 이루어져 따뜻하고 아늑한 분위기	◆ 요약	음식: 4/5 가성비: 4/5 인테리어: 4/5 서비스: 5/5
◆ 가격	코스 185/225유로, 점심 90유로 (단품 가능)	◆ 키워드	미식여행 신혼여행 로맨틱 와인애호가 클래식
◆ 예산	250~400유로		
◆ 와인선택	리스트: 5/5 가격대: 3/5 상대적 가격: 4/5		

· 1천 3백여 종의 와인을 보유하고 있으며 가격대도 다양하다. 가격도 상대적으로 좋은 편.

Maison Rostang

D business casual
A 20 Rue Rennequin, 75017 Paris
T +33 1 47 63 40 77
H http://www.maisonrostang.com
R 홈페이지, 전화 예약

O		월	화	수	목	금	토	일
	점심		12:30~14:00					
	저녁		19:30~21:30					

고급 레스토랑

Gordon Ramsay au Trianon
고든 램지 오 트리아농

베르사유 최고의 레스토랑

MICHELIN

파리 여행을 가면 빼놓을 수 없는 것이 베르사유 궁전 방문인데, 이곳에 가면 반나절 이상은 잡아먹게 된다. 그럼에도 늘 마땅히 식사할 곳이 없어서 아쉬웠는데 찾아보니 베르사유 궁전 인근에 미슐랭 별을 받은 레스토랑이 두 개나 있었다. 하나는 랑젤리크 L'Angelique라는 1스타 레스토랑이고 또 하나는 고든 램지 오 트리아농이라는 1스타 레스토랑(2013년 방문 당시에는 2스타)이다. 이름이 익숙하다 싶은가? 맞다. 그 유명한 욕쟁이 요리사 고든 램지, 우리나라 맥주 CF에도 등장한 그의 레스토랑이 바로 여기에 있다. 베르사유 정원의 넵튠 분수 옆에 나 있는 커다란 문으로 나가 조금만 가면 나오는 트리아농 팔라스 Trianon Palace라는 월도프 아스토리아 계열 호텔 1층

1 아뮈즈로 나온 달걀과 베이컨
2 어린이용 파스타

에 자리하고 있다.

    미국 유명 리얼리티 프로그램 〈헬스 키친〉으로 이름을 알린 고든 램지는 스코틀랜드 출신의 영국 요리사다. 런던 첼시의 3스타 레스토랑 고든 램지Restaurant Gordon Ramsay를 비롯해 전 세계 10여 개의 미슐랭 별을 유지하고 있는 그는 영국 출신으로는 드물게 프랑스에 입성해 베르사유에 레스토랑 문을 열어 별을 받았다. 조금 더 자세히 살펴보면, 영국에서 요리를 시작한 그는 프랑스에서 오랫동안 (자신의 멘토라고 밝히기도 한) 기 사부아나 조엘 로뷔숑Joël Robuchon과 같은 거장 밑에서 일했다. 그는 1993년 영국으로 돌아가 1997년 처음으로 1스타를 받았다. 이를 바탕으로 1998년 자신의 이름을 딴 레스토랑을 오픈했는데, 결국 이 레스토랑은 2001년 3스타를 받게 된다. 스코틀랜드 출신으로는 최초로 있는 일이었다. 현재 영국, 스코틀랜드, 아일랜드, 프랑스, 미국, 캐나다, 두바이, 일본 등 다양한 지역에서 많은 레스토랑을 운영하고 있다. 주방에 있기보다는 TV에 더 많이 출연하고 사업에 집중을 하고 있는데, 그럼에도 별을 잃지 않고 유지하는 몇 안 되는 셰프로도 알려져 있다.

1 모던한 실내
2 코코아 에멀전을 곁들인 초콜릿

　아무래도 영국 셰프가 한다는 선입견이 있어서인지 음식이 좀 더 직선적이고 편안하다고 느꼈다. 특히 양고기나 돼지고기 요리가 마음에 들었다. 그때와 달리 지금은 점심 영업을 하지 않아 관광객이 갈 일은 거의 없을 것 같기는 하다.

◆ 구분	fine dining
◆ 가이드북	Michelin 1 star
◆ 인테리어	깔끔하고 클래식한 인테리어
◆ 가격	코스 148/199유로 (단품 가능)
◆ 예산	200~300유로
◆ 와인선택	리스트: 5/5 가격대: 3/5 상대적 가격: 4/5

· 명성에 걸맞은 훌륭한 와인 리스트. 100유로 이하의 와인도 충분히 갖추고 있고, 괜찮은 가격의 고급 와인도 있다.

◆ 음식 스타일	modern
◆ 셰프	Gordon Ramsay
◆ 요약	음식: 4/5 가성비: 2/5 인테리어: 5/5 서비스: 5/5
◆ 키워드	미식여행 신혼여행 와인애호가 스타셰프

18

Gordon Ramsay au Trianon 고든 램지 오 트리아농

Gordon Ramsay au Trianon

D business casual
A 1 Boulevard de la Reine, 78000 Versailles
T +33 1 30 84 50 18
H https://www.gordonramsayrestaurants.com/au-trianon
R 홈페이지, 전화 예약

O

	월	화	수	목	금	토	일
점심							
저녁		19:30~22:00					

153

고급 레스토랑

라 투르 다르정
La Tour d'Argent

파리 최고의 전망, 세계 최고의 와인 리스트

MICHELIN ✦

센 강 주변에 있는 근사한 6층 건물에 자리한 라 투르 다르정은 파리의 수많은 레스토랑 중에서도 아주 특별한 의미를 지닌 곳이다. 현재는 1스타 레스토랑이지만 한때는 3스타 레스토랑이었던 이곳은 가장 오랫동안 3스타를 유지한 기록을 가지고 있는, 가장 유명하고 인기 있는 레스토랑 중 하나다. 애니메이션 영화 〈라따뚜이〉의 실제 모델이기도 한 이곳은 다음 몇 가지 점 때문에 더 유명해졌다.

- 1582년에 오픈한 세계에서 가장 오래된 레스토랑 중 하나
- 프랑스에서 포크를 가장 처음 사용한 레스토랑

1 새콤한 레몬 아이스볼
3 탑 모양이 찍힌 버터
2 다양한 아뮈즈
4 채소 콩소메

- 세계에서 가장 많은 와인을 보유한 레스토랑 (50~80만 병 정도라고 하는데, 자료마다 조금씩 수치가 다르지만 가장 많은 와인을 보유했다는 점에서는 이견이 없는 듯하다.)
- 앙리 3세가 좋아했다던 시그니처 오리 요리는 1890년부터 2003년까지 세어본 결과 무려 100만 접시를 판매했다고 한다.

물론 여기에는 몇 가지 논란이 되는 점도 있다. 첫째로, 공식적으로 세계에서 가장 오래된 레스토랑으로 기네스 인증을 받은 곳은 마드리드의 보탱Botin(1752년)이고, 프랑스 루앙에 있는 라 쿠론La Couronne의 역사도 1300년대까지 거슬러 올라간다. 실제로 라 투르 다르정이 오픈했다고 주장하는 1582년에는 이 강변이 개발되기 전이었다. (1650년까지는 진흙 덩어리 언덕이었다고 한다.) 뿐만 아니라 1824년에 발간된 파리의 주요 고급 레스토랑 책자에도 등장하지 않는다고 한다. 1852년에는 이 주소지에 금속과 나무를 파는 도매상이 있었다는 기록도 있었다고도 한다. 다만 1780년에도 이 이름이 있었다는 기록이 있고, 1860년에 나온 파리 가이드 책에 이 자리에 호텔 라 투르 다르정 Hotel La Tour d'Argent 이라는 작은 호텔이 있었다는 기록도 있다고 하니, 그것이 이 레스토랑의 전신이라고 보면 될 것 같다. 현재 오너인 테라일 Terrail 패밀리가 이 레스토랑을 구입한 때는 1912년이다.

둘째로, 원래 포크는 이탈리아에서 10세기 정도부터 사용하던 것인데, 프랑스에서는 16세기까지 포크 없이 나이프와 손으로 음식을 먹었다고 한다. 앙리 3세가 이탈리아에서 포크를 가져와 이 레스토랑에서 "이제부터 우리도 포크를 써라."라고 선언했다는 주장도 있으나, 이는 증명된 것은 아니다. 아무튼 레스토랑 측의 주장대로라면 우리나라 임진왜란 10년 전에 만들어진 곳인 셈이다. 여전히 세계에서 가장 많

1 인생 최고의 푸아그라
2 100만 마리 넘게 팔린 오리 요리
3 Domaine G.Roumier Chambolle Musigny 1er Cru Amoureuses 1996

은 와인을 보유한 곳이니까 그것 자체로 의미가 있지 않을까?

1층에서 안내를 받고 올라가면 노트르담 대성당과 센 강이 보이는, 파리 최고의 전망을 자랑하는 레스토랑이 나온다. 미슐랭 가이드가 1900년에 시작은 되었지만 별을 부여한 것은 1926년부터이며 별을 3개로 나눠서 부여하기 시작한 것은 프랑스 지방이 1931년부터, 파리는 1933년부터이다. 1933년도 가이드부터 라 투르 다르정은 3스타를 받아 1996년까지 무려 63년간 3스타를 유지하는 최장기록을 세웠다. 이후 2스타로 떨어졌다가 2006년 다시 1스타로 강등이 됐다. 다른 것을 떠나서 수십 년째 똑같은 요리를 하고 있다는 점에 대한 미슐랭의 평가라고 하는데, 그 점이 우리한테 큰 상관이 있나 싶다.

현재는 필리프 라베Philippe Labbé 셰프가 주방을 책임지고 있다. 셰프는 에즈에 있는 샤토 드 라 셰브르 도르Château de la Chèvre d'Or에 있다가 2009년에 이 레스토랑으로 왔다. 그전에는 부르고뉴의 3스타 베르나르 루아조Bernard Loiseau의 라 코트 도르La Côte d'Or, 제라르 부아예Gérard Boyer의 레 크레예르Les Crayères, 그리고 파리의 알랭 뒤카스 오 플라자 아테네 등에서 일했다고 한다. 그렇지만 라 투르 다르정의 주요 메뉴는 오랜 전통의 레시피이기 때문에 사실 셰프의 이력이나 스타일이 큰 의미가 있는 것 같지는 않다.

소위 '간지 나는' 은식기가 깔린 테이블 위로 메뉴판을 보여주는데, 단품 주문도 가능하고 점심때는 105유로(3코스)/145유로(4코스) 메뉴 주문도 할 수 있다. 저녁때는 260/290/350유로의 테이스팅 메뉴가 있다. 1스타 레스토랑 중에 아피시우Apicius와 함께 최고가를 자랑하는데, 2스타를 넘어 3스타 뺨치는 가격이다. 라 투르 다르정에서 굳이 해산물이나 생선요리, 채소 요리를 먹을 필요는 없지만 시그니처 오리 요리는 빼먹으면 안 된다. 계절별로 조금씩 달라진다는 푸아그라도 먹어야 하니 여기서는 단품으로 주문하는 것이 정답이다.

두께가 어마어마한 와인 리스트는 어디까지나 요약본이라고 하는데, 대충 지역을 한정하고 찾아도 10~20분은 뒤져야 원하는 것을 고를 수 있다. 와인 가격이 아주 저렴하지는 않지만, 가격대도 다양하고 소매가보다 저렴하게 먹을 수 있는 와인이

센 강과 노트르담이 보이는 전망

차고 넘친다. 특히 몇몇 와인의 올드 빈티지는 아예 재고 처리 차원에서 폭탄세일에 가까운 금액에 올려놓기도 하니 국내에서 경험하기 힘든 올드 빈티지 와인을 마시기에도 이만한 레스토랑이 없다.

다른 음식을 다 떠나서 여기서는 딱 두 가지만 기억하면 된다. 최소 2인분 이상 주문 가능한 푸아그라와 100만 마리 넘게 팔린 오리요리가 그것이다. 지금까지 수많은 레스토랑에서 수많은 푸아그라를 간났지만 이 정도로 압도적인 느낌의 푸아그라는 경험해본 적이 없다. 전설적인 오리 요리는 두말할 것도 없다. 조금 클래식한 스타일이라 살이 탄탄하고 소스도 올드한 느낌이 들지만, 오리의 퀄리티가 아주 훌륭하고 껍질과 살의 식감 모두 잘 살려 조리했다.

수백 년 된 레스토랑에서 역시 수백 년 된 노트르담 성당을 바라보면서, 세계 최고의 와인 리스트에서 고른 와인과 100만 마리 넘게 팔린 오리 요리를 먹는 것. 수많은 이들이 라 투르 다르정을 찾는 이유는 바로 이것 때문 아닐까.

◆ 구분	fine dining	
◆ 가이드북	Michelin 1 star Les Grandes Tables du Monde	
◆ 인테리어	센 강과 노트르담이 내려다 보이는 전망과 고풍스럽고 럭셔리한 인테리어	
◆ 가격	코스 260/290/350유로, 점심 105/145유로 (단품 가능)	
◆ 예산	300~500유로	
◆ 와인선택	리스트: 5/5 가격대: 4/5 상대적 가격: 4/5	

· 전 세계 최고의 와인 리스트!

◆ 음식 스타일	classic
◆ 셰프	Philippe Labbe
◆ 요약	음식: 4/5 가성비: 3/5 인테리어: 5/5 서비스: 5/5
◆ 키워드	미식여행 신혼여행 로맨틱 와인애호가 전망

La Tour d'Argent

D jacket
A 17 Quai de la Tournelle, 75005 Paris
T +33 1 43 54 23 31
H https://tourargent.com
R 홈페이지, 전화 예약

O	월	화	수	목	금	토	일
점심			12:00~14:00				
저녁			19:00~21:00				

고급 레스토랑

라세르
Lasserre

로맨틱 다이닝의 명소

MICHELIN ✿✿

샹젤리제와 인접한 어느 작은 골목, 그랑팔레 인근에 자리한 라세르는 1942년에 문을 연, 그러니까 생각만큼 오래되지는 않은 고작 70여 년의 역사를 가진 레스토랑이다. 오픈하자마자 무척이나 로맨틱한 레스토랑으로 꼽히며 파리의 연인들에게 데이트 코스로 인기가 좋았다고 한다. (그런데 곰곰이 생각해보면 2차세계대전 중에 오픈했다는 말인데 그게 가능한가 싶기도 하다.) 오랫동안 미슐랭 2스타를 유지했으나 알랭 뒤카스의 오른팔이었던 크리스토프 모레Christophe Moret가 떠난 뒤 1스타로 떨어졌다. 하지만 이곳은 클래식한 시그니처 디시를 즐기러 가는 곳이다 보니 별이 중요한 느낌은 아니다.

트러플 푸아그라 마카로니

　라세르는 웨이팅 룸에서부터 럭셔리한 분위기가 철철 넘쳐흐른다. 2층 홀의 모습도 너무 화려하지 않으면서도 여성들의 마음을 사로잡기에 충분한 느낌이다. 라세르를 특별하게 만드는 것 중 하나는 와인 리스트다. 파리에서도 톱 10에 들 정도로 방대한 리스트를 자랑한다. 상대적인 가격이 아주 좋은 편은 아니지만, 보석같이 좋은 가격의 와인이 즐비하며 와인 페어링도 가성비가 무척 좋다고 알려져 있다. 메뉴로는 180유로의 6코스 테이스팅 메뉴와 140유로의 4코스 테이스팅 메뉴가 있다. 점심 때는 60유로의 메뉴가 있으며(단, 점심은 목요일과 금요일만 영업) 단품 주문도 가능하다. 라세르에서 가장 유명한 메뉴는 트러플 마카로니와 오리 요리다. 테이스팅 메뉴의 메인이 오리가 아니어서 바꿔줄 수 있는지 물었더니 가능하다고 해 코스 메뉴로 주문했다.

　대략 한 시간마다 한 번씩 천장이 열리면서 시원한 공기가 들어오는데, 소싯적 가본 나이트클럽 생각도 나고 3시간이나 식사를 하다보면 좀 답답하기도 해서 꽤 마음에 드는 장치였다. 이곳의 시그니처 마카로니는 치즈로 붙인 마카로니 안에 푸아그라와 블랙 트러플이 채워져 있다. 진한 풍미의 음식을 좋아하는 사람이 먹으면 그야말로 쓰러질 것 같은 요리다. 또 다른 시그니처인 오리 요리는 특별한 농장에서 키운 오리를 통째로 구운 후 매니저가 정말 능숙하게 게리동 guéridon 1 서비스로 해체해준다. 오리를 들고 칼로 부드럽게 써는 모습에서 벌써 침이 넘어가고 만다.

디저트는 클래식한 수플레에 간단한 프티 푸르로 마무리한다. 살짝 아쉽기는 했지만 한 접시 한 접시의 맛이 정말 빼어나고 취향에 잘 맞았다. 좋은 와인과 함께여서 더 마음에 들었던 것 같기도 하지만.

1 브로셰
2 시그니처 오리
3 Domaine du Comte Liger Belair Vosne Romanee Clos du Chateau 2011

주 1 원래는 발 달린 조그만 원탁을 의미하는 말 고급 레스토랑에서 서버가 음식을 손님 앞에서 직접 조리하거나 담아내는 서비스를 말한다.

◆ 구분	fine dining
◆ 가이드북	Michelin 1 star Les Grandes Tables du Monde
◆ 인테리어	고풍스럽고 럭셔리한 인테리어
◆ 가격	코스 140/180유로, 점심 60유로 (단품 가능)
◆ 예산	200~400유로
◆ 와인선택	리스트: 5/5 가격대: 3/5 상대적 가격: 3/5

· 파리에서도 손꼽히는 와인 리스트. 다양한 가격대에 상대적으로 가격도 괜찮은 편이다. 와인 페어링의 가성비가 좋다고 알려져 있다.

◆ 음식 스타일	classic
◆ 셰프	Michel Roth
◆ 요약	음식: 5/5 가성비: 3/5 인테리어: 5/5 서비스: 5/5
◆ 키워드	미식여행 신혼여행 로맨틱 와인애호가

Lasserre

D jacket
A 17 Avenue Franklin Delano Roosevelt, 75008 Paris
T +33 1 43 59 02 13
H https://www.restaurant-lasserre.com
R 홈페이지, 전화 예약

O	월	화	수	목	금	토	일
점심				12:00~14:00			
저녁			19:00~22:00				

고급 레스토랑

21 Paris

를레 루이 트레즈
Relais Louis XIII

가성비 좋고 느낌 있는 레스토랑   MICHELIN ✿

를레 루이 트레즈는 1610년 앙리 4세가 살해당하고 그의 아들인 루이 13세가 자신이 프랑스 왕임을 선포한 그 장소에 문을 연 레스토랑으로, 이름도 그를 따서 지었다. 이 자리에는 피카소가 단골이기도 했던 카페 샤르봉 Café Charbon이 있었는데, 1961년 현재 이름의 레스토랑이 오픈하게 됐다. 현재 를레 루이 트레즈의 셰프는 마뉘엘 마르티네즈 Manuel Martinez로, '고급 프렌치 퀴진의 바이블 the Bible of French Haute Cuisine'이라는 별명으로 알려져 있는 셰프다. 1953년생인 이 셰프는 아직도 주방에서 열정적으로 일하는 에너지 넘치는 분이라고 한다. 16살 때부터 요리를 시작한 그는 클래식한 음식의 거장과 일한 후 전설적인 레스토랑인 라 투르 다르정의 셰프로 9년간 일

클래식하고 로맨틱한 실내 인테리어

하게 된다. 1986년 당시에 MOF를 받은 그는 1996년부터 를레 루이 트레즈를 맡고 있다.

    2014년 방문했을 당시에는 미슐랭 2스타였는데 이듬해 1스타로 떨어졌다. 하지만 그 후 방문한 지인의 이야기를 들어보면 여전히 음식도 좋고 가성비도 뛰어나다는 말을 많이 들었다. 레스토랑 안으로 들어가면 17~18세기의 인테리어가 고스란히 남아 있다. 생각보다 작은 규모인 이 레스토랑은 파리에 온 기분을 만끽할 수 있는 인테리어와 아늑한 분위기로 어딘가 로맨틱한 느낌마저 들게 한다. 비록 우리 테이블로 시선을 돌리면 남자 네 명이 앉아 있었지만.

    를레 루이 트레즈는 점심, 저녁 모두 가성비가 좋은데 몇 가지 꼭 먹어봐야 할 음식이 있다. 첫 번째는 바닷가재와 푸아그라가 들어간 라비올리다. 진한 푸아그라와 촉촉하고 탄력 있는 바닷가재 살에 세페버섯 소스까지 환상적인 조화를 이루는 라비올리는 이것 하나만 먹어도 식사 가격을 지불할 수 있겠다 싶을 정도로 마음에 드는 맛이었다. 두 번째는 오리 요리다. 셰프가 라 투르 다르정 출신이다 보니 오리 요리를 잘한다고 알려져 있다. 디저트는 클래식한 바닐라 밀푀유를 추천하고 싶다.

어지간히 유명해진 비스트로를 가도 점심에 30~40유로는 줘야 하고 불편함을 감수하며 다닥다닥 붙어서 식사를 해야 하는데, 이곳에서는 65유로의 돈으로 프랑스 음식의 정수를 맛볼 수 있음은 물론이고 훌륭한 서비스와 로맨틱한 인테리어를 가진 역사적인 장소에서 근사한 다이닝을 즐길 수 있다. 꼭 미식을 목적으로 하지 않더라도 파리 여행에서 한 번쯤은 이런 호사를 부려도 좋을 것 같다.

어느 외국 기사에서 이 레스토랑을 추천하는 문구가 인상적이어서 그대로 옮겨본다. "만일 당신의 여인과 함께 갈 만한 믿을 만하고 로맨틱한 프렌치 레스토랑을 찾고 있다면, 이곳이 바로 그곳이다. If you are looking for a place to take your lady for an authentic and romantic Parisian meal then this is the place."

1 바닷가재와 푸아그라가 들어간 라비올리
2 완두콩 소스의 송아지

◆ 구분	fine dining
◆ 가이드북	Michelin 1 star
◆ 인테리어	고풍스러운 18세기 풍의 인테리어, 로맨틱
◆ 가격	코스 95(평일)/145유로, 점심 65유로 (단품 가능)
◆ 예산	120~250유로
◆ 와인선택	리스트: 4/5 가격대: 3/5 상대적 가격: 2/5

· 와인 리스트는 생각보다 방대한 편이 아니지만, 50~100유로 대의 와인이 많다. 가격은 상대적으로 비싼 편.

◆ 음식 스타일	classic
◆ 셰프	Manuel Martinez
◆ 요약	음식: 4/5 가성비: 5/5 인테리어: 5/5 서비스: 4/5
◆ 키워드	미식여행 신혼여행 로맨틱 가성비

Relais Louis XIII

D smart casual
A 8 rue des Grands Augustins 75006, Paris
T +33 1 43 26 75 96
H http://www.relaislouis13.fr
R 홈페이지, 전화 예약

O	월	화	수	목	금	토	일
점심		12:15~14:30					
저녁		19:15~22:30					

뤼카스 카르통
Lucas Carton

1스타라기에 너무 우월한 하드웨어   MICHELIN ✪

얼마 전 작고한 전설적인 셰프 알랭 성드렁Alain Senderens의 레스토랑이었던 뤼카스 카르통은 무수히 많은 스타 셰프를 배출한 사관학교와도 같은 곳이었는데, 알랭 성드렁 셰프가 은퇴한 후로 문을 닫았다가 근래 다시 오픈했다.

알랭 성드렁 셰프는 명성 면에서 알랭 뒤카스나 조엘 로뷔숑에 아주 살짝 뒤질지 몰라도 그에 못지않은 셰프다. 뤼카스 카르통의 셰프로 3스타를 받았다가 이렇게 과하게 비싼 음식을 하고 싶지 않다면서 2005년 이 레스토랑을 인수해 자신의 이름인 성드렁으로 바꿨는데, 이마저도 2스타를 받았다. 2013년 건강이 악화되면서 레스토랑을 팔았다가 얼마 전 다시 오픈해 예전 이름으로 영업하고 있다. 현재는 알랭 뒤

토마토 샐러드   이베리코 돼지

카스 계열의 해산물 레스토랑 레시Rech의 셰프였던 쥴리앙 뒤마Julien Dumas가 셰프를 맡고 있다. 재오픈한 이후에는 미슐랭 1스타에 머물고 있다.

마들렌 광장에 자리 잡고 있는 이 레스토랑은 무엇보다 관광객에게 접근성이 좋은 곳이다. 목재로 이루어진 클래식하고 고풍스러운 실내 공간은 깔끔하기도 하고 매우 고급스러운 느낌이 뿜어져 나온다. 나는 개인적으로 파리까지 와서 어느 나라에서나 볼 수 있는 모던한 인테리어로 된 레스토랑에 가기보다는 고풍스러운 곳 혹은 럭셔리한 곳에서 식사를 하고 싶어하는데, 아마 많은 관광객이 같은 심정이 아닐까 싶다. 아무튼 역사가 있어서 그런지 1스타라고 하기 어려운 실내와 서비스, 그리고 와인 리스트를 갖추고 있는 곳이다. 와인 리스트는 (현재 1스타이지만) 2스타 레스토랑이라고 해도 손색이 없을 정도였다. 역시 역사와 전통이 있는 레스토랑이다 보니 리스트 자체도 괜찮았다. 방대한 종류의 와인이 있는 것은 아니지만 지역별로 고를 만한 와인도 꽤 많았고 전반적인 가격대도 무척 좋았다.

뤼카스 카르통은 단품 주문이 가능하다. 평일 점심과 저녁, 그리고 토요일 점심에 주문할 수 있는 테이스팅 메뉴는 89유로, 항시 주문 가능한 5코스 테이스팅 메뉴는 142유로다. (와인 페어링 포함 시에는 198유로다.) 1스타 레스토랑치고 -전반적인 급이나 상태는 2스타 이상으로 보이지만- 평일 점심때 가격이 90유로 정도 한다는 것은 음식의 퀄리티를 떠나 손님에게 쉽게 어필하기 힘들다는 생각이 든다. 하지만 평일 저녁에도 89유로짜리 메뉴를 주문할 수 있다는 것을 생각해보면 오히려 절대적인 가격 접근성 측면에서 좋은 점수를 줄 수 있다고 생각한다. 테이스팅 메뉴가 와인 페어링을 포함해서 200유로가 안 되는 점도 레스토랑의 클래스를 고려해봤을 때 충분히 합리적인 것 같다.

89유로 코스를 주문했는데 전반적인 코스 구성도 좋았지만 노랑촉수$^{red\ mullet}$가 나온 생선요리의 완성도가 특히 좋았다. (확실히 셰프의 출신 배경을 무시하지 못하는 이유가 있다.) 워낙에 와인 가격이 좋아서 괜찮은 와인을 곁들였는데, 이런 곳은 나중에 다시 방문해서 단품으로 시그니처 메뉴를 주문하고 좋은 와인과 곁들이면 좋겠다는 생각이 절로 들었다.

파리에 있는 수십 개의 1스타급 레스토랑 중에서는 최고 수준. 2스타라고 해도 전혀 이상할 것이 없는 훌륭한 레스토랑으로, 적당히 클래식한 음식도 분위기와 잘 어울리고 가격, 접근성 등 여러 가지로 부족한 것이 없어 누구에게나 추천하고 싶은 곳

따뜻한 느낌의 인테리어

이다. 위층에 있는 르 마르셰 뒤 뤼카Le Marché du Lucas에서는 좀 더 캐주얼한 음식을 즐길 수 있다.

◆ 구분	fine dining
◆ 가이드북	Michelin 1 star Relais & Chateaux Les Grandes Tables du Monde
◆ 인테리어	고풍스럽고 럭셔리한 인테리어
◆ 가격	코스 89유로(화~금, 토요일은 점심만 가능)/142유로(단품 가능)
◆ 예산	130~250유로
◆ 와인선택	리스트: 4/5 가격대: 3/5 상대적 가격: 4/5

· 고급 와인 위주의 리스트지만, 전반적인 가격대가 괜찮다.

◆ 음식 스타일	classic
◆ 셰프	Julien Dumas
◆ 요약	음식: 5/5 가성비: 3/5 인테리어: 5/5 서비스: 5/5
◆ 키워드	미식여행 신혼여행 로맨틱 와인애호가 가성비

Lucas Carton

D business casual
A 9 Place de la Madeleine, 75008 Paris
T +33 1 42 65 22 90
H http://www.lucascarton.com
R 홈페이지, 전화 예약

O

	월	화	수	목	금	토	일
점심		12:00~14:15					
저녁		19:30~22:15					

고급 레스토랑

23 Paris

라틀리에 드 조엘 로뷔숑
L'Atelier de Joël Robuchon

굳이 프랑스에서 만나고 싶지는 않아

MICHELIN ✿

프랑스를 대표하는 스타 셰프 중 한 명인 조엘 로뷔숑의 레스토랑 라틀리에 드 조엘 로뷔숑은 샹젤리제 퓌블리시스 드럭스토어Publicis Drugstore에 있다. 라틀리에 드 조엘 로뷔숑은 바 자리를 이용해 파인 다이닝을 조금 캐주얼하게 풀어낸 콘셉트의 레스토랑이다. 생제르망 쪽에 오픈해 2스타를 받은 이곳은 이후 샹젤리제에도 문을 열어 계속 별을 유지해오다 최근 이 지점만 1스타로 강등되었다.

조엘 로뷔숑은 자맹Jamin이라는 3스타 레스토랑을 운영하다 비교적 이른 나이인 50세에 갑자기 은퇴를 해버린다. 이후 도쿄에 본인의 이름을 딴 레스토랑을 오픈한 그는 타파스에 일본풍을 더한 라틀리에 드 조엘 로뷔숑을 가지고 다시 프랑스로 돌아왔다. 당시에는 이렇게 바 형태의 좌석에서 식사하는 파인 다이닝이 상당히 생소하던 시절이었다. 전에는 꽤 클래식한 음식을 했다고 알려져 있는데 사업기반이 아시아 쪽으로 치우쳐 있어서인지 아시아 터치가 꽤 많이 들어간 음식이 많고, 지점마다 거의 비슷한 메뉴를 내고 있어서 사실 프랑스 파리까지 가서 먹어볼 이유가 없는 곳이기는 하다. 조엘 로뷔숑은 전 세계에서 가장 많은 미슐랭 스타 레스토랑을 운영하는 셰프 겸 사장이기도 했는데, 이 책의 원고를 한창 쓰던 2018년 8월, 73세의 나이로 세상을 떠났다.

일요일에 영업하는 별 달린 레스토랑이 많지 않은데 이곳은 휴무 없이 영업한다. 11시 반에 문을 연다는 것과 (저녁도 프랑스에서는 이례적으로 이른 저녁 6시 30분에 오픈) 혼자 식사하기 좋고 식사 시간도 오래 걸리는 편이 아니라는 것이 몇 안 되는 장점 중 하나인 것 같다.

테이블 좌석도 있기는 한데 대부분 오픈 키친 앞 바 자리에서 식사를 하게 된다. 일본이나 다른 곳의 바 자리는 셰프와 어떤 교감이 있고 그들이 요리하는 것을 보면서 먹게 되지만, 사실 이곳의 바 자리는 그런 의미는 전혀 없고 단순히 자리가 바라는 점, 그 이상도 그 이하도 아니다.

와인 리스트는 꽤 고급스러운 와인을 위주로 한 방대한 리스트이기는 하지만, 관광객이 좋아하는 와인 위주의 구성인 데다 가격도 너무 비싸서 도저히 시킬 수가 없

바 형태로 된 자리

시그니처인 매시드 포테이토

1 토마토 가스파초
2 송아지 파르시
3 아페리티프로 주문한 키르 로얄

다. 음식은 단품으로도 주문 가능하다. 다양한 점심 코스를 갖추고 있는데, 단계별로 몇 가지 선택이 가능하며 몇 개를 고르냐에 따라 49/69/89유로의 코스로 나뉘어 있다. 초이스가 많고 절대적인 가격이 높지 않다는 것이 장점이지만, 음식도 딱 그 수준이라는 것이 함정! 저녁때는 199유로의 테이스팅 메뉴를 주문하는 것도 가능하다고 한다. 음식은 조엘 로뷔숑의 시그니처인 매시드 포테이토 말고는 전혀 인상적이지 않았다.

정 조엘 로뷔숑의 음식이 궁금하다면 가까운 일본이나 홍콩, 상하이 등으로 가는 것이 좋을 것 같다. 물론 그쪽도 굳이 추천하는 것은 아니지만.

◆ 구분	fine dining	
◆ 가이드북	Michelin 1 star	
◆ 인테리어	블랙&레드의 강렬하고 모던한 느낌, 바 자리가 대부분	
◆ 가격	코스 199유로, 점심 49/69/89 유로 (단품 가능)	
◆ 예산	150~300유로	
◆ 와인선택	리스트: 4/5 가격대: 2/5 상대적 가격: 1/5	

· 와인은 다양하고 많으나 전반적으로 가격대가 높고 가격도 상대적으로 비싸다.

◆ 음식 스타일	modern	
◆ 셰프	Joel Robuchon	
◆ 요약	음식: 3/5 가성비: 2/5 인테리어: 4/5 서비스: 4/5	
◆ 키워드	스타셰프 일요일 영업	

L'Atelier de Joël Robuchon

D smart casual
A Publicis Drugstore, 133 Av. des Champs-Élysées, 75008 Paris
T +33 1 47 23 75 75
H https://www.joel-robuchon.com/en
R 홈페이지, 전화 예약

생제르망(St. Germain) 지점 (2스타)

D smart casual
A Hôtel du Pont Royal, 5 Rue Montalembert, 75007 Paris
T +33 1 42 22 56 56
H https://www.joel-robuchon.com/en
R 홈페이지, 전화 예약

O	월	화	수	목	금	토	일
점심			11:30~15:30				
저녁			18:30~24:00				

고급 레스토랑

24

사튀른
Saturne

네오 비스트로의 전형

MICHELIN ✸

네오 비스트로는 캐주얼한 분위기에 비교적 모던한 음식을 내는 새로운 스타일의 비스트로를 말하는데, 파리의 네오 비스트로 열풍을 주도하고 있는 주역 중 한 곳이 사튀른이다. 2010년 라르페주의 알랭 파사르 밑에서 일하다 독립한 스벤 샤르티에Sven Chartier가 소믈리에 에벤 르 무아뉴Ewen Le Moigne와 함께 문을 연 곳이다. 사튀른의 문을 열 당시 셰프의 나이는 겨우 24살이었다. 2015년 그는 지금도 여전히 핫한 클라운 바Clown Bar를 인수했다. 2016년에는 사튀른이 미슐랭 1스타를 받았는데, 셰프의 나이 30살 때의 일이다.

사튀른은 생각보다 규모가 컸다. 단품 메뉴는 없고 오로지 한 가지 코스 메뉴만 가능해 선택의 여지가 전혀 없고, 알레르기가 있으면 바꿔주는 정도만 가능할 것 같다. 와인 리스트는 빈약한 편인데, 대부분 내추럴 와인으로 구성되어 있다. 네오비스트로가 그렇듯 와인은 페어링을 하거나 잔으로 한두 잔 시키는 편을 권하고 싶다.

전반적인 음식은 전형적인 네오 비스트로 스타일로 나오는데, 비교적 라이트한 소스와 간결한 조리, 그리고 적절한 산미가 잘 균형 잡혀 있다. 대부분의 네오 비스트로와 마찬가지로 서비스는 크게 기대를 하기 힘들지만, 그만큼 가성비는 괜찮은 곳이 많다.

첫 음식으로 나온 굴과 요구르트의 조합은 예상 밖인데도 상큼하고 인상적이었다. 바닷가재 요리는 아주 살짝 익힌 뒤에 상대적으로 라이트한 소스를 곁들였다. 근래

1 요구르트 소스의 굴
2 다양한 채소와 바닷가재
3 메인으로 나온 비둘기

모던한 실내 인테리어

많은 프랑스 레스토랑이 그러한데, 생선이나 해산물을 아주 살짝만 익혀 거의 날것 수준으로 내는 곳이 많다. 네오 비스트로가 특히 그렇다. 개인적으로는 날것도 익힌 것도 아닌 애매한 조리라는 생각이 들어 선호하지는 않는다. 뒤에 나온 비둘기 요리는 특별하지 않았고, 디저트도 비교적 간결하게 나왔다. (네오 비스트로에서는 보통 디저트를 간단히 내는 경우가 많다.)

개인적으로는 네오 비스트로는 어딜 가나 음식이 거의 비슷한 편이라 그런 음식을 특별히 좋아하는 취향이 아니라면 파리 미식여행을 한다고 해도 한 군데 정도만 가 봐도 충분할 것 같다. 전체적인 구성이나 가성비는 좋게 느껴지나 완성도 높은 접시를 만나기는 쉽지 않다.

◆ 구분	neo bistro
◆ 가이드북	Michelin 1 star
◆ 인테리어	깔끔하고 모던한 인테리어
◆ 가격	코스 85유로, 점심 45유로
◆ 예산	100~150유로
◆ 와인선택	리스트: 2/5 가격대: 4/5 상대적 가격: 3/5

· 와인 리스트는 평범하다. 가격대는 비싸지 않고 내추럴 와인으로 구성되어 있다. 와인 페어링을 추천한다.

◆ 음식 스타일	modern
◆ 셰프	Sven Chartier
◆ 요약	음식: 3/5 가성비: 4/5 인테리어: 3/5 서비스: 3/5
◆ 키워드	네오 비스트로 내추럴 와인

Saturne

D smart casual
A 17 Rue Notre Dame des Victoires, 75002 Paris
T +33 1 42 60 31 90
H http://www.saturne-paris.fr
R 홈페이지, 전화 예약

O

	월	화	수	목	금	토	일
점심		12:00~13:30					
저녁				19:30~22:00			

고급 레스토랑

25 Paris

엑자곤
Hexagone

랑부아지를 캐주얼하게 재해석한 레스토랑

MICHELIN ✤

에펠탑을 구경하기 가장 좋다고 알려진 곳이 샤요궁인데, 그곳에 가기 위해서는 트로카데로 Trocadero 역에서 내려야 한다. 트로카데로 역에서 100m 남짓 떨어져 있어 식사 전후에 에펠탑을 구경하기에 무척 좋은 레스토랑이 바로 엑자곤이다.

2014년 말 문을 연 이 레스토랑은 오픈 다음 해에 바로 1스타를 받았다. 이곳은 파리의 전설적인 레스토랑 중 하나인 랑부아지(1988년부터 30년째 미슐랭 3스타를 유지하고 있고 얼마 전 오바마 전 미국 대통령도 다녀갔다.)의 셰프 베르나르 파코 Bernard Pacaud의 아들인 마티유 파코 Mathieu Pacaud가 문을 연 곳이다. 마티유에 대해서 여러 논란이 좀 있기는 한데, 아무튼 아버지의 '빽'으로 유명 레스토랑은 다 다니

1 아뮈즈 부슈
2 올리브로 만든 아뮈즈
3 화이트 아스파라거스 샐러드

며 일하고 돌아와 랑부아지의 주방에 있다가 레스토랑을 열었다. 요리사 외길을 걸었던 아버지와 달리 실제 요리를 하기보다는 다른 레스토랑을 인수해 새롭게 문을 여는 등 비즈니스 측면에서 더 재능을 발휘하고 있다고 알려져 있다. 현재 주방의 높은 직급 인원은 대부분 랑부아지 출신인 것도 빼놓을 수 없는 장점이다.

내부는 무척 어둡고 약간은 클럽을 연상케 하는 모던하고 힙한 분위기며, 코스 메뉴, 단품 모두 주문이 가능하다. 2016년에 방문했을 때 코스 메뉴의 가격이 135/185유로였는데, 현재는 가격을 내려 95유로 코스와 평일 점심 49유로 코스를 운영하고

1 농어 카르파치오
2 랍스터 테르미도르
3 다양한 부위의 어린 양고기

있다.

 방문했을 당시에는 단품으로 이것저것 주문해서 맛을 봤다. 랑부아지는 모든 음식을 즉시 조리해서 새로 내는 원칙을 가지고 있다는데, 의외로 이렇게 하는 레스토랑이 많지 않다. 미리 저온 조리를 하거나 온도를 유지한 후 불에 닿지 않게 한 후 플레이팅만 해서 내는 곳이 생각보다 많다. 랑부아지의 이런 원칙이 엑자곤에 이어져서 맛의 퀄리티가 유지되는 것이 아닐까 싶다.

 랑부아지의 요리보다는 조금 라이트하고 모던한 느낌이지만, 좋은 재료로 정확하게 조리해 클래식한 느낌의 음식을 맛볼 수 있다. 다만 음식과 공간이 주는 약간의 괴리감이 있다. 이런 점이 재미있을 수도 있고 한편으로는 아쉽기도 하다.

◆ 구분	fine dining
◆ 가이드북	Michelin 1 star
◆ 인테리어	어둡고 모던함, 클럽 분위기
◆ 가격	코스 95유로, 점심 49유로 (평일) (단품 가능)
◆ 예산	120~200유로
◆ 와인선택	리스트: 3/5 가격대: 2/5 상대적 가격: 2/5

· 적당한 규모의 와인 리스트이지만 전반적으로 가격이 비싸다.

◆ 음식 스타일	modern
◆ 셰프	Mathieu Pacaud
◆ 요약	음식: 4/5 가성비: 4/5 인테리어: 3/5 서비스: 3/5
◆ 키워드	에펠탑

Hexagone

D business casual
A 85 Avenue Kléber, 75116 Paris
T +33 1 42 25 98 85
H https://hexagone-paris.fr
R 홈페이지, 전화 예약

O	월	화	수	목	금	토	일
점심		12:00~14:00					
저녁		19:30~22:30					

고급 레스토랑

26
Paris

브누아
Benoit

알랭 뒤카스가 풀어낸 파리의 클래식 비스트로

MICHELIN ✦

1912년 정육점 주인이 레알 시장 근처에 문을 연 브누아는 전통적인 파리지엔 비스트로 Parisian Bistro를 표방하는 클래식 비스트로다. 우리로 치면 정육식당과 비슷한 느낌으로 시작을 했는데, 2005년부터 알랭 뒤카스 그룹에서 인수해 운영하고 있으며 미슐랭 1스타를 유지하고 있다.

휴일 없이 영업하는 이곳은 비스트로이지만 규모나 인테리어 등 여러 면에서 브라스리를 연상케 한다. 일요일에 문을 여는 레스토랑이 별로 없어서 그런지 일요일에 유난히 붐비는 곳이다. 미슐랭 별을 받은 레스토랑 중에 예약 없이 워크인으로 입장 가능한 몇 안 되는 레스토랑이기도 한데, 비스트로라는 콘셉트에 걸맞게 테이블 간

1 구제흐
2 화이트 아스파라거스 벨루테
3 브레이징한 소갈비

격이 무척이나 빽빽해서 오가기가 불편할 정도다.

우리가 프랑스 음식하면 떠올리는 푸아그라나 달팽이, 갈빗살 스테이크 등 전형적인 음식이 메뉴의 주를 이루는데, 점심때는 39유로라는 합리적인 가격의 코스가 있고 저녁때는 단품으로만 주문할 수 있다. 음식은 전반적으로 육류 위주의 단순하면서도 직선적인 클래식 프렌치 요리로, 익숙한 요리가 많아 우리나라 사람 입맛에도 잘 맞는 느낌이다. 음식의 뉘앙스가 청담동에 자리한 임기학 셰프의 '레스쁘아 뒤 이브'와 비슷했는데, 오히려 레스쁘아보다 좀 더 투박하고 캐주얼한 느낌이다.

전형적인 파리 음식은 우리가 흔히 관광 레스토랑이라고 부르는 곳에 가면 맛볼 수 있지만, 좀 더 클래식하면서 맛있는 파리 음식을 먹고 싶다면 유명 브라스리를 찾으면 된다. 만일 그보다 좀 더 괜찮은 육류 위주의 음식을 찾는다면 이곳 브누아에

1 대구와 근대
2 토끼 테린

오면 될 것 같다.

특히 점심 코스의 가격이 좋고 위치도 관광지 한복판이니 클래식한 음식을 좋아하는 사람이라면 한 번쯤 들러볼 만하다. 음식에 대한 큰 기대를 접으면, 훌륭한 와인 리스트와 함께 낮술 한잔하기에 참 좋은 곳이다.

◆ 구분	bistro		◆ 음식 스타일	traditional
◆ 가이드북	Michelin 1 star		◆ 셰프	Fabienne Eymard
◆ 인테리어	20세기 초반의 클래식한 브라스리 인테리어		◆ 요약	음식: 3/5 가성비: 4/5 인테리어: 3/5 서비스: 3/5
◆ 가격	점심 39유로 단품 20~50유로		◆ 키워드	클래식 비스트로 브라스리
◆ 예산	60~100유로			
◆ 와인선택	리스트: 4/5 가격대: 4/5 상대적 가격: 3/5			

· 기대 이상의 와인 리스트로 다양한 가격대의 와인을 보유하고 있다.

Benoit

D smart casual
A 20 Rue Saint-Martin, 75001 Paris
T +33 1 42 72 25 76
H https://www.benoit-paris.com
R 홈페이지, 전화 예약

O	월	화	수	목	금	토	일
점심			12:00~14:00				
저녁		19:30~22:00			19:00~22:00		

고급 레스토랑

라 타블르 다키
La Table d'Aki

세계 최고의 생선 요리를 합리적인 가격에!

파리 식료품 쇼핑의 성지와도 같은 봉 마르셰 백화점에서 멀지 않은 곳에 있는 라 타블르 다키는 16석이 전부인 조그단 레스토랑으로, 2012년 일본 태생의 호리코시 아키히로Akihiro Horikoshi 셰프가 문을 열었다. 아키히로 셰프는 파리에서 가장 오랫동안 3스타를 유지하고 있는 랑부아지에서만 21년간 일한 베테랑 요리사다. 10여 년 동안 수 셰프였다고 하니 사실 별 2~3개인 레스토랑을 운영한다 해도 하나도 이상하지 않을 경력이다. 랑부아지는 파리에 있는 10개의 3스타 레스토랑 중 가장 클래식하고 비싼 곳으로 알려져 있는데, 특히 그곳에서 생선과 해산물 파트를 오래 담당했다고 한다.

이 레스토랑은 '루이쌍끄' 이유석 셰프의 추천으로 처음 방문했다. 이유석 셰프가 랑부아지에서 일했던 시절에 아키히로 셰프에게 많이 배워서 아직까지도 둘은 자주 연락하는 사이라고 한다. 사실 2주 동안 워낙에 비싸고 좋은 레스토랑을 많이 다녀서 여기가 무슨 감흥이 있을까 생각했는데, 결론부터 말하면 생선요리는 어지간한 톱 레스토랑보다 훌륭하고, 가성비를 따지면 단연 톱이라고 확신한다. 저녁때는 80 유로 코스 하나만 있고, 점심때는 단품으로 간단하게 먹을 수 있다.

보통 해산물 전문 레스토랑에서는 굴과 카르파치오, 프뤼 드 메르 fruits de mer 등 조

1 완벽한 농어 요리
2 크리스피한 개구리
3 아스파라거스와 랑구스틴

1 간단하지만 맛있는 케이크
2 Domaine Olivier Leflaive Meursault 2009

리하지 않은 해산물로 시작하는 경우가 많은데, 여기는 불로 요리한 따뜻한 음식이 서빙된다. 보통 코스는 전채와 갑각류, 그리고 생선 두 종류와 디저트로 구성된다. 혼자 요리하다 보니 단순한 요리가 나오지만 랑부아지에서 쓰는 최고의 재료와 아키히로 셰프의 솜씨가 더해져 직관적인 맛의 완벽한 해산물과 생선요리가 나온다. 프랑스 음식에서 만날 수 있는 생선요리의 끝이 궁금하다면 그리 많은 돈을 들이지 않아도 여기서 경험할 수 있다.

◆ 구분	fine dining	
◆ 인테리어	테이블 네 개의 작은 레스토랑	
◆ 가격	코스 80유로, 점심은 단품으로 주문 가능	
◆ 예산	100~150유로	
◆ 와인선택	리스트: 1/5 가격대: 4/5 상대적 가격: 3/5	

· 한 장짜리 와인 리스트는 선택지가 많지는 않으나 적절한 가격의 가성비 좋은 와인으로 구성되어 있다.

◆ 음식 스타일	classic / sea food
◆ 셰프	Akihiro Horikoshi
◆ 요약	음식: 5/5 가성비: 5/5 인테리어: 2/5 서비스: 3/5
◆ 키워드	미식여행 해산물 생선요리 일본셰프

La Table d'Aki

D smart casual
A 49 Rue Vaneau, 75007 Paris
T +33 1 45 44 43 48
R 전화 예약

O

	월	화	수	목	금	토	일
점심		12:00~14:00					
저녁		20:00~23:00					

고급 레스토랑

28
Paris

네주 데테
Neige d'Été

일본인 셰프가 선보이는 깔끔한 프렌치

MICHELIN ✿

프랑스 전역에 걸쳐 많은 일본인 셰프들이 활약하고 있다. 파리에만도 미슐랭 별을 받은 일본 셰프가 여러 명 있다. 그중에 하나인 네주 데테는 2014년에 문을 열었다. 2016년 새롭게 1스타를 받은 파리의 레스토랑 일곱 곳 중 세 곳이 일본 셰프가 운영하는 곳인데, 이곳이 그중 하나다. (다른 두 곳은 각각 파주Pages와 나카타니Nakatani다.) 일본인 셰프 니시 히데키Hideki Nishi는 몇 년 동안 2스타 레스토랑이었던 르 생크에서 일하다 이곳의 문을 열었다. 온라인상의 많은 평을 보면 2스타를 받은 파사주 53 (생캉트루아) 다음으로 좋은 평가를 받는 일본 셰프의 레스토랑인 것 같다.

이 레스토랑의 이름은 '여름의 눈'이라는 뜻이다. 전반적으로 화이트 톤의 지나칠

1 단순한 아뮈즈
2 오징어 세비체
3 퀴노아 리조토

정도로 깔끔하고 미니멀리즘을 추구한 것 같은 인테리어인데, 저녁 시간대 조명은 상당히 어두운 편이다. 스태프의 대부분이 일본인이지만, 영어로 의사소통하는 데 불편함은 없다.

    이곳은 점심, 저녁때 각각 한 가지 코스만 운영한다. 평일 점심에는 45유로 코스가 있고, 토요일에는 점심때 60유로 코스, 저녁때는 100유로 코스가 있다. 저녁 코스는 다섯 가지 플레이트와 두 개의 디저트를 포함해 100유로인데, 파리에서 가성비가 괜찮은 것으로 보인다. 절대적인 가격이 1스타치고 괜찮은 가격대인 것까지는 아니고, 평균보다 살짝 높은 것 같다. 와인 리스트는 아이패드로 되어 있었는데, 비교적 적당한 와인으로 잘 구성해놨지만, 딱히 좋은 가격대의 와인이 없어서 잔으로 주문했다.

퀴노아로 만든 전채나 오징어 요리, 생선요리인 튀르보까지는 무척 만족스럽게 먹었지만, 뒤에 나온 이베리코 돼지나 오리는 기대만큼은 아니었다. 개인적으로 재퍼니즈 프렌치나 일본 셰프들의 프렌치에서 이와 비슷한 느낌을 종종 받고는 하는데, 고기 요리가 상대적으로 아쉬운 경우가 있다. 여기가 못한다기보다 전채로 나온 음식이 너무 괜찮아서 먹으면서 기대가 컸던 것 같다.

최근 들어서 프랑스 가스트로노미에 일본식을 내세운 아시안 터치가 늘어나면서 재퍼니즈 프렌치라는 것이 이제 조금 식상하기도 하고, 딱히 따로 떼어놓을 수 없을 정도가 되니 구분이 무의미해진 느낌도 든다. 아무튼 다른 것을 떼놓고 생각하면 전반적으로 꽤 만족스러운 식사였다.

살란 덕 요리

◆ 구분	fine dining
◆ 가이드북	Michelin 1 star
◆ 인테리어	화이트 톤의 깔끔한 실내
◆ 가격	메뉴 100유로, 평일 점심 45유로, 토요일 점심 65유로
◆ 예산	130~200유로
◆ 와인선택	리스트: 3/5 가격대: 3/5 상대적 가격: 2/5

· 리스트는 많지 않지만 적당한 가격대를 잘 골라놓은 느낌

◆ 음식 스타일	modern
◆ 셰프	Hideki Nishi
◆ 요약	음식: 4/5 가성비: 4/5 인테리어: 3/5 서비스: 4/5
◆ 키워드	미식여행 일본셰프

Neige d'Été

D smart casual
A 12, rue de l'Amiral Roussin, 75015 Paris
T +33 1 42 73 66 66
H http://www.neigedete.fr
R 홈페이지, 전화 예약

O

	월	화	수	목	금	토	일
점심			12:30~14:30				
저녁			18:30~22:30				

고급 레스토랑

라 트뤼피에르
La Truffière

트러플과 와인의 만남

플라스 몽주Place Monge역에서 멀지 않은 곳에 있는 라 트뤼피에르는 이름처럼 트러플로 유명한 레스토랑이다. 오랫동안 미슐랭 1스타를 유지하다 근래에 별을 잃었다. 와인 리스트가 파리 톱 10 이라는 이야기를 들었는데, 과장이 아닌 듯 어마어마한 리스트를 가지고 있었다. 와인 가격이 아주 좋은 편은 아니었지만 곳곳에 숨은 보석같은 와인이 꽤 있었다. 이 리스트만으로도 다음에 또 오고 싶다는 생각이 들었다.

라 트뤼피에르는 점심에 주문 가능한 40유로 코스가 있고, 평일 점심과 저녁 모두 주문 가능한 68유로 코스와 90유로의 테이스팅 메뉴가 있다. 트러플 시즌에는 전 메뉴에 트러플이 올라가는 180유로 트러플 코스도 있는데, 68유로 코스를 주문하고

1 훈제한 고등어와 채소 콩소메　　2 농어 세비체
3 이베리코 돼지

메인에 트러플을 추가했다. 긴 트러플 코스를 먹고 싶었지만, 두 시간 내로 식사를 마치고 공항으로 가야 하는 일정이라 아쉬움이 남는다. 다른 메뉴는 먹어보지 못했지만, 이 메뉴 구성이 가성비가 무척 좋았다는 느낌이다. 음식은 의외로 약간 모던한 스타일이었다. 요리에서는 가격 대비 다양한 재료를 선보이려는 셰프의 노력이 엿보였다. 전채로 나온 훈제한 고등어와 콩소메는 새로운 조합의 창의적인 요리였고, 농어 세비체도 뻔하지 않게 잘 풀어냈다. 특히 메인인 이베리코 돼지가 인상적이었는데, 위에 올려준 블랙 트러플의 퀄리티가 무척 훌륭했다. 프티 푸르에 나오는 트러플 마카롱은 빼놓을 수 없는 별미였다!

서비스, 인테리어, 음식 모두 흡족해서 '왜 별을 잃었을까' 하는 의아한 생각이 들었다. 혹자는 프랑스 레스토랑이 별을 잃고 다시 받기 위해 노력할 때 음식과 재료를 가장 많이 신경 쓴다고 말하기도 하는데, 그런 이유에서인지 만족스러울 수도 있었

주요 와인을 모아놓은 셀러. 지하에 큰 카브가 있다.

겠다는 생각이 든다.

전체적으로 음식의 가성비도 좋고, 트러플이라는 확실한 강점이 있어 다음번에 단품 요리와 와인을 즐기러 다시 와야겠다는 생각이 들었다. 참고로 맞은편 부티크 숍에서 와인과 트러플을 구매할 수 있다.

◆ 구분	fine dining		◆ 음식 스타일	modern
◆ 인테리어	카브(지하 와인 저장소) 느낌의 아늑한 인테리어		◆ 셰프	Aurélien Braguier
◆ 가격	코스 68/99/180(트러플 코스) 유로, 점심 40유로		◆ 요약	음식: 4/5 가성비: 5/5 인테리어: 5/5 서비스: 4/5
◆ 예산	90~250유로		◆ 키워드	미식여행 와인애호가 트러플 가성비
◆ 와인선택	리스트: 5/5 가격대: 3/5 상대적 가격: 3/5			
	· 파리에서 톱 10 안에 드는 와인 리스트. 다양한 가격대의 와인을 보유하고 있다.			

La Truffière

D smart casual
A 4 Rue Blainville, 75005 Paris
T +33 1 46 33 29 82
H http://www.la-truffiere.fr
R 홈페이지, 전화 예약

O

	월	화	수	목	금	토	일
점심			12:00~13:40				
저녁			17:00~22:15				

고급 레스토랑

에에스
ES

일본인 셰프가 운영하는 가성비 최고의 레스토랑　MICHELIN

로댕 미술관에서 멀지 않은 곳에 있는 레스토랑 에에스는 봉 마르셰 백화점과도 가까워 쇼핑 전후에 들르기 좋은 곳이다. 일본인 혼조 다카유키 Takayuki Honjo 셰프의 오너 셰프 레스토랑으로, 문을 연 지는 5년 정도 되었고 현재 미슐랭 1스타를 유지하고 있다. 혼조 셰프는 일본 고베 출신이다. 프랑스에서 요리를 배우고 전설의 반열을 향해 나아가는 파스칼 바르보 셰프의 라스트랑스에서 함께 일하던 키시다 슈조 셰프가 도쿄에 캉테상스 Quintessence를 열 때 오픈멤버로 같이 귀국하게 된다. 이후 다시 유럽으로 와 스페인의 무가리츠 Mugaritz와 덴마크의 노마 Noma에서 일한 후 레스토랑을 차렸다.

각종 허브와 캐비아

버섯 라비올리

　에에스는 적은 인원으로 운영되는 곳이라 코스 메뉴간 가능한데, 점심 메뉴는 55유로, 저녁은 80유로와 105유로의 코스 메뉴가 있다. 전반적으로 재퍼니즈 프렌치라기보다 그냥 모던한 프렌치 느낌으로, 일본 재료는 거의 사용하지 않고 약간 라이트하고 모던함이 가미되어 있다. 전 세계에서 10여 곳 남짓에서만 사용하는 르 퐁클레 버터 le Ponclet butter를 사용할 정도로 재료에 대한 셰프의 고집이 음식에서도 잘 느껴진다. 와인 리스트는 그리 대단하지는 않지만, 전반적으로 가격이 낮게 책정되어 있어 여러 사람들과 함께 와인을 마시러 다시 가고 싶을 정도라는 것도 장점이다.

　식사를 하는 내내 플레이팅도 아름답지만 직관적으로 참 맛있는 음식이라는 생각이 들었다. 셰프가 재료를 잘 이해하고 과하지 않을 정도로 소스를 정확하게 사용하는 요리사라는 인상을 받았다. 그래서 전반적으로 음식에서 주재료의 맛이 명확하고 조리도 어설픈 것이 하나도 없었다. 디저트도 1스타에서 보여줄 수 있는 수준 이상이었다. 가격을 생각하면 1스타 레스토랑 중 최고의 '가성비'라고 이야기하기에 부족함이 없다. 사실 가격이 아니라도 2스타라 해도 전혀 이상하지 않은 음식이었다.

　지나치게 클래식해서 느끼하거나 무거운 프렌치가 부담스러운 사람이나 아시안 터치, 일본 터치가 강한 프렌치가 싫은 사람 중 가성비 좋은 미슐랭 스타 레스토랑을 찾는 이에게 가장 먼저 추천하고 싶은 레스토랑 중 하나다. 개인적으로 파리에서 활동 중인 일본 셰프 레스토랑 중 파사주 53 (생캉트루아)을 가장 좋아했는데, 그 다음

프랑스와 일본 소의 비교 테이스팅

으로는 이곳을 꼽고 싶다.

워낙에 작은 규모로 운영되는 곳이라 점심은 금, 토요일만 가능한 것이 조금 아쉽다. 만약에 점심때 방문한다면 식사를 마치고 인근의 앵발리드나 로댕 미술관을 가도 좋다. 저녁때 찾는다면 에펠탑 야경을 보러 가도 좋을 것 같다. 나라면 봉 마르셰 백화점에 쇼핑하러 가겠지만.

◆ 구분	fine dining	
◆ 가이드북	Michelin 1 Star	
◆ 인테리어	작은 규모에 아늑한 인테리어	
◆ 가격	메뉴 80/105유로, 점심 55유로	
◆ 예산	100~200 유로	
◆ 와인선택	리스트: 3/5 가격대: 3/5 상대적 가격: 4/5	

· 작은 규모의 레스토랑이라 와인 종류가 다양하진 않지만 프랑스 내 다양한 지역의 와인을 보유하고 있다. 저렴한 와인도 많고, 상대적으로 가격도 좋은 편.

◆ 음식 스타일	modern
◆ 셰프	Takayuki Honjo
◆ 요약	음식: 5/5 가성비: 5/5 인테리어: 3/5 서비스: 4/5
◆ 키워드	미식여행 일본셰프 가성비

ES

D smart casual
A 91, rue de Grenelle, 75007 Paris
T +33 1 45 51 25 74
R 전화, 이메일 예약

O

	월	화	수	목	금	토	일
점심					12:00~13:00		
저녁			19:30~20:30				

캐주얼 레스토랑

31 보팽제
Paris
Bofinger

파리 최고의 브라스리

개인적으로 관광객 입장에서 파리에서 가기 제일 좋은 레스토랑 카테고리는 브라스리 brasserie라고 생각한다. 우리가 생각하는 전형적인 프랑스 음식을 팔기도 하고, 가격대도 적당한 편이다. 게다가 대개 휴무도 없고 브레이크 타임도 없는 경우가 많고, 비교적 늦게까지 영업하기 때문이다. 이러한 브라스리는 몽파르나스 쪽에 제일 많이 몰려 있다. 바스티유 광장 인근에 있는 보팽제는 그중에서도 첫손에 꼽히는 곳이다. 여기는 다른 브라스리와 달리 자정이면 영업이 끝나고 심지어 브레이크 타임도 있는 콧대 높은(?) 곳이다.

1864년에 문을 연 이 브라스리는 고풍스러운 인테리어도 유명하지만, 다른 브라스리보다 맛있다고 알려져 있다. 보통 유명한 브라스리는 적당히 괜찮은 수준의 음식을 내지만 그렇다고 아주 맛있는 음식까지는 아닌데, 여기는 그중(어디까지나 브라스리 중에서지만) 최고 수준이다. 그렇다고 미식가들이 꼭 찾아가봐야 될 정도는 아니지만, 오바마 전 미국 대통령 같은 사람도 파리에 가면 찾아가는 곳이기도 하다. 잘 만든 관광 레스토랑이라는 이야기! 브라스리는 아무쾌도 오래되고 규모도 있다 보니 인테리어가 으리으리한 곳이 많다. 보팽제는 천장의 장식이 유명하니 한번쯤 쳐다보자.

와인 리스트는 종류가 정말 몇 개 되지 않는데, 보유하고 있는 와인 대부분은 가격이 비교적 저렴한 편이다. 일부는 소매점에서 이보다 싸게 살 수 있을까 싶을 정도의 가격이다. 그렇게 만취의 밤은 시작되고….

음식은 전형적인 브라스리 스타일이다. 여럿이 함께 간다면 해산물 플래터를 권하

1

2

3

1 다양한 굴
2 해산물 플래터
3 Cristal 2007

고 싶다. 개인적으로 이런 해산물 플래터를 좋아하기도 하는데, 3~4명이 모여 샴페인이나 화이트 와인을 즐기면서 먹기에 이만한 안주가 있을까 싶다. 부르고뉴식 에스카르고(달팽이)나 푸아그라 테린 같은 것도 인기메뉴고, 소시지 등 다양한 돼지고기 요리와 알자스식(혹은 독일식) 양배추 절임이 나오는 사우어크라우트 메뉴도 꼭 하나쯤 시켜보기를 권한다. 원래 브라스리의 기원이 알자스 쪽의 맥줏집에서 시작된 것이다 보니 와인을 마셔도 마무리는 맥주로 하는 것이 좋다.

　브라스리 중에는 전형적인 파리 디저트를 내는 곳이 많다. 수플레, 프로피테롤, 일 플라탕, 구겔호프, 파리 브레스트 등 전부 맛있는 편이라 반드시 맛보도록 하자. 커피 한 잔과 함께 나오는 미니 디저트 모둠을 시켜보는 것도 추천하지만, 개인적으로 알마냑, 오드비, 코냑, 칼바도스 등의 독한 디제스티프와 곁들이는 것이 주당의 도리가 아닐까 한다.

화려한 인테리어

◆ 구분	brasserie	
◆ 인테리어	전형적인 브라스리풍 고급스러운 인테리어	
◆ 가격	코스 26/32유로 (단품 가능)	
◆ 예산	40~80유로	
◆ 와인선택	리스트: 2/5 가격대: 4/5 상대적 가격: 4/5	

◆ 요약	음식: 3/5 가성비: 4/5 인테리어: 4/5 서비스: 4/5
◆ 키워드	브라스리 해산물 플래터

· 브라스리치고 비교적 많은 종류의 와인을 가지고 있고 가격도 상대적으로 저렴한 편

Bofinger

D 없음
A 7 Rue de la Bastille, 75004 Paris
T +33 1 42 72 87 82
H http://www.bofingerparis.com
R 홈페이지, 전화 예약

O

	월	화	수	목	금	토	일
점심			12:00~15:00				
저녁			18:30~24:00				

캐주얼 레스토랑

르 그랑 콜베르
Le Grand Colbert

고급 브라스리의 전형

르 그랑 콜베르는 루브르에서 멀지 않은 팔레 루아얄Palais Royal 인근에 자리하고 있다. 다른 곳과 비교했을 때 아주 대형 브라스리는 아님에도 비스트로나 레스토랑보다는 꽤 큰 규모다. 아주 화려하지는 않지만 벨 에포크 스타일의 고풍스러운 인테리어를 가지고 있고, 바닥의 모자이크 타일이 특히 아름다운 곳이다. 이곳은 특히 키아누 리브스와 다이안 키튼 주연의 〈사랑할 때 버려야할 아까운 것들〉이라는 영화에 나온 뒤로 관광객에게 인기가 더 높아졌다.

 음식으로는 전형적인 브라스리 음식이 나온다. 특히 굴이나 새우, 조개류 같은 해산물 플래터를 다양한 가격대로 다양하게 구성할 수 있는 점이 장점이다. 디저트에

브레이징한 소고기

해산물 플래터

서는 프로피테롤이 시그니처이고, 플로팅 아일랜드Floating Island도 빼놓지 말기를!

◆ 구분	brasserie		◆ 요약	음식: 3/5 가성비: 3/5 인테리어: 4/5 서비스: 3/5
◆ 인테리어	고풍스러운 벨 에포크 인테리어			
◆ 가격	메뉴 30/40유로, 단품 가능		◆ 키워드	브라스리 해산물 플래터 영화에 나온 레스토랑
◆ 예산	40~100유로			
◆ 와인선택	리스트: 2/5 가격대: 4/5 상대적 가격: 3/5			

· 와인의 종류가 다양하지는 않지만 가격은 비교적 비싸지 않게 책정되어 있다.

Le Grand Colbert

D 없음
A 2 rue Vivienne, 75001 Paris
T +33 1 42 86 87 88
H http://legrandcolbert.fr
R 홈페이지, 전화 예약

O	시간	월	화	수	목	금	토	일
				12:00~24:00				

캐주얼 레스토랑

라 쿠폴
La Coupole

1927년 문을 연 대표 브라스리

몽파르나스 지역에는 특히 이름난 브라스리가 많이 몰려 있는데, 음식의 수준이나 가격, 메뉴가 거의 대동소이하다. 1927년에 문을 연 라 쿠폴도 그런 브라스리 중 한 곳이다. 이름이 쿠폴인 이유는 매장 가운데에 멋진 돔이 있기 때문이다. 이곳에는 헤밍웨이를 비롯한 여러 명사가 방문한 기록도 많다.

전형적인 브라스리 음식 외에도 시그니처인 인도식 커리 소스와 함께 내는 양고기 요리는 꼭 맛보도록 하자. 아침 8시부터 자정까지 영업하니 간단한 아침 식사를 하기에도 적당하다.

조식에 나오는 빵

커피와 오렌지주스

◆ 구분	brasserie	◆ 요약	음식: 3/5
			가성비: 3/5
◆ 인테리어	전형적인 브라스리 풍의		인테리어: 5/5
	고급스러운 인테리어		서비스: 4/5
◆ 가격	코스 19.5/29유로 (단품 가능)	◆ 키워드	브라스리
			해산물 플래터
◆ 예산	30~60유로		아침식사
◆ 와인선택	리스트: 2/5		
	가격대: 4/5		
	상대적 가격: 3/5		
· 와인의 종류가 많고 저렴한 와인도 많이 보유하고 있다.			

La Coupole

D 없음
A 102 Boulevard du Montparnasse, 75014 Paris
T +33 1 43 20 14 20
H http://www.lacoupole-paris.com
R 홈페이지, 전화 예약

O	월	화	수	목	금	토	일
시간			08:00~24:00				

> 캐주얼 레스토랑

라 로통드
La Rotonde

1911년 문을 연 대표 브라스리

역시 몽파르나스 지역에 자리한 브라스리로, 1911년 문을 연 곳이다. 1900년대 초반에 많은 예술가와 문학가의 사랑을 받던 곳으로, 인근에 자리한 르 돔$^{Le\,Dome}$과 쌍벽을 이뤘다. 인근의 다른 브라스리에 비해 실내는 조금 좁은 느낌이 드는데, 식사시간이면 발디딜 틈이 없을 정도다. 음식으로는 전형적인 브라스리 음식이 나오는데 퀄리티에 비해 조금 비싼 느낌이 든다.

해산물 플래터

에스카르고(달팽이)

◆ 구분	brasserie
◆ 인테리어	전형적인 브라스리 풍의 고급스러운 인테리어
◆ 가격	코스 46유로 (단품 가능)
◆ 예산	40~80유로
◆ 와인선택	리스트: 2/5 가격대: 4/5 상대적 가격: 2/5

· 저렴한 와인 위주의 단순한 리스트

◆ 요약	음식: 2/5 가성비: 2/5 인테리어: 4/5 서비스: 3/5
◆ 키워드	브라스리 해산물 플래터 아침식사

La Rotonde

D 없음
A 105 Boulevard du Montparnasse, 75006 Paris
T +33 1 43 26 48 26
H https://menuonline.fr/en/la-rotonde-montparnasse
R 전화 예약

O	월	화	수	목	금	토	일
시간	07:15~01:00 (익일)						

캐주얼 레스토랑

오 피에 드 코숑
Au Pied de Cochon

24시간 영업하는 소중한 브라스리

새벽까지 불야성을 이루는 우리나라 유흥가, 식당가와 비교하자면 프랑스에서는 자정 넘어 밤늦게까지 뭔가 먹고 마실 만한 곳을 찾기가 힘들다. 그러나 파리에도 24시간 영업하는 레스토랑이 레알 인근에 몇 군데 몰려 있다. 그중 가장 유명한 곳이 오 피에 드 코숑이다.

   오 피에 드 코숑이란 돼지족 요리라는 뜻인데, 상호에서 드러나듯이 돼지고기 요리가 유명한 곳이다. 전형적인 브라스리 음식도 팔고 위치도 좋은 데다 브레이크 타임 없이 24시간 영업하기 때문에 식사시간이면 늘 관광객으로 붐빈다. 맛없고 비싸게 바가지 씌우는 관광 레스토랑이 아니어서 관광객이 들르기 여러모로 좋은 곳이라

홍합 크림찜

사우어크라우트

생각한다. 브라스리치고 자리도 조금 좁고 인테리어도 캐주얼한 느낌이다. 저녁시간에는 대기 손님이 많은 편이라 가능하면 예약하는 편을 권한다.

◆ 구분	brasserie	◆ 요약	음식: 2/5 가성비: 4/5 인테리어: 3/5 서비스: 2/5
◆ 인테리어	캐주얼한 브라스리 인테리어		
◆ 가격	단품 10~30유로	◆ 키워드	브라스리 24시간 영업
◆ 예산	40~60유로		
◆ 와인선택	리스트: 2/5 가격대: 2/5 상대적 가격: 3/5		
· 간단하고 비교적 저렴한 와인 위주로 구성되어 있는 와인 리스트			

Au Pied de Cochon

D 없음
A 6 Rue Coquillere, 75001 Paris
T +33 1 40 13 77 00
H http://www.pieddecochon.com
R 홈페이지, 전화 예약

O	월	화	수	목	금	토	일
시간	24시간 영업						

캐주얼 레스토랑

레 를레 달자스 - 타베른 칼스브라우
Les Relais d'Alsace - Taverne Karlsbrau

야밤에 술 한잔이 생각날 때

오 피에 드 코숑 Au Pied de Cochon과 함께 레알 인근에서 24시간 영업하는 브라스리인 레 를레 달자스 - 타베른 칼스브라우는 상호처럼 알자스 음식과 맥주를 전면에 내세운 곳이다. 오 피에 드 코숑에 비해 덜 붐비기도 하고 자리도 널찍한 편인 데다 테라스 자리가 많은 편이라 밤에 숙소에 돌아가다 들러 한잔하기에 좋은 곳이다.

프렌치 프라이

돼지 정강이와 사우어 크라우트

◆ 구분	brasserie	◆ 요약	음식: 2/5
◆ 인테리어	캐주얼한 브라스리 인테리어		가성비: 3/5
			인테리어: 3/5
			서비스: 2/5
◆ 가격	단품 10~30유로	◆ 키워드	브라스리
◆ 예산	40~60유로		24시간 영업

Les Relais d'Alsace - Taverne Karlsbrau

- **D** 없음
- **A** 16 Rue Coquillere, 75001 Paris
- **T** +33 01 42 36 74 24
- **H** http://www.lesrelaisdalsace.com
- **R** 전화 예약

O		월	화	수	목	금	토	일
	시간				24시간 영업			

캐주얼 레스토랑

37 피루에트
Pirouette

중심부에 자리한 가성비 갑 레스토랑

파리의 가장 중심이라고 할 수 있는 1구, 포럼 데 알Forum des Halles과 무척 가까운 곳에 있는 피루에트는 몇 년 전부터 음식이 맛있다는 이야기를 많이 들어왔던 비스트로다. 깔끔하면서도 캐주얼한 분위기의 실내에 좌석은 대략 50여 석 정도 되는 듯하다. 르 브리스톨Le Bristol의 에릭 프레숑Éric Fréchon 셰프 밑에 있던 프랑수아 자비에 페롤François-Xavier Ferrol 셰프가 가성비 좋은 음식을 낸다.

점심에는 2코스를 고를 수 있는 20유로짜리 메뉴도 있는데, 이왕이면 3코스 45유로의 피루에트 메뉴나 6코스 65유로의 테이스팅 메뉴를 권하고 싶다. 단, 65유로 메뉴는 점심때 주문이 불가능한 것은 단점. 점심때 방문해 45유로 메뉴를 주문했는데 각 단계별로 다섯 가지 정도의 초이스가 있어 원하는 대로 고르면 된다. 와인 리스트는 작은 규모의 비스트로치고 꽤 충실한 리스트지간 딱히 마음에 드는 것이 없어 잔으로 주문했다.

전채는 다소 평범했으나 메인 요리는 미슐랭 별을 받은 레스토랑 못지않은 기대 이상의 맛을 보여줬다. 코코넛, 커리 소스와 함께 낸 대구요리는 아시아 뉘앙스의 소스가 전혀 어색하지 않았다. 블루 랍스터는 약간의 추가요금이 있었지만 이 가격에 어떻게 이런 퀄리티가 가능한지 묻고 싶을 정도였다. 특히 양고기는 보는 순간 맛있

1 누룩 소금으로 재워 구운 닭다리
2 블루 랍스터
3 코코넛 커리 소스의 대구

캐주얼한 분위기의 실내

겠다는 소리가 절로 나올 정도였으니, 더 말할 필요가 있을까. 음식 하나하나 놓고 보면 어디 1스타 레스토랑에서 나왔어도 전혀 손색이 없는 음식이 코스로 구성되고, 놀라울 정도의 가성비라는 느낌이 든다. 전반적으로 음식의 퀄리티를 제외한 나머지 부분에서 가격 거품을 뺀 곳이라는 생각이 들어 가성비 좋은 레스토랑을 추천해달라는 지인에게 여러 번 소개하고 대부분 좋은 평가를 들었다.

   파리를 여러 번 다녀보니 파리가 미식의 도시로서 대단한 것은 10개의 미슐랭 3스타 레스토랑이나 100개에 가까운 스타 레스토랑 때문이 아니고, 이렇게 별은 없지만 별을 받아도 전혀 손색없는 음식을 내는 수많은 레스토랑이 곳곳에 있다는 것이 아닐까 싶다. 이런 수준의 음식을, 이만한 가격을 내고 이렇게 편안하게 먹을 수 있다는 것 자체가 축복이다.

◆ 구분	bistro	◆ 셰프	François-Xavier Ferrol
◆ 인테리어	모던한 인테리어	◆ 요약	음식: 4/5 가성비: 5/5 인테리어: 3/5 서비스: 3/5
◆ 가격	코스 45/65유로, 점심 20유로 (단품 가능)		
◆ 예산	60~100유로	◆ 키워드	미식여행 가성비
◆ 와인선택	리스트: 2/5 가격대: 4/5 상대적 가격: 3/5		

· 와인의 종류는 적으나 저렴한 와인 위주로 보유하고 있다.

Pirouette

D 없음
A 5 Rue Mondétour, 75001 Paris
T +33 1 40 26 47 81
H https://www.restaurantpirouette.com
R 홈페이지, 전화 예약

O	월	화	수	목	금	토	일
점심	12:00~14:00						
저녁	19:30~22:00						

캐주얼 레스토랑

르 쾡시
Le Quincy

현지인의 식탁을 엿보다

몇 년 전부터 '레스쁘아 뒤 이브'의 임기학 셰프와 '루이쌍끄' 이유석 셰프로부터 여러 번 추천을 받은 작고 클래식한 레스토랑이 있다. 파리 리옹 역 인근에 자리하고 있는 르 쾡시가 바로 그곳이다. 동네에 있는 편한 비스트로 같은 곳인데, 클래식하고 올드한 프랑스 음식이 너무 맛있다는 이야기를 많이 들었다. 영어 메뉴판도 없고, 영어가 썩 잘 통하는 편이 아닌 데다 온라인으로 예약이 되지 않아 차일피일 미루다가 방문했다.

    파리 한복판 레스토랑이라기보다 어디 시골 읍내에 있을 법한 느낌이다. 들어가 앉으니 웰컴 드링크로 크레망을 한 잔 따라줬다. 그러고는 소시송을 조금 잘라줬는

1 돼지 파테
3 토끼 다리
2 모렐버섯 소스의 송아지
4 바닐라 아이스크림

데 이렇게 맛있는 소시송을 먹어본 적이 없어 기대했는데도 무척 놀라웠다. 이 비스트로는 코스 메뉴는 없고 단품으로 파는데, 전채 가격은 10유로 초반이 많고 메인은 20유로 중반이 많다.

    전채 격으로 주문한 푸아그라나 파테는 단순했지만 풍미도 좋고 직관적으로 맛이 느껴졌다. 메인으로 주문한 송아지와 오리, 토끼 요리 모두 클래식하고 진한 소스와 함께 나오는 스타일이었다. 이곳의 시그니처인 슈 파르시 chou farci도 빼놓으면 안 된다. 양배추로 감싼 고기 요리로, 한국에서는 절대 볼 수 없는 어마어마한 크기의 슈 파르시를 가져와 주문한 만큼 잘라준다. 다양한 고기와 채소, 그리고 양배추의 조합이 기대 이상으로 맛있다.

1 아늑한 실내
2 슈 파르시

◆ 구분	bistro		◆ 음식 스타일	classic
◆ 인테리어	올드한 시골 레스토랑 분위기		◆ 요약	음식: 4/5 가성비: 5/5 인테리어: 1/5 서비스: 2/5
◆ 가격	단품 10~40유로			
◆ 예산	50~80유로		◆ 키워드	미식여행 가성비 샤르퀴테리
◆ 와인선택	리스트: 1/5 가격대: 5/5 상대적 가격: 3/5			
· 와인의 종류가 적고 저렴한 와인 위주로 보유하고 있다.				

Le Quincy

D 없음
A 28 Avenue Ledru-Rollin, 75012 Paris
T +33 1 46 28 46 76
H http://www.lequincy.fr
R 전화 예약

O

	월	화	수	목	금	토	일
점심		12:00~14:00					
저녁		19:00~22:00					

225

캐주얼 레스토랑

오 리오네
Aux Lyonnais

알랭 뒤카스가 풀어낸 리옹의 고급 부숑

1890년에 소매 상점으로 문을 연 오 리오네는 1914년부터 본격적으로 레스토랑 운영을 시작했다. 프랑스 미식의 수도인 리옹의 전통 음식을 파는 부숑 bouchon을 표방하고 있으며, 2002년에 알랭 뒤카스가 인수했다. 일반적인 캐주얼 레스토랑보다는 분위기도 독특하고, 테이블 간격도 그다지 무지막지하게 붙어 있는 편은 아니다.

와인 리스트가 대단한 편은 아니지만 별 1, 2개쯤은 있는 고급 레스토랑의 리스트처럼 방대하다. 비교적 저렴한 가격대의 와인도 충분히 많지만, 고급 와인도 꽤 보이고 와인 가격도 상대적으로 좋다. 파리에 친구나 가족끼리 와서 저렴하고 푸짐하게 음식 시켜놓고 왁자지껄 떠들면서 와인 마시고 싶을 때 딱이라는 느낌이 드는 곳이

감자와 소시지　　　　　　　　　　　브레스 닭과 감자

다. 저녁 코스는 35유로, 점심 코스는 28유로부터로 가격도 좋다. 단품의 가격도 전채는 10~20유로, 메인도 20유로대여서 비교적 부담 없는 가격이다.

◆ 구분	restaurant
◆ 인테리어	20세기 초반 느낌의 올드한 인테리어
◆ 가격	코스 35유로, 점심 28/34유로 (단품 가능)
◆ 예산	45~80유로
◆ 와인선택	리스트: 4/5 가격대: 4/5 상대적 가격: 4/5

· 작고 캐주얼한 레스토랑과 어울리지 않는 방대한 와인 리스트. 저렴한 와인도 많이 구비하고 있고 와인 가격도 좋은 편이다.

◆ 음식 스타일	traditional
◆ 요약	음식: 4/5 가성비: 4/5 인테리어: 3/5 서비스: 3/5
◆ 키워드	미식여행 가성비 샤르퀴테리 리옹 와인애호가

Aux Lyonnais

D 없음
A 32 Rue Saint-Marc, 75002 Paris
T +33 1 42 96 65 04
H http://www.auxlyonnais.com
R 홈페이지, 전화 예약

O	월	화	수	목	금	토	일
점심		12:00~14:00					
저녁		19:30~22:00			19:00~22:00		

> 캐주얼 레스토랑

클로베 그릴
Clover Grill

스타 셰프가 풀어낸 맛있는 스테이크

　레알 인근에 있는 클로베 그릴은 파리의 스타 셰프 중 한 사람인 장 프랑수아 피에주가 만든 그릴 전문 레스토랑 혹은 스테이크 전문점 정도로 생각하면 된다.
　음식은 단품으로 주문해도 되고 69유로짜리 코스 메뉴도 주문할 수 있다. 스테이크만 먹으려면 단품을 주문하는 것도 괜찮지만, 코스에도 스테이크가 포함되어 있고 가성비가 괜찮으니 코스로 주문하는 편을 추천하고 싶다. 스테이크는 육향도 좋고 적당한 기름기에 식감도 괜찮아 무척 만족스러웠다.

오리 파테   소고기 스테이크

◆ 구분	restaurant	◆ 음식 스타일	grill
◆ 인테리어	고급 비스트로 느낌의 깔끔한 실내	◆ 셰프	Jean–François Piège
◆ 가격	코스 69유로 (단품 가능)	◆ 요약	음식: 4/5 가성비: 3/5 인테리어: 3/5 서비스: 3/5
◆ 예산	80~150유로		
◆ 와인선택	리스트: 2/5 가격대: 3/5 상대적 가격: 2/5	◆ 키워드	소고기 스테이크 일요일 영업

· 와인의 종류가 많지 않아 잔으로 주문하거나 페어링할 것을 추천한다.

Clover Grill

- **D** smart casual
- **A** 6 Rue Bailleul, 75001 Paris
- **T** +33 1 40 41 59 59
- **H** http://www.jeanfrancoispiege.com/fr/restaurants/Clover%20Grill
- **R** 홈페이지, 전화 예약

O	월	화	수	목	금	토	일
점심				12:00~14:15			
저녁				19:00~22:30			

캐주얼 레스토랑

르 수플레
Le Soufflé

처음부터 끝까지, 수플레 풀 코스

방돔 광장 인근에 자리하고 있는 르 수플레는 이름 그대로 수플레를 전문으로 하는 곳이다. 전채-메인-디저트 3코스를 전부 수플레로 낸다고 해 재밌을 것 같아서 방문했다. 전형적인 조그맣고 캐주얼한 느낌의 레스토랑으로, 자리는 좁은 편이고 꽤 인기 있는 곳이라 손님으로 꽉 차 있다.

　단품으로도 주문이 가능하며 3코스가 모두 수플레로 제공되는 코스가 37유로, 일반 코스 요리가 46유로라서 수플레 코스를 주문했다. 전채로는 염소치즈 수플레와 대구 수플레를, 메인으로는 크레이피시 crayfish 수플레와 버섯 수플레를 주문했다. 처음 먹을 때는 수플레 특유의 텍스처도 좋고 딱 맛있었는데, 비슷한 느낌과 맛의 음식

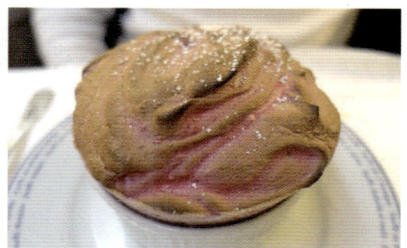

가재 수플레   딸기 수플레

을 계속 먹는 것이 쉽지만은 않았다. 가격도 저렴한 편이고, 위치도 좋아 접근성이 괜찮으니 느끼한 것을 좋아하고 수플레 마니아라면 들러도 좋을 것 같다.

◆ 구분	restaurant		◆ 음식 스타일	classic
◆ 인테리어	클래식하고 따뜻한 인테리어		◆ 요약	음식: 2/5 가성비: 2/5 인테리어: 2/5 서비스: 3/5
◆ 가격	코스 37/46유로 (단품 가능)			
◆ 예산	50~70유로		◆ 키워드	수플레
◆ 와인선택	리스트: 2/5 가격대: 4/5 상대적 가격: 3/5			
· 보유하고 있는 와인의 종류와 수가 많지 않은 편이다.				

Le Soufflé

D 없음
A 36 Rue du Mont Thabor, 75001 Paris
T +33 1 42 60 27 19
H http://www.lesouffle.fr
R 홈페이지, 전화 예약

O

	월	화	수	목	금	토	일
점심			12:00~16:00				
저녁			19:00~22:00				

캐주얼 레스토랑

페트렐
Petrelle

아늑한 실내, 아쉬운 음식

몽마르트 언덕이 있는 앙베르 역 가까이에 자리한 페트렐은 파리의 패션 피플이 로맨틱한 레스토랑이라며 추천해준 곳이다. 들어서자마자 무척 어두운 실내에 아늑하게 꾸며놓은 인테리어가 눈에 띄었다. 공간마다 다른 콘셉트의 인테리어를 적용한 것인가 싶었고, 작은 레스토랑인데도 정신없고 참 복잡하다는 느낌도 들었다. 그럼에도 연인과 온다면 꽤 아늑하게 데이트를 즐길 수 있는 공간임에는 틀림없어 보인다. 실제로 우리 테이블을 제외하면 전부 눈에서 하트를 뿜어내는 연인이었다.

　코스 메뉴는 없고 단품 주문만 할 수 있다. 음식은 너무나 평범했다. 재료도 평범하고 조리 기술 자체가 특별하지 않았다. 클래식한 음식을 푸짐하게 내주는 것, 딱

이베리코 돼지 고기   다소 어수선한 실내

그 정도였지만 평점이 꽤 좋아 조금 의아했다. 일반 소비자의 평도 믿기 힘들고, 입맛을 신뢰할 수 있는 사람의 추천이 아니면 조심해야 된다는 것을 다시금 깨달았다. 파리에서 소개팅을 한다면 모를까, 굳이 다시 찾아가게 될 것 같지는 않다.

◆ 구분	restaurant	◆ 음식 스타일	classic
◆ 인테리어	정신없고 복잡하지만 아늑하고 독특함	◆ 요약	음식: 2/5 가성비: 2/5 인테리어: 4/5 서비스: 3/5
◆ 가격	단품 24~32유로		
◆ 예산	70~100유로	◆ 키워드	로맨틱
◆ 와인선택	리스트: 3/5 가격대: 3/5 상대적 가격: 3/5		
	· 생각보다 다양한 가격대의 와인을 많이 보유하고 있다.		

Petrelle

D 없음
A 34 Rue Petrelle, 75009 Paris
T +33 1 42 82 11 02
R 전화 예약

O	시간	월	화	수	목	금	토	일
				20:00~22:00				

캐주얼 레스토랑

르 트랭 블뢰
Le Train Bleu

환상적인 인테리어에서 즐기는 아침

파리에서 레스토랑을 방문하는 즐거움 중 하나는 우리나라에서는 볼 수 없는 압도적인 인테리어를 눈으로 즐길 수 있다는 것이다. 그런데 대개 그런 레스토랑은 가격이 워낙 비싸기 때문에 방문하기가 부담이 가는 것이 사실이다. 하지만 부담 없이 예약을 하지 않고도 들어가 가볍게 커피 한 잔 마시거나 아침 식사를 하면서 근사한 인테리어를 만끽할 수 있는 곳도 있다. 리옹 역에 있는 르 트랭 블뢰가 바로 그곳이다.

이 브라스리는 들어가자마자 보이는 압도적인 인테리어 때문에 기차역 안에 있는 레스토랑이 맞나 의심이 갈 정도다. 리옹 역에서 어딘가 다녀올 때 가벼운 식사를 위해 찾기 딱 좋은 곳이다. 아침 7시 30분부터 밤 10시 30분까지 바도 운영하는데, 간

이베리코 돼지 고기

다양한 빵

단하게 음료만 마시거나 스낵을 먹을 수도 있다.

◆ 구분	brasserie
◆ 인테리어	럭셔리 브라스리의 '끝판왕'
◆ 가격	메뉴 65/110유로, 점심 49유로 (단품 가능)
◆ 예산	50~100유로
◆ 와인선택	리스트: 3/5 가격대: 3/5 상대적 가격: 3/5

· 브라스리임에도 꽤 다양한 와인을 보유하고 있다.

◆ 요약	음식: 2/5 가성비: 2/5 인테리어: 5/5 서비스: 3/5
◆ 키워드	리옹 역 로맨틱 아침식사

Le Train Bleu

- **D** 없음
- **A** Place Louis-Armand, 75012 Paris
- **T** +33 1 43 43 09 06
- **H** http://www.le-train-bleu.com/fr/index.php
- **R** 전화 예약

Restaurant

O	월	화	수	목	금	토	일
점심			11:30~14:35				
저녁			19:00~22:45				

Bar

O	월	화	수	목	금	토	일
시간			07:30~22:30				

캐주얼 레스토랑

뷔베트
Buvette

파리의 핫한 브런치

몽마르트 언덕 인근에 자리한 뷔베트는 작은 카페 같은 곳으로, 오전에는 브런치 등을 팔고 낮에는 간단한 스낵을 판다. 저녁에는 바로 운영되고 있다. 뉴욕과 파리에만 있었는데 얼마 전 도쿄에도 매장을 오픈했다.

    아침 식사를 하러 들렀지만, 음식이나 음료에서 특별함을 느낄 수는 없었다. 뉴욕이나 파리 등에서 핫 플레이스로 등극했다고 해서 뭔가 대단한 것이 있을 줄 알았는데 생각보다 너무 평범한 느낌을 받았다. 적어도 음식에 있어서는 다른 카페와 차별화되는 점을 발견하지 못했다. 그래도 숙소에서 멀지 않은 곳에 있다면 브런치를 즐기러 방문하기에는 좋을 것 같다.

스크램블 에그와 장봉

카페라테

◆ 구분	café
◆ 인테리어	아늑한 실내
◆ 가격	9~15유로

◆ 요약	음식: 2/5 가성비: 3/5 인테리어: 2/5 서비스: 2/5
◆ 키워드	아침식사 브런치

Buvette

D 없음
A 28 Rue Henry Monnier, 75009 Paris
T +33 1 44 63 41 71
H https://ilovebuvette.com

O	월	화	수	목	금	토	일
시간	08:30~24:00					10:00~24:00	

캐주얼 레스토랑

르 베르 볼레
Le Verre Volé

내추럴 와인 전문 바

생마르탱 운하 인근에 있는 르 베르 볼레는 2013년 방문했을 때 막 인기를 끌기 시작한 와인바 중 하나였다. 지금은 보편화된 내추럴 와인을 전문으로 취급하고 있다.

내추럴 와인이란 유기농Organic, B.odynamic으로 재배한 후 대부분의 와인에서 사용하는 무수 아황산도 사용하지 않고, 양조 과정에서 사용되는 다양한 기술을 최대한 배제해 발효시키는 와인을 말한다. 보통 균일하지 못한 품질과 독특한 발효향, 튀는 산도 등으로 호불호가 많이 갈리고는 하지만, 요 몇 년 사이 네오 비스트로 등을 중심으로 인기를 끌고 있다. 그런 내추럴 와인 열풍의 주역이기도 한 이곳은 저렴한 가격으로 즐길 수 있는 안주와 와인으로 파리 젊은 층 사이에서 인기를 끌고 있다.

관자요리　　　　　　　　　　　감자 샐러드

◆ 구분	cave à manger
◆ 인테리어	캐주얼한 와인바
◆ 가격	단품 10~20유로
◆ 예산	20~30유로
◆ 와인선택	리스트: 3/5 가격대: 4/5 상대적 가격: 4/5

· 내추럴 와인을 전문으로 취급하며 다양한 종류의 와인을 보유하고 있다.

◆ 요약	음식: 2/5 가성비: 3/5 인테리어: 1/5 서비스: 1/5
◆ 키워드	와인바 내추럴 와인

Le Verre Volé

D 없음
A 67 Rue de Lancry, 75010 Paris
T +33 1 48 03 17 34
H http://leverrevole.fr
R 전화 예약

O	월	화	수	목	금	토	일
점심			12:30~14:30				
저녁			19:30~22:00				

캐주얼 레스토랑

르 프렁시 바르 아 뱅
Le Frenchie Bar á Vin

샤르퀴테리와 와인 한 잔

인기 있는 비스트로인 프렁시Frenchie에서 오픈한 와인바로, 간단한 음식과 함께 다양한 와인을 잔으로 주문해서 마실 수 있다. 소시송 등의 샤르퀴테리나 치즈 등과 함께 편안한 분위기에서 부담 없이 와인을 즐길 수 있다. 인근에 있는 프렁시 투 고Frenchie to Go에서 각종 음식을 테이크 아웃할 수도 있다.

샤르퀴테리   치즈

◆ 구분	cave à manger
◆ 인테리어	캐주얼한 와인바
◆ 가격	단품 10~20유로
◆ 예산	20~30유로
◆ 와인선택	리스트: 2/5 가격대: 5/5 상대적 가격: 3/5

· 다양한 와인을 다양한 용량으로 주문할 수 있다.

◆ 요약	음식: 2/5 가성비: 4/5 인테리어: 1/5 서비스: 1/5
◆ 키워드	와인바 내추럴 와인

Le Frenchie Bar á Vin

D 없음
A 6 Rue du Nil, 75002 Paris
T +33 1 40 39 96 19
H http://www.saturne-paris.fr
R 불가

O	월	화	수	목	금	토	일
점심							
저녁			18:30~23:00				

캐주얼 레스토랑

이나로
Inaro

저렴하고 핫한 와인바

 이나로는 다양한 와인을 주머니 사정에 맞게 잔 또는 병으로 즐길 수 있어 파리의 젊은 층에게 인기 있는 와인바다. 안주는 샤르퀴테리나 치즈 같은 간단한 것만 있는데, 간단한 안주는 8유로, 1시간 정도 술을 마실 때 필요한 안주는 13유로, 오래 앉아 있을 때에 주문할 만한 19/33유로로 구분되어 있다.
 와인은 세 등급으로 나뉘며 한 잔에 5/7/10유로 정도 한다. 병이나 네 잔 분량으로도 주문할 수 있다. 각각의 등급에 맞는 와인이 몇 가지 있어서 취향과 등급을 이야기하면 소믈리에가 맞는 와인을 골라주는 방식이다. 좋은 와인을 팔고 있지는 않지만, 가격 부담 없이 다양하게 마실 수 있으니 젊은 층이 많이 찾는 것 같다.

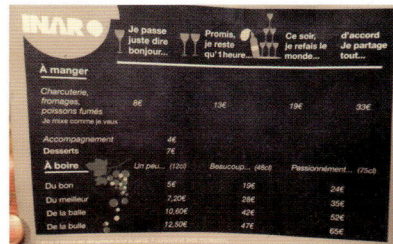 

잔으로 주문할 수 있는 와인 메뉴판   샤르퀴테리

◆ 구분	cave à manger
◆ 인테리어	캐주얼한 와인바
◆ 가격	단품 10~20유로
◆ 예산	20~30유로
◆ 와인선택	리스트: 2/5 가격대: 5/5 상대적 가격: 4/5

· 가격대가 저렴한 다양한 와인을 잔으로 주문할 수 있다.

◆ 요약	음식: 1/5 가성비: 3/5 인테리어: 1/5 서비스: 1/5
◆ 키워드	와인바 내추럴 와인

Inaro

D 없음
A 38 Rue René Boulanger, 75010 Paris
T +33 9 83 07 92 52
R 전화 예약

O	월	화	수	목	금	토	일
점심		12:00~14:30					
저녁			18:00~24:00				

Chez L'Ami Jean
셰 라미 장

푸짐한 매력의 인기 있는 비스트로

셰 라미 장은 파리 비스트로를 이야기할 때 빼놓을 수 없는 곳이다. 클래식하고 진한 풍미의 음식을 선보이는 곳으로, 후기를 찾아보면 양이 너무 많아서 절대 다 먹을 수 없다는 글을 여럿 볼 수 있다.

내부는 전형적인 비스트로 느낌으로 좌석도 좁고 전체적으로도 큰 편은 아니다. 대부분의 시그니처 메뉴는 단품에 있지만 점심때는 35유로, 저녁때는 55유로 코스 메뉴도 주문할 수 있다. 어떤 메뉴를 시켜도 양이 넉넉하고 맛도 무척이나 진한 편이라 조금 부담스럽기도 하지만, 한편으로는 가장 파리스럽고 프랑스다운 음식을 부담 없이 맛볼 수 있는 곳이라는 생각이 든다. 고기 요리가 특히 유명한 편으로, 요리 대

크림소스의 송아지

부분이 2인분 이상만 주문할 수 있기 때문에 가능하면 여러 사람이 함께 가는 것이 좋을 것 같다.

◆ 구분	bistro		◆ 요약	음식: 3/5 가성비: 5/5 인테리어: 2/5 서비스: 2/5
◆ 인테리어	좁고 복잡한 전형적인 비스트로			
◆ 가격	코스 55유로, 점심 35유로, 단품 15~50유로		◆ 키워드	비스트로 가성비 클래식 대식가
◆ 예산	70~90유로			
◆ 와인선택	리스트: 1/5 가격대: 5/5 상대적 가격: 3/5			
· 가격대가 저렴한 와인 몇 종류만 주문할 수 있다.				

Chez L'Ami Jean

D 없음
A 27 Rue Malar, 75007 Paris
T +33 1 47 05 86 89
H http://lamijean.fr
R 홈페이지, 전화 예약

O	월	화	수	목	금	토	일
점심			12:00~14:00				
저녁			19:00~23:00				

캐주얼 레스토랑

레 110 (성디스) 드 타유벙
Les 110 de Taillevent

와인과 음식의 조화

샹젤리제 거리에 있는 개선문에서 도보로 5분 정도 떨어져 있는 레 110 (성디스) 드 타유벙은 이름에서도 알 수 있듯이 파리의 유명 레스토랑 타유벙에서 운영하는 와인바 혹은 와인을 중심으로 한 레스토랑이다. 타유벙은 1946년 문을 열어 1973년부터 2007년까지 3스타를 유지했으며 현재는 2스타를 지키고 있다. 파리의 전설적인 레스토랑 중 하나인 타유벙은 전 세계에서 두 번째로 방대한 와인 리스트를 가지고 있는 레스토랑이다. 런던과 파리에 문을 연 레 110 드 타유벙은 110가지 와인을 잔으로 마실 수 있는 곳이라고 알려져 있다.

이 레스토랑 겸 와인바의 가장 큰 장점은 일요일에도 영업을 한다는 것이다. 일요

1 구제흐
2 The Perfect Egg
3 잔으로 주문한 와인

일에 갈 만한 레스토랑이 많이 없는 파리에서 꽤 좋은 선택지라고 할 수 있다. 아늑한 느낌을 주는 레스토랑 안으로 들어가 메뉴판을 보면 전채, 생선, 고기, 치즈, 디저트 등 30개에 가까운 메뉴와 각 메뉴마다 어울리는 와인 네 종류가 함께 준비되어 있다. 각 페어링은 140cc 기준 네 가지 가격대(10유로 이하/10~16유로/16유로~26유로/26유로 이상)로 구성되어 있다. 70cc로도 선택할 수도 있으니 술을 많이 마시지 못하는 사람도 다양하게 와인을 맛보는 것이 가능하다.

 음식은 단품으로도 주문 가능하고 3코스 메뉴로도 주문할 수 있다. 3코스 메뉴는 44유로로 가격도 합리적인 편이다. 파테 엉 크루트 같은 클래식한 음식과 해산물 요리에 강점이 있는 곳이니 음식을 고를 때 참고하자. 이곳에서 다양한 와인을 열린 마음으로 즐겨보자!

1 대구 요리
2 송아지 흉선 요리

◆ 구분	restaurant
◆ 인테리어	낮은 조도의 클래식하고 깔끔한 고급 레스토랑
◆ 가격	코스 44유로 (단품 가능)
◆ 예산	70~150유로
◆ 와인선택	리스트: 4/5 가격대: 3/5 상대적 가격: 3/5

· 110 종류의 와인을 잔으로 즐길 수 있으며 가격대도 나쁘지 않다.

◆ 요약	음식: 3/5 가성비: 4/5 인테리어: 4/5 서비스: 4/5
◆ 키워드	와인바 와인애호가 일요일 영업

Les 110 de Taillevent

D 없음
A 195 Rue du Faubourg Saint-Honoré, 75008 Paris
T +33 1 40 74 20 20
H http://www.les-110-taillevent-paris.com
R 홈페이지, 전화 예약

O

	월	화	수	목	금	토	일
점심			12:00~14:30				
저녁			19:00~23:00				

파리 – 외국 음식

L'As du Fallafel 라스 뒤 팔라펠

최고 인기의 팔라펠 전문점

팔라펠은 병아리콩chick pea이나 잠두fava bean를 갈아 공 모양으로 만들거나 동글납작하게 빚어 튀긴 중동의 음식으로, 정식 식사라기보다 간식이나 애피타이저로 먹는 경우가 많다.

팔라펠의 기원에 관해서는 여러 의견이 있으나 이집트의 기독교 교파 중 하나인 콥트Copt교회에서 육식이 금지된 사순절 기간에 만들어 먹었던 음식에서 유래되었다는 설이 가장 널리 알려져 있다. 레바논, 시리아, 터키, 팔레스타인, 이스라엘, 인도에서는 병아리콩을, 이집트에서는 잠두를 사용해 만드는데, 어찌 됐건 중동지방에서 기원한 음식임은 분명하다. 대개 피타라는 납작하고 둥근 빵을 반으로 잘라 그 안에

팔라펠 주문 받는 곳

내용물을 채워서 먹는데, 개인적으로는 큰 틀에서 봤을 때 케밥과 비슷한 음식인 것 같다.

   파리에서 팔라펠로 가장 유명한 가게는 마레 지구에 있는 라스 뒤 팔라펠이다. 한 개에 거의 10유로 정도 하니 생각보다 비싼 가격이지만, 워낙에 크기가 커서 이것 하나면 한 끼 식사로 충분하다. 개인적으로는 케밥과 달리 찾아먹게 되지는 않는다.

◆ 구분	스트리트 푸드
◆ 가격	6~10유로
◆ 주소	32-34 Rue des Rosiers, 75004 Paris
◆ 전화번호	+33 1 48 87 63 60

◆ 영업시간		월	화	수	목	금	토	일
	시간	11:00~23:30				11:00~17:00		11:00~23:30

Pho Banh Cuon 14 포 반 꾸온 14 (카토즈)

가장 좋아하는 파리의 쌀국숫집

베트남을 식민 지배했던 프랑스에서는 베트남 요리가 발달해 있는 모습을 엿볼 수 있다. 프랑스의 소고기 국물 요리인 포토푀 pot-au-feu에서 유래되었다는 설이 있는 쌀국수는 베트남 현지보다 파리에서 먹는 것이 더 맛있다는 말이 있기도 하다. 실제로 파리, 특히 톨비악 Tolbiac 역 인근에는 많은 베트남 식당이 몰려 있다. 그곳에서 내가 가장 좋아하는 곳은 포 반 꾸온 14 (카토즈)다.

가장 대표적인 메뉴인 포 뵈프 스페셜 pho boeuf special에는 고기, 내장, 그리고 고기로 만든 볼이 들어간다. 가격은 큰 사이즈가 9.5유로, 작은 사이즈가 8.9유로다. 큰 사이즈를 시키면 한 끼 식사로 충분한 양인데 국물의 색부터 우리나라에서 파는 쌀국수와는 완전히 다르다. 약간 탁하면서도 진한 빛깔의 국물에 각종 고기가 종류별로 다양하고 풍부하게 들어가 있어 맛의 깊이가 다르다. 시원한 느낌을 주는 향신료와의 조합도 훌륭해 우리나라에서 먹던 쌀국수와 차원이 다른 음식이라는 느낌을 받

대표메뉴인 쌀국수   베트남식 비빔국수인 분보

앗다. 반 꾸온^{Banh Cuon}이라는 메뉴는 베트남식 라비올리로, 다진 고기와 버섯, 햄이 들어있는데 쌀국수와 함께 먹기 좋다.

◆ 구분	베트남 식당
◆ 가격	8~12유로
◆ 주소	129 Avenue de Choisy, 75013 Paris
◆ 전화번호	+33 1 45 83 61 15

◆ 영업시간	월	화	수	목	금	토	일
시간				09:00~23:00			

오페라 지점

◆ 주소	17 Rue Molière, 75001 Paris
◆ 전화번호	+33 1 42 86 91 81

◆ 영업시간	월	화	수	목	금	토	일
시간				11:00~22:30			

Le Kok 르 꼬끄

푸짐한 고기를 듬뿍 내어주는 쌀국숫집

톨비악 인근에 있는 베트남 식당 르 꼬끄는 쌀국수를 시키면 육수를 우릴 때 사용한 고기가 붙은 뼈를 함께 가져다줘 눈길을 끄는 곳이다. 생각보다 고기를 푸짐하게 줘서 왠지 이득을 본 것 같은 기분이 드는데, 쌀국수의 맛도 전혀 떨어지지 않는다. 스페셜 수프에는 익힌 고기, 안심, 완자, 내장 등이 들어가 있다. 국물은 전반적으로 조금 탁하고 걸쭉한 편이라 시원한 맛보다는 진한 맛이 앞선다.

- ◆ **구분**   베트남 식당
- ◆ **가격**   7~9유로
- ◆ **주소**   129 bis Avenue de Choisy, 75013 Paris
- ◆ **전화번호**   +33 1 45 84 10 48
- ◆ **영업시간**

시간	월	화	수	목	금	토	일
	12:00~23:00		12:00~23:00				

Song Huong 송후옹

생각보다 괜찮은 쌀국수

톨비악의 포 반 꾸온 바로 옆집인 송 후옹도 베트남 쌀국수를 판매한다. 보통의 포보다는 매콤한 맛이 있는 분보후에bun bo hue가 인기 있다고 한다. 양념한 돼지고기와 새우가 들어간 미꽝헤오똠my quang heo tom도 조금 자극적이기는 했지만 시원한 국물이 괜찮은 편이다.

◆ 구분	베트남 식당						
◆ 가격	8~11유로						
◆ 주소	129 Avenue de Choisy, 75013 Paris						
◆ 전화번호	+33 1 45 85 01 76						
◆ 영업시간		월	화	수	목	금	토	일
	시간		10:00~22:45					

Pho Mui 포 무이

진한 풍미의 분보후에가 맛있는 곳

역시 톨비악 인근에 있는 포 무이는 분보후에라는 베트남 중부 지방의 매운 쌀국수가 맛있다고 알려진 곳이다. 빨간 국물에는 소고기와 베트남 소시지는 물론, 돼지족까지 다양한 고기가 푸짐하게 들어가 있다. 그냥 맵기만 한 것이 아니라 국물이 깊이가 있고 풍미도 좋았는데, 고기 냄새에 민감한 사람이라면 조금 싫어할 수도 있을 정도로 진한 풍미가 있다. 면은 약간 도톰한 우동면 느낌이었다. 툭툭 잘 끊어지는 것이 생소했지만 국물과는 잘 어울리는 편이다.

- ◆ 구분   베트남 식당
- ◆ 가격   8~12유로
- ◆ 주소   97 Avenue d'Ivry, 75013 Paris
- ◆ 전화번호   +33 1 45 83 70 68
- ◆ 영업시간

	월	화	수	목	금	토	일
시간	08:00~22:30							

My Canh 마이 칸

다양한 메뉴가 있는 베트남 식당

마이 칸은 톨비악과 3구 쪽에 두 개의 매장이 있다. 톨비악 매장은 포 반 꾸온 14에서 멀지 않고, 3구에 있는 건 송 헹Song Heng 바로 앞에 있다. 다양한 베트남 음식을 팔고 쌀국수도 나쁘지 않다. 다만 바로 옆에 워낙에 잘 나가는 곳이 있다 보니 굳이 찾게 되지는 않는다. 하지만 줄 서는 것이 싫다면 충분히 고려해볼 만 하다.

◆ 구분		베트남 식당
◆ 가격		8~10유로
◆ 주소		16 Rue Volta, 75003 Paris
◆ 전화번호		+33 1 42 72 71 11

◆ 영업시간	월	화	수	목	금	토	일
점심			11:30~14:30				
저녁			18:30~22:00				

Song Heng 송 헹

한국인들이 가장 좋아하는 쌀국숫집

한국인에게 가장 유명한 베트남 쌀국숫집을 꼽으라면 송 헹을 들 수 있다. 이 작은 베트남 식당은 11시부터 4시까지만 영업을 하는데, 오픈 시간인 11시 전부터 줄이 늘어서 있다. 특히나 이 오픈 시간에 최소 1/3은 한국 사람인 느낌! 규모도 작지만 메뉴도 딱 두 가지, 국물 있는 베트남 쌀국수 포pho와 비빔 쌀국수인 보분bo bun뿐이다.

기름기가 동동 떠 있긴 하지만 국물이 무척 맑은데, 그러면서도 제법 고기 향이 강하고 염도도 있는 편이다. 다른 곳에 비해 전반적으로 향신료가 적게 들어가고 맑으면서도 고기 향이 강한 국물이 잘 만든 곰탕을 생각나게 한다.

◆ 구분	베트남 식당
◆ 가격	8~9유로
◆ 주소	3 Rue Volta, 75003 Paris
◆ 전화번호	+33 1 42 78 31 70

◆ 영업시간	월	화	수	목	금	토	일
시간			11:00~16:00				

Dong Huong 동 후옹

파리에서 가장 인기 있는 쌀국숫집

지금껏 가본 베트남 쌀국숫집 가운데 가장 규모도 크고 장사도 잘 되던 곳은 벨빌 쪽에 있는 동 후옹이다. 이 지역도 아시아인이 모여 사는 곳이라 베트남 식당을 비롯해 아시아 음식점을 어렵지 않게 볼 수 있다. 전반적으로 꽤 깔끔하지만 손님이 워낙에 많고 비좁다보니 자연스럽게 허름한 분위기가 연출된다.

◆ 구분	베트남 식당						
◆ 가격	8~10유로						
◆ 주소	14 Rue Louis Bonnet, 75011 Paris						
◆ 전화번호	+33 1 43 57 42 81						
◆ 영업시간		월	화	수	목	금	토 일
	시간	12:00~15:30 / 18:00~22:30		12:00~15:30 / 18:00~22:30	12:00~22:30	12:00~15:30 / 18:00~22:30	12:00~22:30

Wong Heng 윙 헹

또 다른 매력의 캄보디아 국수

톨비악에서 조금 떨어진 포르트 드 슈아지 Porte de Choisy 역에서 1분 거리에 자리한 윙 헹은 캄보디아 국수와 요리를 전문으로 하는 곳이다. 캄보디아와 베트남은 비슷한 동네인지라 이곳의 음식이 베트남 쌀국수와 완전히 다른 음식이라고 말하기는 어렵지만, 확실한 자기만의 색깔을 가지고 있다.

보통 시내 중심부에서 가까운 베트남 쌀국숫집을 가면 아시아 손님도 있지만 대개 프랑스 현지인이 많은데, 여기는 손님 대부분이 아시아인인 것도 특징이다. (이 동네가 중국, 베트남 사람들이 많이 모여 사는 곳이라고 한다.)

일반적인 베트남 쌀국수와 달리, 돼지고기 베이스의 국물이 주를 이룬다. 소고기 국물도 있지만 많이 찾지는 않는다고 한다. 프놈펜 phnom penh 국수는 돼지고기 베이스 국물의 맑은 국수로, 시그니처 메뉴다. 면의 종류를 고를 수 있는 것도 특징이다.

여기서 가장 마음에 들었던 것은 선지내장국수다. 독특한 국물도 좋고, 내장도 냄

선지내장국수

새도 거의 없이 부드럽고 훌륭하다. (물론 민감한 한국인은 먹지 못할 수도 있다.) 특히 매콤한 소스를 청해서 조금 넣어 먹으면 맛이 한층 살아나는 느낌이다.

살라드 드 넴 라오시엔salade de nem laotienne도 인기메뉴다. 발효한 돼지고기와 채소를 버무린 요리로 생각보다 삭힌 느낌은 거의 없었다. 사테(꼬치)도 국수와 곁들여 먹기 좋았다. 파리에서 머물 때면 꼭 한 번은 아침을 여기 와서 해결한다.

◆ 구분	캄보디아 식당						
◆ 가격	8~10유로						
◆ 주소	1 Avenue de Choisy, 75013 Paris						
◆ 전화번호	+33 6 45 88 98 14						
◆ 영업시간		월	화	수	목	금	토	일
	시간	08:00~22:30						

기타 추천 레스토랑 – 미슐랭 2스타

La Table de l'Espadon 라 타블르 드 레스파동

- ◆ 주소　　15 place Vendôme 75001 Paris
- ◆ 전화번호　+33 1 43 16 33 74
- ◆ 가격　　코스 195/345유로 (단품 가능)
- ◆ 특징　　파리 최고의 럭셔리 호텔 리츠Ritz에 다시 문을 연 2스타 레스토랑 클래식한 음식, 럭셔리한 인테리어와 최고의 서비스. 미슐랭 1스타를 받은 레 자르댕 드 레스파동Les Jardins de l'Espadon은 점심에만 영업한다. 주말에는 레 쥐켕 드 레스다동Les Week-ends de l'Espadon에서 브런치를 즐길 수 있다.
- ◆ 영업시간

시간	월	화	수	목	금	토	일
				19:30~22:00			

L'Abeille 라베유

- ◆ 주소　　10 Avenue d'Iéna, 75116 Paris
- ◆ 전화번호　+33 1 53 67 19 90
- ◆ 가격　　코스 230유로 (단품 가능)
- ◆ 특징　　팔라스급 호텔인 상그릴라 호텔 내. 알랭 뒤카스의 오른팔이었던 크리스토프 모레 셰프가 있는 모던 프렌치. 와인 리스트가 훌륭하다.
- ◆ 영업시간

시간	월	화	수	목	금	토	일
		19:30~22:30					

Le Gabriel 르 가브리엘

- ◆ 주소　　　42 Avenue Gabriel, 75008 Paris
- ◆ 전화번호　+33 1 58 36 60 50
- ◆ 가격　　　코스 195/250유로, 점심 95/115유로 (단품 가능)
- ◆ 특징　　　샹젤리제에 있는 라 레제르브 파리 호텔 앤 스파 La Réserve Paris Hotel and Spa에 자리한다. 나폴레옹 3세 시대의 인테리어. 일본 터치가 들어간 클래식 프렌치
- ◆ 영업시간

	월	화	수	목	금	토	일
점심		12:00~14:30					
저녁				19:00~22:30			

Le Clarence 르 클라렁스

- ◆ 주소　　　31 Avenue Franklin Delano Roosevelt, 75008 Paris
- ◆ 전화번호　+33 1 82 82 10 10
- ◆ 가격　　　코스 130/190/320유로, 점심 90/130/190유로
- ◆ 특징　　　개선문 인근에 있는 오텔 딜롱 Hôtel Dillon의 로맨틱한 레스토랑. 샤토 오브리옹 Château Haut-Brion 오너 소유, 비싸지만 다양한 와인 리스트
- ◆ 영업시간

	월	화	수	목	금	토	일
점심				12:30~14:00			
저녁				19:30~21:30			

Restaurant Kei 레스토랑 케이

- ◆ 주소   5 Rue Coq Héron, 75001 Paris
- ◆ 전화번호   +33 1 42 33 14 74
- ◆ 가격   메뉴 215/150/110(평일), 점심메뉴 180/125/58
- ◆ 특징   일본 셰프인 셰프 케이Kei의 모던 프렌치
- ◆ 영업시간

	월	화	수	목	금	토	일
점심		12:30~13:30					
저녁				19:45~21:	12:30~13:30		

Sur Mesure par Thierry Marx
쉬르 므쥐르 파르 티에리 막스

- ◆ 주소   251 Rue Saint Honoré, 75001 Paris
- ◆ 전화번호   +33 1 70 98 73 00
- ◆ 가격   코스 190유로, 점심 85/100/120유로
- ◆ 특징   방돔 광장 만다린 오리엔탈 호텔에 자리한다.
  아시안 터치와 분자요리 기법을 즐기는 티에리 막스 셰프의 레스토랑
- ◆ 영업시간

	월	화	수	목	금	토	일
점심		12:00~14:00					
저녁		19:30~21:30					

Sylvestre Wahid 실베스트르 와히드

- ◆ 주소　　　79 Rue Saint-Dominique, 75007 Paris
- ◆ 전화번호　+33 1 47 05 79 00
- ◆ 가격　　　코스 175/195/250유로, 점심 195유로(2인)
- ◆ 특징　　　부티크 호텔인 오텔 투미외Hôtel Thoumieux에 자리한다.
- ◆ 영업시간

	월	화	수	목	금	토	일
점심					12:30~14:30		
저녁				19:30~22:30			

기타 추천 레스토랑 – 미슐랭 1스타

Le Violon d'Ingres 르 비올롱 댕그르

MICHELIN

- ◆ 주소   135 Rue Saint-Dominique, 75007 Paris
- ◆ 전화번호   +33 1 45 55 15 05
- ◆ 가격   코스 130유로, 평일 점심 49/55유로 (단품 가능)
- ◆ 특징   다양한 비스트로로 성공한 크리스티앙 콩스탕 셰프의 레스토랑
- ◆ 영업시간

	월	화	수	목	금	토	일
점심	12:00~14:30						
저녁	19:00~23:00						

La Grande Cascade 라 그랑드 카스카드

MICHELIN

- ◆ 주소   Bois de Boulogne, Carrefour de Longchamp, 75016 Paris
- ◆ 전화번호   +33 1 45 27 33 51
- ◆ 가격   코스 115/149/192유로, 점심 109유로 (단품 가능)
- ◆ 특징   볼로뉴 숲 내. 숲 전망의 로맨틱 인테리어 1965년부터 미슐랭 스타 유지하고 있음 리 드 보, 튀르보, 트러플 마카로니 등 클래식 요리가 시그니처
- ◆ 영업시간

	월	화	수	목	금	토	일
점심	12:30~13:30						
저녁	19:30~21:30						

Apicius 아피시우

MICHELIN ✿

◆ 주소	20 Rue d'Artois, 75008 Paris
◆ 전화번호	+33 1 43 80 19 66
◆ 가격	코스 200유로 (단품 가능)
◆ 특징	〈를레 에 샤토〉, 〈레 그랑드 타블르 뒤 몽드〉 의 멤버 40년간 주방을 맡아온 장 피에르 비가토 Jean-Pierre Vigato 셰프 은퇴 후 엑자곤의 마티유 파코 Mathieu Pacaud 셰프가 이어받았다. 18세기 맨션의 클래식 인테리어와 음식
◆ 영업시간	

	월	화	수	목	금	토	일
점심		12:00~14:00					
저녁		19:30~22:00					

Divellec 디블렉

MICHELIN ✿

◆ 주소	18 Rue Fabert, 75007 Paris
◆ 전화번호	+33 1 45 51 91 96
◆ 가격	코스 90/210유로, 평일 점심 49유로 (단품 가능)
◆ 특징	해산물 전문 레스토랑
◆ 영업시간	

	월	화	수	목	금	토	일
점심		12:00~14:00					
저녁		19:30~22:00					

Rech 레시

MICHELIN

- ◆ 주소　　62 Avenue des Ternes, 75017 Paris
- ◆ 전화번호　+33 1 58 00 22 03
- ◆ 가격　　코스 80유로, 점심 44/66유로 (단품 가능)
- ◆ 특징　　알랭 뒤카스의 해산물 전문 레스토랑, 해산물 플래터가 유명하다.
- ◆ 영업시간

	월	화	수	목	금	토	일
점심		12:00~14:00					
저녁		19:30~22:30					

Sola 솔라

MICHELIN

- ◆ 주소　　12 Rue de l'Hôtel Colbert, 75005 Paris
- ◆ 전화번호　+33 1 42 02 39 24
- ◆ 가격　　코스 98유로
- ◆ 특징　　일본인 셰프, 지하 카브 같은 인테리어가 특징이다.
- ◆ 영업시간

	월	화	수	목	금	토	일
시간		19:30~21:30					

Le Jules Verne 르 쥘 베른

MICHELIN ✿✿✿

- ◆ 주소   Avenue Gustave Eiffel, 75007 Paris
- ◆ 전화번호   +33 1 45 55 61 44
- ◆ 가격   코스 190/230유로, 점심 105유로
- ◆ 특징   에펠탑 중간에 있는 레스토랑, 알랭 뒤카스 그룹에서 운영했으나, 최근 손을 떼고 르 프레 카틀랑의 프레데릭 앙통 셰프가 맡게 되었다.
- ◆ 영업시간

	월	화	수	목	금	토	일
점심			12:00~13:30				
저녁			19:00~21:30				

Yam'Tcha 얌차

MICHELIN ✿

- ◆ 주소   121 Rue Saint-Honoré, 75001 Paris
- ◆ 전화번호   +33 1 40 26 08 07
- ◆ 가격   코스 150유로, 점심 70유로
- ◆ 특징   중식과 프렌치가 결합된 프랑코 차이니즈 Franco Chinese의 선두주자 와인 페어링뿐만 아니라 티 페어링도 준비되어 있다.
- ◆ 영업시간

	월	화	수	목	금	토	일
점심				12:00~13:30			
저녁				20:00~21:30			

Laurent 로렁

- ◆ 주소 41 Avenue Gabriel, 75008 Paris
- ◆ 전화번호 +33 1 42 25 00 39
- ◆ 가격 코스 159유로 (단품 가능)
- ◆ 특징 샹젤리제 인근 아름다운 정원과 멋스러운 인테리어의 레스토랑
- ◆ 영업시간

	월	화	수	목	금	토	일
점심		12:30~14:00					
저녁		19:30~22:30					

Le Chateaubriand 르 샤토브리앙

- ◆ 주소 129 Avenue Parmentier, 75011 Paris
- ◆ 전화번호 +33 1 43 57 45 95
- ◆ 가격 코스 75유로
- ◆ 특징 네오 비스트로의 선두주자 중 하나
- ◆ 영업시간

	월	화	수	목	금	토	일
시간			19:00~23:00				

Septime 셉팀

MICHELIN ✱

- ◆ 주소 — 80 Rue de Charonne, 75011 Paris
- ◆ 전화번호 — +33 1 43 67 38 29
- ◆ 가격 — 코스 80유로, 점심 42유로
- ◆ 특징 — 네오 비스트로의 선두주자 중 하나. 2018년 〈월드50베스트레스토랑〉에서 40위에 올랐다.
- ◆ 영업시간

	월	화	수	목	금	토	일
점심		12:15~14:00					
저녁		19:30~22:00					

David Toutain 다비드 투탱

MICHELIN ✱

- ◆ 주소 — 29 Rue Surcouf, 75007 Paris
- ◆ 전화번호 — +33 1 45 50 11 10
- ◆ 가격 — 코스 120/160유로, 점심 60/80유로
- ◆ 특징 — 네오 비스트로의 선두주자 중 하나. 라르페주 수 셰프 출신
- ◆ 영업시간

	월	화	수	목	금	토	일
점심		12:00~14:30					
저녁		20:00~22:00					

Akrame 아크람

- ◆ 주소 : 7 Rue Tronchet, 75008 Paris
- ◆ 전화번호 : +33 1 40 67 11 16
- ◆ 가격 : 코스 130/160유로, 점심 65유로
- ◆ 특징 : 네오 비스트로 스타일의 음식 중 현지에서 가장 좋은 평가를 받는 곳
- ◆ 영업시간 :

	월	화	수	목	금	토	일
점심		12:00~14:00					
저녁		20:00~22:00					

Garance 가랑스

- ◆ 주소 : 34 Rue Saint-Dominique, 75007 Paris
- ◆ 전화번호 : +33 1 45 55 27 56
- ◆ 가격 : 코스 70/90유로, 점심 42유로 (단품 가능)
- ◆ 특징 : 라르페주 출신 셰프의 네오 비스트로
- ◆ 영업시간 :

	월	화	수	목	금	토	일
점심		12:00~14:15					
저녁		19:30~23:00					

Ze Kitchen Galerie 즈 키친 갈르리

- ◆ 주소   4 Rue des Grands Augustins, 75006 Paris
- ◆ 전화번호   +33 1 44 32 00 32
- ◆ 가격   코스 85/98유로, 점심 74유로 (단품 가능)
- ◆ 특징   아시안 터치가 많이 들어간 프렌치
- ◆ 영업시간

	월	화	수	목	금	토	일
점심		12:15~14:30					
저녁		19:15~22:00					

기타 추천 레스토랑 – 기타 레스토랑

Les Ombres 레 종브르

- ◆ 주소　　　27 Quai Branly, 75007 Paris
- ◆ 전화번호　+33 1 47 53 68 00
- ◆ 가격　　　코스 71유로, 점심 42유로 (단품 가능)
- ◆ 특징　　　에펠탑과 센 강이 보이는 전망의 레스토랑
　　　　　　알랭 뒤카스 그룹에서 운영
- ◆ 영업시간

	월	화	수	목	금	토	일
점심			12:00~14:15				
저녁			19:00~22:15				

Goumard 구마르

- ◆ 주소　　　9 Rue Duphot, 75001 Paris
- ◆ 전화번호　+33 1 42 60 36 07
- ◆ 가격　　　코스 44유로, 시푸드 플래터 69/94유로 (1인 기준)
- ◆ 특징　　　전통 해산물 전문 레스토랑. 아르데코 인테리어로 유명하다.
- ◆ 영업시간

	월	화	수	목	금	토	일
점심		12:00~14:30					
저녁		19:00~22:30					

Maison Blanche 메종 블랑슈

- ◆ 주소　　　15 Avenue Montaigne, 75008 Paris
- ◆ 전화번호　+33 1 47 23 55 99
- ◆ 가격　　　코스 72/95유로 (단품 가능)
- ◆ 특징　　　에펠탑 전망의 레스토랑
- ◆ 영업시간

	월	화	수	목	금	토	일
점심			12:00~14:00				
저녁			19:00~23:00				

Graindorge 그랭도르주

- ◆ 주소　　　15 Rue de l'Arc de Triomphe, 75017 Paris
- ◆ 전화번호　+33 1 47 54 00 28
- ◆ 가격　　　코스 37/55유로, 점심 32유로 (단품 가능)
- ◆ 특징　　　미슐랭 빕 구르망을 받은 플랑드르 지방 요리 전문 레스토랑
다양한 벨기에 맥주를 보유하고 있다.
- ◆ 영업시간

	월	화	수	목	금	토	일
점심		12:00~14:00					
저녁		19:30~22:30					

Lazare 라자르

- ◆ 주소: Rue Intérieure, 75008 Paris
- ◆ 전화번호: +33 1 44 90 80 80
- ◆ 가격: 20~40유로, 아침 15유로 (단품 위주 구성)
- ◆ 특징: 미슐랭 3스타 에릭 프레숑 셰프가 론칭한 캐주얼 레스토랑 생라자르 역사 내에 있다.
- ◆ 영업시간:

시간	월	화	수	목	금	토	일
	07:30~23:00						일요일 12:00~23:00

L'Angelique 랑젤리크

- ◆ 주소: 27 Avenue de Saint-Cloud, 78000 Versailles
- ◆ 전화번호: +33 1 30 84 98 85
- ◆ 가격: 코스 49/64/94유로, 점심 39유로
- ◆ 특징: 베르사유에 있는 가성비 좋은 고급 레스토랑
- ◆ 영업시간:

	월	화	수	목	금	토	일
점심		12:00~13:45					
저녁		19:30~22:00					

Ore 오르

◆ 주소	pl. d'Armes 78000 Versailles
◆ 전화번호	+01 30 84 12 96
◆ 가격	점심 단품 10~20유로
◆ 특징	베르사유에 있는 알랭 뒤카스의 카페 겸 레스토랑 여름 저녁에는 60유로 특별 코스도 즐길 수 있다.

◆ 영업시간	월	화	수	목	금	토	일
시간			09:00~18:30				

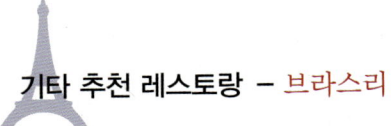

기타 추천 레스토랑 - 브라스리

Brasserie Lipp 브라스리 리프

- ◆ 주소　　　151 Boulevard Saint-Germain, 75006 Paris
- ◆ 전화번호　+33 1 45 48 53 91
- ◆ 가격　　　단품 전채 10~20유로, 메인 20~30유로
- ◆ 특징　　　1880년 문을 연 브라스리로 프랑스 문학인의 사랑방과 같은 곳
- ◆ 영업시간

시간	월	화	수	목	금	토	일
				09:00~00:45 (익일)			

La Closerie des Lilas 라 클로즈리 데 릴라

- ◆ 주소　　　171 Boulevard du Montparnasse, 75006 Paris
- ◆ 전화번호　+33 1 40 51 34 50
- ◆ 가격　　　레스토랑 전채 20~30유로, 메인 30~40유로
　　　　　　브라스리 전채 10~20유로, 메인 20~30유로
- ◆ 특징　　　르 돔, 라 로통드와 함께 몽파르나스 지역을 대표하는 브라스리
　　　　　　아름다운 실내 인테리어로 유명
　　　　　　레스토랑과 브라스리를 동시에 운영함
- ◆ 영업시간

시간	월	화	수	목	금	토	일
				12:00~00:30 (익일)			

Le Procope 르 프로코프

◆ 주소	13 Rue de l'Ancienne Comédie, 75006 Paris
◆ 전화번호	+33 1 40 46 79 00
◆ 가격	코스 30/40유로 (단품 가능)
◆ 특징	1686년 문을 연 파리를 대표하는 카페 겸 브라스리

◆ 영업시간

시간	월	화	수	목	금	토	일
	12:00~01:00 (익일)						

La Fermette Marbeuf 라 페르메트 마르뵈프

◆ 주소	5 Rue Marbeuf, 75008 Paris
◆ 전화번호	+33 1 53 23 08 00
◆ 가격	코스 50/60유로
◆ 특징	아름다운 인테리어로 유명한 레스토랑 겸 브라스리 2018년 현재는 리노베이션 진행 중

◆ 영업시간

시간	월	화	수	목	금	토	일
	08:00~23:30						

기타 추천 레스토랑 – 비스트로 / 캐주얼 레스토랑

L'Epi Dupin 레피 뒤팽

- ◆ 주소　　　11 Rue Dupin, 75006 Paris
- ◆ 전화번호　+33 1 42 22 64 56
- ◆ 가격　　　코스 42/56유로 (단품 가능)
- ◆ 특징　　　봉 마르셰 인근에 있는 전통 음식 중심의 비스트로
- ◆ 영업시간

	월	화	수	목	금	토	일
점심		12:00~15:00					
저녁		19:00~23:00					

Le Comptoir du Relais 르 콩투아 뒤 를레

- ◆ 주소　　　9 Carrefour de l'Odéon, 75006 Paris
- ◆ 전화번호　+33 1 44 27 07 50
- ◆ 가격　　　저녁 코스 60유로
- ◆ 특징　　　비스트로노미를 이끈 선두주자 이브 캉드보르드 셰프의 비스트로 점심은 예약을 할 수 없으며 저녁에는 단일 코스만 주문할 수 있다.
- ◆ 영업시간

	월	화	수	목	금	토	일
시간		12:00~23:00					

L'Escargot Montorgueil 레스카르고 몽토르게이

◆ 주소		38 Rue Montorgueil, 75001 Paris
◆ 전화번호		+33 1 42 36 83 51
◆ 가격		40~60유로
◆ 특징		1832년 개업, 에스카르고(달팽이) 요리로 미슐랭 1스타를 받았던 곳
◆ 영업시간	시간	월 화 수 목 금 토 일 12:00~23:00

Au Rocher Cancale 오 로셰 캉칼

◆ 주소		78 Rue Montorgueil, 75002 Paris
◆ 전화번호		+33 1 42 33 50 29
◆ 가격		30~60유로
◆ 특징		1804년 문을 연 굴 및 해산물 전문점
◆ 영업시간	시간	월 화 수 목 금 토 일 08:00~02:00 (익일)

Café Constant 카페 콩스탕

- ◆ 주소　　　139 Rue Saint-Dominique, 75007 Paris
- ◆ 전화번호　+33 1 47 53 73 34
- ◆ 가격　　　25유로
- ◆ 특징　　　크리스티앙 콩스탕 셰프의 가성비 좋은 곳
　　　　　　 예약을 할 수 없는 곳으로, 늘 긴 줄이 서 있다.
- ◆ 영업시간

시간	월	화	수	목	금	토	일
			08:00~23:00				

Le Poule au Pot 르 풀 오 포

- ◆ 주소　　　9 Rue Vauvilliers, 75001 Paris
- ◆ 전화번호　+33 1 42 36 32 96
- ◆ 가격　　　코스 48유로 (단품 가능)
- ◆ 특징　　　문을 연지 80년이 넘은 클래식 비스트로를 장 프랑수아 피에주 셰프가 인수해
　　　　　　 새롭게 리뉴얼 곳. 클래식한 프랑스 가정식을 선보인다.
- ◆ 영업시간

	월	화	수	목	금	토	일
점심			12:00~14:15				
저녁			19:00~23:00				

Clown Bar 클라운 바

◆ 주소	114 Rue Amelot, 75011 Paris
◆ 전화번호	+33 1 43 55 87 35
◆ 가격	30~50유로
◆ 특징	파리에 있던 레스토랑 시르크 디베르 Cirque d'Hiver 자리에 2014년 오픈한 와인바 겸 비스트로. 미슐랭 1스타 사튀른과 오너가 같다.

◆ 영업시간

	월	화	수	목	금	토	일
점심			12:00~14:30				
저녁			19:00~22:30				

Chez Janou 셰 자누

◆ 주소	2 Rue Roger Verlomme, 75003 Paris
◆ 전화번호	+33 1 42 72 28 41
◆ 가격	단품 40~60유로
◆ 특징	프로방스 지방의 가정식을 내는 비스트로

◆ 영업시간

	월	화	수	목	금	토	일
점심			12:00~15:00				
저녁			20:00~24:00				

Tomy & Co 토미 & 코

- ◆ 주소   22 Rue Surcouf, 75007 Paris
- ◆ 전화번호   +33 1 45 51 46 93
- ◆ 가격   코스 47/68유로, 점심 27유로
- ◆ 특징   피루에트 Pirouette의 셰프 토미 구세 Tomy Gousset가 새로 오픈한 비스트로
- ◆ 영업시간

	월	화	수	목	금	토	일
점심			12:00~14:00				
저녁			19:30~22:00				

디저트 – 블랑제리

Poilâne 푸알란

- ◆ 주소   8 Rue du Cherche-Midi, 75006 Paris
- ◆ 특징   파리에서 가장 유명한 빵집 중 하나
  천연발효종으로 발효하고 밀가루와 소금, 물만으로 만든 빵이 인기다.
- ◆ 영업시간

	월	화	수	목	금	토	일
시간			07:30~20:30				

- ◆ 지점   49 Boulevard de Grenelle, 75015 Paris
  38 Rue Debelleyme, 75003 Paris

Du Pain et des Idées 뒤 펭 에 데 지데

- ◆ 주소: 34 Rue Yves Toudic, 75010 Paris
- ◆ 특징: 〈고미요〉가 파리 최고 빵집으로 선정한 곳
  1870년 문을 열었을 때의 인테리어를 지금까지도 그대로 유지하고 있다.
  쇼송 아 라 폼므 chausson a la pomme가 인기메뉴
- ◆ 영업시간:

시간	월	화	수	목	금	토	일
			07:00~20:00				

Brioche Dorée 브리오슈 도레

- ◆ 주소: 78 Av. des Champs-Élysées, 75008 Paris
- ◆ 특징: 폴Paul과 양대산맥을 이루는 대형 빵집 체인
- ◆ 영업시간:

시간	월	화	수	목	금	토	일
			07:30~22:30				

Arnaud Delmontel 아르노 델몽텔

- ◆ 주소: 39 Rue des Martyrs, 75009 Paris
- ◆ 특징: 2007년 바게트 대회 우승자의 빵집
- ◆ 영업시간:

시간	월	화	수	목	금	토	일
				07:00~20:30			

Boulangerie Jean Noël Julien 블랑제리 장 노엘 쥴리앙

- ◆ 주소   75 Rue Saint-Honoré, 75001 Paris
- ◆ 특징   바게트 대회 수상 경력의 빵집
- ◆ 영업시간

시간	월	화	수	목	금	토	일
		07:00~20:00					

- ◆ 지점   1 Rue de Provence, 75009 Paris

Gosselin 고슬랭

- ◆ 주소   123-125 Rue Saint-Honoré, 75001 Paris
- ◆ 특징   3대째 이어지고 있는 빵집으로, 바게트 대회 2등 수상 경력을 갖고 있다.
- ◆ 영업시간

시간	월	화	수	목	금	토	일
		07:00~20:00					

- ◆ 지점   258 Boulevard Saint-Germain, 75007 Paris
           28 Rue de Caumartin, 75009 Paris

Huré 위레

- ◆ 주소   18 Rue Rambuteau, 75003 Paris
- ◆ 특징   2015년 바게트 대회에서 상을 받은 빵집
- ◆ 영업시간

시간	월	화	수	목	금	토	일
		06:30~20:30					

La Goutte d'Or 라 구트 도르

- ◆ 주소   183 Rue Marcadet, 75018 Paris
- ◆ 특징   바게트가 유명한 제과점
- ◆ 영업시간

시간	월	화	수	목	금	토	일
		08:30~19:30					

La Parisienne 라 파리지엔

- ◆ 주소   21 Rue des Halles, 75001 Paris
- ◆ 특징   2016년 바게트 대회에서 1등을 한 빵집
- ◆ 영업시간

시간	월	화	수	목	금	토	일
		07:00~20:00					

- ◆ 지점   48 Rue Madame, 75006 Paris
  52 Boulevard Saint-Germain, 75005 Paris

Le Grenier à Pain 르 그르니에 아 팽

- ◆ 주소   38 Rue des Abbesses, 75018 Paris
- ◆ 특징   몽마르트 인근에서 바게트로 유명한 가게, 2010년 바게트 대회 1등
- ◆ 영업시간

시간	월	화	수	목	금	토	일
				07:30~20:00			

Le Pain Quotidien 르 팽 코티디앙

- ◆ 주소 　　97 Rue Rambuteau, 75001 Paris

- ◆ 특징 　　일본, 홍콩 등 전 세계에 매장을 두고 있는 빵집으로, 파리에만 수십 개의 매장이 있다.

- ◆ 영업시간

시간	월	화	수	목	금	토	일
			08:00~20:00				

Eric Kayser 에릭 케제르

- ◆ 주소 　　16 Rue des Petits Carreaux, 75002 Paris

- ◆ 특징 　　사르코지 대통령이 좋아했다고 알려진 에릭 케제르. 바게트가 유명하며, 파리 시내에 많은 지점을 두고 있다.

- ◆ 영업시간

시간	월	화	수	목	금	토	일
			07:00~20:15				

- ◆ 지점 　　18 Rue du Bac, 75007 Paris
　　　　　　4 Rue de l'Échelle, 75001 Paris
　　　　　　10 Rue de l'Ancienne Comédie, 75006 Paris
　　　　　　5 Place de la Bourse, 75002 Paris
　　　　　　33 Rue Danielle Casanova, 75001 Paris
　　　　　　14 Rue Monge, 75005 Paris

Paul 폴

- ◆ 주소 　　84 Av. des Champs-Élysées, 75008 Paris

- ◆ 특징 　　프랑스 전역에 가장 널리 퍼져 있는 빵집 체인

- ◆ 영업시간

시간	월	화	수	목	금	토	일
			07:30~22:00				

디저트 – 파티스리

Stohrer 스토레

- ◆ 주소　51 Rue Montorgueil, 75002 Paris
- ◆ 특징　1730년 문을 연 파리에서 가장 오래된 제과점
루이 15세의 부인 마리 레슈친스카 왕비의 전속 파티셰였던 니콜라스 스토레가 문을 열었다. 알리바바, 바바오럼이 유명하다.
- ◆ 영업시간

시간	월	화	수	목	금	토	일
	07:30~20:30							

La Pâtisserie des Rêves 라 파티스리 데 레브

- ◆ 주소　93 Rue du Bac, 75007 Paris
- ◆ 특징　필립 콘티치니가 만들어 한때 큰 화제였던 디저트 매장
물방울 모양의 유리돔 안에 있는 과자는 가게 이름처럼 '꿈속의 과자'를 보는 듯해 많은 인기를 끌었다.
- ◆ 영업시간

시간	월	화	수	목	금	토	일
	09:00~19:00 | 금, 토요일 09:00~20:00 | 일요일 09:00~18:00							

Un Dimanche à Paris 엉 디망슈 아 파리

- ◆ 주소　4-6-8 Cours du Commerce Saint-André, 75006 Paris
- ◆ 특징　다양한 빵과 과자를 함께 파는 큰 규모의 가게
- ◆ 영업시간

시간	월	화	수	목	금	토	일
	12:00~22:00 | 월요일 12:00~19:00 | 일요일 11:00~19:00							

La Pâtisserie Meurice par Cédric Grolet
라 파티스리 뫼리스 파르 세드릭 그롤레

- ◆ 주소　　6 Rue de Castiglione, 75001 Paris
- ◆ 특징　　2018년 〈월드50베스트레스토랑〉로부터 베스트 페이스트리 셰프 상을 받은
　　　　　신성 세드릭 그롤레 Cédric Grolet의 디저트 전문점.
　　　　　다양한 과일 모양의 디저트가 시그니처다.
　　　　　비싸지만 반드시 한 번 맛볼 가치가 있다.
- ◆ 영업시간

시간	월	화	수	목	금	토	일
			12:00~소진 시				

Des Gateaux et du Pain 데 가토 에 뒤 팽

- ◆ 주소　　89 Rue du Bac, 75007 Paris
- ◆ 특징　　고급스러운 매장에 빵과 제과를 겸한 곳
　　　　　알랭 뒤카스 출신 끌레르 다몽 Claire Damon의 트렌디한 디저트가 인기
- ◆ 영업시간

시간	월	화	수	목	금	토	일
	10:00~20:00 | 일요일 10:00~18:00						

- ◆ 지점　　63 Boulevard Pasteur, 75015 Paris

Yann Couvreur 얀 쿠브뢰르

- ◆ 주소　　137 Avenue Parmentier, 75010 Paris
- ◆ 특징　　파리의 가장 핫한 파티스리 중 하나
- ◆ 영업시간

시간	월	화	수	목	금	토	일
			08:00~20:00				

- ◆ 지점　　23 bis rue des Rosiers, 75004 Paris (마레)

Pierre Hermé 피에르 에르메

- ◆ 주소　　72 Rue Bonaparte, 75006 Paris
- ◆ 특징　　라 뒤레 La Durée의 셰프였던 피에르 에르메는 1998년 도쿄에서 자신의 이름을 내건 파티스리를 오픈해 성공했다. 다시 파리로 돌아온 그는 2002년부터 여러 매장을 냈다.
- ◆ 영업시간

	월	화	수	목	금	토	일
시간	10:00~19:00						

- ◆ 지점　　4 Rue Cambon, 75001 Paris,
185 Rue de Vaugirard, 75015 Paris
39 Avenue de l'Opéra, 75002
Paris Gallerie Lafayette Maison & Gourmet, 40 Boulevard Haussmann, 75009 Paris

La Pâtisserie de Cyril Lignac 라 파티스리 드 시릴 리냑

- ◆ 주소　　24 Rue Paul Bert, 75011 Paris
- ◆ 특징　　스타 셰프인 시릴 리냑낙의 제과점. 레몬 타르트가 인기 메뉴다.
- ◆ 영업시간

	월	화	수	목	금	토	일
시간	07:00~20:00						

Blé Sucré 블레 쉬크레

- ◆ 주소　　7 Rue Antoine Vollon, 75012 Paris
- ◆ 특징　　브리스톨 호텔 출신인 파브리스 르 부르다 Fabrice le Bourdat가 만드는 제과점. 크로아상과 타르트 오 폼므가 인기 메뉴다.
- ◆ 영업시간

	월	화	수	목	금	토	일
시간	07:00~19:30					일요일 07:00~13:30	

L'Eclair de Génie 레클레르 드 제니

- ◆ 주소　　　14 Rue Pavée, 75004 Paris

- ◆ 특징　　　크리스토프 아담 Christophe Adam의 에클레르 전문점
　　　　　　　화려한 옷을 입은 다양한 에클레르를 만날 수 있다.

- ◆ 영업시간

시간	월	화	수	목	금	토	일
				11:00~19:30			

- ◆ 지점　　　13 Rue de l'Ancienne Comédie, 75006 Paris
　　　　　　　Galeries Lafayette, 35 Boulevard Haussmann, 75009 Paris (갤러리 라파예트)
　　　　　　　32 Rue Notre Dame des Victoires, 75002 Paris.

La Cure Gourmande 라 퀴르 구르망드

- ◆ 주소　　　194 Rue de Rivoli, 75001 Paris

- ◆ 특징　　　귀여운 그림이 그려져 있는 노란색 철제 케이스가 유명한 제과점.
　　　　　　　관광객을 대상으로 하는 곳이라 유명 관광지에서 찾을 수 있다.

- ◆ 영업시간

시간	월	화	수	목	금	토	일
				10:30~20:30			

- ◆ 지점　　　49 Avenue de l'Opéra, 75002 Paris
　　　　　　　55 Rue Saint-Louis en l'Île, 75004 Paris
　　　　　　　8 Rue de Steinkerque, 75018 Paris (몽마르트)

Michalak 미샬락

- ◆ 주소　　　60 Faubourg Poissonnière, 75010 Paris

- ◆ 특징　　　플라자 아테네 호텔 출신인 크리스토프 미샬락 Christophe Michalak의 제과점.
　　　　　　　재기발랄한 아이디어가 돋보이는 디저트가 많다.

- ◆ 영업시간

시간	월	화	수	목	금	토	일
		12:00~19:30				토요일 10:00~19:30	

- ◆ 지점　　　16 Rue de la Verrerie, 75004 Paris
　　　　　　　8 Rue du Vieux Colombier, 75006 Paris

Karamel Paris 카라멜 파리

- ◆ 주소   67 Rue Saint-Dominique, 75007 Paris
- ◆ 특징   간단한 차와 과자를 즐길 수 있는 곳. 다양한 종류의 캐러멜이 대표 메뉴
- ◆ 영업시간

시간	월	화	수	목	금	토	일
	10:00~20:00						

Lemoine 르무안

- ◆ 주소   74 Rue Saint-Dominique, 75007 Paris
- ◆ 특징   보르도에 본점이 있는 제과점으로, 카늘레가 대표메뉴
- ◆ 영업시간

시간	월	화	수	목	금	토	일
	09:00~20:00						

Popelini 포펠리니

- ◆ 주소   29 Rue Debelleyme, 75003 Paris
- ◆ 특징   다양한 맛과 모양의 프렌치 슈 붐을 일으킨 가게
- ◆ 영업시간

시간	월	화	수	목	금	토	일
	11:00~19:30					일요일 10:00~18:00	

Fou de Pâtisserie 푸 드 파티스리

- ◆ 주소   45 Rue Montorgueil, 75002 Paris
- ◆ 특징   파리 유명 디저트 가게의 시그니처를 모아놓은 마장.
  이곳 한 군데만 가면 파리 최고의 디저트 대다수를 맛볼 수 있다.
- ◆ 영업시간

시간	월	화	수	목	금	토	일
	11:00~20:00		토요일 10:00~20:00			일요일 10:00~18:00	

디저트 – 살롱 드 테

La Durée 라 뒤레

1862년 루아얄Royale에 문을 연 후 한결같은 맛을 지켜왔다. 1993년 폴Paul을 소유한 홀데르 가문에서 인수하고, 포숑의 피에르 에르메를 영입한 후 세계적인 명성을 얻게 되었다.

- ◆ 주소   75 Av. des Champs-Élysées, 75008 Paris
- ◆ 특징   마카롱으로 유명한 라 뒤레의 살롱 드 테
- ◆ 영업시간

시간	월	화	수	목	금	토	일
	07:30~11:00 | 금, 토요일 07:30~00:00 | 일요일 07:30~11:00							

- ◆ 본점   16-18 Rue Royale, 75008 Paris
- ◆ 지점   99 Rue de Rivoli, 75001 Paris (Carrousel du Louvre)
  21 Rue Bonaparte, 75006 Paris
  14 Rue de Castiglione, 75001 Paris
  232 Rue de Rivoli, 75001 Paris (Ladurée Paris Thé&Beauté)

Angelina 앙젤리나

- ◆ 주소   226 Rue de Rivoli, 75001 Paris
- ◆ 특징   몽블랑으로 유명한 살롱 드 테
- ◆ 영업시간

시간	월	화	수	목	금	토	일
	07:30~19:00 | 금요일 07:30~19:30 | 토, 일요일 08:30~19:30						

- ◆ 지점   19 Rue de Vaugirard, 75006 Paris
  108 Rue du Bac, 75007 Paris
  40 Boulevard Haussmann, 75009 Paris (갤러리 라파예트 여성관)
  Musée du Louvre, 75001 Paris (루브르 박물관)
  Pavillon d'Orléans Château de Versailles, 78000 Versailles (베르사유궁전)

Sebastien Gaudard 세바스티앙 고다르

- ◆ 주소   1 Rue des Pyramides, 75001 Paris
- ◆ 특징   파리 디저트계의 어린왕자 Petit Prince라 불리는 세바스티앙 고다르 Sebastien Gaudard의 살롱 드 테. 세바스티앙 고다르는 피에르 에르메, 포숑, 봉 마르셰를 거친 화려한 이력의 소유자다.
- ◆ 영업시간

시간	월	화	수	목	금	토	일
				10:00~19:00			

- ◆ 지점   Sebastien Gaudard 매장: 22 Rue des Martyrs, 75009 Paris

L'Occitane en Provence × Pierre Hermé
록시땅 엉 프로방스 × 피에르 에르메

- ◆ 주소   86 Av. des Champs-Élysées, 75008 Paris
- ◆ 특징   프로방스의 화장품 브랜드 록시땅 엉 프로방스와 피에르 에르메의 콜라보 매장. 이스파한은 절대 빼먹지 말 것!
- ◆ 영업시간

시간	월	화	수	목	금	토	일
				08:30~23:30			

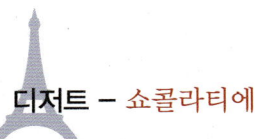

디저트 – 쇼콜라티에

Debauve & Gallais 드보브 에 갈레

- ◆ 주소 : 30 Rue des Saints-Pères, 75006 Paris
- ◆ 특징 : 1800년에 설립된 초콜릿 전문 매장으로, 19세기 프랑스 왕실에 납품하던 곳
- ◆ 영업시간 :

시간	월	화	수	목	금	토	일
			09:00~19:00				

- ◆ 지점 : 33 Rue Vivienne, 75002 Paris

Hugo & Victor 위고 에 빅토르

- ◆ 주소 : 40 Boulevard Raspail, 75007 Paris
- ◆ 특징 : 고급 초콜릿과 제과점
- ◆ 영업시간 :

시간	월	화	수	목	금	토	일
			10:00~19:00				

Jean-Paul Hévin 장 폴 에뱅

- ◆ 주소 : 231 Rue Saint Honoré – côté cour, 75001 Paris
- ◆ 특징 : 초콜릿으로 만든 디저트가 유명한 고급 초콜릿 매장
- ◆ 영업시간 :

시간	월	화	수	목	금	토	일
			10:00~19:30				

- ◆ 지점 : 41 Rue de Bretagne, 75003 Paris
  3 Rue Vavin, 75006 Paris
  35 Boulevard Haussmann, 75009 Paris (갤러리 라파예트)

Jacques Genin 자크 주냉

- ◆ 주소   27 Rue de Varenne, 75007 Paris
- ◆ 특징   고급스러운 패키지로 유명한 고급 초콜릿 매장
  초콜릿보다 파리 최고의 캐러멜과 과일절임 pâté de fruits이 인기메뉴
- ◆ 영업시간

시간	월	화	수	목	금	토	일
			10:30~19:00				

- ◆ 지점   133 Rue de Turenne, 75003 Paris

La Maison du Chocolat 라 메종 뒤 쇼콜라

- ◆ 주소   8 Boulevard de la Madeleine, 75009 Paris
- ◆ 특징   프랑스 최고 쇼콜라티에 상을 받은 로베르 랭스 Robert Linxe의 고급 초콜릿 매장
- ◆ 영업시간

시간	월	화	수	목	금	토	일
			10:00~20:00	일요일 10:00~13:00			

- ◆ 지점   19 Rue de Sèvres, 75006 Paris
  Carrousel du Louvre, 99 Rue de Rivoli, 75001 Paris (카루젤 루브르)
  225 Rue du Faubourg Saint-Honoré, 75008 Paris
  52 Rue François 1er, 75008 Paris

Le Chocolat Alain Ducasse 르 쇼콜라 알랭 뒤카스

- ◆ 주소   35 boulevard Haussmann, 75009 Paris (갤러리 르 파에트)
- ◆ 특징   알랭 뒤카스가 론칭한, 심플하지만 고급스러운 초콜릿 전문점
- ◆ 영업시간

시간	월	화	수	목	금	토	일
			08:30~21:30	일요일 11:00~19:00			

- ◆ 지점   40 Rue de la Roquette, 75011 Paris
  9 Rue du Marché Saint-Honoré, 75001 Paris
  26 Rue Saint-Benoît, 75006 Paris

Maison Georges Larnicol 메종 조르주 라르니콜

- ◆ 주소   132 Boulevard Saint-Germain, 75006 Paris

- ◆ 특징   MOF를 받은 명장의 초콜릿 및 제과 전문점

- ◆ 영업시간

시간	월	화	수	목	금	토	일
	09:30~22:00	금요일 09:30~23:00				토요일 09:30~00:00 일, 월요일 09:30~21:30		

- ◆ 지점   14 Rue de Rivoli, 75004 Paris
              7 Rue de Steinkerque, 75018 Paris
              19 Rue de la Harpe, 75005 Paris

Patrick Roger 파트릭 로제

- ◆ 주소   3 Place de la Madeleine, 75008 Paris

- ◆ 특징   창의적이고 재미있는 초콜릿을 만드는 고급 초콜릿 매장
선물용으로 적당한 크기와 포장의 제품이 많다.

- ◆ 영업시간

시간	월	화	수	목	금	토	일
				10:30~19:30			

- ◆ 지점   108 Boulevard Saint-Germain, 75006 Paris
              91 Rue de Rennes, 75006 Paris
              45 Avenue Victor Hugo, 75016 Paris
              225 Rue du Faubourg Saint-Honoré, 75008 Paris

Jeff de Bruges 제프 드 브뤼주

- ◆ 주소   102 Av. des Champs-Élysées, 75008 Paris

- ◆ 특징   파리 시내에 20여 개 매장이 있는 중간 가격대의 초콜릿 전문점.
개인적으로 초콜릿보다 소프트 아이스크림이 인상적이었다.

- ◆ 영업시간

시간	월	화	수	목	금	토	일
				10:00~22:30			

Pierre Marcolini 피에르 마르콜리니

- ◆ 주소 — 235 Rue Saint-Honoré, 75001 Paris
- ◆ 특징 — 1995년 세계 페스트리 챔피언 피에르 마르콜리니 **Pierre Marcolini**의 초콜릿 및 제과 전문점. 고급 초콜릿숍 중 세계에 가장 많은 매장이 있다고 알려져 있다.
- ◆ 영업시간

시간	월	화	수	목	금	토	일
			10:30~19:30				

- ◆ 지점 — 3 Rue Scribe, 75009 Paris
  89 Rue de Seine, 75006 Paris

À la Mère de Famille 아 라 메르 드 파미유

- ◆ 주소 — 82 Rue Montorgueil, 75002 Paris
- ◆ 특징 — 1761년 문을 연 초콜릿 전문점
  비싸지도 저렴하지도 않은, 중간 가격대
- ◆ 영업시간

시간	월	화	수	목	금	토	일
			11:00~19:00				

- ◆ 지점 — 35 Rue du Faubourg Montmartre, 75009 Paris
  39 Rue du Cherche-Midi, 75006 Paris
  70 Rue Bonaparte, 75006 Paris
  23 Rue Rambuteau, 75004 Paris

Michel Cluizel 미셸 클뤼젤

- ◆ 주소 — 201 Rue Saint-Honoré, 75001 Paris
- ◆ 특징 — 1948년 문을 연 초콜릿 전문점
- ◆ 영업시간

시간	월	화	수	목	금	토	일
			10:00~19:00				

- ◆ 지점 — 3 Rue Tronchet, 75008 Paris
  2 Rue des Rosiers, 75004 Paris

Jadis & Gourmande 자디 에 구르망드

- ◆ 주소   39 Rue des Archives, 75004 Paris
- ◆ 특징   그다지 비싸지 않은, 중간 가격대의 초콜릿 전문점
- ◆ 영업시간

시간	월	화	수	목	금	토	일
	10:00~20:00						

- ◆ 지점   88 Boulevard de Port-Royal, 75005 Paris
  56 Rue Saint-Placide, 75006 Paris

디저트 – 글라스

Amorino 아모리노

- ◆ 주소   31 Rue Vieille du Temple, 75004 Paris
- ◆ 특징   프랑스 전역에서 가장 쉽게 찾아볼 수 있는 젤라토 전문점
  파리에만 수십 개의 지점이 있다.
- ◆ 영업시간

시간	월	화	수	목	금	토	일
	12:00~24:00						

Berthillon 베르티용

- ◆ 주소   29-31 Rue Saint-Louis en l'Île, 75004 Paris
- ◆ 특징   생루이 섬에 있는 파리 아이스크림의 성지
- ◆ 영업시간

시간	월	화	수	목	금	토	일
			10:00~20:00				

Martine Lambert 마르틴 랑베르

- ◆ 주소　　39 Rue Cler, 75007 Paris
- ◆ 특징　　다양한 종류의 과일 아이스크림이 유명
　　　　　천연재료를 고집하는 곳
- ◆ 영업시간

시간	월	화	수	목	금	토	일
	10:00~22:00						

Pozzetto 포제토

- ◆ 주소　　39 Rue du Roi de Sicile, 75004 Paris
- ◆ 특징　　파리에서 드물게 이탈리아식 젤라토를 맛볼 수 있는 곳
- ◆ 영업시간

시간	월	화	수	목	금	토	일
	12:15~23:00						

Une Glace à Paris 윈 글라스 아 파리

- ◆ 주소　　15 Rue Sainte-Croix de la Bretonnerie, 75004 Paris
- ◆ 특징　　MOF를 받은 엠마뉴엘 리옹 Emmanuel Ryon이 천연재료로 만드는 아이스크림
- ◆ 영업시간

시간	월	화	수	목	금	토	일
	13:00~23:30	금요일 13:00~24:00	토요일 12:00~24:00	일요일 12:00~23:00			

카페

Le Procope 르 프로코프

1686년 카르티에 라탱 지구에 문을 연 프랑스 최초의 문학 카페. 카페에서 블랙 턱시도를 잘 차려입은 서버들이 팔에 흰 천을 걸치고 은으로 만든 티포트로 서빙하는 전형적인 모습이 바로 이곳에서 시작되었다. 18세기 이곳에 모여든 많은 손님들은 시인이나 문인, 철학가였기에 르 프로코프는 문학과 비평, 토론의 중심이 되었다.

  1789년 프랑스 혁명 때 르 프로코프는 혁명 주역들의 은밀한 사랑방이었으며, 혁명 이후 프랑스 문학사를 빛낸 문인들이 단골로 드나들었다. 1890년 레스토랑 겸 브라스리로 변신을 했지만 여전히 일부분은 카페로 영업하고 있다.

◆ 주소　13 Rue de l'Ancienne Comédie, 75006 Paris

◆ 특징　1686년 문을 연 파리를 대표하는 카페 겸 브라스리
　　　　프랑스 최초의 문학 카페

◆ 영업시간

시간	월	화	수	목	금	토	일
			12:00~01:00 (익일)				

Café de Flore 카페 드 플로르

1881년 문을 연 카페 드 플로르는 맞은편의 레 되 마고와 경쟁 관계에 있던 문학과 예술의 중심지다. 수많은 문학가와 예술가들의 사교의 장이었으며 유명 인사가 모여드는 전설과도 같은 곳이다.

◆ 주소　　172 Boulevard Saint-Germain, 75006 Paris

◆ 특징　　1881년 문을 연 생제르망의 유명 카페

◆ 영업시간

시간	월	화	수	목	금	토	일
	07:30~01:30 (익일)						

Café les deux Magots 카페 레 되 마고

19세기 후반부터 20세기 초반 사이, 예술가들은 몽파르나스 지구와 생제르망 드 프레에 있는 카페에 모여들었는데, 그 중심에는 1885년 문을 연 카페 레 되 마고가 있었다.

'두 개의 중국인형'이라는 뜻의 상호는 카페 기둥 하단에 있는 두 개의 중국인 상에서 유래했다. 보통 카페에 중국인 상이 있는 것은 중국의 오랜 차 문화에 대한 경의를 표하는 것인데, 이곳에 있는 중국인형은 실크의 원산지가 중국이라는 것을 나타내는 것이라도 한다. 카페가 들어선 건물은 원래 실크를 취급하는 점포가 있던 곳이었다.

◆ 주소	6 Place Saint-Germain des Prés, 75006 Paris
◆ 특징	1885년 문을 연 카페 생제르망에 있는 카페 드 플로르와 마주보고 있다.

◆ 영업시간	월	화	수	목	금	토	일
시간	07:30~01:00 (익일)						

Café de la Paix 카페 드 라 페

- ◆ 주소   5 Place de l'Opéra, 75009 Paris
- ◆ 특징   오페라 앞에 1862년 문을 연 카페로, 프랑스 정부가 문화재로 지정하였다. 현재 브라스리와 레스토랑을 겸하고 있다.
- ◆ 영업시간

	월	화	수	목	금	토	일
점심			12:00~15:00				
저녁			18:00~23:30				

Café Etienne Marcel 카페 에티엔 마르셀

- ◆ 주소   64 Rue Tiquetonne, 75002 Paris
- ◆ 특징   1960년대 스타일을 모던하게 해석한 카페
- ◆ 영업시간

	월	화	수	목	금	토	일
시간			09:00~02:00 (익일)				

쇼핑 – 재래시장

Marché Bastille 마르셔 바스티유

- ◆ 주소　8 Boulevard Richard Lenoir, 75011 Paris
- ◆ 특징　온갖 종류의 먹거리를 파는 야외 재래시장
　　　　일정이 맞는다면 꼭 한 번 구경할 것을 권하고 싶다.
- ◆ 영업시간

시간	월	화	수	목	금	토	일
				07:00 ~15:00			07:00 ~15:00

Marché Mouffetard 마르셰 무프타르

- ◆ 주소　139 Rue Mouffetard, 75005 Paris
- ◆ 특징　상점보다는 여러 가지 군것질거리가 많은 작은 규모의 시장
- ◆ 영업시간

시간	월	화	수	목	금	토	일
		08:00~13:00					

Marché des Enfants Rouges 마르셰 데 정팡 루주

- ◆ 주소　39 rue de Bretagne, 75003 Paris
- ◆ 특징　마레 지구 북쪽에 있는 지붕 있는 재래시장
　　　　1615년 문을 연 현존하는 가장 오래된 시장
　　　　규모는 생각보다 작다.
- ◆ 영업시간

시간	월	화	수	목	금	토	일
		08:30~19:30				일요일 08:30~14:00	

Rue Montorgueil 몽토르게이 거리

- ◆ 주소   Rue Montorgueil (더 자세한 내용은 328p 참조)
- ◆ 특징   각종 상점 및 식당, 카페, 슈퍼마켓부터 빵집에 이르기까지 먹을 수 있는 모든 것을 파는 가게가 300m 정도 길이의 거리에 쭉 늘어서 있다.
- ◆ 영업시간

시간	월	화	수	목	금	토	일
			가게마다 다름				

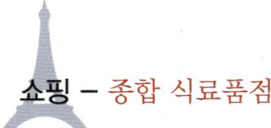

쇼핑 - 종합 식료품점

A la Ville de Rodez 아 라 빌 드 로데즈

- ◆ 주소   22 Rue Vieille du Temple, 75004 Paris
- ◆ 특징   1920년 문을 연 종합 식료품점
라귀올과 미셸 브라가 있는 아베롱 Aveyron 지방의 식재료를 주로 취급한다.
- ◆ 영업시간

시간	월	화	수	목	금	토	일
	10:00~14:00 / 15:00~19:30					10:00~9:30	

Davoli 다볼리

- ◆ 주소   34 Rue Cler, 75007 Paris
- ◆ 특징   1913년 문을 연 고급 이탈리아 식재료 전문점
- ◆ 영업시간

시간	월	화	수	목	금	토	일
		08:30~19:00		08:30~19:30		08:30~13:00	

Fauchon 포숑

- ◆ 주소   30 Place de la Madeleine, 75008 Paris
- ◆ 특징   1886년 시작된 종합 식료품점. 파리의 단일 식료품 매장 중 최대 규모
다양하고 화려한 디저트가 인기 품목
- ◆ 영업시간

시간	월	화	수	목	금	토	일
			10:00~20:30				

G. Detou 제드투

- ◆ 주소   58 Rue Tiquetonne, 75002 Paris
- ◆ 특징   작은 가게이지만 다양하고 품질 좋은 식재료를 모아놓은 식료품점.
각종 향신료와 독특한 재료가 많아 요리사들의 성지 중 하나로 꼽힌다.
- ◆ 영업시간

시간	월	화	수	목	금	토	일
			08:00~18:30				

Maison Bremond 1830 메종 브르몽 1830 (밀 위 성 트렁트)

- ◆ 주소   9 Rue des Martyrs, 75009 Paris
- ◆ 특징   프로방스 지역의 식재료를 파는 고급 식료품점.
올리브 오일의 퀄리티가 좋다.
- ◆ 영업시간

시간	월	화	수	목	금	토	일
		10:30~14:00 15:00~19:00	10:30~14:00 / 15:00~19:30			10:30~14:00	

- ◆ 지점   130 Boulevard Saint-Germain, 75006 Paris

Le Comptoir de la Gastronomie 르 콩투아 드 라 가스트로노미

- ◆ 주소   34 Rue Montmartre, 75001 Paris
- ◆ 특징   1894년 문을 연 고급 식료품점
- ◆ 영업시간

시간	월	화	수	목	금	토	일
	09:00~23:00						

Le Comptoir de Mathilde 르 콩투아 드 마틸드

- ◆ 주소   42 Rue Rambuteau, 75003 Paris
- ◆ 특징   초콜릿, 파테, 콩피 등으로 유명한 식료품점
- ◆ 영업시간

시간	월	화	수	목	금	토	일
	10:00~21:15						

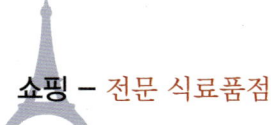

쇼핑 – 전문 식료품점

A l'Olivier 아 롤리비에

- ◆ 주소   23 Rue de Rivoli, 75004 Paris
- ◆ 특징   다양한 종류의 최상급 올리브 오일을 판매하는 매장. 봉 마르셰에 지점이 있음
- ◆ 영업시간

시간	월	화	수	목	금	토	일
	09:30~19:00					일요일 10:00~18:45	

La Maison du Miel 라 메종 뒤 미엘

- ◆ 주소   24 Rue Vignon, 75009 Paris

- ◆ 특징   1905년 문을 연 꿀 전문점
  원산지와 꽃의 종류별로 다양한 꿀을 갖추고 있으며 꿀이 들어간 다양한 제품을 구매매할 수 있다. 개인즈으로 이곳의 라벤더 꿀을 좋아한다.

- ◆ 영업시간

시간	월	화	수	목	금	토	일
			09:30~19:00				

Bellota Bellota 베요타 베요타

- ◆ 주소   14 rue de Bretagne 75003 Paris

- ◆ 특징   이베리코 하몽 전문점
  스페인 고급 식료품도 같이 판매하고 있다.

- ◆ 영업시간

시간	월	화	수	목	금	토	일
		10:30~20:00 ㅣ 금, 토요일 09:30~20:30 ㅣ 일요일 09:30~14:30					

- ◆ 지점   64 Rue de Seine, 75006 Paris
  11 Rue Clément Marot, 75008 Paris
  64 Boulevard Haussmann, 75009 Paris (쁘렝땅백화점)

Boco 보코

- ◆ 주소   3 Rue Danielle Casanova, 75001 Paris

- ◆ 특징   미슐랭 3스타 셰프를 비롯한 스타 셰프들의 음식을 병에 담아 간단히 조리해 먹을 수 있는 형태로 판매한다.

- ◆ 영업시간

시간	월	화	수	목	금	토	일
	08:30~22:00 ㅣ 토요일 11:00~18:00						

- ◆ 지점   Rue de Genève, 94390 Paray-Vieille-Poste (오를리 공항 Ouest)

Maison Verot 메종 베로

- ◆ 주소   7 Rue Lecourbe, 75015 Paris
- ◆ 특징   프랑스 최고의 샤르퀴테리 장인으로 불리는 질 베로Gilles Verot의 매장. 각종 햄, 소시지, 소시송, 테린, 파테 등 다양한 샤르퀴테리를 판매한다.
- ◆ 영업시간

시간	월	화	수	목	금	토	일
		08:30~20:00					

- ◆ 지점   3 Rue Notre Dame des Champs, 75006 Paris
            35 Boulevard Haussmann, 75009 Paris (갤러리 라파예트)

Boutique Maille Paris 부티크 마유 파리

- ◆ 주소   6 Place de la Madeleine, 75008 Paris
- ◆ 특징   1720년에 시작된 프랑스 겨자 브랜드. 일반 슈퍼에서도 흔히 찾아볼 수 있지만, 이 부티크에서는 해당 브랜드의 모든 제품을 만날 수 있다.
- ◆ 영업시간

시간	월	화	수	목	금	토	일
		10:00~19:00					

Caviar Kaspia 카비아 카스피아

- ◆ 주소   17 Place de la Madeleine, 75008 Paris
- ◆ 특징   프랑스 3대 캐비아 브랜드 중 하나인 카비아 카스피아의 부티크숍 겸 레스토랑
- ◆ 영업시간

시간	월	화	수	목	금	토	일
		09:30~11:00					

K Mart 케이 마트

- ◆ 주소   4-8 Rue Sainte-Anne, 75001 Paris
- ◆ 특징   오페라 인근에 있는 한국식품 슈퍼마켓
- ◆ 영업시간

시간	월	화	수	목	금	토	일
	10:00~21:00						

Boutique Prunier 부티크 프뤼니에

- ◆ 주소   15, Place de la Madeleine, 75008 Paris
- ◆ 특징   프랑스 최대의 캐비아 업체인 프뤼니에의 부티크숍 겸 레스토랑
- ◆ 영업시간

시간	월	화	수	목	금	토	일
	12:00~23:00						

Ace Mart 에이스 마트

- ◆ 주소   63 Rue Sainte-Anne, 75002 Paris
- ◆ 특징   오페라 인근에 있는 한국식품 슈퍼마켓
- ◆ 영업시간

시간	월	화	수	목	금	토	일
	10:00~21:00						

Comptoir du Caviar 콩투아 뒤 카비아

- ◆ 주소   23 Boulevard Malesherbes, 75008 Paris
- ◆ 특징   비교적 후발업체인 콩투아 뒤 카비아의 부티크숍 겸 레스토랑
- ◆ 영업시간

시간	월	화	수	목	금	토	일
				10:00~19:30			

Boutique Petrossian 부티크 페트로시앙

- ◆ 주소 　　106 Boulevard de Courcelles, 75017 Paris
- ◆ 특징 　　1920년 문을 연 프랑스 3대 캐비아 브랜드 페트로시앙 카비아의 부티크숍
          캐비아 구매는 물론이고 캐비아를 활용한 간단한 요리도 맛볼 수 있다.
- ◆ 영업시간

시간	월	화	수	목	금	토	일
	10:30~19:00						

Artisan de la Truffe 아르티장 드 라 트뤼프

- ◆ 주소 　　19 Rue des Martyrs, 75009 Paris
- ◆ 특징 　　트러플 관련 제품을 구매할 수 있고, 트러플이 들어간 요리도 맛볼 수 있는 곳
- ◆ 영업시간

시간	월	화	수	목	금	토	일
	11:00~15:00 / 18:00~22:00		11:00~22:00			10:30~22:00	

La Maison de la Truffe 라 메종 드 라 트뤼프

- ◆ 주소 　　19 Place de la Madeleine, 75008 Paris
- ◆ 특징 　　1832년 문을 연 트러플 전문 매장
          트러플을 활용한 음식을 파는 매장도 함께 있다.
- ◆ 영업시간

시간	월	화	수	목	금	토	일
	10:00~22:30	토요일 12:00~17:00					

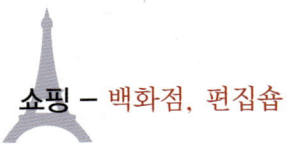

쇼핑 – 백화점, 편집숍

La Grande Épicerie de Paris 라 그랑드 에피스리 드 파리

일반적인 여행자는 물론 어지간한 미식 여행자도 디저트숍을 비롯해 각종 식료품, 와인, 주방용품, 식기 등을 사기 위해 다른 곳을 전혀 갈 필요가 없다. 오로지 이곳 하나만 들러도 좋다.

- ◆ **주소** 38 Rue de Sèvres, 75007 Paris
- ◆ **특징** 1838년 문을 연 르 봉 마르셰 백화점 Le Bon Marché의 식품관
  고급식료품의 집성지인 이곳은 파리를 넘어 프랑스 최고의 식품 매장이다.
  지하 1층의 와인숍은 리스트와 가격 모두 좋은 편
  1층에는 주방용품과 식기, 커틀러리도 다양하게 구비되어 있다.
- ◆ **영업시간**

시간	월	화	수	목	금	토	일
	08:30~21:00						일요일 10:00~20:00

Gallerie Lafayette Maison & Gourmet 갈르리 라파예트 메종 에 구르메

- ◆ **주소** 35 Boulevard Haussmann, 75009 Paris
- ◆ **특징** 프랑스의 핫한 매장을 모아놓은 식품관과 고가의 식재료를 모아놓은 슈퍼마켓
  G/F(ground floor)에는 각종 디저트와 테이크아웃 식품 매장이 가득하다.
  1층 와인숍은 보르도 와인 컬렉션이 좋으나 가격은 비싸다.
  1층에서는 고급 주방용품 및 식기 등을 구입하기 좋다.
- ◆ **영업시간**

시간	월	화	수	목	금	토	일
	09:30~20:30						일요일 11:00~20:00

Le BHV Marais 르 베아슈베 마레

- ◆ 주소 : 52 rue de rivoli, 75004 Paris
- ◆ 특징 : 다양한 잡화를 파는 곳으로, 주방용품과 와인 코너의 구성이 괜찮다.
- ◆ 영업시간 :

시간	월	화	수	목	금	토	일
	09:30~20:00						일요일 11:30~19:00

Publicis Drugstore 퓌블리시스 드럭스토어

- ◆ 주소 : 133 Av. des Champs-Élysées, 75008 Paris
- ◆ 특징 : 파리에서는 드물게 새벽 2시까지 영업하는 약국
  식품점과 슈퍼마켓이 함께 있다.
  기념품으로 살만한 물건을 많이 판다.
- ◆ 영업시간 :

시간	월	화	수	목	금	토	일
	08:00~02:00(익일)					토. 일요일 10:00~02:00(익일)	

Monoprix Champs-Elysées 모노프리 샹젤리제점

- ◆ 주소 : 107 rue de la boetie 75008 Paris
- ◆ 특징 : 파리 시내에 있는 모노프리 중 가장 늦게까지 영업한다.
- ◆ 영업시간 :

시간	월	화	수	목	금	토	일
			09:00~24:00				

Monoprix Opera 모노프리 오페라점

- ◆ 주소   23 Avenue de l'opera, 75001 Paris
- ◆ 특징   시내 중심부에 있는 모노프리 중 비교적 규모가 큰 지점으로, 식료품의 종류가 많다.
- ◆ 영업시간

시간	월	화	수	목	금	토	일
			09:00~22:00				

Printemps 쁘렝땅

- ◆ 주소   64 Boulevard Haussmann, 75009 Paris
- ◆ 특징   파리를 대표하는 백화점이지만, 식료품이나 주방용품의 구색은 갈르리 라파예트에 비해 현저히 떨어진다.
- ◆ 영업시간

시간	월	화	수	목	금	토	일
	09:35~20:00 l 목요일 09:30~20:45 l 일요일 11:00~19:00						

Auchan 오샹

- ◆ 주소   Le Parvis de la Défense, 92800 Puteaux
- ◆ 특징   파리 시내에서는 보기 힘든 대형 마트. 라 데팡스 지점이 제일 가깝고, 라발레 아울렛 앞에도 있다.
- ◆ 영업시간

시간	월	화	수	목	금	토	일
	09:00~22:00 l 토요일 08:30~22:00 l 일요일 08:30~12:30						

The Conran Shop 더 콘랜 숍

- ◆ 주소   117 Rue du Bac, 75007 Paris
- ◆ 특징   테렌스 콘랜 경 Sir Terrence Conran의 이름을 딴 종합 인테리어숍. 각종 디자인 제품을 팔고, 재미있는 주방용품이나 기물 등도 구입할 수 있다.
- ◆ 영업시간

시간	월	화	수	목	금	토	일
	10:00~19:30	토요일 10:00~20:00					일요일 11 00~19:00

Librairie Gourmande 리브레리 구르망드

- ◆ 주소   92-96 Rue Montmartre, 75002 Paris
- ◆ 특징   음식 관련 전문 서적을 취급하는 서점
- ◆ 영업시간

시간	월	화	수	목	금	토	일
			11:00~19:00				

쇼핑 – 주방용품 전문점

La Bovida 라 보비다

- ◆ 주소   36 Rue Montmartre, 75001 Paris
- ◆ 특징   1921년 오픈한 주방용품 전문점으로, 주방기구와 케이터링 제품, 도매용 향신료 등을 갖추고 있다.
- ◆ 영업시간

시간	월	화	수	목	금	토	일
	09:30~19:00 | 토요일 10:00~19:30							

A. Simon 아 시몽

- ◆ 주소   48 Rue Montmartre, 75002 Paris
- ◆ 특징   1884년 오픈, 주방기구부터 그릇, 제빵 기구까지 다양한 제품을 팔고 있으며, 일반인이 살 만한 품목도 많이 갖춰두고 있다.
- ◆ 영업시간

시간	월	화	수	목	금	토	일
	09:00~19:00 | 토요일 10:00~19:00							

Mora 모라

- ◆ 주소   13 Rue Montmartre, 75001 Paris
- ◆ 특징   1814년 오픈한 제과제빵 기구 전문점
- ◆ 영업시간

시간	월	화	수	목	금	토	일
	09:00~18:15 토요일 09:00~13:00 / 13:45~18:30							

E. Dehillerin 에 드일르랭

- ◆ 주소   18-20 Rue Coquillière, 75001 Paris
- ◆ 특징   1820년 문을 연 주방용품, 기물 전문점
  특히 동으로 만든 제품의 종류가 다양하고 저렴하다.
  지하 매장에도 꼭 내려가 볼 것
- ◆ 영업시간

	월	화	수	목	금	토	일
시간	09:00~18:00	월요일 09:00~12:30 / 14:00~18:00					

쇼핑 - 차 전문점

Mariage Frères 마리아주 프레르

- ◆ 주소   35 Rue du Bourg Tibourg, 75004 Paris
- ◆ 특징   1854년 시작된 파리를 대표하는 고급 차 브랜드
  600여 종이 넘는 차를 보유하고 있다
- ◆ 영업시간

	월	화	수	목	금	토	일
시간	10:00~12:00 / 13:00~19:00						

- ◆ 지점   Carrousel de Louvre, 99 Rue de Rivoli, 75001 Paris (카루젤 루브르)
  17 Place de la Madeleine, 75008 Paris
  56 Rue Cler, 75007 Paris
  13 Rue des Grands Augustins, 75006 Paris
  260 Rue du Faubourg Saint-Honoré, 75008 Paris
  90 Rue Montorgueil, 75002 Paris
  La Grande Épicerie, 38 Rue de Sèvres, 75007 Paris (봉 마르셰 식품관)
  35 boulevard haussmann, 75009 Paris (갤러리 라파예트)

Kusmi Tea 쿠스미 티

- ◆ 주소   72 Rue Bonaparte, 7500€ Paris
- ◆ 특징   1867년 러시아에서 시작해 1917년 프랑스에 들어온 차 브랜드
- ◆ 영업시간

시간	월	화	수	목	금	토	일
			10:00~19:00				

- ◆ 지점   Carrousel du Louvre, 99 Rue de Rivoli, 75001 Paris (카루젤 루브르)
  56 Rue des Rosiers, 75004 Paris (마레지구)
  5 Rue Danielle Casanova, 75002 Paris
  Shopping Center Coeur Saint Lazare, 1 Court of,
  Cour de Rome, 75008 Paris
  40 Boulevard Haussmann, Etage, 75009 Paris (갈르리 라파예트)

쿠스미 티의 플래그십 스토어 : 카페 쿠스미초프 Café Kousmichoff (71 Av. des Champs-Élysées, 75008 Paris)

Dammann Frères 다망 프레르

- ◆ 주소   15 Place des Vosges, 75004 Paris
- ◆ 특징   1692년 시작된 오랜 역사를 가진 차 전문점
  클래식한 차의 인기가 높다.
- ◆ 영업시간

시간	월	화	수	목	금	토	일
		11:00~19:00			토, 일요일 10:00~20:00		

- ◆ 지점   101bis Rue Mouffetard, 75005 Paris
  BERCY VILLAGE, Chai 39 cour Saint-Emilion, 75012 Paris
  6 Place des Petits Pères, 75002 Paris
  24 Avenue Victoria, 75001 Paris

쇼핑 – 와인숍, 주류 전문점

Lavinia 라비니아

- ◆ 주소 3-5 Boulevard de la Madeleine, 75001 Paris
- ◆ 특징 파리 최대 규모의 와인숍으로, 보관 상태도 좋고 물건도 다양하지만 가격이 많이 비싼 편. 와인 관련 제품도 구매할 수 있다.
- ◆ 영업시간

시간	월	화	수	목	금	토	일
			10:00~20:30				

Nicolas 니콜라

- ◆ 주소 31 Place de la Madeleine, 75008 Paris
- ◆ 특징 1822년 설립된 와인 전문점. 프랑스 전역에 많은 지점이 있다. 가격이 조금 비싸지만 보관상태가 완벽하다고 알려져 있다. 지점마다 취급하는 와인이 많이 다르다. 파리에만 수십 개의 지점이 있으므로 굳이 찾아가서 살 필요는 없다.
- ◆ 영업시간

시간	월	화	수	목	금	토	일
	10:00~20:30					토요일 10:00~20:00	일요일 11:00~19:00

Caves Augé 카브 오제

- ◆ 주소 116 Boulevard Haussmann, 75008 Paris
- ◆ 특징 1850년 식료품점으로 시작한 와인숍 각종 리큐르가 많은 편
- ◆ 영업시간

시간	월	화	수	목	금	토	일
			10:00~19:00				

Le Grand Filles & Fils 르 그랑 피유 에 피스

- ◆ 주소　　1 Rue de la Banque, 75002 Paris (갈르리 비비엔 Galerie Vivienne 내)
- ◆ 특징　　1880년 문을 열어 5대째 이어지고 있는 와인숍 겸 식료품점
　　　　　크지 않은 규모지만 3천 종의 와인을 보유하고 있으며 가격대도 좋은 편
- ◆ 영업시간

시간	월	화	수	목	금	토	일
			11:00~19:00				

Les Caves Taillevent 레 카브 타유벙

- ◆ 주소　　228 Rue du Faubourg Saint-Honoré, 75008 Paris
- ◆ 특징　　세계 최고의 와인 리스트를 가지고 있는 레스토랑 타유벙에서 운영하는 와인 숍.
　　　　　타유벙에 있는 와인이 다 구비되어 있는 것은 아니다.
　　　　　고급 와인 리스트가 좋은 편
- ◆ 영업시간

시간	월	화	수	목	금	토	일
			10:00~19:30				

Caves du Panthéon 카브 뒤 팡테옹

- ◆ 주소　　174 Rue Saint-Jacques, 75005 Paris
- ◆ 특징　　팡테옹 앞에 있는 작은 와인숍
　　　　　최고급 와인은 없지만 전반적으로 가격이 좋은 편
- ◆ 영업시간

시간	월	화	수	목	금	토	일
	09:30~20:30	월요일 14:00~20:30					

Bières Cultes 비에르 퀼트

◆ 주소	14 Rue des Halles, 75001 Paris
◆ 특징	수백 종의 맥주를 보유하고 있는 맥주 전문점

◆ 영업시간

시간	월	화	수	목	금	토	일
			12:00~14:00 / 15:00~20:00				

La Maison du Whisky 라 메종 뒤 위스키

◆ 주소	20 Rue d'Anjou, 75008 Paris
◆ 특징	구하기 힘든 위스키를 다수 보유하고 있는 위스키 전문 매장 가격 면에서 메리트는 거의 없다.

◆ 영업시간

시간	월	화	수	목	금	토	일
			09:30~19:30				

쇼핑 – 벼룩시장

Puces de Vanves 퓌스 드 방브

- ◆ 주소 : Av. Marc Sangnier, Av. Georges Lafenestre
- ◆ 특징 : 길가에서 펼쳐지는 노천시장으로, 중고품이 많다.
  꼭 물건을 사기위해서라기보다 주말 아침 구경하러 간다는 마음으로 방문할 것
- ◆ 영업시간 :

시간	월	화	수	목	금	토	일
						07:00~14:00	

Marché aux Puces de Saint-Ouen / Marché Clignancourt
마르셰 오 퓌스 드 생투앙 / 마르셰 클리냥쿠르

- ◆ 주소 : M4 (엠카트르) 포르트 드 클리냥쿠르 M4 Porte de Clignancourt 역 인근
- ◆ 특징 : 파리에서 가장 큰 규모의 벼룩시장
  인테리어 및 골동품 위주의 시장으로, 상인들이 점포에서 물건을 파는 매장이 대부분이다.
- ◆ 영업시간 :

시간	월	화	수	목	금	토	일
						07:00~19:30	

쇼핑 – 크리스마스 마켓

에펠탑 인근과 라 데팡스, 샹젤리제 인근에서 크리스마켓이 열린다. 이 외에도 12월 한 달 동안 생제르망Place Saint-Germain-des-Prés, 생 쉴피스 광장Place Saint-Sulpice, 몽파르나스Place Raoul Dautry, 몽마르트Place des Abbesses / Parvis de la Basilique du Sacré-Cœur de Montmartre, 파리 동역Gare de l'est, 노트르담 대성당Cathédrale Notre-Dame 앞 등에서 작은 규모의 크리스마스 마켓이 열린다.

에펠탑 인근 La Tour Eiffel

◆ 주소	Parc du Champ de Mars
◆ 기간	12월 중순~1월 초
◆ 특징	아이스링크와 함께 짧은 기간 동안 열림

라 데팡스 La Defense

◆ 주소	Parvis de la Défense – 92400 Paris La Défense
◆ 기간	11월 말~12월 말
◆ 특징	파리에서 열리는 최대 규모의 크리스마스 마켓 시장

샹젤리제 Champs-Élysées

◆ 주소	콩코드 광장~ 프랭클린 루즈벨트 역
◆ 기간	11월 중순~12월 말
◆ 특징	2017년에는 물건의 품질 문제와 안전 등의 이유로 취소되었다.

특집

마레 지구

젊음이 넘치는 거리, 마레 지구에는 고급 식료품점은 없지만 유독 작은 디저트숍이 많이 몰려 있다. 보주 광장에서부터 생 폴 Saint Paul 역을 지나 파리 시청사 Hôtel de Ville 로 가는 안쪽 골목을 걷다보면 살 찌는 소리가 절로 들리는 듯하다.

몽토르게이 거리

재래시장의 각 점포를 포함해 다양한 빵집, 제과점, 레스토랑이 몰려 있고, 거리 초입에는 주방용품을 파는 곳도 많다. 짧은 거리에 다양한 미식 관련 상점이 오밀조밀 모여 있는 곳이다.

Cote d'Azur 코트다쥐르

니스 레스토랑
50. Café de Turin 카페 드 튀랭

51. Boccaccio 보카치오

52. Rina 리나

53. La Merenda 라 므렝다

근교 레스토랑
54. Louis XV 루이 캥즈

55. La Vague d'Or 라 바그 도르

56. Mirazur 미라쥐르

57. Château de la Chèvre d'Or 샤토 드 라 셰브르 도르

58. Château Eza 샤토 에자

59. Restaurant le Tilleul 레스토랑 르 튜윌

프랑스 대표 휴양지, 코트다쥐르

남프랑스, 코트다쥐르Cote d'Azur는 19세기 중반까지도 일부 지역이 이탈리아에 속해 있었을 정도로 프랑스와 이탈리아의 문화가 섞여 있는 곳이다. 그래서인지 코트다쥐르에는 피자, 파스타 등과 같은 이탈리아 음식을 파는 곳이 유독 많고 음식에서도 그런 영향을 찾아볼 수 있다.

코트다쥐르의 심장 격인 니스에는 의외로 톱 클래스 레스토랑이 별로 없다. 휴양지 특성에 맞게 대부분의 고급 레스토랑은 인근 작은 마을에 자리하고 있으며, 대개는 멋진 정원이나 아름다운 전망을 자랑한다.

다양한 허브와 과일, 채소가 풍부한 지역 특성상 고기 요리보다는 채소 요리나 바다에서 나오는 해산물을 이용한 요리가 발달해 있다. 참치와 계란 등이 들어간 니스식 샐러드인 살라드 니수아즈salade niçoise나 칙피로 만든 얇은 팬케이크와 비슷한 음식인 소카socca도 한 번쯤 먹어보자.

코트다쥐르 최고의 레스토랑 Mirazur 미라쥐르
코트다쥐르 최고의 로맨틱 레스토랑 La Vague d'Or 라 바그 도르
코트다쥐르 최고의 럭셔리 Louis XV 루이 캥즈
코트다쥐르 최고의 전망 Château de la Chèvre d'Or 샤토 드 라 셰브르 도르
니스를 다시 간다면 그 이유는? Marché aux Fleurs Cours Saleya 마르셰 오 플뢰르 쿠르 살르아
니스 최고의 해산물 레스토랑 Boccaccio 보카치오

코트다쥐르

핵심 레스토랑

1. 카페 드 튀랭
2. 보카치오
3. 리나
4. 라 므렝다
5. 루이 캉즈
6. 라 바그 도르
7. 미라쥐르
8. 샤토 드 라 셰브르 도르
9. 샤토 에자
10. 레스토랑 르 튜월

기타 추천 레스토랑

11. 샹트클레르
12. 플라뵈르
13. 부아야죄르 니사르
14. 라 바스티드 생 앙투안

디저트

15. 페노키오
16. 그롬
17. 메종 아우어 (앙리 아우어)
18. 레 프티 팽 드 메디트라네
19. 셰 르네 소카
20. 루 필라 르바 소카

니스

쇼핑

21. 아 롤리비에
22. 지로플 에 카넬
23. 마르셰 오 플뢰르 쿠르 살르야 (마르셰 오 퓌스)

니스

카페 드 튀랭
Café de Turin

110년 역사의 해산물 전문점

 니스의 해변을 걷다가 출출해지면 왠지 해산물로 배를 채워야 할 것 같은 기분이 든다. 개인적으로 굴, 조개, 갑각류 등으로 구성된 해산물 플래터fruits de mer와 와인을 벌컥벌컥 마시는 것을 즐기는데, 의외로 니스에서 이를 파는 레스토랑을 찾기 쉽지 않다. 니스 지역에서는 해산물을 이탈리아 느낌의 튀김이나 구이, 파스타 등으로 많이 먹는 편이고, 해산물 플래터는 오히려 지중해(특히 코트다쥐르)보다는 대서양이나 내륙에서 많이 파는 것 같다.

 니스에는 해산물 플래터로 유명한 곳이 몇 군데 있다. 그중 가장 유명한 곳은 1908년에 문을 연 카페 드 튀랭이다. 가장 다양하고 풍성한 해산물이 나오는 플라토 루아얄

1 해산물 플래터
2 왕새우구이

plateau royal의 가격은 340유로. 다른 레스토랑의 플래터가 보통 150~200유로 사이에서 구성되는 것을 감안하면 (캐비아가 15g 포함되어 있음에도) 가격이 조금 높은 편이다. 물론 이 플래터는 네 명이 먹기에도 충분한 양이기는 하다. 방문했을 당시 인원이 세 명이라 이 메뉴를 먹기에는 양이 좀 많을 것 같아 1인당 주문 가능한 믹스 플레이트mixed plate를 주문했다. 여기에는 다양한 굴과 약간의 조개, 작은 새우가 나왔다. 굴의 크기에 따라 가격이 달라지는데 가장 크고 좋은 굴(1인분에 여덟 개)로 했더니 인당 48유로였다. 세 명이 간다면 믹스 플레이트 2인분에 오징어 튀김 등 단품 한두 개를 추가하면 세 사람이 먹기에 충분할 듯하다.

다른 곳에 비해 가격은 약간 비싸지만 굴의 퀄리티 만큼은 여기가 제일 좋은 것 같다. 아침부터 밤까지 브레이크 타임도 없고 간단히 서서 굴만 먹고 갈 수도 있으니 꼭 식사가 아니라도 한 번쯤 들러보기를 권하고 싶다.

1 다양한 산지의 굴. 크기도 다양하다.
2 야외 좌석에서 주로 굴을 맛본다.

◆ 구분	restaurant
◆ 인테리어	실내는 브라스리 풍, 야외 좌석이 많음
◆ 가격	메뉴 30유로 (단품 가능)
◆ 예산	40~80유로
◆ 와인선택	리스트: 1/5 가격대: 4/5 상대적 가격: 3/5
·	단순하지만 저렴한 와인으로 구성되어 있다.

◆ 음식스타일	sea food
◆ 요약	음식: 3/5 가성비: 3/5 인테리어: 2/5 서비스: 2/5
◆ 키워드	브라스리 굴 해산물 플래터

Café de Turin

D 없음
A 5 Place Garibaldi, 06300 Nice
T +33 4 93 62 29 52
H http://www.cafedeturin.fr
R 홈페이지, 전화 예약

O	월	화	수	목	금	토	일
시간	 08:00~22:00						

Boccaccio
보카치오

니스의 넘버원 해산물 플래터

니스에서 해산물 요리로 가장 유명한 곳 중 하나로 마세나 광장 인근 먹자골목에 있는 보카치오를 꼽을 수 있다. 카페 드 튀랭과 함께 해산물 플래터로 쌍벽을 이루는 곳으로, 2인 기준 150~180유로 선에서 훌륭한 구성의 플래터를 먹을 수 있다. 서너 명이 방문한다면 플래터 하나에 단품을 추가하면 된다. 요리의 수준도 이런 부류의 레스토랑치고 괜찮은 편이다.

단품 메뉴도 다양하고 해산물도 원하는 대로 구성하는 것이 가능해서 어떤 조합의, 어떤 취향의 손님이 가도 해산물을 먹기를 원한다면 첫 번째 선택지가 될 것 같다. 먹고 나와서 인근에 간단한 펍이나 바, 혹은 젤라토 가게 등이 많은 것도 장점이다.

해산물 플래터   봉골레 파스타

◆ 구분	restaurant
◆ 인테리어	실내는 브라스리 풍, 야외 좌석 일부 있음
◆ 가격	단품 20~50유로
◆ 예산	40~80유로
◆ 와인선택	리스트: 2/5 가격대: 4/5 상대적 가격: 3/5

· 단순하지만 저렴한 와인으로 구성되어 있다.

◆ 음식스타일	sea food
◆ 요약	음식: 2/5 가성비: 3/5 인테리어: 3/5 서비스: 3/5
◆ 키워드	브라스리 굴 해산물 플래터

Boccaccio

D 없음
A 7 Rue Massena, 06000 Nice
T +33 4 93 87 71 76
H https://www.boccaccio-nice.com
R 홈페이지, 전화 예약

O

	월	화	수	목	금	토	일
점심			12:00~14:30				
저녁			19:00~23:00				

니스

리나
Rina

다양한 메뉴가 있는 해산물 레스토랑

마세나 광장 인근 먹자골목에 자리하고 있는 리나는 1975년 문을 연 해산물 레스토랑으로, 카페 드 튀랭이나 보카치오만큼은 아니지만 많은 인기를 끌고 있는 곳이다. 아침 7시에 문을 열어 브런치 메뉴를 시작으로 새벽 2시까지 카페, 바, 레스토랑을 넘나들며 영업한다. 관광지 한복판에 있는 레스토랑답게 피자, 파스타부터 다양한 해산물까지 다양한 요리를 파는데, 요리 수준은 그저 그런 편이지만 해산물의 구성이나 신선도는 꽤 괜찮은 편이다.

해산물 플래터는 2~3인 기준 120~150유로 선으로 구성과 맛 모두 만족스러웠다. 조금 간소한 해산물 메뉴도 많아 선택의 폭이 넓다. 관광 레스토랑이라고 폄하할

해산물 플래터

수도 있지만 가족이나 여러 명이 방문한다면 누구에게나 만족할 만한 메뉴를 고를 수 있는 곳이고, 비교적 간단하게 식사를 할 수도 있어 여러모로 접근성이 좋다.

    선선한 바닷바람을 맞으며 해산물에 로제 와인을 한잔하고 있으면 사실 무엇을 먹는지는 크게 중요하지 않은 것 같다. 여기는 니스니까!

◆ 구분	restaurant
◆ 인테리어	올드한 인테리어의 실내, 야외 좌석이 많음
◆ 가격	단품 20~50유로
◆ 예산	40~80유로
◆ 와인선택	리스트: 2/5 가격대: 4/5 상대적 가격: 3/5
· 단순하지만 저렴한 와인으로 구성되어 있다.	

◆ 음식스타일	sea food
◆ 요약	음식: 2/5 가성비: 3/5 인테리어: 3/5 서비스: 3/5
◆ 키워드	브라스리 굴 해산물 플래터

Rina

D 없음
A 13 Rue Massenet, 06000 Nice
T +33 4 92 00 33 00
H http://www.rina-restaurant.com
R 홈페이지, 전화 예약

O	월	화	수	목	금	토	일
시간			07:00~02:00 (익일)				

니스

53

Cote d'Azur

라 므렝다
La Merenda

2스타 셰프가 만드는 가정식

남프랑스, 코트다쥐르의 심장 격인 니스에는 의외로 톱 클래스 레스토랑이 별로 없다. 네그레스코Negresco 호텔의 샹트클레르Chantecler가 2스타를 받은 것을 제외하면 1스타 레스토랑이 몇 군데 있을 뿐이고, 1스타 레스토랑도 특별히 대단한 명성을 얻은 곳은 없다. (몇 년간 1스타였던 플라뵈르Flaveur가 2스타로 올라가기는 했다.)

지인에게 니스의 캐주얼한 레스토랑을 물어보니 여러 명이 미슐랭 빕 구르망에 올라있는 라 므렝다를 추천했다. 전화번호도 없고 신용카드도 사용할 수 없는 이곳은 따로 예약할 방법이 없어 영업시간에 맞춰 무조건 찾아갔더니 마지막 자리를 얻을 수 있었다. (직접 방문하면 예약할 수 있다.) 니스 관광의 중심이라고 할 수 있는

1 송아지 머릿고기
2 파프리카, 양파, 가지, 토마토 파르시
3 라타투유

구 시가지에 있으며 마세나 광장에서 가깝고 라 프롬나드 데 장글레La Promenade des Anglais에서도 금방이라 어렵지 않게 찾을 수 있었다. 상상했던 것 이상으로 작은 레스토랑이었다.

정해진 코스 메뉴는 없고 그날그날 가능한 요리를 칠판에 프랑스어로 적어놓는데, 직원들이 영어를 꽤 잘해서 음식 이름을 영어로 알고 있다면 어렵지 않게 알아들을 수 있다. 가격은 전채가 10~20유로, 메인이 15~25유로 사이로 큰 부담이 없는 편. 남프랑스의 가정식을 판다는 이 작은 비스트로가 어떻게 이런 독특한 영업 스타일을 가지고도 사람들이 몰리는 걸까?

레스토랑 안쪽 오픈 주방으로 나이든 셰프가 보였다. 도미니크 르 스탕Dominique Le Stanc 셰프는 위에서 언급한 네그레스코 호텔의 2스타 레스토랑 샹트클레르를 오

파르미지아노 레지아노 치즈를 뿌린 소 내장

호박꽃 튀김

랫동안 맡았다. 소위 '간지나게도' 2스타 셰프로 오랫동안 일하다 그만두고는 이 뒷골목으로 와서 이런 레스토랑을 차려버렸다. 더 이상 설명은 필요 없겠지?

테이블을 빼지 않으면 오갈 수도 없을 정도로 좁고 불편하지만 또 그런 점이 이런 곳에서 먹는 매력이 아닐까 싶다. 옆의 여행객과 한두 마디 대화를 나누기도 하면서 말이다. 와인 리스트는 별 볼 일 없는데, 대부분 잔으로 주문하는 편이고 가격도 저렴하다.

음식은 대개 남프랑스의 좋은 재료를 바탕으로 단순하게 조리한 스타일이다. 재료도 좋고 간도 정확하며 조리도 깔끔해서 어떤 것을 먹어도 만족스러웠다. 이 동네에 왔으니 라타투유를 주문했고, 셰프의 시그니처라는 파르시Farci 1도 주문했다. 메인으로는 내장요리와 송아지 머릿고기를 주문했는데 둘 다 우리나라 음식을 먹는 것처럼 입에 잘 맞았다. (내심 타바스코가 있었으면 생각한 것은 비밀.)

대단한 음식도 없고, 뭔가 특별하고 독특한 메뉴가 있는 것은 아니다. 하지만 이 레스토랑이 가지고 있는 스토리도 독특하고, 좋은 재료와 정확한 조리, 적당한 간이 잘 조화를 이루고 있는 음식을 보건대 여기 와서 실패할 일은 거의 없어 보인다.

주 1 파프리카, 양파, 가지, 토마토에 간 고기 등을 채워넣은 음식

◆ 구분	bistro
◆ 가이드북	Michelin Bib Gourmand
◆ 인테리어	작고 좁은 비스트로
◆ 가격	단품 10~25유로
◆ 예산	35~70유로
◆ 와인선택	리스트: 1/5 가격대: 4/5 상대적 가격: 3/5

- 단순하지만 저렴한 와인으로 구성되어 있다. 주로 잔으로 주문한다.

◆ 요약	음식: 3/5 가성비: 5/5 인테리어: 2/5 서비스: 3/5
◆ 키워드	가정식 남프랑스 가성비

La Merenda

D 없음
A 4 Rue Raoul Bosio, 06300 Nice
T 없음
H https://www.lamerenda.net
R 방문 예약

O	월	화	수	목	금	토	일
점심		12:00~13:45					
저녁		19:00~21:30					

| 코트다쥐르_근교 |

루이 캥즈
Louis XV

알랭 뒤카스의 전설이 만들어진 럭셔리 레스토랑 MICHELIN ✿✿✿

세계적인 셰프를 꼽을 때 절대 빼놓을 수 없는 한 사람, 알랭 뒤카스! 프랑스를 주름 잡는 그의 플래그십 레스토랑은 정작 프랑스가 아닌(그러나 대충 프랑스라고 생각하게 되는) 모나코에 자리하고 있다. 내 손으로 예약하고 방문한 첫 3스타 레스토랑인 알랭 뒤카스 오 플라자 아테네의 좋은 추억이 있어 이곳도 빼놓을 수 없었다.

정말 평범하고 약간 촌스럽기도 한 이름인 오텔 드 파리 Hôtel de Paris에 자리하고 있는 루이 캥즈. 내가 평생 묵을 일이 있을까 싶은 초 럭셔리 호텔 로비로 들어서자마자 럭셔리한 인테리어가 시선을 압도한다. 루이 캥즈는 저녁 식사를 위해 반드시 재킷을 입어야 하는데, 남프랑스 지역에서 이런 매너를 갖춰야하는 곳은 이곳이 유

어린양구이   Domaine des Comtes Lafon Meursault-Perrieres 2001

일하지 않을까 싶다.

    레스토랑 안으로 들어서면 압도적인 인테리어가 한눈에 보이는데, 파리의 르 뫼리스 부럽지 않은 럭셔리의 결정체다. 루이 캥즈에서는 단품 주문도 할 수 있고 240/360유로의 코스 메뉴도 있다. 내가 방문했을 당시에는 점심 영업은 하지 않았는데, 이제는 점심때도 영업하고 점심 코스도 165유로이니 그때 방문해도 괜찮을 것 같다.

    루이 캥즈의 와인 리스트는 10만 병 정도 되는 꽤 유명한 리스트 중 하나다. 하지만 와인을 다른 지점으로 많이 보냈는지 생각보다 종류도 많이 없었고, 200유로 이하의 와인은 거의 찾기가 힘들었다. 심지어 1,000유로 이하의 와인보다 1,000유로 이상의 와인이 훨씬 더 많다는 느낌마저 들었다.

    요즘 알랭 뒤카스가 버터, 고기보다는 채소나 건강식에 심취해있다고 하더니 아뮈즈 부슈부터 올리브 딥에 찍어 먹는 채소로 시작해 쪄낸 듯한 생선과 채소 요리가 이어졌다. 전채로 나온 조개 요리와 아스파라거스는 맛은 좋지만 전혀 특별한 맛

1 양 젖으로 만든 소스와 아스파라거스
2 레스토랑 입구

은 아니었다. 아스파라거스를 먹고 나서 든 생각은 가장 좋은 재료를 썼지만 가장 맛있는 음식이 되지 못했다는 것이었다. 나는 '제일 좋은 아스파라거스를 먹고 싶은 것이 아니고, 제일 맛있는 아스파라거스 요리를 먹고 싶은' 것인데 여기는 '이렇게 좋은 아스파라거스 봤어?'라는 말을 하는 듯했다. 개인 취향이지만 여기에 라르도를 올리든, 칩을 뿌리든, 버터에 칠갑을 하든, 그냥 첫 느낌이 맛있다는 느낌을 받았다면 좋았을 텐데…. 첫 인상이 '이 아스파라거스 대단하네'였다는 것이 미묘한 차이점이다.

다음으로 나온 생선 요리는 사실 3스타에서 냈다고 보기엔 모양도 맛도 너무나 엉망이어서 조금 충격을 받았다. 그 뒤에 나온 양고기 요리는 게리동 서비스였다. 거의 뷔페에서 고기를 떠온 모양으로 나왔음에도 너무 맛있어서 감탄사가 나왔다. 물론 이 정도 레스토랑이면 게리동으로 서비스를 해도 이것보다는 잘해야 되는 것이 3스타의 클래스가 아닌가 싶어 아쉬움이 남는다.

치즈 카트는 압도적인 종류와 수는 아니지만 하나하나 정말 맛있었고, 디저트는 프리 디저트 없이 딸기로 된 디저트가 바로 나와서 사실 약간 당황스러웠다. 200유로가 훌쩍 넘어가는 레스토랑에서 디저트가 이렇게 단순하게 나오는 것은 처음 겪어 보는 것 같다. (물론 프티 푸르가 조금 나오긴 했지만 말이다.)

전반적으로 음식이나 서비스를 적당히 빠지지 않고 챙긴다는 느낌이 들었다. 맛이 없다거나 서비스가 별로라고 말할 수는 없지만 가성비의 측면에서 생각해보면 많

조개와 칙피

다양한 버전의 딸기

호텔 로비

이 아쉬운 것도 사실이다. 하나 따지고 보면 모나코라는 동네에 와서 이 레스토랑을 방문하는 것 자체가 가성비를 따지는 행위는 아니라는 생각도 든다. 내가 처음 경험한 알랭 뒤카스의 아우라를 그 어디에서도 다시 느껴볼 만한 곳이 없는 것 같아 많이 슬펐다.

    일개 소비자 입장에서 거장의 음식에 이러쿵저러쿵 하기는 힘들지만, 그럼에도 최근 알랭 뒤카스의 음식을 보면 너무 한쪽으로 치우친 것이 아닌가 싶은 생각이 조금 든다. 원래 어느 정도 자신감이 생길수록 플레이팅이 단순해지고 재료의 맛을 살리는 간결하고 단순한 조리를 하기 마련이지만, 그게 지나치면 무엇을 의도하는지를 떠나 손님이 직관적으로 맛을 느끼기가 쉽지 않은 것 같다. 게다가 너무 단순한 음식을 지나치게 비싼 값을 지불하고 먹어야 하는 데서 오는 불만족스러움을 피하기 어려울 테다. 내가 이렇게 느끼면 나보다 경험이 적은 관광객 대부분은 더 심할 것 같다는 생각을 피할 수 없다.

◆ 구분	fine dining	
◆ 가이드북	Michelin 3 stars Les Grandes Tables du Monde	
◆ 인테리어	궁전을 연상케 하는 럭셔리한 인테리어	
◆ 가격	코스 240/360유로, 점심 165유로 (단품 가능)	
◆ 예산	350~600유로	
◆ 와인선택	리스트: 4/5 가격대: 1/5 상대적 가격: 1/5	

◆ 음식 스타일	classic	
◆ 셰프	Alain Ducasse / Dominique Lory	
◆ 요약	음식: 4/5 가성비: 1/5 인테리어: 5/5 서비스: 4/5	
◆ 키워드	미식여행 신혼여행 인테리어	

· 방대한 와인 리스트를 가지고 있으나 200유로 이하의 와인은 찾아보기 힘들다. 상대적으로 와인 가격이 아주 높은 편.

Louis XV

D jacket
A Hotel De Paris, Place du Casino, 98000 Monaco
T +377 98 06 88 64
H http://fr.hoteldeparismontecarlo.com/restaurant-monaco/lcuis-xv
R 홈페이지, 전화 예약

O

	월	화	수	목	금	토	일
점심						12:15~13:45	
저녁					19:30~21:45		

353

코트다쥐르_근교

La Vague d'Or
라 바그 도르

해변에서 맛보는 로맨틱 다이닝

MICHELIN

프랑스의 레스토랑을 여기저기 다니다 보니 어느 순간 3스타 레스토랑 중 가보지 않은 곳이 10군데 미만으로 남게 되고 대충 여행 한 번이면 다 돌아볼 수 있겠다 싶어 묘한 욕심이 생겼다. 그런데 프랑스는 땅 덩어리도 넓지만 이놈의 레스토랑 중 일 년에 6개월 내외로 영업하는 곳은 또 왜 이리 많은지, 뿐만 아니라 일주일에 영업하는 날이 많아야 5일이니 이래저래 일정을 짜고 동선을 맞추는 것이 너무 어려웠다. 어찌어찌해서 이탈리아를 돌면서 프랑스 동부 지역 몇 군데를 가고 프랑스를 2주 정도 돌면 거의 마무리 될 것 같다는 생각이 들 무렵, 기어이 변수가 생기고야 말았다.

하필이면 가려고 한 때에 일반적인 연간 오프닝annual opening 시즌보다 훨씬 늦게

해변에서의 식사

문을 열어 방문을 할 수 없게 만드는가 하면, 수리로 영업을 잠시 중단하기도 하고 행사 관계로 그 주에 예약을 받지 않기도 하는 등 많은 애를 먹었다. 게다가 2018년 초에 발표한 미슐랭 가이드에서 프로방스와 알프스에 각각 1개씩 3스타가 더 생기기도 해 결국 10개 정도의 3스타를 다 정복하는 데 네 번의 여행이 필요했다.

이런 이유로 라 바그 도르는 개인적으로 애증이 아주 많이 교차하는 레스토랑이다. 미슐랭 3스타를 받은 이 레스토랑은 남프랑스 코트다쥐르의 그림 같은 휴양도시, 생트로페 해변에 있는 호텔 라 레지덩스 드 라 피네드 La Résidence de la Pinède 안에 자리 잡고 있다. 참고로 이 레스토랑은 매년 4월 말 혹은 5월 중순 사이에 문을 열어 10월 초까지 영업한다. 그 사이에는 휴무 없이 일주일 내내 영업하는데, 점심때는 문을 열지 않는다. 뒤에 소개할 알프스의 르 1947 (밑 뇌프 성 카랑트 세트)Le 1947은 12월 초부터 4월 초까지만 영업을 한다고 해 직원을 그대로 쓰면 되겠다는 농담

아뮈즈로 나온 굴   달고기

을 일행과 나누기도 했다.

이곳의 셰프인 아르노 동켈레 Arraud Donckele 는 2013년 35세의 나이로 미슐랭 3스타를 받았다. 그는 현재 프랑스에서 가장 젊은 3스타 셰프다. 2016과 2017년에 프랑스 로컬 레스토랑 가이드인 〈고미요〉로부터 2년 연속 최고점수인 19.5/20을 받기도 했다.(현재는 19점으로 떨어진 상태다.) 아르노 동켈레는 미셸 게라르와 함께 일했고, 알랭 뒤카스의 루이 캥즈, 알렝 뒤카스 오 플라자 아테네 등에서도 경험을 쌓았다. 이후 라세르 Lasserre 에서 경력을 쌓은 그는 본인의 호텔 겸 레스토랑을 생트로페에 오픈했다. 셰프의 인터뷰 기사를 보면 라 바그 도르는 그가 오너로 있는 레스토랑 겸 호텔인 듯한데, 문을 연 시기가 2005년이다. 그 당시 그다지 화려하지 않은 경력의 28세 셰프가 대단한 요리사가 많은 프랑스에서 이 정도의 호텔과 레스토랑을 맡는다는 것은 차라리 금수저라고 하는 것이 더 믿음이 가는 설명이 아닐까 싶다.

레스토랑으로 들어가면 실내에서 식사하는 것이 아니라 해변 바로 앞에서 식사를 하게 된다. 그냥 들어가는 것만으로도 기분이 마구 좋아지는 그런 공간이다. 단품 주문도 가능하고, 코스로는 두 가지가 있다. 시그니처 메뉴가 나오는 5코스가 295유로, 계절메뉴가 포함된 7코스는 340유로다. 나는 시그니처 메뉴가 나오는 코스를 골랐다. 휴양지라서 그런지 음식 가격이 전반적으로 높은 편이었고 와인 리스트는 3스타 평균 정도 되는 양이었다. 고급 와인의 구색도 잘 갖추고는 있지만 가격이 너무 끔찍해서 눈 뜨고 보기가 힘들 정도다.

몇 가지 맛있는 아뮈즈 부슈와 토마토 요리가 나왔다. 처음에는 295유로에 5코스라고 하니 짧은 코스치고 꽤 비싼 것이 아닌가 생각했지만 한 코스로 보통 두 개 정도의 요리가 묶여서 나오다 보니 음식의 종류나 양은 꽤 많은 편이다. 전채의 채소 요리나 랑구스틴, 달고기 등을 먹어보니 다양한 허브와 여러 가지 아로마를 음식에 잘 입히는 재주가 있다. 고기 요리로 나온 토끼는 셰프의 시그니처인데, 처음으로 진짜 맛있는 토끼요리를 맛볼 수 있었다.

다양한 조리를 거친 토마토

랑구스틴

압생트 소스의 토끼

이곳의 페이스트리 셰프 기욤 고댕 Guillaume Godin은 2018년 고미요로부터 '올해의 젊은 페이스트리 셰프 young pastry chef of the year'로 꼽히기도 했다. 따뜻한 수플레와 살구로 만든 상큼한 디저트가 같이 나오니 번갈아서 맛을 보기 좋았다.

개인적으로 음식은 그냥 평범한 3스타 수준이라고 느꼈다. 내 기준으로 봐서는 평균 조금 이하의 3스타 느낌이었다. 서비스는 아주 훌륭했으나 와인 리스트가 워낙에 형편없다보니 (양보다 가격적인 측면에서) 어지간하면 다시 올 일은 없다 생각해야 정상인데, 이상하게도 여기는 나중에 반드시 또 오고 싶다는 생각이 들었다. 이곳을 나보다 먼저 다녀온 친구들도 같은 이야기를 했다. 음식도 3스타치고 특별하지 않고, 와인 리스트도 별로지만 또 가고 싶다는 생각이 드는 것을 보면 레스토랑을 선택하는 요소에 그 두 가지가 (중요하지만) 절대적인 것은 아니라는 생각을 다시 한 번 하게 된다.

무엇보다도, 인생에서 가장 사랑하는 여인과 이 자리에 한 번쯤은 앉아야 하지 않겠는가!

◆ 구분	fine dining		◆ 음식 스타일	modern
◆ 가이드북	Michelin 3 stars		◆ 셰프	Arnaud Donckele
◆ 인테리어	깔끔한 실내, 아름다운 해변에서 식사		◆ 요약	음식: 4/5 가성비: 2/5 인테리어: 5/5 서비스: 5/5
◆ 가격	메뉴 295/340유로 (단품 가능)		◆ 키워드	미식여행 신혼여행 해변 로맨틱
◆ 예산	350~600유로			
◆ 와인선택	리스트: 4/5 가격대: 3/5 상대적 가격: 1/5			

· 3스타의 표준적인 와인 리스트를 가지고 있으나 와인 가격은 무척 비싼 편이다.

La Vague d'Or

D smart casual
A Plage de Bouillabaisse, 83990 Saint-Tropez
T +33 4 94 55 91 00
H http://www.vaguedor.com/fr
R 홈페이지, 전화 예약

O	월	화	수	목	금	토	일
시간			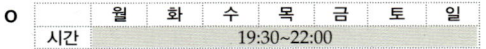 19:30~22:00				

코트다쥐르_근교

미라쥐르
Mirazur

환상적인 전망을 보며 즐기는 완벽한 식사

MICHELIN

프랑스와 이탈리아의 국경에 있는 레몬의 도시 망통Menton에 있는 미라쥐르는 2017년 〈월드50베스트레스토랑〉에서 6위, 2018년에는 3위에 오른 곳이다. 미슐랭으로부터는 2스타를 받았다. 보통 미슐랭 별보다 월드 베스트 순위가 높은 곳은 지나치게 실험적인 음식을 내서 내 취향에 맞지 않는 경우가 많은데, 2016년에 방문했을 때는 (당시에는 월드 베스트 순위 11위였다.) 기대를 전혀 하지 않았다가 모든 것이 완벽했던 식사여서 블로그에 적어두기도 했다. 이후 레스토랑의 순위가 쭉 올라갔는데, 어떤 변화가 있을까 궁금해서 다시 찾았다.

망통에서도 이탈리아와의 국경 바로 앞에 자리 잡고 있는 이 레스토랑은 망통 시

염소 치즈와 양고기

비트와 오세트라 캐비아

내와 바다가 내려다보이는 그림 같은 전망을 자랑한다. 미라쥐르의 셰프 마우로 콜라그레코Mauro Colagreco는 아르헨티나 출신으로, 프랑스로 요리를 배우러 와서 베르나르 루아조, 알랭 뒤카스, 알랭 파사르, 르 그랑 베푸 등의 레스토랑에서 3스타 셰프들과 오랫동안 일한 후 2006년 망통에 본인의 레스토랑 미라쥐르를 열었다. 어이없게도 그때까지 이 멋진 건물은 4년이나 비어 있어서 너무나도 저렴한 가격에 임대를 할 수 있었다고 한다. 오픈 첫해에 1스타를 받고 2009년 〈고미요〉로부터 '올해의 셰프Chef of the year'로 선정됐는데, 프랑스 출신이 아닌 셰프로는 첫 영예라고 한다. 그는 그해 〈월드50베스트레스토랑〉에서 35위에 오르기도 했다. 이후 2012년에는 미슐랭 2스타를 받아 현재까지 유지하고 있으며, 2013년 〈를레 에 샤토〉의 그랑 셰프에도 올랐다.

셰프가 아르헨티나 출신이지만 음식에서 그런 색채가 느껴지지는 않는다. 지역적 특색인 프랑스/이탈리아의 혼합된 음식 문화 역시 크게 드러나지 않는다. 본인 스스로도 완벽한 음식과 서비스를 추구하는 거장 밑에서 일하다보니 항상 '맛'이 제일 중요한 요소라고 생각하기 때문이라는데, 실제 먹어보면 그의 말이 허언이 아니라는 것을 알 수 있다.

코스로는 210유로의 테이스팅 메뉴와 110/160유로 코스가 있는데, 어느 것을 선택해도 부족함이 없을 것 같다. 와인 리스트는 화이트 와인을 중심으로 꽤 다양한 리

1 바다가 보이는 아름다운 전망
2 새콤달콤함이 돋보이는 디저트

스트를 보유하고 있다. 몇몇 와인은 가격이 꽤 좋은 편이라 과음을 걱정해야 할 정도. 게다가 와인 페어링 역시 꽤 수준 높은 편이다.

몇 가지 아뮤즈 부슈가 나온 후 굴 요리와 샐러드가 나왔다. 샐러드로는 남프랑스의 은혜를 받은 다양한 채소와 과일 몇 가지를 내줬다. 일부 식물과 허브는 레스토랑 인근의 농장에서 직접 재배하고 있다는데, 톡톡 튀는 몇 가지 맛이 음식에 재미를 더해줬다. 비트루트 요리는 그야말로 놀라울 정도였다. 염장한 비트루트에 크림소스를 붓고 오세트라 캐비아를 넉넉하게 올렸다. '이게 맛있을 리가 있나?'라는 생각도 했지만 의외로 너무 잘 어울려 깜짝 놀라기도 했다. 이어진 요리도 다양한 바다의 식재료와 정원에서 나오는 식재료, 산에서 채취한 식재료를 조화롭게 내는데, 셰프의 철학 자체가 '바다, 정원, 산의 조화'라고 한다. 좋은 재료에 조리도 완벽하고 간도 취향에 딱 맞게 정확하게 나오니 모든 접시가 맛있었다. 또 하나, 이 셰프는 서양 음식

1 그린빈 샐러드
2 다양한 가니시의 비둘기 요리
3 소믈리에의 출중함이 돋보인 와인 페어링

다양한 치즈　　　　　　　　　　　초콜릿과 로즈마리

에서 드물게 은은한 감칠맛을 자유자재로 다룬다는 느낌을 받았다. 그게 직관적으로 맛이 선명하게 각인되는 효과가 있는 것이 아닐까 생각해봤다. 여러 해산물 요리가 끝나고 비둘기가 나왔는데 프랑스에서 먹은 비둘기 요리 중 가장 아름다우면서 가장 맛있는 비둘기가 아닌가 싶다. (개인적으로 가장 맛있는 비둘기 요리는 스페인 셰프 마르틴 베라사테기 Martin Berasategui의 비둘기 요리라고 생각한다.)

디저트도 상큼한 프리 디저트에서부터 단맛과 짠맛의 조화가 훌륭했던 메인 디저트까지 다 마음에 들었다. 마지막에 입가심으로 내준 체리마저 처음 먹어보는 새콤달콤함의 '끝판왕'이었다.

2016년에도 참 마음에 들었지만 다시 맛을 보니 그때보다 더 진화한 느낌이 들었다. 각각의 재료의 맛을 무척 잘 이해하고 사용한다는 것, 그래서 뻔하지 않은 새로운 맛의 조합을 시도하고 그게 또 완성도 높다는 것이 이날의 음식이 매력적이었던 이유인 듯하다. 어디서나 맛볼 수 있고 누구나 다 아는 음식을 정말 맛있게 내주는 것도 물론 좋지만, 이렇게 뻔하지 않은 새로운 음식을 내주는데 그게 맛있으면 더 말할 필요도 없다. 이 식사는 완벽했다!

◆ 구분	fine dining	
◆ 가이드북	Michelin 2 stars Relais & Chateaux	
◆ 인테리어	모던하고 깔끔한 실내, 망통 시내와 지중해가 내려다보이는 환상적인 전망	
◆ 가격	코스 110/160/210유로	
◆ 예산	150~400유로	
◆ 와인선택	리스트: 4/5 가격대: 3/5 상대적 가격: 4/5	

◆ 음식 스타일	modern
◆ 셰프	Mauro Colagreco
◆ 요약	음식: 5/5 가성비: 4/5 인테리어: 5/5 서비스: 5/5
◆ 키워드	미식여행 신혼여행 전망 로맨틱 와인애호가 월드50베스트레스토랑

· 화이트 와인 중심의 리스트로 다양한 가격대의 와인이 있다. 비교적 와인 가격은 좋은 편.

Mirazur

- **D** business casual
- **A** 30 Avenue Aristide Briand, 06500 Menton
- **T** +33 4 92 41 86 86
- **H** http://www.mirazur.fr
- **R** 홈페이지, 전화 예약

O	월	화	수	목	금	토	일
점심				12:15~14:00			
저녁				19:15~22:00			

코트다쥐르_근교

샤토 드 라 셰브르 도르
Château de la Chèvre d'Or

전망에 흠뻑 취하다

MICHELIN

니스에 머무는 관광객이 당일치기 일정으로 많이 방문하는 작은 마을 에즈에는 2개의 미슐랭 스타 레스토랑이 있다. 1스타를 받았던 샤토 에자 Château Eza, 그리고 2스타를 받은 샤토 드 라 셰브르 도르는 둘 다 에즈 마을에서 내려다보는 환상적인 전망을 자랑한다. (최근에 샤토 에자는 미슐랭 별을 잃었다.) 일반적인 관광객은 샤토 에자를 많이 가는데, 비슷한 전망에 전탄적인 가격대가 저렴하기 때문이다.

 1954년 문을 연 샤토 드 라 셰브르 도르를 방문한 것은 2016년 봄이었는데, 그때는 점심 코스도 없고 단품으로만 주문이 가능했다. 하지만 그해 여름부터 아르노 파예 Arnaud Faye 셰프가 오면서 90/150유로의 점심 코스가 생겼다. 저녁 코스의 가격은

1 세 가지 아뮈즈
2 새우 타르타르와 캐비아
3 지역에서 나온 로제 와인

250유로이고, 단품 주문도 여전히 가능하다. 음식은 셰프가 바뀌었기 때문에 내 경험이 별로 도움이 될 것 같지는 않아서 셰프를 소개하는 것이 나을 것 같다. 파예 셰프는 30대 후반에서 40대 정도의 나이로, (프랑스 기준으로) 비교적 젊은 셰프 중 선두주자로 알려져 있다. 그는 비교적 클래식한 음식을 내는 3스타 레스토랑에서 오랜 경력을 쌓았다. 특히 2007년에는 불과 29세의 나이로 파리 리츠 호텔의 2스타 레스토랑 에스파동Espadon의 셰프를 맡았으며, 그 뒤로도 그가 일한 레스토랑은 모두 2스타를 받기도 했다.

이 호텔의 상징은 이름과 같은 황금 염소로, 레스토랑 창을 통해 황금염소상을 볼 수 있다. 샤토 드 라 셰브르 도르 옆에는 조금 캐주얼한 레스토랑인 레 렁파르Les Remparts가 있는데, 저렴한 가격으로 환상적인 전망을 자랑한다. 레 렁파르의 테라스

1 에즈 마을이 한눈에 내려다보이는 전망
2 그린피와 조개가 올라간 솔

는 프랑스 톱10 테라스로 꼽히기도 했다. 이마저도 부담된다면 레 카페 뒤 자르댕Les Café du Jardin이라는 카페에 가서 간단한 식사나 음료를 하는 것도 좋다.

참고로 이 레스토랑은 3월 초부터 11월 초까지만 영업을 한다.

◆ 구분	fine dining		◆ 음식 스타일	modern
◆ 가이드북	Michelin 2 stars Relais & Chateaux Les Grandes Tables du Monde		◆ 셰프	Arnaud Faye
			◆ 요약	음식: 4/5 가성비: 2/5 인테리어: 5/5 서비스: 5/5
◆ 인테리어	클래식한 인테리어, 환상적인 전망			
◆ 가격	코스 250유로, 점심 90/150유로 (단품 가능)		◆ 키워드	미식여행 신혼여행 전망 로맨틱
◆ 예산	300~500유로			
◆ 와인선택	리스트: 3/5 가격대: 2/5 상대적 가격: 2/5			

- 2스타 중에선 와인 리스트는 약한 편이고 가격도 비싸다.

Château de la Chèvre d'Or

D business casual
A Rue du Barri, 06360 Èze
T +33 4 92 41 86 86
H https://www.chevredor.com
R 홈페이지, 전화 예약

O		월	화	수	목	금	토	일
	점심				12:30~14:00			
	저녁				19:30~22:00			

샤토 에자
Château Eza

아름다운 전망에서 즐기는 가성비 좋은 점심

옛 스웨덴 왕실의 별장이었던 자리에 생긴 호텔 겸 레스토랑 샤토 에자는 오랫동안 미슐랭 1스타를 유지하다 최근에 별을 잃었다. 그럼에도 최고의 전망과 합리적인 음식 가격으로 여전히 많은 인기를 끌고 있다. 일반적으로 에즈를 방문하는 여행객은 점심시간을 전후해서 찾게 되는데, 일주일 내내 점심 식사가 가능하고 점심 코스의 가격이 상대적으로 합리적인 것도 인기의 비결인 것 같다.

레스토랑으로 들어가면 한눈에 보이는 바다의 전망에 압도된다. 날이 좋으면 야외에서 식사를 해도 되고, 간단히 칵테일이나 와인 한 잔을 아페리티프로 즐기고 안으로 들어가도 된다. 점심메뉴의 가격은 무척 합리적인데, 음식은 셰프가 바뀌고 달라

바삭하게 구운 농어

아스파라거스와 닭고기

졌을 것이기 때문에 하나씩 설명할 필요는 없을 것 같다.

◆ 구분	fine dining
◆ 인테리어	심플한 인테리어, 환상적인 전망, 야외 테이블
◆ 가격	코스 155유로, 점심 55/65유로
◆ 예산	200~300유로
◆ 와인선택	리스트: 3/5 가격대: 3/5 상대적 가격: 3/5

· 적당한 수준의 와인 리스트를 가지고 있으며, 인근 지역에서 생산된 저렴한 와인도 있다.

◆ 음식 스타일	modern
◆ 셰프	Matthieu Gasnier
◆ 요약	음식: 3/5 가성비: 3/5 인테리어: 5/5 서비스: 2/5
◆ 키워드	미식여행 신혼여행 전망 로맨틱

Château Eza

- **D** smart casual
- **A** Rue de Pise, 06360 Èze
- **T** +33 4 93 41 12 24
- **H** http://www.chateaueza.com/chateau-eza
- **R** 홈페이지, 전화 예약

O	월	화	수	목	금	토	일
점심			12:30~14:30				
저녁			19:30~22:00				

코트다쥐르_근교

레스토랑 르 튜윌
Restaurant le Tilleul

야외에서 가볍게 즐기는 식사

생 폴 드 벙스 Saint Paul de Vence 마을로 진입하면 반드시 지나게 되는 커다란 라임 나무가 있다. 100년이 훌쩍 넘었다는 이 나무 바로 아래에는 테이블이 깔려 있는데, 반대편에 전망을 바라보며 야외에서 식사를 할 수 있는 곳이라기에 요리에 대해서는 아무 사전 정보도 없이 들어갔다. 니스 등지로 가는 버스 정류장에서도 가까우니 미리 안내소에서 버스 시간표를 받고 시간 맞춰 가기에도 좋은 위치다.

관광객을 상대하는 캐주얼한 레스토랑이다 보니 아침부터 밤까지 브레이크 타임 없이 영업한다. 와인 리스트는 지역에서 생산한 비교적 저렴한 와인을 중심으로 팔고 있다. 점심 코스는 25유로 정도이고 단품은 전체 10~20유로, 메인은 20유로대가 보통이다. 양이 꽤 푸짐한 편이라 일반적인 프랑스 정찬같이 전채-메인-디저트를 다 챙겨먹기는 부담이 된다. 이 지방에 오면 빼놓을 수 없는 니스식 샐러드 salade niçoise도 괜찮고, 생선이나 해산물 요리는 물론 돼지고기까지 전반적으로 가성비가 좋은 편이다.

◆ 구분	restaurant	◆ 요약	음식: 3/5
			가성비: 4/5
◆ 인테리어	100년 넘은 라임나무 아래의 야외 식탁		인테리어: 4/5
			서비스: 2/5
◆ 가격	코스 25/30유로 (단품 가능)	◆ 키워드	야외
			전망
◆ 예산	35~50유로		가성비
◆ 와인선택	리스트: 2/5		
	가격대: 4/5		
	상대적 가격: 4/5		
· 캐주얼한 레스토랑인지라 와인 선택의 폭이 넓지 않다.			

Restaurant le Tilleul

R 없음
A Place du Tilleul, 06570 Saint-Paul-de-Vence
T +33 4 93 32 80 36
H http://www.restaurant-letilleul.com
R 홈페이지, 전화 예약

O		월	화	수	목	금	토	일
	시간	 08:00~22:00						

기타 추천 레스토랑

Le Chantecler 르 샹트클레르   MICHELIN ✦✦✦

- ◆ 주소   37 Promenade des Anglais 06000 Nice
- ◆ 전화번호   +33 4 93 16 64 00
- ◆ 가격   코스 130/180/230유로 (단품 가능)
- ◆ 특징   니스 최고의 호텔 네그레스코 Negresco에 있는 클래식 레스토랑
- ◆ 영업시간

시간	월	화	수	목	금	토	일
			19:00~22:00				

Flaveur 플라뵈르

- ◆ 주소   25 Rue Gubernatis 06000 Nice
- ◆ 전화번호   +33 4 93 62 53 95
- ◆ 가격   코스 85/99/145유로
- ◆ 특징   투르토 Tourteaux 형제가 운영하는 니스에서 가장 인기 있는 레스토랑
             네오 비스트로 느낌의 모던한 음식
- ◆ 영업시간

	월	화	수	목	금	토	일
점심		12:00~13:45					
저녁		19:30~22:00					

Voyageur Nissart 부아야죄르 니사르

- ◆ 주소: 19 Rue d'Alsace–Lorraine, 06000 Nice
- ◆ 전화번호: +33 4 93 82 19 60
- ◆ 가격: 코스 16/19/23유로 (단품 가능)
- ◆ 특징: 니스 가정식을 내는 소박하지만 맛있는 레스트랑
- ◆ 영업시간:

	월	화	수	목	금	토	일
점심			12:00~14:30				
저녁			19:00~22:30				

La Bastide Saint Antoine 라 바스티드 생 앙투안   MICHELIN ✦

- ◆ 주소: 48 Avenue Henri Dunant – 06130 Grasse
- ◆ 전화번호: +33 4 93 70 94 94
- ◆ 가격: 코스 155/185/205유로, 점심 66유로 (단품 가능)
- ◆ 특징: 남프랑스의 거장 셰프 자크 시부아 Jacques Chibois가 맡고 있는 레스토랑으로, 그라스에 자리한다. 오랫동안 2스타를 유지하다 최근에 1스타가 됐다. 〈를레 에 샤토〉, 〈레 그랑드 타블르 뒤 몽드〉
- ◆ 영업시간:

	월	화	수	목	금	토	일
점심			12:00~14:30				
저녁			20:00~22:30				

디저트

Fenocchio 페노키오

- ◆ 주소: 2 Pl. Rossetti, 06300 Nice
- ◆ 특징: 1966년 문을 연 니스를 대표하는 아이스크림 장인의 가게 구 시가지에 자리한다.
- ◆ 영업시간:

시간	월	화	수	목	금	토	일
	09:00~24:00						

Grom 그롬

- ◆ 주소: 6 Rue Massena, 06000 Nice
- ◆ 특징: 이탈리아에서 넘어온 젤라토 전문점 마세나 광장 인근 먹자골목에 있다.
- ◆ 영업시간:

시간	월	화	수	목	금	토	일
	11:30~23:00						

Maison Auer (Henri Auer) 메종 아우어 (앙리 아우어)

- ◆ 주소: 7 Rue Saint-François de Paule, 06300 Nice
- ◆ 특징: 5대째 이어져 오고 있는 초콜릿과 과일 콩피 전문점
- ◆ 영업시간:

시간	월	화	수	목	금	토	일
		09:00~13:00					

Les Petits Pains de Méditerranée 레 프티 팽 드 메디트라네

- ◆ 주소　　41 Rue de France, 06000 Nice
- ◆ 특징　　네그레스코 호텔 인근의 빵집
- ◆ 영업시간

시간	월	화	수	목	금	토	일
	07:00~19:00						

Chez René Socca 셰 르네 소카

- ◆ 주소　　2 Rue Miralheti, 06300 Nice
- ◆ 특징　　니스에서 소카로 가장 많은 사람이 몰리는 가게
　　　　　화덕에서 구워내는 피자와 소카가 유명하다.
- ◆ 영업시간

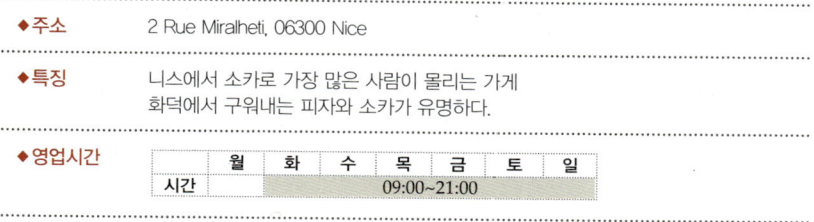

Lou Pilha Leva Socca 루 필라 르바 소카

- ◆ 주소　　10 Rue du Collet, 06300 Nice
- ◆ 특징　　구 시가지 한복판에 있는 야외 탁자에서 먹을 수 있는 소카 전문점
- ◆ 영업시간

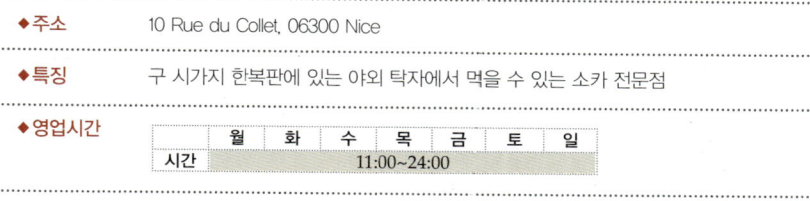

쇼핑

A l'Olivier 아 롤리비에

- ◆ 주소　　7 Rue Saint-François de Paule, 06300 Nice
- ◆ 특징　　남프랑스의 다양한 올리브 오일을 구입할 수 있는 곳
　　　　　가게에서 바로 짠 올리브 오일도 테이스팅할 수 있다.
- ◆ 영업시간

시간	월	화	수	목	금	토	일
			10:00~19:30				

Girofle et Cannelle 지로플 에 카넬

- ◆ 주소　　2-4 Rue Pairolière, 06300 Nice
- ◆ 특징　　구 시가지에 있는 고급 식료품점.
　　　　　다양한 허브와 향신료를 소량으로 구입할 수 있다.
- ◆ 영업시간

시간	월	화	수	목	금	토	일
			10:30~19:00				

Marché aux Fleurs Cours Saleya 마르셰 오 플뢰르 쿠르 살르야

- ◆ 주소　　Cours Saleya, 06300 Nice
- ◆ 특징　　구 시가지에서 열리는 꽃 시장으로, 꽃 이외에 다양한 식품도 팔고 있다.
　　　　　오후에는 철수하는 상인이 많아 오전에 방문하는 것이 좋다.
- ◆ 영업시간

시간	월	화	수	목	금	토	일
	06:00~17:30						일요일 06:00~13:30

Marché aux Fleurs Cours Saleya (Marché aux puces)
마르셰 오 플뢰르 쿠르 살르야 (마르셰 오 퓌스)

- ◆ **주소**: Cours Saleya, 06300 Nice
- ◆ **특징**: 꽃 시장이 열리는 쿠르 살레야에서 매주 월요일이면 벼룩시장이 열린다. 파리의 벼룩시장에 비해 규모는 작지만, 중고품에서부터 신상품까지 다양한 제품이 많이 나온다. 다녀본 곳 중 가장 실속 있는 벼룩시장.
- ◆ **영업시간**:

시간	월	화	수	목	금	토	일
	07:30~17:30						

CAPTER 3

Provence 프로방스

마르세유 레스토랑

60. Le Petit Nice Passédat 르 프티 니스 파세다

61. Chez Michel 셰 미셸

프로방스 레스토랑

62. Christophe Bacquié 크리스토프 바키에

63. L'Oustau de Baumanière 루스토 드 보마니에르

64. La Bastide de Capelongue - Restaurant Edouard Loubet
라 바스티드 드 카펠롱그-레스토랑 에두아르 루베

65. Alexandre - Michel Kayser 알렉상드르-미셸 케제르

66. Christian Etienne 크리스티앙 에티엔

67. Dan B. - La Table de Ventabren 당 B.(베)-라 타블르드 방타브랑

Provence

프랑스의 정원, 프로방스

지중해의 따뜻한 기후와 햇살의 축복을 받은 프로방스는 '프랑스의 정원'이라 불린다. 올리브 오일과 신선하고 다양한 과일과 채소, 허브를 요리의 특징으로 꼽을 수 있다. 육류보다는 지중해에서 나는 다양한 생선과 해산물 요리가 더 발달해 있는 것도 특징인데 이는 내륙 산간지방에 가도 마찬가지다.

마늘 향의 아이올리 소스나 각종 채소와 허브, 오일을 넣어 볶은 라타투유, 그리고 생선수프인 부야베스는 프랑스 요리를 잘 모르는 사람이라도 한 번쯤은 들어봤을 프로방스의 대표적인 요리다. 프로방스의 최대 도시 마르세유에서는 부야베스를 한 번쯤 맛보자.

무엇보다 프로방스의 백미는 환상적인 경치를 벗삼아 운전하면서 구석구석 작은 마을에 있는 최고의 레스토랑을 찾는 재미가 아닐까 싶다. 여름철에는 라벤더 밭을 둘러봐도 좋고, 운전에 자신이 있다면 베르동 협곡의 아찔한 드라이빙과 경치도 잊을 수 없는 경험을 선사한다.

프로방스 최고의 레스토랑 L'Oustau de Baumanière 루스토 드 보마니에르
프로방스 최고의 와인 리스트 L'Oustau de Baumanière 루스토 드 보마니에르
프로방스 최고의 전망 Dan B.-La Table de Ventabren 당 B.(베) – 라 타블르 드 방타브랑
프랑스 최고의 해산물 레스토랑 Le Petit Nice Passédat 르 프티 니스 파세다
프로방스 최고의 드라이브 코스 라벤더 밭에서부터 베르동 협곡을 지나는 루트

프로방스

핵심 레스토랑

1. 르 프티 니스 파세다
2. 셰 미셸
3. 크리스토프 바키예
4. 루스토 드 보마니에르
5. 라 바스티드 드 카펠롱그 –
   레스토랑 에두아르 루베
6. 알렉상드르 – 미셸 케제르
7. 크리스티앙 에티엔
8. 당 B.(베) – 라 타블르 드 방타브랑

기타 추천 레스토랑

9. 셰 퐁퐁
10. 르 미라마

쇼핑

11. 르 마르셰 드 라 크리에
12. 르 뱅 드방 수아
13. 마르셰 드 라 플라스 리셀름
14. 르 그랑 퓌
15. 메종 브르몽 1830

마르세유

마르세유

Le Petit Nice Passédat
르 프티 니스 파세다

프랑스 최고의 해산물 레스토랑

MICHELIN ✿✿✿

마르세유와 프로방스를 넘어 남프랑스를 대표하는 레스토랑 중 하나인 르 프티 니스 파세다는 마르세유 중심부에서 조금 떨어진 바닷가에 자리 잡고 있다. 진입로가 차 한 대가 간신히 지나갈 정도여서 들어가는데 애를 조금 먹었다.

이 레스토랑의 역사는 셰프 제랄드 파세다Gérald Passédat의 할아버지로 거슬러 올라간다. 그의 할아버지는 마르세유에 정착한 후 1917년 바닷가 암벽 위에 세워져 있던 빌라 코랭트Villa Corinth를 구매해서 몇 년 뒤 레스토랑 르 프티 니스 파세다를 열었다. 그 뒤 제랄드의 아버지가 주방을 맡아 1977년 처음으로 미슐랭 1스타를 받고 1981년에는 2스타를 받았다. 1960년생인 제랄드 파사다는 요리사가 되기로 결심하

호텔 정원의 모습

고 이곳의 주방을 맡기 전 여러 곳에서 트레이닝을 거치게 된다. 니스의 요리학교를 졸업하고 파리의 르 브리스톨Le Bristol과 크리용Crillon 호텔을 거쳤다. 리옹 인근의 전설적인 레스토랑 메종 트루아그로Maison Troisgros와 남서부 지방의 미셸 게라르Michel Guerard 셰프가 이끄는 레 프레 되제니Les Pres d'Eugenie에서 경험을 쌓은 그는 1985년 가족들이 있는 르 프티 니스 파세다로 돌아왔다. 1987년부터 아버지는 홀을, 제랄드 본인은 주방을 맡았다. 2008년에는 미슐랭 3스타를 받아 지금까지 유지하고 있다. 특히 '생선 장인Master of Fish'이라는 칭호를 받으며 해산물을 중심으로 한 다양한 요리를 선보이고 있다.

실내는 비교적 모던한 디자인으로, 홀의 한쪽에서 바닷가를 내려다보는 전망이 근사하다. 40여 쪽에 달하는 와인 리스트는 인근 지역에서 만든 비교적 저렴한 와인부터 프랑스 전역의 고급 와인까지 다수 보유하고 있다. 전반적인 가격은 비싸지만 몇몇 와인은 소매가보다 훨씬 싼 가격이라 고급 와인 마시기에도 좋다. 음식은 단품으로 주문할 수 있고 260유로의 테이스팅 메뉴도 있다. 점심때는 110유로의 코스도 주문할 수 있다. 약간 특별한 코스로는 해산물을 집대성한 380유로 코스와 마르세유의 명물이라고 할 수 있는 210유로짜리 부야베스 코스가 있다. 마침 전날 (바로 다음 장에서 소개할) 시내 레스토랑에서 형편없는 부야베스를 먹고 실망한 탓에 과연 3스타 셰프가 만드는 부야베스는 어떤 맛일지 궁금해 부야베스 코스를 주문했다.

르 프티 니스 파세다는 아뮈즈 부슈에서부터 다양한 해산물을 보여줬는데, 특히 회나 해산물을 날것으로 많이 냈다. 유럽에서 날 해산물은 해산물 플래터 같은 것으로 나오거나 일본 느낌 내지는 페루의 세비체에서 영감을 받은 파인 다이닝에서 나오는 경우가 많은데, 이곳은 확실히 자기만의 색깔과 방식, 독특한 조합이 있었다.

아뮈즈 부슈나 전채에서 마치 '우린 이렇게 생선을 다양하게 조리한다'라고 자랑

1 진저 소스에 마리네이드한 도미
3 다양한 조개 카르파치오
2 타라곤 소스의 생선튀김
4 샬롯을 곁들인 굴

1 사프란 부용의 생선 수프
2 부야베스

을 하는 듯 여러 가지 조리법의 생선을 다채롭게 선보이는 것도 재미있었다. 전채로 나온 조개 카르파치오는 무척 인상적이었다. 다양한 조개, 성게, 홍합 등을 올리브 오일과 시트러프 풍미의 소스, 몇 가지 허브와 같이 생으로 냈다. 날것을 더 다양하게 먹는 우리도 잘 먹지 않는 조개나 홍합을 조리하지 않고 먹는 것도 독특하고 의외로 맛있어서 옆에 나온 질 좋은 굴은 뒷전일 정도였다.

다음 요리는 셰프가 자랑하는 생선 수프 중 하나가 나왔다. 다양한 생선과 랍스터 등을 아주 살짝만 익혀서 사프란 브로스의 맑은 국물과 같이 냈다. 그 뒤를 이어 나온 것이 바로 제랄드 파사다의 부야베스! 통째로 익혀 손질한 생선과 감자 등에서 진한 부야베스 국물이 우러나왔는데, 전형적인 부야베스에 작은 게를 넣어 갑각류 특유의 고소함을 가미했다. 이게 진짜 부야베스라던 세계 3대 수프니 뭔지 들어갈 자격이 되겠지만, 역시 3스타에 와야만 맛볼 수 있는 맛이라는 생각이 든다. (그 이유는 다음에 나올 식당 소개에서 알 수 있다.) 부야베스 코스의 디저트는 비교적 간단하게 마무리되었다.

호텔 앞 전경

꽤 만족스러운 식사였고 다양한 생선과 해산물 요리를 맛보기는 했다. 하지만 한편으로는 '덜 익히는' 것 말고는 특별한 조리 기술이 느껴지지는 않았다. 생선수프의 다양한 생선이나 부야베스의 생선 모두 그냥 날것과 다 익은 것의 중간 느낌이랄까. 생선구이는 어떤 식으로 풀어낼지 궁금하기도 해서 다음에는 가장 긴 해산물 코스를 맛보고 싶어졌다. 호텔에서 하루 숙박하면서 여유롭게 즐긴다면 좀 더 행복하지 않을까?

◆ 구분	fine dining	
◆ 가이드북	Michelin 3 stars Les Grandes Tables du Monde Relais & Chateaux	
◆ 인테리어	모던한 느낌의 실내, 바다를 바라보는 전망	
◆ 가격	코스 210/260/380유로, 점심 110유로 (단품 가능)	
◆ 예산	300~500유로	
◆ 와인선택	리스트: 5/5 가격대: 2/5 상대적 가격: 3/5	
◆ 음식 스타일	modern	
◆ 셰프	Gerald Passedat	
◆ 요약	음식: 5/5 가성비: 2/5 인테리어: 5/5 서비스: 5/5	
◆ 키워드	미식여행 신혼여행 해산물 전망	

- 방대한 와인 리스트를 가지고 있으며, 화이트 와인의 컬렉션이 특히 좋다. 와인은 전반적으로 비싼 편이나 일부는 소매가 이하로 저렴하게 판매하고 있다.

Le Petit Nice Passédat

D business casual
A Anse de Maldormé - Corniche J. F. Kennedy13007 Marseille
T +04 91 59 25 92
H https://www.passedat.fr
R 홈페이지, 전화 예약

O

	월	화	수	목	금	토	일
점심		12:30~14:00					
저녁		19:30~22:00					

마르세유

Chez Michel
셰 미셸

부야베스에 대한 환상이 깨지다

세계 3대 수프 중 하나로도 꼽히는 부야베스는 마르세유를 중심으로 한 프로방스 지방이 본고장이다. 원래는 마르세유의 어부들이 바다에서 항구로 돌아와 팔고 남은 생선과 해산물을 가지고 집에서 끓여먹던 요리에서 비롯되었다고 한다. 부야베스에는 지중해에서 나는 생선에 신선한 토마토, 감자, 회향과 아니스향이 들어간 술인 페르노 pernod, 그리고 샤프란이 들어간다. 가르세유에는 부야베스에 들어가는 생선으로 쏨뱅이 rock fish, 달고기 John dory, 붕장어(아나고) conger, 성대 galinette 중 하나 이상이 반드시 들어가야 한다는 법칙이 있다고 한다. 우리나라 프렌치 레스토랑의 부야베스를 보면 아귀도 많이 들어가고 조개나 랍스터 등이 들어가기도 하는데, 랍스터 같은

1 부야베스에 들어가는 생선
2 부야베스 수프
3 부야베스는 보통 방돌 로제 와인을 곁들여 마신다.

갑각류를 쓰는 경우는 있어도 조개가 들어가는 것에 대해서는 이견이 많다고 한다.

    부야베스에 대해 조금 더 이야기해보자. 부야베스에는 보통 프로방스의 전통 소스인 아이올리aioli 소스와 루유rouille 소스가 함께 나온다. 아이올리 소스는 마늘과 올리브유, 계란 노른자, 레몬 등으로 만든 소스다. 스페인의 카탈루냐에서 남프랑스, 이탈리아의 리구리아 지방까지 광범위하게 퍼져있는 소스로, 정확한 기원은 알 수 없으나 '아이올리'라는 이름은 중세 프로방스어의 마늘과 오일의 합성어에서 온 것으로 추정된다. 하지만 카탈루냐 지방에는 계란 노른자를 넣지 않은 전통적 방식에 가까운 아이올리 소스가 남아 있어 카탈루냐에서 먼저 나왔다는 주장도 제기되고 있다. 루유 소스는 마늘빵, 크루통과 같이 부야베스에 곁들여먹는 필수 요소다. 또 부야베스에는 방돌 로제와인을 곁들이는 것이 전통인데, 화이트 와인은 사프란 향에

진열되어 있기만 한 생선

약간 치이고 레드 와인과는 잘 맞지 않으니 인근 지역에서 나는 로제 와인을 택한 것이 아닌가 싶다. 뭐, 전통에는 다 이유가 있듯이 괜찮은 조합이다.

사실 인상적인 부야베스를 맛본 기억이 없어 늘 본고장의 맛이 궁금했다. 마르세유에서 부야베스에 넣을 식재료까지 지정하는 법칙까지 만들었다고 하니 궁금증이 더 커졌다. 마르세유의 관광청 홈페이지를 보면 이 규칙에 맞는 정통 부야베스를 파는 레스토랑 몇 곳의 이름이 나온다. 대표적인 곳이 셰 퐁퐁Chez Fonfon, 르 미라마르 Le Miramar, 그리고 이곳 셰 미셸이다. 접근성은 올드 포트Old Port에 있는 르 미라마르가 가장 좋지만, 몇 년 전까지 부야베스 하나로 미슐랭 1스타를 유지하고 있던 셰 미셸을 방문하기로 했다. 셰 미셸은 항구에서 도보로 2~30분 정도 걸리는 거리에 자리 잡고 있다.

밖에 걸린 메뉴판을 보는데 부야베스와 부리드의 가격이 무려 1인당 75유로였다! 기껏해야 잡생선(?)으로 끓이는 것이기에 인당 30~40유로 정도 할 것이라 생각했다. 50유로 이하는 진짜 부야베스가 아니라는 기사를 보기는 했지만 거의 10만원 가까이를 지불해야 할 줄은 전혀 상상도 못했다. 그래도 비싼 만큼 큰 기대감을 갖고 들어갔다. 안쪽에 생선을 진열해놨는데, 생선은 다 크기도 크고 신선도도 좋은 편이었다. 일행이 세 명이라 부야베스 2인분과 부리드 1인분을 주문했다. (부야베스는 2인분이 기본이다.)

부리드는 부야베스와 비슷하지만 토마토가 들어가지 않는 경우가 많다. 마늘이 비교적 많이 들어가며, 계란 노른자를 써서 부야베스보다 좀 더 걸쭉하고 농밀한 것이 특징이다. 사프란을 넣는 경우도 있고 안 넣는 경우도 있으며, 프로방스의 대표 소스인 아이올리 소스와도 비슷한 맛이 난다.

부리드와 부야베스가 완성된 모습을 보고 경악했다. 맛을 떠나 가격을 지불한 만큼의 만족도를 전혀 느낄 수 없는 비주얼이었다. 먼저 각자 놓인 접시에 수프를 부어

부야베스에서 건진 생선과 감자

부리드에 들어가는 생선과 감자

부야베스 소스　　　　　　　　　　　크루통 위에 올려 먹는다.

주고 감자와 뼈를 발라낸 생선을 놓아주는데, 독특한 풍미의 국물이라는 것 이외의 매력은 전혀 느낄 수 없었다. 생선을 국물에 넣어서 떠먹기도 하고 빵에 올려 먹거나 빵을 수프에 넣어먹기도 하는데, 생선도 너무 많이 익어 퍽퍽했다.

　나중에 검색을 해보니 르 미라마르의 부야베스는 그나마 나아보였지만, 그렇다고 이 정도 가격을 쉽게 납득할 수 있을 만큼은 아닐 것 같다. 물론 이후 르 프티 니스 파세다Le Petit Nice Passédat에서 제랄드 파세다Gérald Passédat 셰프가 만든 부야베스를 먹고 감탄하기도 했지만, 이날만큼은 왠지 부야베스에 사기를 당했다는 생각이 든 날이었다. 자기들끼리 협회 만들고, 말도 안 되는 규칙을 만들어서 비싼 가격을 받고 다른 것은 정통이 아니라며 배척하는 모한 상황. 프로방스 다른 지방에 있는 레스토랑에 가거나 마르세유 구시가나 항구 쪽에 보면 인당 30~50유로 선의 비교적 저렴한 부야베스도 있기는 하지만 맛이 크게 기대가 되지 않는다.

◆ 구분	restaurant
◆ 인테리어	캐주얼한 느낌의 인테리어
◆ 가격	부야베스/부리드 75유로
◆ 예산	100~150유로
◆ 와인선택	리스트: 2/5 가격대: 3/5 상대적 가격: 3/5

· 인근 지역에서 만든 와인을 위주로 구성되어 있다.

◆ 음식스타일	sea food
◆ 요약	음식: 2/5
◆ 요약	음식: 2/5 가성비: 1/5 인테리어: 2/5 서비스: 2/5
◆ 키워드	해산물 부야베스

Chez Michel

R 없음
A 6 Rue des Catalans, 13007 Marseille
T +33 4 91 52 30 63
H http://www.restaurant-michel-13.fr
R 전화, 이메일 예약

O	월	화	수	목	금	토	일
점심			12:00~13:30				
저녁			20:00~21:30				

Christophe Bacquié
크리스토프 바키에

전형적인 남프랑스의 3스타 레스토랑

MICHELIN ✹✹✹

마르세유와 툴롱 Toulon 의 중간 즈음에는 프랑스 그랑프리가 열리는 경주트랙이 있는데, 그 옆에 바로 이 그림 같은 오텔 뒤 카스틀레 Hôtel du Castellet 가 있다. 호텔 안에는 셰프의 이름을 딴 레스토랑 크리스트프 바키에가 있다. 셰프는 프랑스 여러 곳에서 일하고 경력의 많은 부분을 그가 자랐던 코르시카 섬에서 보냈다. 2002년 미슐랭 1스타를 받은 그는 2004년 MOF가 되었고, 2007년에는 2스타를 거머쥐었다. 2008년에는 〈를레 에 샤토〉로부터 '그랑 셰프' 상도 수상했다. 2009년, 코르시카를 떠나 프로방스로 온 그는 오텔 뒤 카스틀케에를 맡아 자신의 이름을 딴 레스토랑을 오픈했다. 이 레스토랑은 2010년에 2스타를 받았으며, 2018년 마침내 3스타를 거머쥐게

첫 번째 아뮈즈   수준 높고 다양하게 나온 두 번째 아뮈즈

됐다.

크리스토프 바키에를 방문한 날, 나는 스페인에서부터 700km가 넘는 길을 운전해서 프랑스로 넘어왔다. 프랑스 3스타 레스토랑에 오니 아름다운 공간과 환상적인 전망 등의 하드웨어가 스페인과는 완전히 다른 느낌이었다. 음식이 전부가 아니라, 바로 이런 모든 것이 합쳐져서 나오는 총체적인 경험이야말로 이토록 힘들게 미슐랭 스타 레스토랑을 찾아가고 고급 레스토랑을 방문하는 이유일 것이다.

이런 곳에 오면 바로 식사해도 좋지만, 정원에 나가서 아페리티프를 한 잔 즐기면서 (설사 물을 마시더라도) 시간을 보내기를 꼭 권하고 싶다. 카테고리별로 잘 구별된 와인 리스트는 보기보다 그렇게 대단하지는 않고, 3스타 평균 정도 되는 리스트로 보인다. 아무래도 프로방스 지방이다 보니 비교적 저렴한 (100유로 이하의) 지역 와인의 종류가 꽤 많았고, 전반적으로 조금 비싸게 파는 편이었다. 이곳에서는 단품 주문은 되지 않고 기본적으로 3가지 요리가 나오는 코스부터 주문할 수 있다. 시그니처 코스는 4코스 175유로, 5코스 185유로, 계절 메뉴 코스는 3코스 135유로, 6코스 195유로, 그리고 테이스팅 메뉴는 7코스 210유로, 8코스 240유로로 다양하게 준비되어 있다.

우리는 서버의 추천으로 시그니처 코스를 주문했다. 다양한 아뮈즈 부슈를 내는 것도 프랑스에 온 것을 실감케 했다. 식전 빵에는 아주 좋은 올리브 오일과 버터를 함께 내줬다. 첫 번째 전채는 프로방스의 전통 소스인 아이올리 소스를 테마로 한 샐러드가 나왔다. 다양한 지중해 채소와 과일, 문어를 아이올리 소스와 함께 낸 것이었다. 각각의 맛도 좋았고 중간 중간 느껴지는 시트러스 향도 전체 맛과 기가 막히게 잘 어울렸다. 새우 요리나 닭고기는 3스타에 걸맞게 훌륭했다. 마지막으로 나온 비둘기 요리도 진한 초콜릿 소스와 근사하게 잘 어울렸다. 플레이팅도 전반적으로 좋지만 다양한 채소와 과일, 허브를 잘 사용하고 음식에 향을 입히는 기술이 특별한 듯하다. 디저트로는 상큼한 프리 디저트와 조금 묵직한 초콜릿 수플레가 나왔다. 다양한 프티 푸르가 나와서 다시 정원으로 나가 커피와 함께 즐기며 천천히 마무리했다.

　개인적인 감상은 2스타와 3스타의 경계 선상에 있는 레스토랑이라는 생각이 든다. 압도적인 무언가가 존재하지는 않지만 왜 3스타에 올라섰는지 충분히 이해할 만하다. 이제 막 올라가는 곳이고, 가격대도 조금 저렴한 편이니 앞으로의 행보를 기대해 봐도 좋을 것 같다. 다만 개인적으로 또 다시 방문하기에는 와인 가격이 너무 비싸고 뚜렷한 개성은 없어 보인다.

새우요리

◆ 구분	fine dining	◆ 음식 스타일	modern
◆ 가이드북	Michelin 3 stars Les Grandes Tables du Monde Relais & Chateaux	◆ 셰프	Christophe Bacquie
		◆ 요약	음식: 4/5 가성비: 2/5 인테리어: 4/5 서비스: 5/5
◆ 인테리어	깔끔한 실내, 아름다운 정원과 산이 보이는 전망		
◆ 가격	코스 135/175/185/195/210/240유로	◆ 키워드	미식여행 신혼여행 전망
◆ 예산	180~400유로		
◆ 와인선택	리스트: 4/5 가격대: 3/5 상대적 가격: 2/5		

· 다양한 프랑스 와인을 보유. 전반적으로 가격이 비싼 편이다. 인근 지역에서 생산된 저렴한 와인도 다수 보유하고 있다.

Christophe Bacquié

D business casual
A 2760 Route des Hauts du Camp, 83330 Le Castellet
T +33 4 94 98 37 77
H https://www.hotelducastellet.net/en
R 홈페이지, 전화 예약

O	월	화	수	목	금	토	일
점심						12:30~13:30	
저녁			19:30~21:30				

L'Oustau de Baumanière

루스토 드 보마니에르

프랑스에서 가장 다시 가고 싶은 레스토랑

MICHELIN ✿✿

루스토 드 보마니에르는 내가 유럽 최고의 레스토랑을 꼽을 때 톱 20 중 하나로 반드시 이야기하는 곳이고, 개인적인 애정도를 더하자면 톱 10으로도 올릴 만한 곳이다. 아마도 톱 10 안에 있는 유일한 2스타 레스토랑이 아닐까 싶다.

　프로방스 지방의 채석장이 있는 레 보 드 프로방스 Les Baux de Provence 인근에 자리하고 있는 이곳은 들어가는 길에 비포장도로까지 있어 '도대체 맞게 가는 것인가' 하는 질문을 수도 없이 던질 수밖에 없다. 아를에서는 대략 10여 킬로미터 정도 떨어져 있어 대중교통과 택시로 이동하는 것이 아주 불가능하지는 않다. 호텔 겸 레스토랑에 도착하면 뒤편에 바위산을 자리 잡고 있는 것을 볼 수 있다. 이곳은 1947년에 문

1 콜리플라워 퓌레와 지중해 솔
2 파르메산 크림과 랑구스틴
3 개인적으로 좋아하는 샴페인 중 하나인 Salon 1997

을 열었고, 건물은 16세기 레지던스를 개조했다고 한다. 당연하게도 〈를레 에 샤토〉의 멤버이자 〈레 그랑드 타블르 뒤 몽드〉의 멤버다.

    이 레스토랑은 장 앙드레 샤리알 Jean André Charial 셰프가 이끌고 있다. 호텔 겸 레스토랑의 창립자인 그의 할아버지가 24살의 경영학도였던 그에게 주방을 물려받을 것을 권했다고 한다. 그때까지 주방 경력이나 요리를 배운 적이 한 번도 없던 셰프는 학업을 중단하고 트루아그로 Troisgros, 샤펠 Chapel, 에베를랭 Haeberlin, 보퀴즈 Bocuse와 같은 (모두 전설적인 3스타 셰프) 거장 밑에서 요리를 배웠다. 1993년부터 본격적으로 주방을 이어받은 그는 현재까지도 2스타를 유지하고 있으며, 좋은 식재료에 기반으로 프로방스 전통 요리를 선보이고 있다. 그는 호텔 뒤에 있는 정원에서 직접 키운 재료를 많이 사용해 단순하지만 직관적인 음식을 내는 것으로 알려진 셰프다.

6만 병이 넘는 컬렉션이 있는 와인 리스트는 남프랑스 최고로 꼽힌다. 소믈리에가 농담으로 2010년 이후의 와인보다 1910년 이전의 와인이 더 많다는 이야기를 했는데, 워낙 재고가 많아서인지 어린 와인은 리스트에 올려놓지도 않은 듯했다. 상대적으로 가격이 좋은 편은 아니지만 그렇다고 비싼 편도 아니기에 올드 빈티지 와인을 마시고 싶다면 단연 추천하고 싶은 곳이다. 시중에서 보기 힘든 와인이 많으니 와인 애호가라면 반드시 들러야 한다. 음식은 단품으로 주문 가능하며 코스로는 160유로 코스와 215유로 코스가 있다. 우리 일행은 160유로의 구성이 좋아 보여 그것으로 주문했다.

아름다운 정원에 앉아 아페리티프를 마셨는데, 햇살이 너무 따가워 여기서 식사하는 것은 불가능했다. 안으로 들어가 자리에 앉으니 오래된 커틀러리에 올린 버터와 두 가지 올리브 오일을 내줬다. 버터와 올리브 오일 모두 맛이 너무나 훌륭했고 심지어 바게트마저 예술적인 모양으로 나와 음식에 대한 기대가 한껏 올라갔다.

아뮈즈 부슈 이후 첫 번째 전채로 랑구스틴이 들어간 라비올리가 나왔는데, 갑각

1 로스트한 양다리 구이
2 밀푀유

실내 모습

류의 진하고 고소한 맛을 완벽하게 살렸다. 다음에 나온 생선요리 솔sole은 별다른 장식 없이 생선뼈를 우려 만든 소스와 함께 내줬는데, 지금 사진으로 다시 봐도 저절로 입에서 욕이 나올 정도로 정말 맛있었다. 식재료 자체의 품질은 두말할 것도 없었고, 완벽한 퀴송에서 나오는 텍스쳐부터 단순한 소스까지 아주 환상적인 맛이었다. 그러나 이것은 전초전에 불과했다. 메인으로 나온 양다리 요리 앞에서는 완전히 무너져 버렸다. 양다리를 통으로 로스트한 후 게리동 서비스로 바로 썰어주는데, 도대체 지금까지 먹었던 양다리는 다 뭐였는지 싶었다. 갈비든 어느 부위든 간에 이렇게 맛있는 양은 처음 먹어봤다. 이 요리 역시 양에서 우려낸 쥐jus를 소스로 쓰고 있는데, 완벽한 재료와 그 맛을 완벽하게 뽑아내는 솜씨는 이 이상으로 완벽할 수 없다!

식사를 너무나도 맛있게 해 디저트도 그냥 먹을 수 없어 디제스티프 리스트를 부탁했는데, 이 또한 예술이었다. 심지어 1930년 알마냑을 소믈리에가 서비스로 넉넉하게 따라주기까지 했다. 프리 디저트로는 캐러멜 아이스크림이 나오고 이어서 밀푀유가 나왔다. 이것도 예술이었다. 이런 파인 다이닝에서 밀푀유가 디저트로 나오면 무조건 맛있는 것 같다. 워낙에 평범하고 흔한 디저트다보니 잘하기가 쉽지 않은데 그만한 자신감이 있으니 내는 것이겠지 싶다. 정원에 앉아 커피를 즐기며 40여 년을 일했다는 매니저의 환대 속에 이런저런 이야기를 나눴다. 따사로운 프로방스의 햇살 아래 낮술로 살짝 취기가 올라오는 기분 좋은 느낌, 눈이 살짝 감기는 와중에 이런 것이 행복인가 싶었다.

아름답고 멋진 공간, 완벽한 서비스, 엄청난 와인 리스트, 합리적인 가격과 최고의 맛. 무엇 하나 부족함이 없는 이곳은 내 마음 속 3스타, 아니 그냥 하늘의 별을 다 뿌려주고 싶은 곳이다. 다음번에는 꼭 하루 묵어가고 싶다. 레스토랑의 홈페이지에 나온 말이 인상적이라 마지막으로 인용을 해본다.

"여기는 아이들을 환영하고 가족들이 많이 찾는 곳입니다. 아이들이 여기서 첫 파인 다이닝을 경험하고, 처음으로 콩을 먹으며, 샤토 디켐 Château d'Yquem 을 처음 맛보는 그런 인생의 이벤트가 벌어지는 곳입니다."

◆ 구분	fine dining	
◆ 가이드북	Michelin 2 stars Les Grandes Tables du Monde Relais & Chateaux	
◆ 인테리어	카브를 연상케 하는 고풍스럽고 깔끔한 인테리어	
◆ 가격	코스 165/215유로, 점심 100유로 (단품 가능)	
◆ 예산	200~400유로	
◆ 와인선택	리스트: 5/5 가격대: 3/5 상대적 가격: 3/5	

◆ 음식 스타일	traditional
◆ 셰프	Jean-André Charial
◆ 요약	음식: 5/5 가성비: 4/5 인테리어: 5/5 서비스: 5/5
◆ 키워드	미식여행 신혼여행 와인애호가 로맨틱 가족여행

· 6만 병 넘는 엄청난 와인 리스트에 다양한 올드 빈티지 와인을 보유하고 있다.

L'Oustau de Baumanière

D business casual
A Chemin départemental 27, 13520 Les Baux-de-Provence
T +33 4 90 54 33 07
H https://www.baumaniere.com/en
R 홈페이지, 전화 예약

O		월	화	수	목	금	토	일
	점심	12:30~14:00					12:30~14:00	
	저녁	19:30~22:00					19:30~22:00	

4월 말부터 10월 중순까지는 휴무 없이 운영된다.

프로방스

라 바스티드 드 카펠롱그 – 레스토랑 에두아르 루베
La Bastide de Capelongue
- Restaurant Edouard Loubet

아름다운 전망, 아쉬운 음식

MICHELIN

프로방스 내륙의 중심이라고 할 수 있는 아비뇽과 엑상 프로방스, 그 어디서도 차로 30분 정도면 도착할 수 있는 보니외Bonnieux 마을에 미슐랭 2스타 레스토랑 겸 호텔 라 바드티드 드 카펠롱그가 있다. 구글이나 많은 가이드 책에는 이곳의 호텔 이름과 레스토랑 이름이 혼재되어 나오고는 한다. 레스토랑 에두아르 루베Restaurant Edouard Loubet라고 적혀 있는 곳도 있고, 도멘 드 카펠롱그Domaine de Capelongue라고 되어 있기도 하다. 메종 에두아르 루베Maison Edouard Loubet라고 표기하는 곳도 있다. 나중에 확인해보니 와이너리를 포함한 전체의 이름이 '도멘 드 카펠롱그'이고, 한쪽에 있는 호텔의 이름이 '라 바스티드 드 카펠롱그', 그 호텔 안에 있는 레스토랑의 이름이 셰프의 이

1 아뮈즈 부슈
3 허브와 함께 구운 양갈비
2 메밀 샐러드와 튀일
4 양파 그라탱

름을 딴 '레스토랑 에두아르 루베'라고 한다. 이곳에서 일하는 이들도 이름을 혼용해서 쓴다고 한다.

　에두아르 루베 셰프는 24세에 미슐랭 1스타를 받았는데, 당시 이는 가장 적은 나이로 별을 받은 기록이었다. 그는 그로부터 3년 뒤 2스타를 거머쥐게 된다. 2007년부터 라 바스티드 드 카펠롱그를 맡은 그는 〈를레 에 샤토〉로부터 '그랑 셰프' 상을 받았고, 2011년에는 〈고미요〉로부터 '올해의 셰프'로 꼽히기도 했다.

　프로방스의 경치를 구경하며 레스토랑에 도착하니 호텔의 모습과 레스토랑에서 바라보는 전망에 흠뻑 빠져버렸다. 레스토랑의 문을 열고 들어가면 보이는 모습도 럭셔리함과는 거리가 있지만, 시원하면서도 남프랑스다운 매력을 뿜어냈다. 창밖으로 보이는 전망도 훌륭하지만 정원으로 나가보면 한층 더 매력을 느낄 수 있어 아페리티프와 아뮈즈 부슈는 정원에 나가서 즐겼다.

와인 리스트는 크게 인상적이지 않아 지역 와인 위주로 주문했다. 음식은 단품 주문도 할 수 있고 140유로, 210유로 코스도 있다. 평일에는 84유로 코스도 주문할 수 있다. 이곳은 3월 중순부터 11월 초까지 영업을 하는데, 3월 영업을 시작한 지 며칠이 지난 후에 방문했더니 마치 레스토랑을 전세 낸 것처럼 사람이 없었다.

다양한 채소가 나오는 아뮈즈 부슈나 전채, 허브 버터를 내주는 것이 프로방스의 정체성을 물씬 보여준다는 생각이 들었다. 차가운 양파수프는 특히 인상적이었다. 전채에서도 다양한 허브를 많이 쓰고 부용이나 수프, 심지어 소스도 묽게 사용하는 것이 특징으로 보였다. 메인으로 주문한 양고기는 근사한 비주얼이었지만 조금 오래 조리해 아쉬움이 있었다. 사이드로 내준 그라탱이 오히려 더 매력적이었다. 디저트와 프티 푸르는 역시 정원에서 즐기기로 하고 정원으로 나와 보니, 음식이고 뭐고 간에 이런 풍경이면 더 바랄 것이 없을 것 같다.

음식이나 와인이 그리 만족스럽지는 않았지만, 워낙에 외진 곳에 있어 숙박 시설이 비싼 편도 아니니 가족이나 연인과 함께 다시 방문한다면 좀 더 만족스러운 여행이 될 수도 있겠다.

◆ 구분	fine dining	
◆ 가이드북	Michelin 2 stars Relais & Chateaux	
◆ 인테리어	시원하고 깔끔한 인테리어, 환상적인 전망	
◆ 가격	코스 84/140/210유로 (단품 가능)	
◆ 예산	130~300유로	
◆ 와인선택	리스트: 3/5 가격대: 3/5 상대적 가격: 3/5	

- 리스트 자체가 인상적이지는 않다. 하지만 인근 지역에서 만든 저렴한 와인은 많이 구비하고 있다.

◆ 음식 스타일	modern	
◆ 셰프	Edouard Loubet	
◆ 요약	음식: 4/5 가성비: 3/5 인테리어: 5/5 서비스: 4/5	
◆ 키워드	미식여행 신혼여행 전망 로맨틱	

La Bastide de Capelongue - Restaurant Edouard Loubet

D business casual
A Chemin des Cabanes 84480 Bonnieux
T +33 04 90 75 89 78
H https://www.capelongue.com
R 홈페이지, 전화 예약

O

	월	화	수	목	금	토	일
점심				12:00~13:30			
저녁				19:00~21:30			

4월 말부터 10월 중순까지는 휴무 없이 운영된다.

> 프로방스

알렉상드르 – 미셸 케제르
Alexandre – Michel Kayser

멋진 정원이 있는 레스토랑

MICHELIN ✦✦

알렉상드르 – 미셸 케제르는 마르세유에서 몽펠리에로 가는 길에 있는 님Nimes과 아를Arles 중간에 있는 미슐랭 2스타 레스토랑으로, 잘 꾸며진 정원이 유명한 곳이다. 미셸 케제르Michel Kayser 셰프는 1955년생으로, 프랑스 동부와 알프스 지역에서 경력을 쌓다가 80년대 중반에 남프랑스로 와서 알렉상드르를 맡게 된다. 1987년 1스타를 받은 그는 2001년 레스토랑의 오너가 됐다. 2003년, 대대적인 리노베이션을 통해 레스토랑을 재정비한 후 2007년 알렉상드르는 마침내 2스타 레스토랑이 된다. 2009년부터는 〈를레 에 샤토〉의 멤버가 되었고 2014년부터는 〈레 그랑드 타블르 뒤 몽드〉에도 가입을 했다. 고미요로부터는 '올해의 셰프' 상을 수상하기도 했다.

1 아뮤즈 부슈
3 카다멈 젤리를 곁들인 굴
2 다양한 허브를 곁들인 토끼
4 로스트한 돼지

 내부는 조금 모던한 분위기인데, 생각보다 채광이 좋은 편은 아니어서 밝고 화사한 느낌까지는 들지 않아 아쉬웠다. 알렉상드르에서는 단품도 주문할 수 있다. 코스 메뉴로는 2코스가 나오는 점심 코스가 58유로, 주중에만 주문 가능한 3코스 구성의 코스인 인핸스드 네이처Enhanced Nature가 88유로, 시즌스 캉테상스Season's Quintessence 코스에서는 6코스는 128유로, 9코스는 184유로가 있어 다양한 선택이 가능하다. 와인 리스트는 남프랑스의 와인 위주로 꽤 다양한 종류를 가지고 있으나 딱히 가격이 좋다거나 주문할만한 와인이 보이지 않는다.

 점심때 방문한 것에서 가볍게 먹기 위해 인핸스드 네이처 코스에 와인 페어링 두 잔을 포함한 112유로 코스를 주문했다. 남프랑스라 그런지 버터 대신 진한 올리브 오일을 인원수대로 하나씩 내줬는데, 오일의 풍미가 인상적이었고 곁들이는 리치한 빵도 좋았다.

　코스마다 두세 가지 선택 가능한 초이스가 있었다. 요리는 주재료 옆에 다양한 허브와 채소를 배치했고, 소스는 진하지 않고 전반적으로 섬세한 느낌이 들었다. 특히 굴 요리가 인상적이었다. 굴의 퀄리티도 좋고 헤이즐넛 오일과의 조합이 근사해서 평소 좋아하지 않던 호박마저도 맛있게 먹을 수 있었다. 메인으로 나온 아귀요리나 돼지요리는 다소 무난했고 디저트도 화려하거나 다채로운 편은 아니었다.

　2스타 레스토랑치고 비교적 간단한 점심 식사를 했는데, 레스토랑의 저력을 느낄 수 있는 부분도 있었지만 2스타라고 하기에는 조금 아쉬운 부분도 있었다. 레스토랑의 정확한 평을 위해서는 중간 이상의 코스를 시키는 것이 좋지만, 이날 받은 느낌으로는 누구에게나 무난한 전형적인 2스타 레스토랑이 아닐까 하는 생각을 했다.

1 훈제한 아귀와 펜넬
2 평범했던 디저트
3 다소 아쉬웠던 와인 리스트

◆ 구분	fine dining	
◆ 가이드북	Michelin 2 stars Les Grandes Table du Monde Relais & Chateaux	
◆ 인테리어	아름다운 정원, 실내는 모던한 인테리어	
◆ 가격	코스 88/128/184유로, 점심 58유로 (단품 가능)	
◆ 예산	130~300유로	
◆ 와인선택	리스트: 3/5 가격대: 3/5 상대적 가격: 3/5	

· 2스타치고는 빈약한 와인 리스트, 인근 지역산 와인이 주를 이룬다.

◆ 음식 스타일	modern
◆ 셰프	Michel Kayser
◆ 요약	음식: 4/5 가성비: 4/5 인테리어: 4/5 서비스: 4/5
◆ 키워드	미식여행 신혼여행 정원

Alexandre – Michel Kayser

D business casual
A 2 Rue Xavier Tronc, 30128 Garons
T +33 4 66 70 08 99
H http://www.michelkayser.com
R 홈페이지, 전화 예약

O

	월	화	수	목	금	토	일
점심			12:00~13:15				
저녁			20:00~21:15				

415

프로방스

크리스티앙 에티엔
Christian Etienne

고성에서 맛보는 분위기 있는 식사

MICHELIN ✦

아비뇽 교황청 바로 옆에 있는 크리스티앙 에티엔은 아비뇽에서 가장 유명하고 좋은 레스토랑으로 손꼽히는 곳이다. 구 시가지 중심에 있는 12세기 건물에 자리하고 있어 독특한 분위기 속에서 식사를 할 수 있다. 오래 되어서 군데군데 낡은 느낌은 분명히 있지만, 이런 공간에서의 다이닝은 우리나라에서는 상상도 할 수 없는 것이다. 12세기라고 하면 고려시대 최씨 무신정권 시대이며, 우리나라에서 가장 오래된 건물로 꼽히는 부석사 무량수전이나 봉덕사 극락전보다 100여년 정도 앞선 시기이니 말이다.

이 레스토랑은 1988년부터 미슐랭 1스타를 유지하고 있다. 프로방스의 보클뤼즈

1 아뮤즈로 나온 리예트
2 모렐 버섯과 감자 퓌레, 랍스터
3 프리 디저트

    Vaucluse 주에 현존하는 레스토랑 중 가장 오랫동안 별을 가지고 있는 곳이자 아비뇽에 있는 유일한 미슐랭 스타 레스토랑이기도 하다. 레스토랑의 이름은 초대 오너 셰프이자 사장의 이름을 따서 만든 것으로, 2016년부터 지금까지 길렘 세뱅Guilhem Sevin 셰프가 주방을 맡고 있다.

    음식은 단품 주문도 할 수 있으며 코스 수에 맞춰 85/105/130유로의 코스 메뉴가 있다. 토마토가 나오는 계절에는 모든 요리에 토마토가 들어가는 75유로 메뉴도 인기다. 점심 코스는 무려 35유로에 3코스가 제공되는데, 고풍스러운 인테리어를 저렴하게 즐길 수 있는 아주 합리적인 비용인 듯하다. 와인 리스트는 샤토네프 뒤 파프의 본고장인 만큼 좋은 샤토네프 뒤 파프가 있을 것이라는 기대를 안고 들여다봤지만 생각보다 좋지 않았다. 그저 1스타 레스토랑 평균 정도의 리스트가 아닐까 싶다.

    우리가 방문했을 때는 계절 때문인지 토마토 코스는 없고 랍스터 코스가 있어 주문했는데, 생각만큼 인상적인 맛은 아니었다. 아비뇽도 트러플의 주산지 중 하나여서 서버가 서비스로 트러플도 듬뿍 올려줬지만 아쉬운 맛을 가릴 정도는 아니었다.

12세기 성채에 지어진 레스토랑 실내

이 레스토랑의 잘못이라기보다 대개 1스타 정도의 레스토랑에서는 감동할 만한 음식을 만나기 쉽지 않고, 여러 면에서 무난한 고급 레스토랑인 경우가 대부분이다.

고풍스럽고 로맨틱한 느낌의 실내 공간도 좋고, 서비스도 완벽하다 싶고 음식 가격도 워낙에 괜찮으니 아비뇽을 찾는 분은 한 번쯤 들러도 좋을 것 같다.

◆ 구분	fine dining	◆ 음식 스타일	modern
◆ 가이드북	Michelin 1 star	◆ 셰프	Guilhem Sevin
◆ 인테리어	12세기 건물의 고풍스러운 인테리어	◆ 요약	음식: 4/5 가성비: 4/5 인테리어: 4/5 서비스: 4/5
◆ 가격	메뉴 130/105/85, 토마토 메뉴 75유로, 점심 메뉴 35유로 (단품 가능)	◆ 키워드	신혼여행 로맨틱 가성비
◆ 예산	100~200유로		
◆ 와인선택	리스트: 3/5 가격대: 3/5 상대적 가격: 3/5		

- 1스타 레스토랑의 평균적인 와인 리스트

Christian Etienne

D smart casual
A 10 Rue de Mons, 84000 Avignon
T +33 4 90 86 16 50
H https://www.christianetienne.fr
R 홈페이지, 전화 예약

O

	월	화	수	목	금	토	일
점심	12:00~13:30				12:00~13:30		
저녁	19:30~21:15				19:30~21:15		

프로방스

당 B.(베) – 라 타블르 드 방타브랑
Dan B.-La Table de Ventabren

환상적인 전망을 보며 즐기는 로맨틱한 식사   MICHELIN ✿

프로방스에 있는 수많은 1스타 레스토랑 중 마르세유와 엑상 프로방스 사이에 있는 작은 마을 방타브랑Ventabren의 레스토랑 당 B.(베)를 찾았다. 〈고미요〉평이 가장 좋고 젊고, 재기발랄한 셰프가 있다는 정도의 정보만 안 상태로 큰 기대 없이 방문한 것이었다.

프로방스 인근으로 가면 탁 트인 도로와 시원한 전망 덕분에 운전하는 재미가 있다. 마르세유나 엑상 프로방스에 숙소를 잡고 인근의 레스토랑을 하루에 하나씩 둘러보는 일정을 짜도 좋을 것 같다.

레스토랑에 들어서자마자 보이는 전망에 음식을 하나도 먹지 않고 바로 별 하나

1 아뮈즈 부슈
2 지중해 블루 랍스터
3 초콜릿 타르트

쯤은 줄 수 있을 것 같은 곳이었다. 전면부의 창을 모두 열어놓아 야외에서 먹는 느낌도 있다. 가끔 선선한 바람이 불면 술잔에 절로 손이 갈 정도!

음식은 단품 주문도 가능하고 46유로의 점심 코스, 72/88 유로의 테이스팅 메뉴가 있었다. 나는 전망에 반해 가장 긴 코스를 골랐다. 와인 리스트는 지역의 저렴한 와인을 중심으로 구성되어 있었는데, 딱히 인상적이지는 않았다.

다양한 토마토 요리로 시작해 전반적으로 프로방스의 채소와 과일 등을 잘 살려 요리했다. 이어서 차가운 랍스터와 생선요리, 양고기까지 나오는 구성은 딱히 인상적인 요리는 없었음에도 가성비가 좋다는 생각을 하지 않을 수 없었다. 신선한 재료의 조합이나 지역 특성을 살린 음식은 예상보다 만족스러웠다. 88유로면 다른 2, 3스타 레스토랑의 단품 메뉴 하나 정도의 가격이지만, 이렇게 지방의 1스타 레스토랑

프로방스가 내려다보이는 전망

에서는 전채에 랍스터, 생선, 고기, 디저트까지 나오는 풀코스 요리를 먹을 수 있는 가격이기도 하다. 물론 이런 아름다운 전망은 덤이다!

  이 레스토랑은 남프랑스로 신혼여행을 가거나 연인끼리 여행하는 이에게 꼭 추천하고 싶은 곳이다. 남자 둘이서 방문했는데도 만족스러웠으니 사랑하는 이와 함께라면 더할 나위 없이 좋지 않을까.

◆ 구분	fine dining	
◆ 가이드북	Michelin 1 star	
◆ 인테리어	전면으로 보이는 환상적인 전망	
◆ 가격	코스 74/88유로, 점심 46유로 (단품 가능)	
◆ 예산	100~150유로	
◆ 와인선택	리스트: 3/5 가격대: 3/5 상대적 가격: 3/5	
◆ 음식 스타일	modern	
◆ 셰프	Dan Bessoudo	
◆ 요약	음식: 4/5 가성비: 4/5 인테리어: 5/5 서비스: 4/5	
◆ 키워드	신혼여행 로맨틱 전망 가성비	

· 1스타 레스토랑 평균의 와인 리스트, 저렴한 지역 와인이 많다.

Dan B. - La Table de Ventabren

D smart casual
A 1 Rue Frédéric Mistral, 13122 Ventabren
T +33 4 42 28 79 3
H https://www.danb.fr
R 홈페이지, 전화 예약

O

	월	화	수	목	금	토	일
점심			12:00~13:15				
저녁			20:00~21:15				

성수기에는 일요일 저녁에도 영업한다.

마르세유

기타 추천 레스토랑

Chez Fonfon 셰 퐁퐁

- ◆ 주소: 140 Rue du Vallon des Auffes, 13007 Marseille
- ◆ 전화번호: +33 4 91 52 14 38
- ◆ 가격: 부야베스 53유로
- ◆ 특징: 해변에 자리한 부야베스 및 해산물 전문점
- ◆ 영업시간:

	월	화	수	목	금	토	일
점심			12:00~14:00				
저녁			19:00~22:00				

Le Miramar 르 미라마

- ◆ 주소: 12 Quai du Port, 13002 Marseille
- ◆ 전화번호: +33 4 91 91 41 09
- ◆ 가격: 부야베스 69유로
- ◆ 특징: 올드 포트 Old Port에 자리한 부야베스 및 해산물 전문점
- ◆ 영업시간:

	월	화	수	목	금	토	일
점심			12:00~14:30				
저녁			19:00~22:30				

쇼핑

Le Marché de la Criée 르 마르셰 드 르- 크리에

◆주소	Vieux-port, Quai des Belges, Marseille
◆특징	항구에서 열리는 작은 어시장, 배에서 갓 내린 생선과 해산물을 판다. 생각보다 작은 규모라 가볍게 산책 삼아 들를 만함 흔히 떠올리는 시장을 가려면 마르셰 데 카퓌생 Marché des Capucins 혹은 쿠르 쥘리앙 Cours Julien을 가는 편이 좋다.

◆영업시간		월	화	수	목	금	토	일
	시간			08:00~13:00				

아비뇽

Le Vin Devant Soi 르 뱅 드방 수아

◆주소	4 Rue Collège du Roure, 84000 Avignon
◆특징	아비뇽 중심부에 자리한 와인숍. 생각보다 큰 규모의 와인숍이 없는 편인데, 잘 찾아보면 괜찮은 가격의 지역 와인이 있다.

◆영업시간		월	화	수	목	금	토	일
	시간			10:00~20:00				

엑상 프로방스

Marché de la Place Richelme
마르셰 드 라 플라스 리셸름

- ◆주소　　Place Richelme, 13100 Aix-en-Provence
- ◆특징　　채소, 과일은 물론 프로방스의 다양한 물건을 파는 야외 시장
- ◆영업시간

시간	월	화	수	목	금	토	일
			08:00~13:00				

Le Grand Marché 르 그랑 마르셰

- ◆주소　　Cours Mirabeau, 13100 Aix-en-Provence
- ◆특징　　분수와 관광안내소가 있는 미라보 거리 Cours Mirabeau 인근의 야외 시장. 골동품부터 프로방스 특산물, 옷, 액세서리 등을 판다.
- ◆영업시간

시간	월	화	수	목	금	토	일
			08:00~13:00 (화,목,토)				

Maison Bremond 1830 메종 브르몽 1830

- ◆주소　　23 Rue Bédarrides, 1310C Aix-en-Provence
- ◆특징　　프로방스의 제품을 전문으로 파는 고급 식료품점. 각종 절임 및 올리브 오일의 퀄리티가 특히 뛰어나다.
- ◆영업시간

시간	월	화	수	목	금	토	일
			10:00~19:00				

Sud-Ouest 남서부

보르도 레스토랑

68. Le Saint James 르 생 제임스

69. L'univerre 뤼니베르

기타 지역 레스토랑

70. Les Prés d'Eugénie - Michel Guérard 레 프레 되제니-미셸 게라르

71. Auberge du Vieux Puits - Gilles Goujon 오베르주 뒤 비외 퓌-질 구종

72. Le Suquet - Maison Bras 르 쉬케-메종 브라

73. Michel Trama 미셸 트라마

74. Le Bibent 르 비벙

75. L'Ostal des Troubadours 로스탈 데 트루바두르

세계적인 와인 생산지, 남서부

미디 피레네 지방과 랑그독 루시옹을 비롯해 아키텐 등 대서양 연안을 포함하는 프랑스의 남서부 지방은 내륙으로는 다양한 고기 요리와 트러플, 푸아그라 등의 맛있는 식재료가 가득하고 해안으로는 지중해와 대서양의 다양한 해산물을 동시에 맛볼 수 있는 곳이다.

스페인과 국경을 이루는 바스크 지방의 특색 있는 음식 문화의 영향을 받았을 뿐만 아니라 세계적인 와인 산지를 배후에 두고 있어 수준 높은 미식 문화가 발달한 곳이다. 한국 관광객이 많이 찾는 곳은 아닐 뿐더러 따로 방문하기도 쉽지 않지만, 전 세계에서 손에 꼽을 만한 톱 레스토랑 세 군데가 있다. 남서부 지방의 전통적인 고기 요리 카술레와 보르도 지방의 디저트인 카늘레, 마카롱도 잊지 말자.

남서부 최고의 레스토랑 Les Prés d'Eugénie - Michel Guérard 레 프레 되제니 – 미셸 게라르
최고로 꼽히지 않아 아쉬운 곳 Auberge du Vieux Puits-Gilles Goujon 오베르주 뒤 비외 퓌 – 질 구종
남서부 최고의 전망 Le Suquet-Maison Bras 르 쉬케 – 메종 브라
최고의 미식 루트 바르셀로나에서 출발해 남서부를 거쳐 산 세바스티안으로 가는 루트

남서부

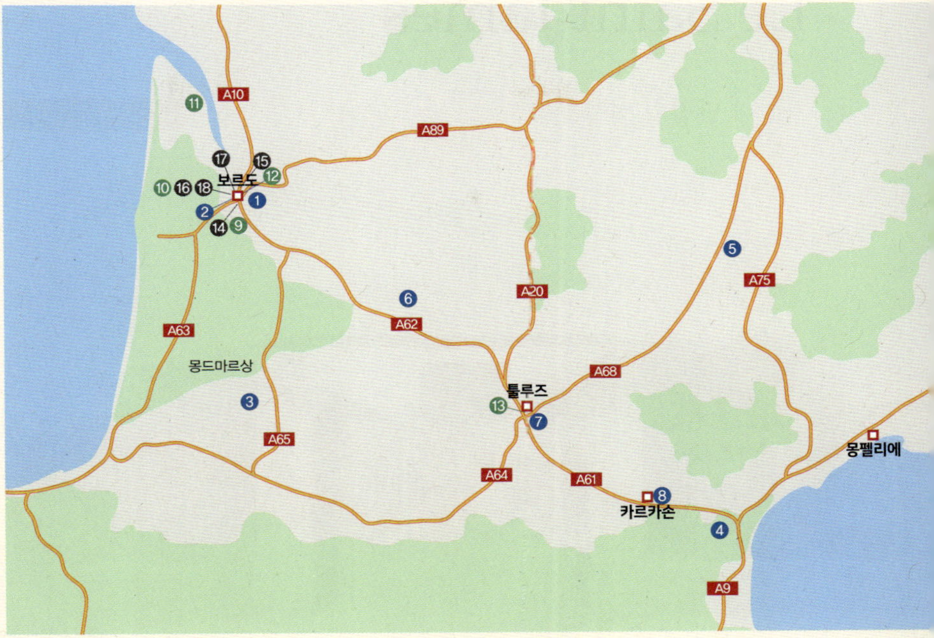

핵심 레스토랑

1. 르 생 제임스
2. 뤼니베르
3. 레 프레 되제니 – 미셸 게라르
4. 오베르주 뒤 비외 퓌 – 질 구종
5. 르 쉬케 – 메종 브라
6. 미셸 트라마
7. 르 비벙
8. 로스탈 데 트루바두르

기타 추천 레스토랑

9. 르 그랑 비뉴
10. 르 프레수아르 다르정 – 고든 램지
11. 샤토 코르데양 바주
12. 라 튀피나
13. 미셸 사랑

쇼핑

14. 마르셰 데 카퓌생
15. 라티튀드 20 (뱅)
16. 랭텅당
17. 바디
18. 라 비노테크

보르도

르 생 제임스
Le Saint James

가성비 만점의 식사

MICHELIN

보르도 인근에서 가장 가고 싶었던 곳은 미슐랭 2스타를 받은 샤토 코르데양 바주 Château Cordeillan Bages였다. 하지만 보르도에 있던 날이 레스토랑의 휴무일과 겹쳐 찾을 수가 없었고 차선책으로 보르도 외곽인 불리악 Bouliac에 자리한 미슐랭 1스타 레스토랑 르 생 제임스를 방문했다. 보르드와 인근 지역에는 고든 램지의 레스토랑을 비롯해 2스타 레스토랑이 몇몇 있었지만, 정원과 전망이 좋고 〈를레 에 샤토〉의 멤버라 이곳을 택했다. 불리악은 보르도 시내에서 차로 10여 분 걸리는 작은 언덕 위 마을로, 보르도를 한눈에 내려다볼 수 있다.

약간 일찍 도착해서 레스토랑이 문 열 준비를 하는 동안 정원을 돌아봤다. 레스토

보르도 시내가 내려다보이는 전망

랑 겸 호텔의 건물이 무척이나 근사해서 찾아보니 유명 건축가의 작품이었다. 바로 앞에는 포도밭이 펼쳐져 있어 더 분위기가 좋은 듯했다. 홀로 들어가면 마치 계단식으로 구성되어 있는데 어디서나 밖의 전망을 충분히 감상할 수 있도록 만든 것 같다.

이곳에서는 단품 요리나, 155/115/77유로의 다양한 코스요리를 주문할 수 있으며 점심때는 합리적인 가격인 47유로의 코스도 주문할 수 있다. 저녁에 워낙 거한 식사가 예정되어 있어 점심 메뉴로 주문했다. 와인 리스트는 보르도답게 꽤 훌륭했다. 보르도보다는 부르고뉴 와인 리스트가 좋다는 점이 다소 의외였고 가격대도 적당한 편이었다.

점심 메뉴는 47유로라는 합리적인 가격에 3코스의 음식을 맛볼 수 있는데, 개별 접시는 나무랄 데 없이 만족스러웠다. 딱히 인상적이지는 않았지만 혹시 다음에라도

1 수란, 잠봉과 버섯
2 지중해 농어
3 보르도에 있는 레스토랑이지만, 부르고뉴 와인 리스트가 좋았다.

방문하면 좀 더 긴 코스를 먹어봐도 좋겠다는 생각이 들 정도로 점심 메뉴만으로도 셰프의 실력을 엿보기에 부족함이 없었다.

◆ 구분	fine dining	◆ 음식 스타일	modern
◆ 가이드북	Michelin 1 star Relais & Chaeaux	◆ 셰프	Nicolas Magie
◆ 인테리어	모던한 건물과 계단식으로 구성된 독특한 실내	◆ 요약	음식: 4/5 가성비: 4/5 인테리어: 5/5 서비스: 4/5
◆ 가격	코스 77/115/155유로, 점심 47유로 (단품 가능)	◆ 키워드	미식여행 신혼여행 전망 와인 애호가
◆ 예산	100~200유로		
◆ 와인선택	리스트: 4/5 가격대: 3/5 상대적 가격: 3/5		
· 의외로 부르고뉴 와인 리스트가 좋은 편.			

Le Saint James

D business casual
A 3 Place Camille Hostein, 33270 Bouliac
T +33 5 57 97 06 00
H http://www.saintjames-bouliac.com/en
R 홈페이지, 전화 예약

O	월	화	수	목	금	토	일
점심			12:00~13:15				
저녁			19:30~21:45				

뤼니베르
L'Univerre

훌륭한 와인 리스트와 괜찮은 안주

보르도 시내 중심가에 자리한 와인바 뤼니베르는 와인 리스트도 훌륭하고, 와인 가격도 합리적이라 많은 인기를 얻고 있는 곳이다. 당연히 보르도 컬렉션이 좋고, 라플뢰르 같은 와인 몇몇은 샤토에서 직접 와인을 받아 꽤 저렴한 가격으로 공급하며 부르고뉴 와인의 셀력선도 좋은 편이다.

의외로 음식도 아주 만족스러웠다. 리 드 보 ris de veau라는 송아지 흉선요리나 돼지족 테린, 카슐레와 송아지 등 고기 요리가 저렴한 가격임에도 맛있고 와인 안주로도 그만이다. 정말 이런 곳은 한국으로 그대로 들고 오고 싶었다.

돼지족 테린

구운 송아지 요리

◆ 구분	bistro & wine bar		◆ 요약	음식: 3/5 가성비: 4/5 인테리어: 1/5 서비스: 3/5
◆ 인테리어	심플한 공간과 와인 셀러			
◆ 가격	단품 10~30유로		◆ 키워드	와인 애호가
◆ 예산	50~200유로			
◆ 와인선택	리스트: 5/5 가격대: 3/5 상대적 가격: 4/5			
· 보르도와 부르고뉴를 넘나드는 훌륭한 와인 리스트를 가지고 있으며 전반적인 가격도 좋다.				

L'Univerre

D 없음
A 40 Rue Lecocq, 33000 Bordeaux
T +33 5 56 23 01 53
H http://www.univerre-restaurant.com
R 홈페이지, 전화 예약

O	월	화	수	목	금	토	일
점심		12:00~13:30					
저녁		19:30~21:30					

레 프레 되제니 – 미셸 게라르
Les Prés d'Eugénie – Michel Guérard

40년째 3스타를 유지하고 있는 전설의 레스토랑　　MICHELIN ✿✿✿

외제니 레 뱅Eugénie-les-Bain이라는 작은 온천 마을, 휴양지에 자리한 레스토랑 겸 호텔인 레 프레 되제니–미셸 게라르는 리조트라고 해야 정확하다 싶을 정도로 압도적인 규모와 시설을 자랑한다. 이곳의 오너이자 셰프는 미셸 게라르Michel Guérard로, 1933년생이며 몇 살 위의 폴 보퀴즈(지금은 작고한)와 함께 프랑스 가스트로노미의 전설 중 하나이자 누벨 퀴진의 기수로 손꼽힌다. 지금도 이곳의 셰프로 이름이 올라가 있지만, 실제로는 MOF인 제자가 주방을 맡고 있다고 알려져 있다. 원래 미셸 게라르 셰프는 "Eat Well and Stay Slim"을 모토로 하여 칼로리가 높지 않으면서도 맛있는 음식을 연구하고 내는 데 많은 시간과 정성을 기울이는 것으로 알려져 있다.

1 아뮈즈 부슈
3 인생 최고의 랍스터 요리 중 하나
2 인생 초고의 수프였던 야생버섯 수프
4 다소 아쉬웠던 소고기 요리

실제로도 이 레스토랑에는 여러 코스가 있는데 낮은 가격대의 코스는 앞서 말한 느낌의 메뉴다. 가장 상위 코스의 메뉴는 미셸 게라르 셰프의 시그니처 요리를 모아놓은 정반대 느낌의 음식이 나온다.

1977년부터 미슐랭 3스타를 유지하고 있으니 1965년부터 3스타를 유지하고 있는 폴 보퀴즈와 1967년부터 기록을 세우고 있는 알자스의 로베르주 드 릴L'Auberge de L'ill, 그리고 1968년부터 미슐랭 3스타를 유지하고 있는 메종 트루아그로Maison Troigros에 이어 네 번째로 오래된 3스타 레스토랑이다. (참고로 조르주 블랑Georges Blanc은 1981년부터.) 당연히 생존해 있는 셰프 중 가장 오랫동안 3스타를 유지하고 있는 레스토랑이다.

밤에 도착했는데 정원에서부터 다른 레스토랑과 클래스가 달랐다. 리셉션 및 바도 완벽하고 실내는 밝으면서도 따뜻하고 로맨틱한 분위기로 장식되어 있었고, 공간마다 조금씩 다른 인테리어로 꾸며져 있었다. 음식은 단품으로 주문할 수 있으며 255유로와 198유로의 두 가지 코스가 있고 평일에는 133유로의 비교적 간단한 메뉴도 주문할 수 있다. 가능하면 시그니처 요리가 나오는 255유로 메뉴인 팔레 엉샹테^{Palais Enchanté}를 먹어보기를 권하고 싶다. 코스 수를 늘리는 최근의 경향과 달리 포션이 꽤 많은 전통적인 유형의 코스다.

    5만 병 정도 보유하고 있다는 와인 리스트는 당연히 무척 훌륭했다. 와인 가격도 전반적으로 나쁘지 않았고 인근 지역의 5, 60유로대 저렴한 와인부터 최고급 와인까지 다양하게 갖추고 있다. 대다수의 3스타 레스토랑과 달리 부르고뉴 와인의 컬렉션이 대단하다 싶을 정도는 아니었지만, 보르도 와인은 파리의 라 투르 다르정이나 타유방 정도가 아니면 명함도 못 내밀 정도로 훌륭한 리스트였다. 보르도 와인만큼은 루스토 드 보마니에르나 조르주 블랑의 리스트보다 압도적이었고, 보르도 와인의 가격은 시중에 비해서도 오히려 저렴한 것이 많을 정도였다. 보르도 와인 애호가라면

캐비아를 올린 달걀요리

시그니처 중 하나인 수플레

다채롭게 꾸민 실내 인테리어

보르도에서 차로 1시간 반에서 2시간 정도 걸리는 이곳을 반드시 방문하기를 권하고 싶다.

 몇 종류의 아뮈즈 부슈가 나오고 첫 번째 차가운 전채가 나왔다. 작은 스푼으로 한입 입에 넣자마자 '이건 돌직구다. 여긴 무조건 맛있다~'라는 느낌이 그대로 전해졌다. 다음으로 나온 수프는 그야말로 충격적이었다. 트러플과 크림 베이스인 수프에 다양한 버섯이 들어갔는데 너무 맛있어서 정말 바닥까지 핥아먹었다. 혹자는 기사부아의 트러플 아티초크 수프가 최고라고들 하지만, 둘 다 먹어본 입장에서 한마디 하고 싶다. "어딜 감히?"

 이어진 랍스터 요리도 너무 맛있었는데, 조르주 블랑의 랍스터, 랑부아지의 랍스터와 함께 영원히 기억될 만한 최고의 랍스터였다. 약간 덜 익혀 탱글탱글한 텍스처를 강조했는데, 흔하게 나오는 비스크 소스류가 아닌 은은한 레몬 향의 소스가 맛을 무겁지 않게 균형을 잡아줬다.

이어서 메인요리가 나왔다. 생선과 소, 그리고 오리 혹은 비둘기나 양 등의 선택지가 있는 것 같다. 특히 소고기는 항상 있는 듯한데, 프랑스에서 가장 유명한 오브락 비프로 만든 시그니처라고 해서 그것을 주문했다. 개인적으로 조금 망설였던 이유는 프랑스나 이탈리아의 미슐랭 스타 레스토랑에서 메인으로 소고기를 주문했을 때 만족스러운 경우가 거의 없었기 때문이다. 숯불화로에 구웠다는 소고기는 비주얼은 좋았지만 한우에 익숙한 우리에게는 조금 질기고 담백한 느낌이다. 이런 고기를 좋아하면 선택해도 되겠지만 아니라면 다른 메인을 택하는 것이 좋을 것 같다.

디저트는 역시 미셸 게라르의 시그니처 중 하나인 수플레를 주문했다. 아이스크림과 라즈베리 소스를 넣어 먹으면 단순하면서도 환상적인 수플레 완성! 이어 나온 프티푸르는 바로 옆의 응접실 같은 곳으로 자리를 옮겨서 커피와 함께 맛을 봤다. 고풍스럽고 독특한 공간은 식사를 하던 홀과는 또 전혀 다른 느낌이라 새로웠다. 디제스티프 메뉴 역시 압도적인 수준을 자랑했다.

완벽에 가까운 음식과 아름답고 독특한 공간, 친절한 서비스, 그리고 엄청난 와인 리스트까지. 이 먼 곳까지 특별한 가치를 부여하고 찾아올 만한 많은 요소를 갖추고 있다. 40년 넘게 미슐랭 3스타를 보유하고 있다는 것이 어떤 의미인지 다시금 깨닫게 되는 곳. 이 역사는 절대 하루아침에 이루어진 것이 아닐 것이다.

◆ 구분	fine dining
◆ 가이드북	Michelin 3 stars Les Grandes Tables du Monde Relais & Chaeaux
◆ 인테리어	압도적인 정원, 따뜻하고 로맨틱한 인테리어
◆ 가격	코스 133/198/255유로 (단품 가능)
◆ 예산	200~500유로
◆ 와인선택	리스트: 5/5 가격대: 4/5 상대적 가격: 3/5

· 5만 병 이상의 와인을 보유하고 있으며, 보르도 와인의 컬렉션 및 가격이 좋다. 저렴한 와인부터 최고급 와인까지 다양하다.

◆ 음식 스타일	classic
◆ 셰프	Michel Guérard
◆ 요약	음식: 5/5 가성비: 4/5 인테리어: 5/5 서비스: 5/5
◆ 키워드	미식여행 신혼여행 정원 로맨틱 와인 애호가

Les Prés d'Eugénie - Michel Guérard

D business casual
A pl. de l'Impératrice40320 Eugénie-les-Bains
T +05 58 05 06 07
H http://www.michelguerard.com
R 홈페이지, 전화 예약

O

	월	화	수	목	금	토	일
점심						12:00~14:00	
저녁			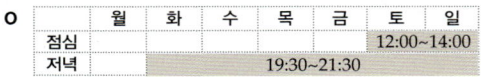				

7, 8월은 평일 점심 영업함

Auberge du Vieux Puits – Gilles Goujon

오베르주 뒤 비외 퓌 – 질 구종

완벽한 프랑스 음식을 만나다

MICHELIN ✵✵✵

랑그독 루시옹 지방의 작은 산골 마을에 프랑스 최고로 손꼽히는 레스토랑이 있다. 단순히 미슐랭 3스타를 받았기 때문만이 아니라 유명 평론가들이 하나같이 극찬을 하고 특히 고기 요리를 아주 잘한다는 이야기가 많아 늘 궁금했던 곳이다.

이 레스토랑의 이름은 오베르주 뒤 비외 퓌 – 질 구종으로, 질 구종은 1961년생인 셰프의 이름이다. 질 구종은 별다른 요리학교 학력은 없다. 요리학교 학력이 없는 또 다른 셰프인 미셸 트라마 Michel Trama가 거의 독학으로 요리를 깨우쳤다면, 질 구종은 그래도 여러 레스토랑을 다니며 차근차근 경력을 밟아 올라간 케이스다. 원래 공부에 재능이 없던 질 구종 셰프는 17살의 나이에 웨이터 생활을 시작했고, 곧 견습생으로 주방에 들어가게 된다. 20살이 되자 정식으로 좀 더 좋은 레스토랑으로 옮겨 요리사의 생활을 하다 22살에 당시 미슐랭 3스타 레스토랑인 르 물랭 드 무쟁Le Moulin de Mougins으로 가서 4년간 있으며 셰프 드 파르티chef de partie(해당 파트의 조리장)가 된다. 이어 26살에 마르세유로 가서 당시 2스타 레스토랑이었던 르 프티 니스 파세다Le Petit Nice Passédat에 들어간 그는 2년 뒤 1스타 레스토랑의 수 셰프로 자리를 옮겨 그곳이 2스타를 받는 데 공헌한다. 그리고 31살이 되던 1992년, 마침내 퐁종쿠즈Fontjoncouse라는 동네로 와서 자신의 레스토랑을 열게 된다.

퐁종쿠즈라는 작은 동네는 도무지 먹고살 만한 것이 없었다고 한다. 이 동네의 시

1 수준 높은 굴 요리
2 인생 최고의 계란 요리
3 완벽한 퀴숑의 튀르보

장은 마을을 관광지, 숙박시설로 바꾸고자 노력했지만 성공을 거두지 못했고 이 젊은 셰프를 마을로 불러들여 레스토랑을 열도록 한다. 질 구종과 그의 가족은 이 작은 동네의 매력에 반해 리노베이션을 하고 레스토랑을 열었는데, 몇 년 뒤인 1996년에 미슐랭 별 하나도 없이 MOF라는 프랑스 명장에 등극하게 된다. 보통 미슐랭 스타를 받은 셰프도 MOF가 없는 경우가 종종 있는데 이는 아주 이례적인 일이라고 한다. 마침내 1997년 〈미슐랭 가이드〉에서 1스타를 받고 〈고미요〉에서 14점을 받았으며 2001년에는 2스타를 받았다. 2009년에는 〈고미요〉에서 19점을 받아 모자 5개를 획득했고 2010년에 드디어 미슐랭 3스타를 받게 된다. 2015년에는 프랑스 마스터 셰프의 심사위원을 지내기도 했다.

전반적으로 캐주얼한 느낌도 들지만 아늑하고 모던한 느낌의 실내에는 가족 단위의 단체 손님이 많은 편이었다. 잘 숙련된 서버가 완벽에 가까운 서비스를 보여줬는데, 특히 매니저로 보이는 사람이 계속 돌아다니며 챙기는 모습이 인상적이었다. 한국인이 (그것도 요리사도 아닌데) 어떻게 여기까지 왔는지 궁금해 했고 우리의 앞으로의 며칠간 여정에 대해 설명해주자 가서 사표를 내고 올 테니 같이 다니자는 농담까지…. 낮임에도 전반적인 조도는 즈금 낮은 편이었는데 식사가 나올 때 조명을 바꿔 밝은 조명이 접시를 비췄다. 중앙의 서비스 테이블에서 조종하는 것으로 보이는데, 야간에는 더 빛을 발할 아이디어라고 생각된다. 여전히 어두컴컴하게 만들어놓은 파인 다이닝 레스토랑이 많은 우리나라로서는 배워야 할 점이 아닌가 싶다.

와인은 대단할 정도의 리스트는 아니지만, 프랑스 각지의 다양한 와인을 보유하고 있었다. 전반적인 와인의 가격도 저렴한 편이어서 고를 만한 와인이 꽤 많았다. 음식은 단품 주문도 할 수 있으며 195유르와 165유로의 코스 메뉴, 그리고 조금 간단한 110유로 메뉴도 있다. 점심때라 그런지 165유로가 적당하다고 권하길래 이따 먹을 저녁도 생각해서 165유로 메뉴를 주문했다. 전채/해산물/고기/치즈/디저트로 구성된 전형적인 가스트로노미의 코스였다.

아뮈즈 부슈가 나왔는데 바로 무장해제됐다. 몇 가지 스낵 같은 아뮈즈 부슈도 좋았지만 디테일이 좋았던 굴 요리나 분자요리를 결합한 맛조개와 홍합은 명성이 헛되지 않다는 것을 느끼게 해줬다. 남프랑스다 보니 MOF가 만들었다는 빵을 올리브 오일과 세 가지 맛의 버터와 함께 내줬는데, 디테일까지 모든 것이 완벽한 느낌이다.

첫 번째 전채는 어찌보면 평범한 계란요리였지만, 오새 하는 말로 '인생급, 역대급 계란'이었다. 블랙 트러플과 노른자를 섞어 만든 크림이 안에서 흘러나오는데 이 위에 샹피뇽으로 만든 소스를 붓고 위에 다시 트러플을 슬라이스해줬다. 그리고 수저로 떠먹으니 이런 생각이 든다. "이건 세상에서 제일 완벽한 계란 요리다!" 심지어 같이 내준 브리오슈와 카푸치노까지 직관적인 맛이 와닿았다.

다음에 나온 생선요리는 광어의 일종인 튀르보인데, 퀴숑도 완벽하고 포르치니 버섯의 향이 은은하게 밴 소스가 훌륭했다. 거기에 자몽이 주는 포인트인 희미한 산미가 완성도를 높여주기까지…. 이어서 매니저가 테이블마다 파이 같은 음식을 들고 다니면서 보여주길래 이게 메인인가 궁금했다. 지금은 수렵 기간 game season이라 야

깔끔한 비주얼의 비둘기 요리

Domaine Claude Dugat Geverey Chambertin 1er Cru 2012

모던한 실내   오렌지와 초콜릿 디저트

생동물 요리를 내고는 하는데, 메인 다음 요리로 야생동물로 만든 파이를 테이블마다 서비스로 내준다며 보여주고 갔다.

메인으로는 비둘기가 나왔다. 육질도 적당히 탄탄하고 맛도 아주 농축되어 있었으며 진하게 뽑은 쥐jus와 달콤한 과일 소스가 비둘기의 묘한 향을 딱 묶어두니 장점만 두드러져 완벽한 비둘기 요리가 나왔다. 이어서 아까 보여준 야생동물 파이가 나왔다. 가운데에 각종 고기와 채소가 차 있고 야생동물 특유의 게이미gamy한 향이 거의 느껴지지 않고 진한 소스와 새콤한 열매가 밸런스를 잘 잡아줘 맛있게 먹었다. 치즈 트레이를 받아 남은 와인과 함께 즐기고, 오렌지와 초콜릿 맛이 잘 어우러진 멋진 디저트와 프티 푸르로 훌륭하게 마무리했다.

사실 처음에 방문했을 때는 그저 '3스타 도장 깨기' 정도로 생각한 곳이기도 했다. 기대를 하지 않아서인지, 상대적으로 저렴해서인지 아뮈즈 부슈부터 디저트, 거기에 서비스와 와인 리스트까지 완벽한 레스토랑을 만났다. 며칠 뒤에 파리에 가서 프랑스 미식 가이드 책인 〈고미요〉를 구매했는데 이곳이 전체 프랑스 레스토랑 중에 최고 등급인 모자 5개를 받은 20개 레스토랑 중 하나였다. 그뿐만 아니라 전체 프랑스 레스토랑 중 최고점인 19.5점(20점 만점)을 받은 세 개의 레스토랑 중 하나였다. 이렇게 또 얼떨결에 프랑스 최고 레스토랑 중 하나를 경험하게 되었다. 개인 취향의 차이는 있겠지만 누구나 두루두루 만족할 곳이라는 생각이 든다.

◆ 구분	fine dining	◆ 음식 스타일	classic
◆ 가이드북	Michelin 3 stars Les Grandes Tables du Monde	◆ 셰프	Gilles Goujon
◆ 인테리어	모던하고 아늑한 인테리어	◆ 요약	음식: 5/5 가성비: 5/5 인테리어: 4/5 서비스: 5/5
◆ 가격	코스 110/165/195유로 (단품 가능)	◆ 키워드	미식여행 와인애호가 가성비
◆ 예산	200~400유로		
◆ 와인선택	리스트: 4/5 가격대: 3/5 상대적 가격: 4/5		

· 3스타 레스토랑 평균 수준의 와인 리스트, 비교적 저렴한 와인의 종류도 많고 와인 가격도 상대적으로 비싸지 않다.

Auberge du Vieux Puits - Gilles Goujon

D business casual
A 5 Avenue Saint-Victor11360 Fontjoncouse
T +33 4 68 44 07 37
H https://www.aubergeduvieuxpuits.fr/fr
R 홈페이지, 전화 예약

O	월	화	수	목	금	토	일
점심				12:00~13:30			
저녁				20:00~21:30			

기타 지역

Le Suquet - Maison Bras
르 쉬케 – 메종 브라

전설의 반열에 오르다

양식, 특히 프렌치에 관심이 많은 푸디라면 누구나 알고 있을 만한 레스토랑이 프랑스에 있는 미셸 브라다. 더 전설적인 셰프, 더욱 높은 명성을 얻고 있는 스타 셰프도 있지만 여러 가지 면에서 (셰프의 이름이기도 한) 미셸 브라는 묘한 감수성을 자극하는 단어라는 생각이 들었다. 프랑스 내륙의 산골짜기에 자리해서 어느 도시든 2~300km는 떨어진 동네, 라귀올이라는 누구나 다 아는 나이프가 나오는 동네(그러나 거의 아무도 가보지 못한)에 있는 레스토랑, 아름다운 전망과 주위 풍경, 4월부터 11월 초까지만 영업하는 콧대 높은 레스토랑, 가르구유 Le Gargouillou라는 수십 종류의 채소를 모아놓은 샐러드와 초콜릿 쿨랑 chocolate coulant 같은 전설적인 음식을 창

아뮈즈 부슈   그 유명한 가르구유

조한 셰프 등 그와 그의 레스토랑이 마음을 움직이는 데는 여러 가지 이유가 있다. 그중에서도 '누구나 아는 곳이지만, 누구나 쉽게 갈 수 없는 곳!'이라는 것이 가장 큰 이유가 아닐까 싶다.

미셸 브라는 1998년 이후 미슐랭 3스타를 유지하고 있었으며 2002년 홋카이도의 토야에 있는 윈저호텔에 지점을 오픈했다. (지점도 2012년 미슐랭 홋카이도 특별판에서 3스타를 받았고, 2017년 판에서는 2스타로 떨어졌다.) 이 레스토랑은 현재 미셸 브라의 아들 세바스티앙 브라Sebastien Bras가 주방 및 경영을 맡고 있고, 상호는 르 쉬케-메종 브라로 바뀌었다. (대를 이은 레스토랑이 상호 앞에 메종을 붙이는 경우가 많다. 메종 트루아그로, 메종 픽 등)

작년 말 이곳은 화제의 중심에 서게 되었다. 세바스티앙 셰프가 공개 인터뷰를 통해 미슐랭 별을 반납하고 싶다는 이야기를 했고, 실제로 2018년 가이드부터는 리스트에서 빠지게 되었다. 3스타에 대한 압박 없이 좀 더 자유로운 음식을 하고 싶다는 이유였다. 한편으로는 20년 정도 지나며 브라의 음식이 식상해지고 전반적인 평가가 조금씩 떨어져 가고 있기 때문에 정점에서 명예롭게 물러나는 것을 선택했다는 시각도 많다.

메종 브라에서는 단품으로 주문할 수도 있으며, 코스 메뉴 시그니처를 모아놓은 230유로 메뉴와 채식주의자를 위한 178유로 메뉴, 그리고 조금 간소화된 145유로 메뉴를 주문할 수도 있다. 3만5천 병이 있다는 와인 리스트는 생각보다 대단하지는 않았다. (물론 몇백 종류는 있지만.) 가지고 있는 와인을 리스트에 다 올려놓지 않고 시음 적기에 내놓기 때문이라고 한다. 다른 레스토랑에 비해 와인 가격이 전반적으로 괜찮았는데, 특히 부르고뉴 와인의 가격과 리스트가 좋았다.

조금은 묵직한 아뮈즈 부슈와 전채에 이어 그 유명한 가르구유가 나왔다. 처음에 나왔을 때는 센세이셔널한 샐러드가 아니었을까 싶지만, 지금은 워낙에 이런 스타일로 내는 곳도 많아서 크게 인상적이지는 않았다. 이어서 나온 음식도 모던하거나 크리에이티브한 느낌보다는 이제는 오히려 클래식해졌다는 생각이 들었다. 중심 재료를 확실히 조리하고 거기에 다양한 채소와 허브를 사용하는 편인데, 안정적이고 무난하게 맛있지만 이렇다 하게 맛있는 접시는 없었다.

1 채소 스파게티
2 오브락 소로 만든 요리
3 Domaine Leflaive Chevalier Montrachet 2000

메인은 역시 인근 지역에서 가장 유명한 한 오브락 소가 나왔는데, 사실 나는 이 소가 맛있는지 잘 모르겠다. 오히려 곁들여 나온 알리고^{aligot}라는 감자 요리가 일품이었다. 쭉쭉 늘어나는 재미도 재미지만 '버터 반, 감자 반'이라는 매시드 포테이토에 치즈까지 넣었으니 그 맛과 칼로리가 짐작이 간다. 치즈 트레이에서 몇 가지 치즈를 맛보고 전설적인 초콜릿 쿨랑과 몇 가지 디저트가 더 나오며 식사가 끝이 났다.

보통 대를 이어서 하는 레스토랑은 자식 세대에 이르러 부모가 이룩한 것을 지나치게 변화시키고 뛰어넘으려는 노력이 과해 오히려 만족도가 떨어지는 경우를 많이 봤다. 여기는 지나칠 정도로 아버지가 이뤄놓은 유산을 계승하는 느낌이 들어 (물론 시그니처 코스를 먹기는 했지만) 구성 같은 부분이 거성이 없게 느껴졌다. 이제 다른 곳에서도 어렵지 않게, 더 진화된 모습으로 볼 수 있는 음식이 나오니 기대만큼의 매력은 느낄 수 없었다. 전반적으로 레스토랑의 수준과 맛이 떨어진다기보다 3스타 중에서도 뭔가 더 특별한 부분이 있기를 기대했던 곳이라 그렇게 느꼈을 수도 있고, 홋카이도 지점에서와 큰 차이가 없어 반복되는 느낌을 받았을 수도 있을 것 같다. 한편으로 너무 재료 자체만을 강조하는 느낌이라 무난한 음식이 반복되는 것도 불만이었지만.

아무튼 이곳을 와봤다는 것만으로도 충분히 뿌듯했고, 숙제 하나를 해치운 느낌도 들었다.

1 석양이 지는 레스토랑
2 외부에서 본 레스토랑 야경

◆ 구분	fine dining	
◆ 가이드북	Michelin 3 stars(반납) Relais & Chateaux	
◆ 인테리어	화이트 톤의 깔끔한 실내, 아름다운 전망	
◆ 가격	코스 145/178/230유로 (단품 가능)	
◆ 예산	200~400유로	
◆ 와인선택	리스트: 5/5 가격대: 3/5 상대적 가격: 4/5	

◆ 음식 스타일	modern
◆ 셰프	Sebastien Bras
◆ 요약	음식: 4/5 가성비: 3/5 인테리어: 5/5 서비스: 5/5
◆ 키워드	미식여행 와인애호가 전망

· 3만 병이 넘는 와인을 보유하고 있으며 부르고뉴 와인 리스트와 가격이 좋은 편이다.

Le Suquet–Maison Bras

D business casual
A Route de Laguiole, 12210 Laguiole
T +33 5 65 51 18 20
H https://www.bras.fr/fr
R 홈페이지, 전화 예약

O		월	화	수	목	금	토	일
	점심					12:00~14:00		
	저녁					19:30~22:00		

7, 8월은 월요일만 휴무

기타 지역

미셸 트라마
Michel Trama

중세의 저택에서 식사하는 것 같은 독특한 레스토랑   MICHELIN ✹✹

유독 프랑스에는 미셸Michel이라는 이름의 스타 셰프가 많은 것 같다. 미셸 게라르부터 시작해서 미셸 브라, 미셸 트루아그로 등 3스타 셰프를 비롯해서, 미셸 로스탕, 미셸 샤브랑, 미셸 사랑 등 2스타 셰프도 머릿속에 떠오르는 것만 적어도 이 정도가 된다. 프랑스 남서부의 푸미욜Pumiyol에 자리한 미셸 트라마는 불과 2011년까지 3스타를 유지하고 있던 곳이다.

  레스토랑의 독특한 인테리어만큼이나 셰프의 이력도 특이한데, 원래 미술을 전공했고 다이빙 챔피언까지 지냈으며 클럽 메드Club Med에서 스쿠버 다이버로 일을 했다. 그 뒤 현재의 와이프를 만나 파리의 피자집에서 웨이터로 일하다 1974년 작은

고풍스럽고 독특한 실내

레스토랑의 주방에 들어간다. 어느 날 갑자기 셰프가 나오지 않자 주방을 맡게 되면서 요리를 시작했고 책을 통해 독학으로 요리를 배웠다. (가장 많은 영향을 받은 셰프는 미셸 게라르라고 한다.) 이후 1978년에 스키 리조트가 있던 푸미욜로 와서 레스토랑을 열었고 1981년 미슐랭 1스타를 받게 된다. 이후 4년 뒤 바로 2스타 레스토랑이 되었고 2004년 마침내 3스타를 받았다. 이 과정에서 〈고미요〉와 〈미슐랭 가이드〉에서 '올해의 셰프' 상을 수상하기도 했고 2011년에는 별 하나가 떨어져 2스타가 된다.

미셸 트라마는 독학으로 프랑스에서 3스타까지 오른 입지전적인 인물이다. 여기서 독학이라는 것은 요리학교를 나오지 않았다는 뜻이 아니다. (그런 사람은 많으니) 보통 프랑스의 셰프는 다른 레스토랑에서 견습생, 코미commis부터 시작해서 셰프 디 파르티chef de partie, 수 셰프sous chef 등을 거치면서 요리를 배우고 경력을 쌓아 본인의

1 아뮈즈 부슈
3 야생버섯구이
2 푸아그라가 올라간 채소 콩소메
4 자두 소스의 오리구이

레스토랑을 오픈한다. 미셸 트라마는 그런 경력이란 것이 거의 없이 혼자 모든 것을 이뤄낸 사람이다.

13세기에 지어져 성채로 사용되던 건물에 자리한 레스토랑의 문을 열고 들어서자마자 흠칫 놀랄 정도의 실내가 나왔다. 이게 도대체 언제적 건물과 언제적 인테리어지 궁금했는데, 2000년에 전체적인 리모델링을 했지만 13세기부터 이어져 온 물건을 사용하고 있다고 한다. 2층 화장실로 올라가는 계단에 한 걸음 내디딜 때마다 삐그덕 거리는 소리가 왠지 싫지만은 않지만, 막상 여기에 묵는다고 생각하면 글쎄, 조금 무서울 것 같다는 생각도 든다. 다이닝 홀은 생각보다 작은 규모. 영화 속에서 보던 중세 궁전 혹은 귀족의 저택에서 볼 수 있는 모습이 그대로 재현된 것 같다. 이 공간만 봐도 벌써 오길 잘했다는 생각이 든다.

음식은 단품 주문도 할 수 있고 210유로, 150유로, 115유로의 코스 메뉴가 있다.

평일에만 주문할 수 있는 75유로의 메뉴가 있는데, 저녁에 또 거한 식사가 예정되어 있어 75유로 메뉴로 주문했다. 와인 리스트는 무척 두꺼운 편이었지만 생각보다 와인 리스트가 좋지는 않았고 2스타의 평균적인 리스트가 아닐까 싶다.

아뮤즈 부슈는 약간 평범하게 시작했는데 전채에서 이 생각이 무참하게 깨졌다. 처음으로 나온 전채는 푸아그라가 올라간 채소 콩소메였다. 푸아그라로 만든 푸딩이 올라간 채소 콩소메의 맛이 독특하면서도 너무 잘 어울린다고 생각했다. 프랑스에서 푸아그라를 맑은 국물과 같이 내는 경우가 종종 있다. 최근에는 가쓰오부시라든지 일본 된장 수프라든지 한국식으로 멸치육수와 함께 내는 경우도 봤지만, 이 채소 콩소메는 그중에서도 완성도가 높았던 것 같다.

이어 나온 야생 버섯 구이도 단순하지만 각 버섯의 간이 조금씩 다르면서도 완벽해서 매우 맛있게 먹었다. 메인으로 나온 오리 요리는 사실 2스타 레스토랑이라

귀족의 저택을 연상케 하는 실내

고 하기에는 약간 투박하게 나와서 다소 실망스러웠다. 껍질도 없었고 퀴송도 보기에 평범했는데 소스와 함께 먹는 순간 깜짝 놀랐다. 전반적으로 부드러운 텍스처에 살짝 쫀득한 느낌이 남아 있을 정도로 완벽하게 익혀냈고, 건자두 소스에 마르멜로 marmelo 1를 섞은 소스는 달콤하면서도 오리의 풍미를 한층 살려주는 듯했다. 북경오리를 낼 때 건자두 소스를 내는 레스토랑이 있는데 뭔가 일맥상통한다는 것도 느껴져 한층 재미있었다. 디저트와 프티 푸르도 단순하지만 충분히 맛있게 나왔다. 다 먹고 나니 좀 더 상위의 메뉴를 먹었으면 얼마나 만족했을까 하는 아쉬움도 남았다.

특별한 공간에서 경험하는 가성비 좋고 맛있는 식사. 다시 방문해야 할 이유를 가득 안고 아쉽지만 즐거운 마음으로 레스토랑을 나섰다.

주 1 모과와 비슷한 과일

◆ 구분	fine dining		◆ 음식 스타일	classic
◆ 가이드북	Michelin 2 stars Les Grandes Tables du Monde Relais & Chateaux		◆ 셰프	Michel Trama
			◆ 요약	음식: 4/5 가성비: 4/5 인테리어: 5/5 서비스: 5/5
◆ 인테리어	13세기 성에 온 듯한 인테리어			
◆ 가격	코스 75/115/150/215유로		◆ 키워드	미식여행 인테리어
◆ 예산	150~400유로			
◆ 와인선택	리스트: 4/5 가격대: 3/5 상대적 가격: 3/5			

· 2스타 레스토랑 평균 수준의 와인 리스트

Michel Trama

D business casual
A 52 Rue Royale, 47270 Puymirol
T +33 5 53 95 31 46
H http://www.aubergade.com/en
R 홈페이지, 전화 예약

O

	월	화	수	목	금	토	일
점심			12:00~14:00				
저녁			19:30~22:00				

기타 지역

르 비벙
Le Bibent

역사적인 공간에서 즐기는 식사

툴루즈 중심부에 자리한 르 비벙은 1881년 문을 연 곳이라고 하니 무려 130년이 넘는 역사를 지닌 곳이다. 여기는 역사적으로 의미가 있는 (자기들이 주장하는 바로) 곳인데, 제1차세계대전의 시발점이 된 사건(사라예보에서 오스트리아 황태자 페르디난트 대공이 '검은 손'이라는 세르비아 민족주의 단체에 의해 암살당한 사건)과 깊은 관계가 있다고 한다. 바로 검은 손 조직이 암살을 모의하고 준비한 장소여서 이 레스토랑에서는 제1차세계대전이 시작된 장소라고 말하는데 약간 비약이 아닐까 싶다.

아무튼 지금은 파리의 유명 셰프인 크리스티앙 콩스탕 Chriastian Constant이 운영을 맡고 있다. (한국 관광객에게는 카페 콩스탕 Café Constant의 오너 셰프라 잘 알려져 있

연어, 농어 타르타르를 올린 굴

툴루즈식 카술레

고, 몇 군데 레스토랑과 비스트로를 운영한다.) 음식은 47유로의 3코스 메뉴가 있지만, 대부분 단품으로 주문한다. 대개 전채는 10~15유로, 메인은 20~30유로 정도 한다. 이른 아침부터 영업을 하니 아침이나 브런치 메뉴도 있고, 단품 전채의 경우 작은 포션으로 주문할 수 있는(마치 타파스 같은) 메뉴도 있다. 와인 리스트는 종류가 많지 않고 적당한 가격대의 와인만 갖추고 있다.

이 레스토랑을 특별하게 만드는 요소로는 벨 에포크 시대의 인테리어도 한몫하는데, 이 건물과 인테리어는 1975년 문화재로 지정되었다. 내부는 브라스리 느낌이며 테이블은 넓지 않고 좌석 간격도 좁은 편이다.

음식은 바스크 지방의 요리가 주를 이루는데 파테나 장봉, 돼지족 요리 등을 맛있게 먹었다. 메인에서 빼놓으면 안 되는 음식은 남서부 지방의 대표 음식인 카술레 cassoulet다. 프랑스 남서부 지방에서 먹는 음식으로, 추수철에 가족 모임용 요리로 먹기 위해 집에 있는 재료를 모두 '때려 넣어' 만든 음식에서 시작되었다고 한다. 레시피는 다양하지만 핵심적인 재료는 콩으로, 보통 약한 불에 오래 끓여 요리한다.

카술레는 도시에 따라 크게 세 가지 버전이 있다. 툴루즈 카술레는 콩, 돼지고기, 양고기, 양파, 당근과 소시지를 푸짐하게 넣고 경우에 따라 콩피한 오리고기까지 넣어서 만든다. 카르카손 지역의 카술레는 소시지와 오리, 자고새 고기를 사용한다. 카스텔노다리에서는 돼지갈빗살과 오리고기(콩피)를 넣는 것이 일반적이라고 하니 지

아름다운 실내 인테리어

역마다 조금씩 다른 특성을 가지고 있다. (최근에는 어디를 가나 툴루즈식 카술레가 일반적이라고 한다.)

전반적으로 인테리어도 특별하고 시내 중심부에서 괜찮은 가격에 맛있는 음식을 먹을 수 있는 곳이라 관광하러 들르는 이들에게 꼭 한 번쯤 가보라고 권하고 싶다.

◆ 구분	brasserie	◆ 요약	음식: 3/5 가성비: 4/5 인테리어: 5/5 서비스: 3/5
◆ 인테리어	문화재로 지정된 벨 에포크 시대의 인테리어		
◆ 가격	코스 47유로, 전채 10~15유로, 메인 20~30유로	◆ 키워드	스타셰프 가성비 관광지
◆ 예산	35~70유로		
◆ 와인선택	리스트: 2/5 가격대: 3/5 상대적 가격: 3/5		

· 프랑스 지역별로 적당한 가격의 와인 몇 종류만 갖추고 있다.

Le Bibent

D 없음
A 5 Place du Capitole, 31000 Toulouse
T +33 5 34 30 18 17
H http://www.maisonconstant.com/bibent
R 홈페이지, 전화 예약

O

	월	화	수	목	금	토	일
시간	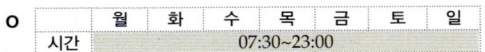 07:30~23:00						

로스탈 데 트루바두르
L'Ostal des Troubadours

가성비 좋은 전통 카술레

아름다운 성채의 도시 카르카손은 카술레라는 음식이 유명한 지역이다. 카술레는 프랑스 음식을 좋아하는 사람이라면 한 번쯤 들어봤을 음식인데, 카스롤 casserole이라는 동그랗고 깊은 용기에 넣어서 만드는 남서부 프랑스 지역의 전통요리다. 하얀콩이 꼭 들어가고 거위나 오리, 소시지, 양 등이 들어간다.

앞장에서도 썼듯이, 카술레는 크게 세 가지 스타일이 있다. 들어가는 고기에 따라 조금씩 차이가 난다. 툴루즈 스타일은 돼지고기와 양고기가 주로 들어가고, 카스텔노다리에서는 오리 콩피를 주로 사용한다. 카르카손에서는 소시지, 그리고 오리나 자고새 등을 주로 넣는다고 하는데 최근에는 (최소한 관광객인 우리가 보기에는) 큰

카르카손식 카술레　　　　　　　　　오리다리콩피

차이는 없는 듯보인다.

　카르카손에는 카술레를 파는 레스토랑이 많이 있는데, 중심부에 있는 로스탈 데 트루바두르도 그중 하나다. 어두컴컴하고 왠지 오래된 건물 혹은 가정집에서 먹는 느낌이 그대로 나는 곳이다. 카술레가 포함된 3코스 메뉴가 22유로니까 부담스럽지 않게 점심식사로 먹기에 알맞다. 음식은 크게 대단하지 않지만 아늑한 공간에서 가벼운 식사를 하기에 괜찮은 가격과 음식인 것 같다.

1 어둡고 아늑한 분위기의 실내
2 그릴에서 바로 구워준 갈빗살 스테이크

◆ 구분	restaurant
◆ 인테리어	오래된 가정집 느낌의 인테리어
◆ 가격	코스 22유로 (단품 가능)
◆ 예산	30~40유로
◆ 와인선택	리스트: 1/5 가격대: 5/5 상대적 가격: 3/5

- 아주 저렴한 와인 몇 종류만 갖추고 있다.

◆ 요약	음식: 2/5 가성비: 4/5 인테리어: 2/5 서비스: 3/5
◆ 키워드	관광지

L'Ostal des Troubadours

D 없음
A 5 Rue Viollet le Duc, 11000 Carcassonne
T +33 4 68 47 88 80
H https://ostal.net
R 홈페이지, 전화 예약

O	월	화	수	목	금	토	일
점심			12:00~15:00				
저녁			18:00~22:00				

기타 추천 레스토랑

La Grand'Vigne 르 그랑 비뉴   MICHELIN ✦✦

- ◆ 주소   Smith Haut-Lafitte, 33650 Martilla
- ◆ 전화번호   +33 5 57 83 83 83
- ◆ 가격   코스 130/170유로, 점심 95유로 (단품 가능)
- ◆ 특징   샤토 스미스 오 라피트에 자리한 보르도 최고의 레스토랑
- ◆ 영업시간

	월	화	수	목	금	토	일
점심						12:30~13:45	
저녁			19:30~21:30				

Le Pressoir d'Argent - Gordon Ramsay   MICHELIN ✦✦
르 프레수아르 다르정 – 고든 램지

- ◆ 주소   Place de la Comédie, 33000 Bordeaux
- ◆ 전화번호   +33 5 57 30 43 04
- ◆ 가격   코스 185유로 (단품 가능)
- ◆ 특징   보르도 인터컨티넨탈 호텔에 있는 고든 램지의 레스토랑
- ◆ 영업시간

	월	화	수	목	금	토	일
시간				19:00~21:30			

Château Cordeillan Bages 샤토 코르데양 바주   MICHELIN ✦

- ◆ 주소   Route des Châteaux, 33250 Pauillac
- ◆ 전화번호 +33 5 56 59 24 24
- ◆ 가격   코스 175/155유로, 점심 45유로 (단품 가능)
- ◆ 특징   포이약의 그림 같은 샤토에 자리한 레스토랑. 〈를레 에 샤토〉
  보르도 와인을 중심으로 프랑스 Top 18 와인 리스트로 꼽힘
- ◆ 영업시간

	월	화	수	목	금	토	일
점심			12:00~13:45				
저녁			19:30~21:00				

La Tupina 라 튀피나

- ◆ 주소   6 Rue Porte de la Monnaie, 33800 Bordeaux
- ◆ 전화번호 +33 5 56 91 56 37
- ◆ 가격   인당 30~70유로
- ◆ 특징   프랑스 남서부의 전통 음식을 파는, 보르도에서 가장 유명한 비스트로
- ◆ 영업시간

	월	화	수	목	금	토	일
점심		12:00~14:00					
저녁		19:00~23:00					

Michel Sarran 미셸 사랑   MICHELIN ✿✿

◆ 주소	21 Boulevard Armand Duportal, 31000 Toulouse
◆ 전화번호	+33 5 61 12 32 32
◆ 가격	코스 110/145유로, 점심 60유로 (단품 가능)
◆ 특징	남프랑스의 요리를 현대적으로 재해석한 레스토랑 〈레 그랑드 타블르 뒤 몽드〉의 멤버

◆ 영업시간		월	화	수	목	금	토	일
	점심		12:00~13:45					
	저녁		20:00~21:45					

Marché des Capucins 마르셰 데 카퓌생

◆ 주소	place des Capucins, 33000 Bordeaux
◆ 특징	80여 개의 상점이 있는 보르도 최대 규모의 시장

◆ 영업시간		월	화	수	목	금	토	일
	시간		06:00~13:00				05:30~14:30	

Latitude 20 라티튀드 20 (뱅)

- ◆ 주소   134-150 Quai de Bacalan, 33300 Bordeaux
- ◆ 특징   70개국 1만5천 병의 와인 보유
- ◆ 영업시간

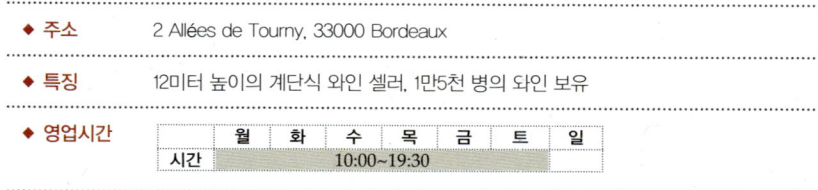

L'Intendant 랭텅당

- ◆ 주소   2 Allées de Tourny, 33000 Bordeaux
- ◆ 특징   12미터 높이의 계단식 와인 셀러, 1만5천 병의 와인 보유
- ◆ 영업시간

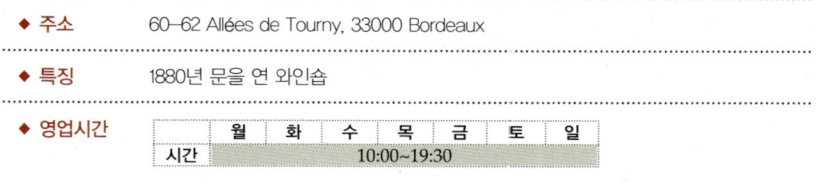

Badie 바디

- ◆ 주소   60-62 Allées de Tourny, 33000 Bordeaux
- ◆ 특징   1880년 문을 연 와인숍
- ◆ 영업시간

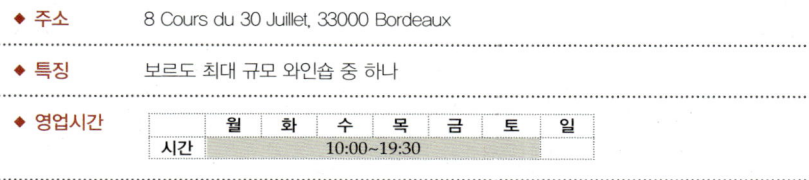

La Vinothèque 라 비노테크

- ◆ 주소   8 Cours du 30 Juillet, 33000 Bordeaux
- ◆ 특징   보르도 최대 규모 와인숍 중 하나
- ◆ 영업시간

시간	월	화	수	목	금	토	일
			10:00~19:30				

CAPTER 5

Rhône-Alpes 론 알프스

리옹 레스토랑

76. L'Auberge du Pont de Collonges-Paul Bocuse
로베르주 뒤 퐁 드 콜롱주-폴 보퀴즈

77. La Mère Brazier 라 메르 브라지에

78. Guy Lassausaie 기 라소제

79. Pierre Orsi 피에르 오르시

80. Le Passe Temps 르 파스 텅

81. Le Gourmet de Sèze 르 구르메 드 세즈

82. La Meunière 라 뫼니에르

83. Daniel et Denise Saint Jean 다니엘 에 드니즈 생 장

84. Le Bouchon des Cordeliers 르 부숑 데 코르들리에

85. Brasserie Georges 브라스리 조르주

Rhône-Alpes

근교 레스토랑

86. Maison Troisgros 메종 트루아그로
87. Georges Blanc 조르주 블랑
88. Maison Pic 메종 픽
89. Flocons de Sel 플로콩 드 셀
90. Régis & Jacques MARCON 레지 에 자크 마르콩
91. Le 1947 르 1947 (밀 뇌프 성 카랑트 세트)
92. La Bouitte 라 부이트
93. La Maison des Bois-Marc Veyrat 라 메종 데 부아 – 마르크 베라

전설의 3스타 레스토랑을 찾아 떠나는 여정, 론 알프스

리옹은 실질적인 프랑스 미식의 수도라고 할 만큼 다양한 음식 문화가 발달해 있다. 론 강과 알프스의 호수에서 잡히는 민물생선부터 인근의 다양한 고기를 사용한 가공식품이 발달했을 뿐만 아니라 낙농업도 발달해 질 좋은 유제품이 많이 생산된다. 평원과 알프스 고산지대에서 자라는 다양한 허브와 식물, 버섯 등 야생의 재료를 사용한 요리로 풍성하다.

리옹을 중심으로 수십 년째 미슐랭 3스타를 유지하는 레스토랑이 즐비하며 전설을 찾아가는 여정은 물론, 리옹의 뒷골목 부숑을 탐험하는 재미도 빼놓을 수 없다.

요리의 전설 L'Auberge du Pont de Collonges-Paul Bocuse 로베르주 뒤 퐁 드 콜롱주-폴 보퀴즈
론 알프스 최고의 레스토랑 Georges Blanc 조르주 블랑
론 알프스 최고의 와인 리스트 Georges Blanc 조르주 블랑
론 알프스 최고의 전망 La Maison des Bois-Marc Veyrat 라 메종 데 부아 – 마르크 베라
론 알프스 최고의 가성비 Guy Lassausaie 기 라소제
모던 프렌치의 미래 Flocons de Sel 플로콩 드 셀
버섯 요리의 끝판왕 Régis & Jacques MARCON 레지 에 자크 마르콩
리옹 최고의 부숑 Daniel et Denise Saint Jean 다니엘 에 드니즈 생 장

론 알프스

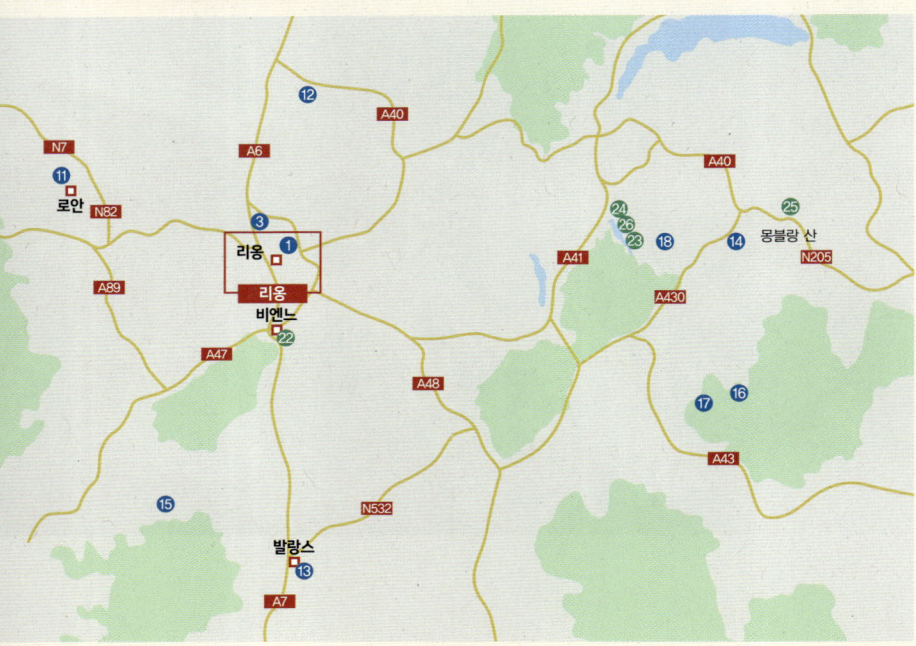

핵심 레스토랑

1. 로베르주 뒤 퐁 드 콜롱주 – 폴 보퀴즈
2. 라 메르 브라지에
3. 기 라소제
4. 피에르 오르시
5. 르 파스 텅
6. 르 고메 드 세즈
7. 라 뫼니에르
8. 다니엘 에 드니즈 생 장
9. 르 부숑 데 코르들리에
10. 브라스리 조르주
11. 메종 트루아그로
12. 조르주 블랑
13. 메종 픽
14. 플로콩 드 셀
15. 레지 에 자크 마르콩
16. 르 1947 (밀 뇌프 성 카랑트 세트)
17. 라 부이트
18. 라 메종 데 부아 – 마르크 베라

리옹

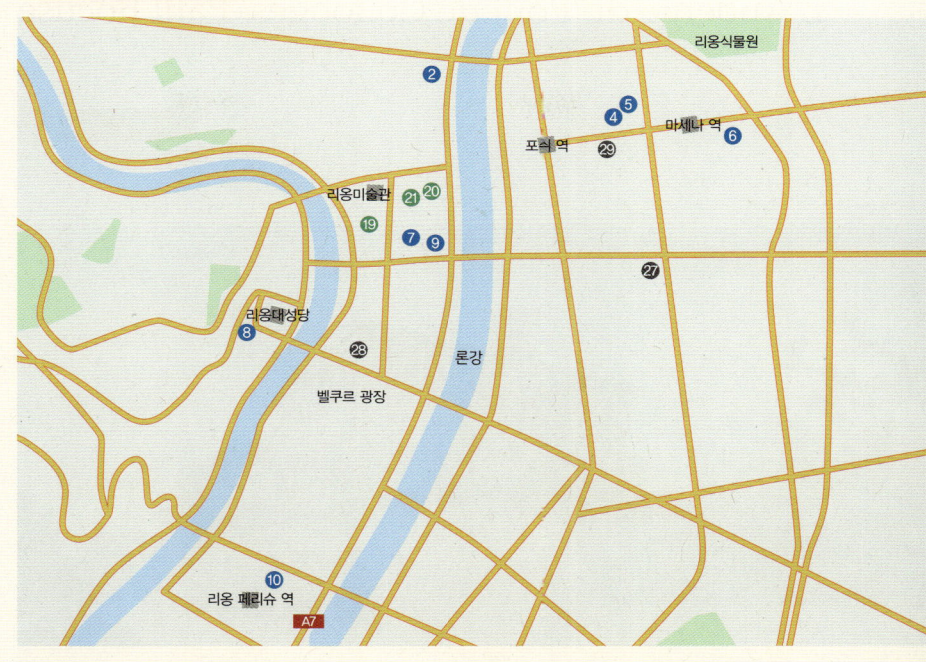

기타 추천 레스토랑

19. 레옹 드 리옹
20. 르 가레
21. 셰 위공
22. 라 피라미드 파트릭 앙리루
23. 오베르주 뒤 페르 비즈 – 장 쉴피스
24. 르 클로 데 성스
25. 알베르 프르미에
26. 요안 콩트

쇼핑

27. 레 알 드 리옹 폴 보퀴즈
28. 말르발
29. 베르나숑

리옹

로베르주 뒤 퐁 드 콜롱주 – 폴 보퀴즈
L'Auberge du Pont de Collonges–Paul Bocuse

전설을 경험하다

MICHELIN ✿✿✿

이름만으로도 전설의 반열에 올라 있는 셰프 폴 보퀴즈는 1926년생으로, 죽기 직전까지 현역(엄밀한 의미에서 주방에 있던 것은 아니지만)에 있다가 2018년 세상을 떠났다. 그는 누벨 퀴진 Nouvelle Cuisine 1의 기수로 불렸지만, 본인 스스로는 음식, 특히 가스트로노미는 "아무 제약 없는 기쁨 an uninhibited pleasure"을 추구해야 하고 건강이나 칼로리의 제약을 받아서는 안 된다고 강조하고는 했다.

그의 이름을 딴 보퀴즈 도르 Bocuse d'Or는 1987년부터 세계에서 가장 권위 있는 요

주 1 무거운 소스를 줄이고 섬세한 맛을 강조하는 요리

팬에 구운 푸아그라

진한 소스의 솔

리대회로 인정받고 있다. (최소한 프랑스 음식에 있어서는.) 살아생전 그는 레지옹도 뇌르 훈장을 비롯해 수많은 상을 수상했으며, 〈뉴욕타임스〉, 〈고미요〉 등 많은 매체에서는 그를 "올해의 셰프Chef of the Year"로 꼽지 않고 "세기의 셰프Chef of the Century"라는 타이틀로 부르기도 했다.

리옹 시내에서 차로 10여 분만 가면 외곽에 그의 가장 중요한 레스토랑인 로베르 주 뒤 퐁 드 콜롱주가 있다. (보통 그냥 폴 보퀴즈라고 불린다.) 겉모습은 뭔가 럭셔리하고 웅장하다기보다는 시골에 있는 관광 레스토랑 느낌도 나지만, 실제로 전 세계 수많은 관광객과 푸디들이 이곳으로 몰려든다. 프랑스 음식을 좋아하는 사람들, 요리사라면 한 번쯤은 거쳐 가야 할 관문으로 여기는 듯하다. (나도 마찬가지였다.)

폴 보퀴즈 레스토랑은 1965년에 처음 미슐랭 3스타를 받아 지금까지 가장 오랫동안 3스타를 유지하고 있는 곳이다. 레스토랑 입구에는 절대 2스타가 될 일은 없다는 듯 동판으로 미슐랭 별을 박아놓았다. 그 아래에는 역대 보퀴즈 도르 수상자 명단이 있는데 그것만 봐도 프랑스 요리의 계보가 이어지는 듯하다. 화장실에 가는 길에 걸려 있는 폴 보퀴즈의 생일파티 사진을 보면 알랭 뒤카스와 조엘 로뷔숑을 양옆에 낀 폴 보퀴즈의 뒤쪽으로 전 세계에서 한 가닥 하는 프랑스 요리사들이 거의 서열 순서대로 서 있는 모습도 있다. 폴 보퀴즈 살아생전에 미슐랭에서 이곳을 2스타로 강등했다면 집단으로 미슐랭을 보이콧하는 일이 벌어지지 않았을까 하는 즐겁고 해괴한

1 훌륭한 풍미의 트러플 수프
2 럭셔리한 실내 인테리어

1 푸아그라와 트러플이 듬뿍 들어간 소스
2 단순한 아뮈즈

(?) 상상도 해봤다.

    화려하다기보다는 차분하면서도 럭셔리한 실내 인테리어를 자랑하며 서비스도 클래식하면서 완벽하다. 음식은 단품으로도 주문할 수 있으며 셰프의 시그니처 요리를 모은 코스 메뉴는 275유로, 235유로, 175유로로 나뉜다. 와인 리스트는 생각보다 대단한 편은 아니었지만 프랑스 전역의 와인, 특히 가까운 부르고뉴와 론 와인을 중심으로 꽤나 훌륭했다. 전반적으로 가격대가 비싸지만 몇몇 와인의 가격은 소매점에 비해서도 충분히 저렴한 편이었다. 폴 보퀴즈에는 유명한 시그니처 요리가 몇 가지 있는데, 개인적으로 꼭 맛보고 싶었던 음식은 파이에 감싼 농어 요리와 그 유명한 트러플 수프였다. 다만 이 요리는 같은 코스에 들어가 있지 않아 조금 더 기대되는 트러플 수프가 나오는 가장 상위 메뉴를 주문했다.

    처음으로는 조금은 평범한 세 가지 아뮈즈 부슈가 나왔고 첫 번째 요리로 팬에 구워낸 푸아그라가 나왔다. 어찌 보면 평범한 요리지만 재료의 퀄리티가 다르고 완벽한 소스와 함께 나오니 지금까지 먹던 맛이 아니었다.

다음 요리는 그 유명한 트러플 수프였다. 폴 보퀴즈의 대표 메뉴 중 하나로, 1975년 프랑스 대통령궁인 엘리제궁의 만찬 때 내놓은 수프라고 한다. 위에 덮인 파이를 깨부수면 기름기가 둥둥 뜬 검은 국물을 발견할 수 있다. 색은 진하지만 질감은 맑은 수프인데, 안에는 트러플과 푸아그라가 잔뜩 들어있음에도 느끼하지 않고 훌륭한 풍미가 기가 막히다.

다음으로는 솔이 나왔다. 솔은 가자미, 서대 등과 비슷한 생선으로, 프랑스 요리에서 사용되는 가장 고가의 생선 중 하나다. 진하고 느끼한 소스와 함께 나왔는데 굽기도 완벽하고 소스의 맛도 탄력있는 식감의 생선살에 완벽하게 배어 들었다.

이어 입가심으로 셔벗이 나오고 돼지 오줌보에 싸인 브레스 닭이 게리동으로 서비스되었다. 브레스 닭은 특별한 품종으로 특별하게 사육된 닭이다. 보통 고소한 맛을 내기 위해 사료도 옥수수 위주로 먹이고 우유를 먹이면서 살도 연하게 만들며 충분히 자란 후에만 잡을 수 있다. 이런 브레스 닭에 모렐과 트러플 등 비싼 재료를 '때려 넣어' 만드니 그 자체로는 아주 맛있었지만 바로 전에 나온 솔 요리와 비슷한 느낌의 음식이 반복되니 먹는 것이 솔직히 쉽지 않았다. 우리나라 대다수 사람들이라면 이런 구성을 조금 힘들어하지 않을까 싶은데, 아무리 와인을 벌컥벌컥 마셔도 느끼함이 잘 가시지 않았다.

치즈 트레이도 간략하게 맛만 보고 디저트로 넘어갔는데, 특이하게 다양한 디저트를 카트로 가져와서 고르게 한다. 몇 개를 고르든 상관없다고 하지만 이쯤 되니 배불러서 많이 먹을 수도 없었다.

이 레스토랑은 어찌 보면 새롭고 창의적인 요리를 내주는 곳도 아니고 오래된 레시피 그대로 클래식한 음식을 내주는 곳이기도 하다. 조금은 관광 레스토랑 같은 느낌도 있는 곳이지만, (그리고 이제 폴 보퀴즈 셰프도 우리 곁에 없지만.) 프랑스 음식에 관심 있는 사람이라면 한 번쯤은 들러볼 가치가 있는 곳이라는 것은 분명하다.

◆ 구분	fine dining		◆ 음식 스타일	classic
◆ 가이드북	Michelin 3 stars Les Grandes Tables du Monde		◆ 셰프	Christophe Muller
			◆ 요약	음식: 5/5 가성비: 2/5 인테리어: 5/5 서비스: 5/5
◆ 인테리어	클래식하고 고풍스러운 실내 인테리어			
◆ 가격	코스 175/235/275유로 (단품 가능)		◆ 키워드	미식여행 와인애호가 스타셰프
◆ 예산	250~500유로			
◆ 와인선택	리스트: 5/5 가격대: 2/5 상대적 가격: 3/5			

· 론과 부르고뉴에서 만든 와인을 중심으로 다양한 프랑스 와인을 보유하고 있다. 전반적인 가격대는 높은 편.

L'Auberge du Pont de Collonges–Paul Bocuse

D business casual
A 40 Rue de la Plage, 69660 Collonges-au-Mont-d'Or
T +33 4 72 42 90 90
H https://www.bocuse.fr
R 홈페이지, 전화 예약

O

	월	화	수	목	금	토	일
점심			12:00~13:30				
저녁			20:00~21:30				

리옹

La Mère Brazier
라 메르 브라지에

놀라운 브레스 닭을 만나다

MICHELIN

라 메르 브라지에는 1921년 당시 26살이던 외제니 브라지에^{Eugénie Brazier} 여사가 문을 열었다. 이후 리옹의 음식을 발전시키고 부숑이 명성을 얻는 데 가장 큰 공헌을 했다고 알려져 있다. 1933년 여성 최초로 미슐랭 3스타를 받아 1968년까지 이를 유지했으며 폴 보퀴즈의 스승으로도 알려져 있다. 특히 100년 가까이 된 브레스 닭^{poulet de Bresse/volaille de Bresse 1} 요리는 이 레스토랑의 시그니처로 꼽힌다. 한동안 미슐랭 별을 잃고 쇠락했던 이 레스토랑은 2008년 MOF였던 마티외 비아네^{Mathieu}

주 1 프랑스의 닭 중 유일하게 AOC 인증을 받은 닭으로, 최소 12주 이상 방목해서 길러야 하고, 마지막 2주는 옥수수와 우유를 먹여 출하한다.

Viannay가 주방을 맡으면서 새로운 중흥을 맞게 된다. 클래식한 레스토랑의 레시피와 이를 바탕으로 모던하게 재창조한 음식이 호평을 얻으며 2009년부터 2스타를 유지하고 있다.

레스토랑은 특이하게 여러 개의 룸으로 이루어져 있다. 룸 한 개에는 대략 네다섯 개의 테이블이 있다. 전반적인 인테리어는 무척 깔끔하고 클래식한 인테리어에 조명이 어두운 편이다. 음식은 단품 주문이 가능하고 170유로, 130유로, 105유로의 코스 메뉴와 70유로 점심 메뉴가 있다. 코스 메뉴에 시그니처 요리인 브레스 치킨이 포함되어 있지 않아 단품으로 주문했다. 와인 리스트는 매우 저렴한 와인부터 최고급 와인까지, 프랑스 전역의 다양한 와인을 보유하고 있었다. 리스트가 매우 훌륭했고 가격대도 좋은 편이라 와인 애호가라면 꼭 들러볼 만하다는 생각이 들었다.

여러 명이라 다양한 전채를 단품으로 주문했는데, 바닷가재와 파테 등이 제일 호평을 받았다. 메인은 2~4명이 주문해야 되는 음식이 많았는데, 2~4인용 브레스 치킨과 2인용 송아지 갈비를 주문했다. 단품으로 200유로 가까이 하니 무척 비싼 가

1 전채로 나온 파테
2 시그니처 메뉴인 브레스 닭

격이지만, 4명 정도 먹기에도 결코 적은 양이 아닌 데다 맛을 보면 전혀 비싸게 느껴지지 않는다. 100년 가까이 된 레시피로 만든다는 소스도 환상적이고 예술적으로 익힌 조리도 훌륭했지만, 무엇보다 닭 자체에서 차이가 난다는 것이 먹기도 전부터 느껴졌다. 도톰하고 탄력 있어 보이는 껍질과 지방질, 그리고 촉촉한 속살의 매력은 당시에는 아주 충격적인 맛이었다. (다이닝 경험이 늘어난 지금 맛본다면 그 정도로 충격적일지는 솔직히 모르겠지만.) 송아지 갈비도 통째로 나와 게리동으로 서빙되었는데, 식감이 괜찮았지만 브레스 치킨을 이길 수는 없었다. 프리 디저트부터 프티 푸르까지 이어진 디저트는 클래식한 메뉴를 중심으로 기본에 충실한 맛이었다.

리옹 시내에 있는 파인 다이닝 레스토랑 중 리옹 지역 전통 요리의 레시피를 최대한 존중해서 내고 있는 곳으로, 리옹을 방문한다면 꼭 한 번 가보기를 권하고 싶다. 특히나 100년 동안 이어온 브레스 치킨은 정말 내 인생에서 손꼽을 만한 음식 중 하나였다.

1 로스트한 송아지 갈비
2 콩소메와 랍스터
3 수플레

◆ 구분	fine dining
◆ 가이드북	Michelin 2 stars Les Grandes Tables du Monde
◆ 인테리어	클래식하고 깔끔한 인테리어
◆ 가격	코스 105/130/170유로, 점심 70유로 (단품 가능)
◆ 예산	150~300유로
◆ 와인선택	리스트: 5/5 가격대: 4/5 상대적 가격: 5/5

· 프랑스 전역에서 만들어진 다양한 와인을 보유하고 있으며, 30유로 이하의 저렴한 와인부터 최고급 와인까지 고루 갖추고 있다. 상대적인 가격도 매우 좋다.

◆ 음식 스타일	classic
◆ 셰프	Mathieu Viannay
◆ 요약	음식: 5/5 가성비: 3/5 인테리어: 4/5 서비스: 3/5
◆ 키워드	미식여행 와인 애호가 브레스치킨

La Mère Brazier

D business casual
A 12 Rue Royale, 69001 Lyon
T +33 4 78 23 17 20
H http://lamerebrazier.com
R 홈페이지, 전화 예약

O	월	화	수	목	금	토	일
점심		12:00~13:15					
저녁		19:45~21:00					

기 라소제
Guy Lassausaie

이토록 완벽한 음식을 이정도 가격에 즐길 수 있다니! MICHELIN ✨✨

리옹으로 첫 미식여행을 갈 때 많은 이들이 리옹 외곽에 자리한 기 라소제를 추천했다. 2스타 레스토랑이지만, 3스타의 퀄리티를 상대적으로 저렴한 가격에 맛볼 수 있다고 들었고, 오너 셰프가 주방에서 지시를 하기보다는 팬을 잡고 요리하는 것을 즐긴다는 이야기도 들은 기억이 난다. 이 레스토랑의 역사는 현 셰프의 증조부때인 1906년으로 거슬러 올라간다. 홀에서의 일을 시작으로 라 피라미드 La Pyramide 등의 클래식 주방을 경험한 후 가족이 운영하는 레스토랑으로 돌아와 30여 년을 이곳에서 보냈다.

리옹 시내에서 차로 20여 분 정도 걸리는데 (버스로는 한 시간 정도) 택시를 타니

1 아뮤즈 부슈
3 트러플 소스의 가리비
2 굴과 크레송 소스의 넙치
4 다채로운 디저트

40유로 정도 나왔다. 작은 마을의 길가에 자리하고 있고, 내부는 생각보다 큰 규모이며 커다란 여러 개의 홀이 빈자리 없이 가득 찼다. 음식은 단품 주문이 가능하고 120유로, 98유로, 85유로, 72유로의 코스 메뉴를 주문할 수 있다. 와인 리스트는 대단할 정도는 아니지만, 800여 종의 다양한 가격대 프랑스 와인을 보유하고 있어 적당한 와인을 고르기 어렵지 않았다.

 코스 구성에 비해 가격이 좋아 가장 상위의 코스를 주문했다. 아뮤즈 부슈에서부터 이 선택이 틀리지 않았음을 알 수 있었다. 이어지는 계란과 개구리 요리도 맛있었고 다음에 나온 가리비는 셰프의 음식 스타일이 그대로 드러나는 걸작이었다. 완벽한 조리 아래 딱 알맞은 간과 소스의 조화가 환상적이었다. 이는 이어지는 연어와 광어요리에서 더 빛이 났다. 생선요리는 셰프가 직접 만든다고 들었는데, 카다이프를 입혀 튀긴 연어도 좋았지만, 레몬 소스의 굴과 가리비를 올린 광어는 셰프의 시그니처 요리답게 감탄사가 절로 나오는 요리였다. 이어진 양고기도 완벽함을 보여줬고 어마어마한 치즈 트레이와 다양한 디저트는 뭐 하나 빠지는 것 없이 만족스러웠다.

어떻게 이 가격에 이런 요리가 나올 수 있을까 싶다. 파리에서 이런 수준의 음식을 먹으려면 200유로(잘 있지도 않지만.)는 줘야 하지 않을까 하는 생각이 들었다. 우리나라 레스토랑에서 15만원을 지불했을 때, 이런 식사를 할 수 있는 곳이 있나, 한 접시, 한 접시의 완성도는 그렇다 쳐도 이런 구성의 음식을 낼 수 있는 곳이 있는지 의문스러웠고 이 점은 프랑스 내에서도 마찬가지였다. 당시 여행에서 세 번째 식사였던 이곳에서의 임팩트가 너무 강해서 스페인의 산 세바스티안에 가기 전까지 기라소제에 비견될 만한 레스토랑을 경험할 수 없었음은 물론, 여정 내내 가격대 성능비를 이곳과 비교하는 심각한 부작용이 있었다.

나오면서 약간 수줍어하며 미소를 지어 보이는 셰프와 잠시 이야기를 나누었다. 음식도 아름답고, 레스토랑도 아름답고, 셰프를 포함해 함께하는 모든 이가 다 아름답고 세상이 아름다워 보일 정도로 행복한 시간이었다. 만약 주머니 속에 별이 한가득 들어 있다면, 곳곳에 뿌려주고 싶은 곳 중 하나였다.

1 양갈비
2 다양한 종류의 치즈 카트

◆ 구분	fine dining
◆ 가이드북	Michelin 2 stars Relais & Chateaux
◆ 인테리어	모던하고 밝은 느낌의 실내
◆ 가격	코스 71/85/98/120유로 (단품 가능)
◆ 예산	120~250유로
◆ 와인선택	리스트: 5/5 가격대: 3/5 상대적 가격: 3/5

· 다양한 가격대의 와인을 800여 종 보유하고 있다.

◆ 음식 스타일	modern
◆ 셰프	Guy Lassausaie
◆ 요약	음식: 5/5 가성비: 5/5 인테리어: 4/5 서비스: 4/5
◆ 키워드	미식여행 와인애호가 가성비

Guy Lassausaie

D business casual
A 1 Rue de Belle-Sise, 69380 Chasselay
T +33 4 78 47 62 59
H https://www.guy-lassausaie.com
R 전화, 이메일 예약

O	월	화	수	목	금	토	일
점심					12:15~13:30		
저녁					19:30~21:30		

리옹

피에르 오르시
Pierre Orsi

리옹 시내의 로맨틱한 레스토랑

MICHELIN ✿

프랑스 미식의 수도라고 불리는 리옹에는 의외로 미슐랭 별을 받은 레스토랑이 많지 않다. 시내를 기준으로 보면 매년 변동은 있지만 3스타는 없고, 총 15개 남짓에 그치고 있다. (반면 리옹 반경 100km 정도에 내로라할 만한 레스토랑이 수없이 많은 것이 이유인 듯도 싶다.)

피에르 오르시는 리옹을 대표하는 고급 레스토랑이자 〈를레 에 샤토〉 멤버이기도 한 레스토랑으로, 리옹의 미슐랭 스타 레스토랑 중 가장 클래식한 음식을 내는 곳이다. 피에르 오르시 셰프는 폴 보퀴즈의 오른팔과 같은 존재로, 폴 보퀴즈 레스토랑에서 오랫동안 근무하다 가족이 경영하던 호텔 겸 레스토랑으로 돌아왔다.

핑크색 톤의 실내

　시내 중심부에 있는 레스토랑은 외관부터 핑크빛인 것이 심상치 않았는데, 내부도 핑크와 붉은 톤의 로맨틱한 느낌이 뿜어져 나오는 실내였다. (예전에는 심지어 홀 서버들이 핑크색 와이셔츠를 입었다고 한다.) 음식은 단품 주문도 가능하고 180유로, 120유로, 100유로의 코스와 60유로, 45유로의 점심 메뉴가 있었다. 저녁때 또 다른 일정이 있어 60유로의 점심 코스를 주문했다. 와인 리스트는 보기에는 대단해 보이지 않았지만 다양한 지역의 와인을 보유하고 있었다. 가격대가 그리 매력적이지는 않았지만 잘 찾아보면 아주 좋은 가격대의 와인도 있었다. 나중에 소믈리에가 지하의 카브를 구경시켜 줬는데 보는 것만으로도 흥분될 정도였다.
　아뮈즈 부슈부터 아주 클래식한 느낌의 맛있는 아스파라거스 수프가 나왔다. 원하는 메뉴를 선택할 수 있었던 전채는 푸아그라 테린이나 부르고뉴식 달팽이요리와 같은 전통 음식이었으며 하나같이 맛이 뛰어났다. 메인인 도버 솔이나 달고기, 메추리 모두 헤비한 느낌의 클래식한 소스와 함께 나왔는데, 맛과 조리 모두 만족스러웠다. 이어 나온 생치즈와 클래식한 디저트도 레스토랑의 느낌을 잘 살려줬다.

 클래식하면서 가성비 좋은 리옹의 프렌치 레스토랑을 찾고 싶다면, 더군다나 로맨틱한 공간에서의 식사를 꿈꾼다면 반드시 피에르 오르시에 가보기를 권하고 싶다.

1 허브를 곁들인 달팽이
3 푸아그라 테린
2 도버 솔과 페투치네
4 달고기

◆ 구분	fine dining	
◆ 가이드북	Michelin 1 star Relais & Chateaux	
◆ 인테리어	핑크색으로 이뤄진 로맨틱한 느낌의 실내	
◆ 가격	코스 100/120/180유로, 점심 60/45유로 (단품 가능)	
◆ 예산	150~300유로	
◆ 와인선택	리스트: 5/5 가격대: 3/5 상대적 가격: 3/5	

· 프랑스 각지의 와인을 다양하게 보유하고 있다.

◆ 음식 스타일	traditional
◆ 셰프	Pierre Orsi
◆ 요약	음식: 4/5 가성비: 4/5 인테리어: 5/5 서비스: 4/5
◆ 키워드	미식여행 와인애호가 가성비 로맨틱

Pierre Orsi

D business casual
A 3 Place Kléber, 69006 Lyon
T +33 4 78 89 57 68
H http://www.pierreorsi.com/uk
R 전화, 이메일 예약

O	월	화	수	목	금	토	일
점심			12:00~13:15				
저녁			20:00~21:15				

리옹

르 파 스 텅
Le Passe Temps

한국 셰프가 프랑스 음식으로 별을 받다

MICHELIN

2016년 〈미슐랭 가이드〉 프랑스판이 발간되었을 때 놀랄 만한 소식이 전해졌다. 프랑스 미식의 수도로 불리는 리옹에 새롭게 오픈한 작은 레스토랑이 새롭게 별을 하나 받았는데, 놀랍게도 그 레스토랑의 셰프가 이영훈, 한국 셰프라는 것이었다. 게다가 이 레스토랑은 한식을 하는 것이 아니라 프랑스 음식을 한다! 우리로 치면 전주 정도에 자리한 한식당 셰프가 외국인인데, 〈블루리본서베이〉에서 리본 두 개쯤 받았다고 보면 될까? 아니 어쩌면 그 이상일 것 같다.

　르 파스 텅은 리옹 파르디유 역에서 구시가지 가는 길에 있는데, 리옹에서 가장 유명한 레스토랑 중 하나인 피에르 오르시 가까이에 자리하고 있다. 사실 외국에 미

1 캐비아를 곁들인 아스파라거스
3 멸치 육수의 푸아그라

2 랍스터와 화이트 아스파라거스
4 비둘기 요리

  식 여행을 다닐 때, 굳이 한국 셰프의 레스토랑을 가봐야 하느냐라는 질문에 선뜻 답하기가 쉽지 않다. 솔직히 여기보다 더 명성 있고 별도 많고 역사와 전통이 앞서는 곳을 우선해서 가게 되는지라 몇 번의 방문에서는 그냥 지나쳤다. 하지만 리옹이 처음 가는 곳도 아니고 꼭 가봐야 될 것 같은 레스토랑은 이미 다 가본 데다 좋은 평이 많이 들르게 되었다.

  레스토랑은 예상보다 훨씬 더 작은 규모였다. 이 작은 곳에 와인 셀러가 꽤 큰 공간을 차지하니 좌석 수는 더 적은 느낌이 든다. 셀러를 보고 나니 와인의 본고장 프랑스, 거기서도 부르고뉴와 론을 양손에 가까이 둔 리옹의 1스타 레스토랑의 와인 리스트가 참 궁금해졌다. (심지어 여기는 소믈리에도 한국인이다.) 이곳의 와인 리스트는 기대 이상으로 좋았다. 양만 방대하게 늘린 것이 아니라 먹을 만한 와인을 지역, 가격대별로 아주 잘 갖춰놓고 있었고 가격도 아주 저렴하게 책정되어 있었다. 이 레스토랑이 오랜 역사가 있어 몇십 년 전부터 와인을 쟁여놓고 그런 것도 아닌데 이런 가격으로 팔아도 되나 의아한 생각이 들 정도였다.

이 레스토랑에는 단품 메뉴는 없고 점심과 저녁, 각 2가지 코스 메뉴가 있는데, 가장 상위 코스인 85유로 메뉴를 주문했다. 아뮈즈 부슈부터 디저트까지 10개 정도의 음식이 나오는데 (방문 당시에는 70유로선) 합리적인 것을 떠나 무척이나 훌륭한 가격으로 느껴졌다.

셰프, 소믈리에와 다소 안면이 있는 일행이 함께해 음식이 더 잘 나온 것도 있겠지만, 워낙에 구성도 탁월하고 한 접시, 한 접시 맛도 흠잡을 곳이 없었다. 그린 아스파라거스와 캐비아 요리에서부터 셰프의 특징이 잘 나타났다. 화이트 아스파라거스와 랍스터 요리를 먹으니 2010년 파리에 떠오르는 혜성처럼 나타난 파사주 53(생캉트루아) 생각이 났다. 라스트랑스 출신으로 오픈한 지 1년 만에 1스타, 그리고 바로 2스타를 받은 일본 셰프의 레스토랑은 재퍼니즈 프렌치와는 또 다른 스타일이면서 단순한 접시가 혀와 가슴에 팍팍 꽂히는 기분이었다. 막 상승하는 기운을 받아 음식에 기운과 자신감이 표출되는 느낌이 들어 여기가 왠지 그곳의 데자뷔가 아닌가 싶은 생각이 들었다.

셰프는 굳이 한국적인 느낌이나 재료를 사용하지는 않지만, 시그니처 메뉴인 푸아그라는 멸치 육수와 함께 나왔다. 유럽에서는 푸아그라를 일본 된장 국물 혹은 가쓰오부시 국물에 매칭을 하는 경우가 종종 있다. 이영훈 셰프는 멸치 육수와 함께 냈는데 예상외로 정말 잘 어울렸다. 이어서 완벽하게 조리한 솔 요리가 나왔고 비둘기도 진한 풍미를 잘 살렸다. 간단한 치즈와 디저트까지 어디 하나 빠지는 것이 없어 놀라웠는데, 음식만 보면 2스타라고 해도 전혀 손색이 없는 듯보였다.

와인 리스트도 워낙에 훌륭하고 가격도 좋아 고급 와인을 꽤 여러 개 시켜 먹었다. 점심때 알프스의 3스타 레스토랑에서 너무 형편없는 음식을 먹고 답답했던 속이 여기서 뻥 뚫리는 기분이 들었다. 솔직히 아무 기대 없이 찾아갔는데 가격, 구성, 서비스, 그리고 와인까지 어느 하나 빠지는 것 없는 아름다운 곳을 만났다.

앞으로의 행보가 더욱 궁금해지는 식사였다.

◆ 구분	fine dining	
◆ 가이드북	Michelin 1 star	
◆ 인테리어	비스트로 느낌의 작지만 아늑한 인테리어	
◆ 가격	코스 60/85유로, 점심 33/60유로	
◆ 예산	90~200유로	
◆ 와인선택	리스트: 4/5 가격대: 4/5 상대적 가격: 5/5	

- 방대하지는 않지만, 각지의 와인을 다양하게 보유하고 있으며 와인 가격도 좋은 편이다.

◆ 음식 스타일	modern
◆ 셰프	이영훈
◆ 요약	음식: 5/5 가성비: 5/5 인테리어: 3/5 서비스: 4/5
◆ 키워드	미식여행 와인 애호가 가성비 한국인셰프

Le Passe Temps

D smart casual
A 52 Rue Tronchet, 69006 Lyon
T +33 4 72 82 90 14
H https://www.lepassetemps-restaurant.com
R 전화, 이메일 예약

O

	월	화	수	목	금	토	일
점심		12:00~13:30					
저녁		19:45~21:30					

501

리옹

Le Gourmet de Sèze
르 구르메 드 세즈

다소 평범한 1스타 레스토랑

MICHELIN ✯

르 구르메 드 세즈는 2002년 이후 쭉 1스타를 유지하고 있는 레스토랑이다. 셰프인 베르나르 마리예Bernard Mariller는 조엘 로뷔숑, 메종 라믈루아즈, 미셸 트루아그로 등 거장의 밑에서 오랜 경력을 쌓고 본인의 레스토랑을 리옹에 오픈했다.

가성비가 좋아 꾸준하게 인기를 얻고 있는 레스토랑으로, 문을 열고 들어서면 아늑하고 작은 공간이 나온다. 점심때는 30유로대의 메뉴도 가능하고 저녁때는 60유로부터 100유로까지 다양한 코스 요리가 있어 취향껏 선택할 수 있다.

전채 요리는 크게 만족스럽지 않았지만, 메인 음식은 전통적인 레시피를 기반으로 모던함을 약간 가미한 음식이 가성비가 좋게 느껴졌다. 생선보다는 송아지 흉선

쿠스쿠스를 곁들인 양고기   딸기 소스의 푸아그라

이나 푸아그라, 양고기 등의 고기 요리 만족도가 전반적으로 높았던 것도 특징이다.

◆ 구분	fine dining	◆ 음식 스타일	modern
◆ 가이드북	Michelin 1 star	◆ 셰프	Bernard Mariller
◆ 인테리어	작고 아늑한 레스토랑	◆ 요약	음식: 4/5 가성비: 4/5 인테리어: 3/5 서비스: 4/5
◆ 가격	코스 60/85/88/105/120유로, 점심 38유로		
◆ 예산	90~200유로	◆ 키워드	가성비
◆ 와인선택	리스트: 3/5 가격대: 3/5 상대적 가격: 2/5		
· 1스타 평균 수준의 와인 리스트			

Le Gourmet de Sèze

D smart casual
A 125 Rue de Sèze, 69006 Lyon
T +33 4 78 24 23 42
H http://le-gourmet-de-seze.com
R 전화, 이메일 예약

O

	월	화	수	목	금	토	일
점심		12:00~13:30					
저녁		19:30~21:00					

리옹

82

La Meunière
라 뫼니에르

이 정도면 훌륭한 부숑

부숑은 리옹의 전통적인 서민 레스토랑이자 선술집을 말한다. 음식값은 대개 인당 20~40유로 정도며 다양한 고기요리, 특히 내장과 부속물로 만든 요리를 많이 판다. 리옹의 구 시가지를 중심으로 부숑이 상당수 있다. 전통적인 부숑Traditional Bouchon으로 인증받은 20개 남짓의 부숑이 있지만, 인증이 꼭 맛을 의미하는 것은 아니라고 한다. 리옹의 부숑 및 레스토랑에 대한 정보는 다음의 사이트(http://www.lyonresto.com)를 참조하면 된다.

 라 뫼니에르는 1926년 문을 연 곳으로, 리옹의 대표적인 부숑 중 하나다. 전형적인 부숑의 음식(리옹식 샐러드salade lyonnais, 샤르퀴테리charcuterie, 크넬 드 브로셰

돼지 콩팥 요리   청어와 감자

quenelle de brochet, 앙두예트andouillette 등)을 거의 대부분 팔고 있는데, 부숑치고 음식이나 와인은 꽤 괜찮은 편에 속한다.

◆ 구분	bouchon
◆ 인테리어	작고 아늑한 레스토랑
◆ 가격	코스 19/29/36유로 (단품 가능)
◆ 예산	30~50유로
◆ 와인선택	리스트: 1/5 가격대: 4/5 상대적 가격: 3/5

· 단순한 리스트이지만 부숑치고는 비교적 괜찮은 와인 위주로 구성되어 있다.

◆ 요약	음식: 3/5 가성비: 4/5 인테리어: 2/5 서비스: 2/5
◆ 키워드	부숑

La Meunière

D 없음
A 11 Rue Neuve, 69001 Lyon
T +33 4 78 28 62 91
H https://www.lameuniere.fr
R 홈페이지, 전화 예약

O

	월	화	수	목	금	토	일
점심		12:00~14:00					
저녁		19:30~22:00					

다니엘 에 드니즈 생 장
Daniel et Denise Saint Jean

가장 고급스러운 부숑

리옹의 수많은 부숑에서도 최고로 손꼽히는 곳 중 하나가 다니엘 에 드니즈이다. 오너 셰프인 조세프 비올라Joseph Viola는 리옹의 가장 유명한 브라스리 겸 부숑인 레옹 드 리옹Léon de Lyon의 셰프였는데, 2004년 MOF를 받은 후 이곳을 인수하게 된다. 어지간한 미슐랭 1, 2스타 셰프도 가지고 있지 못한 프랑스 요리 장인인 MOF를 일개 부숑의 셰프가 가지고 있어서 신기하다고 생각했는데, 일반적인 부숑이라기보다 부숑의 음식을 파는 레스토랑으로 볼 수 있을 것 같다. 원래 이곳은 리옹 파르디유 역에서 멀지 않은 곳에 본점이 있고, 구 시가지인 생 장Saint Jean 지역과 크루아 루스Croix Rousse쪽에 지점이 있다. 생 장 지점의 평가가 가장 좋은 편이라 이쪽으로 방문

1 렌틸 테린
3 리옹식 소시지
2 포트와인소스의 푸아그라
4 리옹식 샐러드

했다.

　다양한 가격대의 코스요리도 있지만 부숑이니까 단품으로 몇 가지 주문했다. 2009년 샤르퀴테리 대회에서 상을 받았다는 푸아그라와 송아지 흉선이 들어간 파테 엉크루트는 기대한 것대로 맛있었고, 리옹의 대표 음식 중 하나인 리옹식 샐러드도 괜찮았다. 리옹식 샐러드라고 하면 와인으로 된 비네거와 크루통, 수란, 베이컨 등이 들어간 음식을 말하는데, 원래 리옹이 실크산업이 발달한 지역이라 공장 노동자들이 먹던 푸짐한 샐러드에서 유래되었다고 한다. 아무래도 노동자들의 음식이다 보니 말이 샐러드지 단백질이 풍성하게 들어가 있다.

　여러 명이 방문해서 메인 음식을 다양하게 주문했다. 브레이징한 소 볼살은 평범했고, 앙두예트는 예상대로 풍미가 강해 손이 잘 가지 않았다. 모렐크림소스의 브레

비교적 큰 규모의 부숑

스 닭이 인기메뉴라는데, 전날 라 메르 브라지에서 너무 근사한 닭을 먹어서인지 브레스 닭치고는 살짝 아쉬웠다. 리옹식 소시지와 소 내장^{tripa} 튀김은 기대보다 더 맛있었다. 메뉴가 다양한 편이니 취향껏 고르면 될 것 같다.

너무 좁거나 시끄럽고 번잡하지 않으면서 음식 맛이 좋은 부숑을 방문하고 싶다면 이곳을 권하고 싶다.

◆ 구분	bouchon / restaurant
◆ 인테리어	소박한 시골 식당 느낌
◆ 가격	코스 33/41/51유로, 점심 21유로 (단품 가능)
◆ 예산	45~80유로
◆ 와인선택	리스트: 2/5 가격대: 4/5 상대적 가격: 3/5

· 단순한 리스트로 부숑치고는 비교적 다양한 와인을 구비하고 있다.

◆ 요약	음식: 3/5 가성비: 4/5 인테리어: 2/5 서비스: 2/5
◆ 키워드	부숑

Daniel et Denise Saint Jean

D 없음
A 36 Rue Tramassac, 69005 Lyon
T +33 4 78 42 24 62
H https://www.danieletdenise.fr
R 홈페이지, 전화 예약

O	월	화	수	목	금	토	일
점심			12:00~13:30				
저녁			19:00~21:30				

리옹

르 부숑 데 코르들리에
Le Bouchon des Cordeliers

새롭게 떠오르는 부숑

르 부숑 데 코르들리에는 원래 레페르베성스 L'Effervescence라는 1스타 레스토랑이 문을 닫은 자리에 연 부숑이라고 한다. 부숑답지 않게 모던한 인테리어와 비교적 세련되게 나오는 음식으로 인기를 끌고 있다.

27유로 메뉴를 주문하면 단품 메뉴판의 전채/메인/디저트에서 하나씩 고를 수 있어 그 메뉴를 주문했다. 전채 중에서 다양한 버섯이 들어간 라비올리와 리옹식 샐러드, 토마토소스의 푸아그라가 괜찮았다. 메인에서는 낭투아 소스의 크넬도 괜찮았지만, 그중에서도 송아지 스테이크는 이곳에서 반드시 먹어야 하는 메뉴라 할 수 있다.

리옹식 샐러드

송아지 스테이크

◆ 구분	bouchon	◆ 요약	음식: 3/5 가성비: 4/5 인테리어: 3/5 서비스: 2/5
◆ 인테리어	부숑 중에서 비교적 모던한 분위기		
◆ 가격	코스 19.5/26.5유로 (단품 가능)	◆ 키워드	부숑
◆ 예산	30~45유로		
◆ 와인선택	리스트: 1/5 가격대: 5/5 상대적 가격: 3/5		

· 저렴한 와인 위주 몇 가지만 구비하고 있다.

Le Bouchon des Cordeliers

D 없음
A 15 Rue Claudia, 69002 Lyon
T +33 4 78 03 33 53
H http://www.bouchondescordeliers.com
R 홈페이지, 전화 예약

O	월	화	수	목	금	토	일
점심			12:00~14:00				
저녁			19:00~22:30				

리옹

브라스리 조르주
Brasserie Georges

리옹을 대표하는 브라스리

1836년 문을 연 브라스리 조르주는 단순한 브라스리나 레스토랑을 넘어 리옹을 대표하는 명소라고 할 수 있다. 음식이 대단히 맛있는 것도 아니고 브라스리치고 인테리어가 멋진 편도 아닌, 정말 큰 비어홀과 같은 분위기다. 푸짐하고 괜찮은 맛의 브라스리 음식이나 리옹 전통 음식을 비싸지 않은 가격에 맛볼 수 있다.

감자와 장봉

리옹의 대표 요리인 앙두예트

◆ 구분	brasserie
◆ 인테리어	캐주얼한 대형 브라스리
◆ 가격	코스 22.5/27.5유로 (단품 가능)
◆ 예산	30~45유로
◆ 와인선택	리스트: 1/5 가격대: 5/5 상대적 가격: 3/5

◆ 요약	음식: 2/5 가성비: 4/5 인테리어: 3/5 서비스: 3/5
◆ 키워드	브라스리

· 저렴한 와인을 위주로 몇 가지만 구비하고 있다. 와인보다는 맥주를 더 많이 마신다.

Brasserie Georges

D 없음
A 30 Cours de Verdun Perrache, 69002 Lyon
T +33 4 72 56 54 54
H http://www.brasseriegeorges.com
R 홈페이지, 전화 예약

O	월	화	수	목	금	토	일
시간			11:30~23:00				

론 알프스 근교

메종 트루아그로
Maison Troisgros

50년째 3스타를 유지하고 있는 대단한 레스토랑

MICHELIN

미식의 중심이라 불리는 리옹을 중심으로 프랑스를 대표하는 미슐랭 2, 3스타 레스토랑이 몰려 있는데, 그중 대표적인 곳이 메종 트루아그로다. 리옹에서 약 100킬로미터 떨어진 작은 마을에 자리한 이 레스토랑은 흔히 트루아그로라고 불리는데, 1957년 문을 열어 1968년부터 쭉 미슐랭 3스타를 유지하고 있는 역사만으로도 대단한 곳이다. (역대 세 번째로 오랫동안 3스타를 유지하고 있는 레스토랑)

메종 트루아그로는 장 에 피에르 트루아그로Jean & Pierre Troisgors가 처음 문을 연 1957년부터 프렌치 퀴진의 역사에서 매우 중요한 역할을 하고 있는 곳이다. 1983년부터는 아들 미셸 트루아그로Michel Troisgros가 이어받았고, 현재는 미셸의 아들 세자

아뮈즈 부슈

샬롯을 올린 아스파라거스

르 Cesar가 아버지와 함께 주방을 맡고 있다. 피에르 트루아그로는 현재 랑그독 루시옹에서 와인 만드는 일에 참여하고 있다니까 대단한 노익장이 아닌가 싶다.

   2016년에 방문했을 때는 다른 곳에 있다가 현 위치로 이전했는데, 전반적인 느낌은 비슷한 편이다. 통유리로 채광이 매우 좋으며 테이블보 없이 매우 모던한 느낌을 주는 실내 인테리어를 볼 수 있다. 음식은 단품으로 주문할 수 있으며 계절 메뉴는 270유로, 점심때는 150유로의 메뉴 주문도 가능하며 가끔 중간 가격대의 코스 메뉴가 있을 때도 있다.

   와인 리스트는 생각보다 얇았는데 안에는 매우 작은 글씨로 빽빽하게 쓰여 있었다. (두께는 전혀 중요하지 않다!!) 아무래도 인근의 부르고뉴와 론 지역의 와인을 많이 갖추고 있었는데, 2천여 종, 5만 병의 와인을 가지고 있다고 한다. 와인 가격도 전반적으로 매우 좋은 편이라 고르는데 살짝 애를 먹을 정도였다.

   깔끔하고 산미가 좋은 아뮈즈 부슈로 시작해서 여러 가지 전채가 나온다. 재료를 강조하는 아주 단순한 플레이팅과 조합에 다양한 아시안 터치가 이어졌다. 약간 타이퀴진의 느낌이 나기도 했는데 레몬그라스가 들어 있어서 그런 것일 수도 있고, 향과 맛, 색에서 그린커리가 연상되어서 그랬을 수도 있다. 굴 요리에는 태국 음식 느낌의 소스가, 조개 요리와 관자 요리는 일본 음식 느낌이라 해도 무방할 정도였다. (역시 일반적이지 않았던 오렌지 소스의) 가재 요리와 메인으로 나온 토끼요리를 제외하면 아시안 터치가 너무 자주 들어가서 개인적으로는 크게 마음에 들지 않았다.

515

직관적으로 맛있다는 생각이 들었던 음식은 아스파라거스와 토끼요리 정도.

먹을 때 느낌과 먹고 난 뒤에 느낌, 그리고 글을 쓰면서 다시 돌아보는 느낌이 조금 다른 레스토랑이 있다. 이 레스토랑은 먹을 때는 약간 라이트하고 직관적으로 맛있다는 느낌은 거의 들지 않았던 곳이다. 다시 생각해보면 다른 곳에서 먹었던 식재료, 소스의 조합은 거의 찾아볼 수 없고 완전히 새로운 음식을 먹었다는 느낌이 들어 왜 이 셰프가 그토록 다른 셰프로부터 존경을 받는지 이해할 수 있었다. 하지만 입에 넣자마자 자연스럽게 혀가 반응하고 찌릿한 감동이 오는 음식을 좋아하다 보니, 다시 글을 쓰면서 돌아봐도 셰프의 노력과 내공은 알 수 있지만 맛있다는 이야기를 쉽게 할 수는 없을 것 같다.

가끔 주위의 푸디들과 이야기해보면 셰프들이 좋아하는 음식과 셰프가 일반 푸디들의 의견과 충돌하는 경우를 많이 보고는 한다. 여기도 대표적인 케이스가 아닐까?

가장 좋아하는 와인 중 하나

망고 소스의 디저트

◆ 구분	fine dining
◆ 가이드북	Michelin 3 stars Relais & Chateaux
◆ 인테리어	통유리로 둘러싸인 모던한 실내
◆ 가격	코스 270유로, 점심 150유로 (단품 가능)
◆ 예산	350~600유로
◆ 와인선택	리스트: 5/5 가격대: 2/5 상대적 가격: 4/5

· 5만 병의 와인을 보유하고 있다. 고가 와인 위주의 구성이지만, 와인 가격은 상대적으로 괜찮은 편.

◆ 음식 스타일	modern
◆ 셰프	Michel Troisgros / Cesar Troisgros
◆ 요약	음식: 4/5 가성비: 2/5 인테리어: 4/5 서비스: 5/5
◆ 키워드	미식여행 와인 애호가 스타셰프

Maison Troisgros

D business casual
A 728 Route de Villerest, 42155 Ouches
T +33 4 77 71 66 97
H https://troisgros.fr
R 홈페이지, 전화 예약

O	월	화	수	목	금	토	일
점심			12:00~13:15			
저녁			19:30~21:15			

론 알프스 근교

조르주 블랑
Georges Blanc

81년부터 3스타인 최고의 레스토랑

MICHELIN ✪✪✪

리옹에서 부르고뉴로 넘어가는 길목인 보나Vonnas에 자리한 3스타 레스토랑 조르주 블랑은 사실 큰 기대를 하지 않았던 곳이다. 1981년부터 미슐랭 3스타를 유지하고 있으니 역대 다섯 번째로 오랫동안 3스타인 곳이지만, 폴 보퀴즈에서 경험했듯 뭔가 예우 차원이 아닌가 하는 선입견이 있었고 너무 올드한 음식이 나오는 것은 아닌가 걱정했던 것도 사실이다. 미리 결론부터 말하자면 이곳에서 먹어보지 않았다면 평생 후회할 일이 될 뻔했다. 의심의 여지없이 세계 최고의 레스토랑 중 하나였으며 짧은 미식 경험상 손에 꼽을 만한 대단한 경험이었다고 말하고 싶다.

조르주 블랑은 작은 마을인 보나를 완전히 장악하고 있다. 마을의 중심부는 조

1 브레스 닭
2 캐비아를 곁들인 굴
3 허브 소스의 개구리 다리

르주 블랑의 호텔과 레스토랑, 비스트로, 숍 등이 자리 잡고 있고 인근에 호텔을 하나 더 가지고 있다. 이 레스토랑의 역사는 1872년으로 거슬러 올라간다. 조르주 블랑의 증조(?) 할아버지인 장 루이 블랑Jean Louis Blanc이 처음 문을 열었고 조르주 블랑의 할머니 메르 블랑Mère Blanc이 이미 1929년과 1931년에 미슐랭 3스타를 받았다. 그 뒤에 어떻게 되었는지는 정확한 자료가 없어서 잘 모르겠다. 조르주 블랑은 공군에서 제대를 한 후 가족이 경영하는 이 레스토랑에 뛰어들어 몇 년 뒤인 1968년, 25세의 나이에 사장 겸 셰프가 된다. 이후 작은 마을인 보나에 럭셔리한 호텔을 세우며 본격적으로 이름을 알리기 시작한다. 놀랍게도 조르주 블랑은 1970년 프랑스 소믈리에 콘테스트에서 3위를 차지했으며, 1976년 요리 명장에게 수여되는 MOF를 받았다. 이어 1981년 드디어 미슐랭 3스타를 받음과 동시에 〈고미요〉의 올해의 셰프상을 수상했고 1985년에는 고미요 역사상 최고 점수인 19.5/20.0을 받은 기록도 세웠다. (이 기록은 마르크 베라Marc Veyrat가 받은 20점 만점으로 깨지게 된다.)

클래식한 느낌의 리셉션을 지나 주방을 바라보며 안으로 들어가면 오래된 저택과도 같은 다이닝 홀이 나온다. 전체적으로 어둡지만 테이블은 환하게 밝혀져 있고 아늑하고 따뜻한 기분을 느낄 수 있다. 자리에 앉으니 조르주 블랑 셰프도 돌아다니면서 인사를 한다. 1943년생이니까 우리 나이로 일흔이 훌쩍 넘었고, 이제는 아들이 주방을 지휘하고 있지만 대부분 레스토랑에 나온다고 하니 대단한 노익장이다.

음식은 단품 주문도 가능하며 270유로, 220유로의 코스 메뉴가 있다. 코스 메뉴 둘다 시그니처 메뉴를 모아놓았다. 220유로짜리가 적당하다고 추천해주는 데다 긴 코스에 송아지와 디저트 하나가 더 추가되는데 굳이 먹지 않아도 될 것 같아 220유로 메뉴를 주문했다. 와인 리스트는 13만 병을 보유하고 있는 만큼 어마어마한 종류가 있는데, 전반적인 가격대가 레스토랑치고 많이 비싸지 않고 몇몇 와인의 가격은 꽤 좋아 기쁜 마음으로 주문했다. (대개 기쁜 마음으로 주문하면 나중에 지불하는 돈은 훨씬 많아진다.)

1

2

3

1 시그니처 랍스터 구이
2 비트레몬 소스의 넙치
3 세계 최고 수준의 와인 리스트

완벽하게 보관된 올빈 와인 　　　　　　　브레스 닭 모양의 비스킷

　관광지가 아니라서 그런지 몰라도 평일 저녁에 홀에 가득 차지는 않았다. 대다수의 손님은 인근에서 온 단골 같았다. 손님이 도착하기도 전에 와인병을 오픈하거나 디캔팅되고 있고 대개 와서 단품 두 개 정도 먹고 가는 모습을 봐도 그런 것 같았다.
　지금 와서 보면 조르주 블랑이 가장 인상적이었던 점은 모든 음식 하나하나에 망치로 머리를 두드리는 듯한 강한 임팩트가 있었다는 것이다. 살짝 익힌 굴과 캐비아가 시작이었다. 이어 허브 소스의 개구리 다리가 나왔는데 말을 하지 않으면 아주 부드러운 영계가 아닐까 싶은 요리다. 이어진 튀르보는 조리도 완벽하고 쫀득한 식감이 훌륭했으며 비트와 레몬 소스에서 오는 산미가 기가 막히게 잘 어울렸다.
　이어진 랍스터 요리는 인생에서 맛본 랍스터 요리 중 손가락으로 꼽을 만했다. 테이블 위에 올려놓을 때부터 그 찬란한 자태에 나도 모르게 탄성이 났다. 모렐버섯과 쥐라 와인을 넣은 소스는 완벽하게 익힌 랍스터와 천상의 궁합을 보여줬는데, 반짝반짝 빛이 나며 티끌 한 점 없는 랍스터의 자태가 아름답기까지 했다. 바닷가라고는

아늑한 실내 인테리어

어느 방향으로 가도 4~500km는 가야 나올 것 같은 내륙의 한가운데서 이런 랍스터를 만나다니 놀라울 뿐이다.

마지막 메인은 이 지역에서 나오는 브레스 닭이었다. 여러 닭 중에 프랑스에서 유일하게 AOC 인증을 받은 것이 브레스 닭이다. 최소 12주 이상 방목해서 길러야 하고, 마지막 2주는 옥수수와 우유를 먹여서 출하한다고 한다. 그래서 노란색 껍질의 고소한 지방과 부드러운 육질이 만들어진다는데, 고품질의 브레스 닭은 4주 이상을 옥수수와 우유를 먹인다고 한다. 닭 공급의 대부분을 한 군데 회사에서 하는 우리나라에서는 절대 불가능한 시스템이다. 정말이지 이 고소하고 식감 좋은 껍질과 부드러운 육질, 그리고 맛을 한층 살려주는 푸아그라 샴페인 소스는 역시 수십 년의 세월 속에 완성된 완벽한 레시피가 아닌가 싶다. 이어서 훌륭한 치즈 카트가 나오고 훌륭한 디제스티프 리스트에서 몇 잔 골랐다. 클래식한 느낌의 맛있는 디저트에 프티 푸르까지 비교적 간단하게 마무리되었지만, 전혀 아쉬움은 없었다.

정말 처음부터 끝까지 고개 갸웃하는 거 하나 없이 완벽했던 식사, 38년간 미슐랭 3스타를 유지하는 일은 정말 아무나 하는 것이 아니라는 걸 다시 한 번 깨닫게 된다. 개인적으로 프랑스에서 맛본 레스토랑 중 톱 3에 꼽고 싶다.

◆ **구분**   fine dining

◆ **가이드북**   Michelin 3 stars
               Les Grandes Tables du Monde
               Relais & Chateaux

◆ **인테리어**   오래된 저택과 같은 고풍스러운 인테리어

◆ **가격**   코스 220/295유로 (단품 가능)

◆ **예산**   250~500유로

◆ **와인선택**   리스트: 5/5
              가격대: 3/5
              상대적 가격: 4/5

· 13만 병을 보유한 세계 최고의 와인 리스트 중 하나

◆ **음식 스타일**   classic

◆ **셰프**   Georges Blanc

◆ **요약**   음식: 5/5
           가성비: 3/5
           인테리어: 5/5
           서비스: 5/5

◆ **키워드**   미식여행
           와인 애호가
           스타셰프

Georges Blanc

D business casual
A Place du Marché, 01540 Vonnas
T +33 4 74 50 90 90
H https://www.georgesblanc.com/fr
R 홈페이지, 전화 예약

O

	월	화	수	목	금	토	일
점심					12:15~14:00		
저녁			19:15~21:00				

Maison Pic

여성 3스타 셰프의 럭셔리 레스토랑

MICHELIN ✿✿✿

리옹에서 남쪽으로 약 100킬로미터 내려가면 나오는 발렁스 Valence에는 130여 년의 역사를 자랑하는 미슐랭 3스타 레스토랑 겸 호텔 메종 픽이 있다. 남프랑스에서 론알프스로 여행을 하다 보면 아비뇽과 리옹의 중간 정도에 자리하고 있어 한 번쯤 들르기 좋은 곳이다.

현재 안 소피 픽 Anne Sophie Pic 셰프가 이 레스토랑을 맡고 있는데, 전 세계에 현역으로 활동 중인 딱 네 명의 여성 3스타 셰프 중 한 명이다. 나머지 세 명은, 스페인 상 파우 Sant Pau의 루스카에다 Ruscalleda 셰프, 스페인 아르삭 Arzak의 엘레나 아르삭 Elena Arzak, 그리고 이탈리아 달 페스카토레 Dal Pescatore의 나디아 Nadia 셰프다. (클레

럭셔리한 실내

어 스미스Clare Smyth는 얼마 전 고든 램지에서 독립해서 나왔기 때문에 제외함.)

　여성 3스타 레스토랑을 가만히 보면 두 가지 유형으로 구별되는 듯하다. 하나는 전문적으로 요리를 배웠다기보다 어쩌다 뛰어들어 재능을 펼치는 경우다. (상 파우나 달 페스카토레, 그리고 지금은 2스타로 떨어진 알 소리소Al Sorriso 등이 여기에 해당한다.) 이탈리아에 여성 3스타 셰프가 한때 세 명이나 있던 것도 이런 영향이 큰 것 같다. (에노테카 핀키오리Enoteca Pinchiorri도 여성 셰프가 일으켜 세웠다.)

　또 하나는 가족 경영의 레스토랑에서 딸이 물려받은 경우인데, 아르삭이나 메종 픽이 이 경우에 해당한다. (클레어 스미스는 3스타를 받았던 고든 램지를 이어 받았으니 역시 논외) 전자가 가정식과 전통적인 음식을 기반으로 가스트로노미를 펼쳐내고 있다면, 후자는 선대의 영광을 뛰어 넘기 위해 변신을 시도하고 노력한다는 점에서 큰 차이가 있다. 하지만 후자의 레스토랑에 가면 그런 의욕이 약간 과하고, 너무 창의성을 과시하고 강요한다는 느낌을 받기도 한다. 공교롭게도 2년 전 방문한 아르삭에서 느낀 점을 이번 메종 픽에서도 거의 그대로 비슷하게 느꼈다.

현재 안 소피 픽은 여섯 개의 레스토랑을 더 운영하고 있다. 스위스 로잔에 있는 레스토랑 안 소피 픽(2스타)과 파리, 런던에 있는 라 담 드 픽(1스타)도 미슐랭 별을 받았다.

메종 픽의 역사는 1889년으로 거슬러 올라간다. 1889년 외젠Eugene과 소피 픽이 호텔 겸 레스토랑을 세웠고 1939년 아들 앙드레 픽André Pic이 주방을 맡으면서 3스타를 받게 된다. 이후 1946년 별 하나를 잃었고 1950년에는 1스타로 떨어지게 된다. 이어 앙드레의 아들인 자크 픽Jacques Pic이 별을 되찾기 위해 원치 않던 요리의 길을 걸으며 1959년 2스타를 회복했고 결국 1973년 다시 3스타로 올라섰다. 1995년까지 쭉 3스타를 유지하고 있었으나 자크가 죽고 난 3년 뒤인 96년에 2스타로 강등되

푸아그라 브륄레

전반적으로 비싼 와인 가격

1 그린 아니스로 마리네이드한 아스파라거스 2 말차 도우로 감싼 베이컨
3 송아지 흉선 4 프리 디저트

   고 만다. 이후 아들 알랭 픽Alain Pic이 운영하던 이곳을 딸인 안 소피 픽이 이어받아 2007년 새롭게 3스타를 받았으며 지금까지 이어져 오고 있다. 2스타로 강등되었던 곳을 자신의 힘으로 끌어올렸다는 점에서 아르삭과 동일선상에 놓고 비교하기는 약간 미안한 감정이 들기는 한다.

   레스토랑 안으로 들어가면 럭셔리한 실내에 예술품과 각종 오브제가 가득한 멋진 인테리어가 돋보인다. 와인 리스트는 아주 방대했지만 전체적인 와인의 가격이 무척이나 높아 오랜 역사가 무색할 정도였다. 음식은 코스로만 주문이 가능한데 중간 가격대인 260유로 메뉴를 주문했다.

   코스가 시작되면서 조그만 메뉴판 같은 것을 옆에 놓아줬다. 음식마다 어떤 재료를 사용했고, 이 음식을 왜 만들게 되었는지 상세히 설명되어 있었다. 주로 읽어보면 셰프가 어디서 영감을 얻고 어린 시절 어디에 가서 먹은 음식을 기반으로 만들었다

부류의 이야기가 많은데 스토리텔링에 조금 과하게 신경을 쓴 것으로 느껴졌다. 음식이 맛있었으면 감동적으로 다가왔을 텐데 전채부터 메인까지 이렇다 하게 미각을 자극하는 음식은 없었다. 직관적으로 맛있다거나 엄청난 재료의 퀄리티가 느껴진다거나 새롭고 창의적인 조합이 있는 것도 아니니 그냥 예쁘지만 무난한 음식을 '생산해낸다'는 느낌이 들었다. 뒤쪽에 나오는 어마어마한 치즈 카트와 디저트를 제외하면 그 어떤 접시도 인상적이지 않았다.

식사를 마치고 나와 리셉션으로 다시 가보니 1900년 최초의 〈미슐랭 가이드〉가 발간된 이후에 나온 모든 책을 다 가지고 있었다. 아마도 그 모든 책에 이 레스토랑이 나오지 않나 싶다. 음식에서 큰 감동을 받았으면 이마저도 대단하게 느껴졌을 텐데 그게 아니다 보니 "봐~ 우리 대단하지" 하고 애써서 외치는 듯한 느낌 이상의 무언가를 느낄 수는 없었다.

그러다 보니 전반적으로 왠지 역사와 전통을 강요하는 것이 아닌가 싶었고, 음식은 그것을 뛰어넘을 정도의 특별함이나 충실한 클래식의 재현, 그 어느 것도 아니었다. 코스마다 만족도도 다르겠지만, 너무 고급스럽고 럭셔리한 소품으로 가득한 레스토랑의 내부와 정중한 서비스는 인상적이지 못한 음식과 잘 어울린다기보다 명품 옷과 가방으로 억지 도배한 사람이 떠올랐다고 하면 지나친 평일까?

딱히 맛이 없다거나 문제라기보다는 한 접시라도 감동을 받거나, 전체적인 구성에서 맛있게 먹은 기억이 나야 할 텐데 아쉽게도 둘 다 아니었다. 인근에 워낙 좋은 레스토랑이 많으니 더 비교되는 것일 수도 있고….

◆ 구분	fine dining
◆ 가이드북	Michelin 3 stars Les Grandes Tables du Monde Relais & Chateaux
◆ 인테리어	다양한 예술품이 있는 럭셔리하고 모던한 실내
◆ 가격	코스 180/260/340유로, 점심 120유로
◆ 예산	250~600유로
◆ 와인선택	리스트: 5/5 가격대: 1/5 상대적 가격: 2/5

· 방대한 와인 리스트를 보유하고 있으나 저렴한 와인은 거의 없다. 상대적으로 매우 비싼 편이다.

◆ 음식 스타일	modern
◆ 셰프	Anne Sophie Pic
◆ 요약	음식: 4/5 가성비: 2/5 인테리어: 5/5 서비스: 5/5
◆ 키워드	미식여행 와인애호가 스타셰프 여성셰프

Maison Pic

D business casual
A 285 Avenue Victor Hugo, 26000 Valence
T +33 4 75 44 15 32
H https://www.anne-sophie-pic.com
R 홈페이지, 전화 예약

O	월	화	수	목	금	토	일
점심			12:00~13:30				
저녁			19:30~21:30				

529

론 알프스 근교

Flocons de Sel

알프스 한복판에서 즐긴 완벽한 식사

MICHELIN ✷✷✷

그림같이 아름답던 알프스의 산자락에 자리한 플로콩 드 셀은 엠마뉘엘 르노 Emmanuel Renault 셰프의 3스타 레스토랑이다. 르노 셰프는 1997년에 레스토랑 문을 열었으며 2002년에 1스타, 2006년에 2스타를 받고 2012년부터 3스타를 유지해오고 있다.

 프랑스 지방의 레스토랑을 방문하는 것이 참 어려운 이유는 워낙에 영업하는 기간이 짧기도 하고, 한 주에 영업하는 일수도 적은 경우가 태반이기 때문이다. 르 1947 (밀 뇌프 성 카랑트 세트) Le 1947의 경우 일 년에 네 달만 영업하고, 몇 달 동안 문을 닫는 레스토랑도 부지기수다. 이 레스토랑도 프랑스에 왔을 때 두 번 정도 리모델링

트러플 샌드위치   허브와 쥐라 와인소스의 모렐 버섯

등으로 영업을 하지 않아 가지 못했다가 2018년 겨울 짬을 내서 다녀왔다.

　레스토랑에 들어서자 아페리티프를 즐길 수 있게 라운지 같은 곳으로 안내되었다. 이곳을 방문한 지인이 라운지에서 아무 생각 없이 샴페인을 마시다 보니 한 시간이 훌쩍 지났다고 했는데, 그게 이해될 정도로 아름다운 공간과 전망이었다. 벽난로 옆에 앉아서 눈 덮인 알프스를 보며 맛있는 아뮤즈 부슈를 먹는데 시간이 빨리 안 가면 이상한 거지.

　음식은 단품으로도 주문할 수 있으며 점심때 주문 가능한 130유로, 180유로 코스가 있고 테이스팅 메뉴는 250유로다. 와인 리스트도 매우 빼어났다. 인근 지역의 크게 부담 없는 가격대 와인도 꽤 있었고, 부르고뉴 지역의 와인 셀렉션도 괜찮고 가격도 나쁘지 않아 어떤 것을 고를지 혼돈일 정도였다. 이어서 자리로 안내되었는데 다이닝홀에 들어서니 나오는 첫 마디. "이 경치 실화냐?"

　첫 번째 전채는 진한 소스와 버섯을 곁들인 계란요리였다. 얼핏 단순하지만 풍미 좋은 진한 소스, 다양하고 독특한 식재료와 여러 가지 식감이 어우러진 복합적인 맛의 수준 높은 요리였다. 아뮤즈 부슈와 첫 번째 전채를 먹으면 대충 그날의 방향을 알 수 있다. "오늘은 끝났구나~" 르노 셰프가 버섯을 참 좋아한다더니 이어서 트러플 샌드위치, 모렐 버섯 요리, 폴렌타와 야생버섯 요리 등이 나왔다. 직관적으로 맛이 와닿는 진하면서도 취향에 딱 맞는 요리가 나왔다 살짝 혀가 무뎌질 쯤에 다음 요리로 비트루트와 스파이시한 콩소메가 어우러진 상큼한 요리를 내주니 고수가 만들어낸 코스의 흐름이 느껴진다.

다음으로 랑구스틴 세비체 위에 캐비아를 듬뿍 얹어서 내주니 더 말할 것도 없다. 제네바 호수에서 잡은 민물생선을 살짝 튀겨낸 요리와 역시 민물생선으로 만든 브로셰가 이어졌다. 개인적으로 제대로 구워낸 생선요리 하나쯤 있었으면 완벽했다 싶으나 지역적 한계도 있을 것 같고 다음을 기약하는 재미도 있어야 하니까.

고기 요리는 양, 사슴, 흉선 등에서 선택할 수 있었는데 양고기는 안 먹어봐도 맛이 보인다 할 정도로 완벽했다. 고기도 한 가지 부위만 나오는 것이 아니라 다양한 부위를 여러 가지 조리법으로 만들어 내주어서 여러 가지 맛을 느낄 수 있었다. 심지어 이게 끝이 아니었다. 야생동물로 만든 투르트 tourte 가 나왔다. 이런 투르트는 대개 어느 정도 풍미가 독특해서 개인적으로 아주 맛있게 먹은 기억이 거의 없는데 "이건

1 랑구스틴과 캐비아
2 아주 어린 양갈비
3 프리 디저트

야생동물 투르트

뭐 너무 맛있잖아?" 개인적으로 먹어본 모든 투르트를 통틀어 최고였다.

   치즈 카트에 이어서 나온 디저트는 여러 가지 중에 취향껏 선택할 수 있었다. 보통 여러 가지 디저트 선택지가 있으면 다소 클래식한 디저트 중에서 골라야 하거나 미리 만들어놓는 디저트인 경우가 많다. 하지만 여기는 디저트를 모두 바로 만들어내주어서 더 놀라웠다. 대개 단순한 플레이팅이지만 또 예상외로 맛있어서 한 번 더 놀랐다.

   돌아오면서 솔직히 그 어떤 접시도 탑으로 꼽을 만한 접시는 없었음에도, 또 캐비아와 랑구스틴이 나온 접시를 제외하면 뭔가 비싼 자료로 '때려주는' 느낌이 없었음에도 이 정도로 만족한 이유가 뭘까 곰곰이 생각해봤다. 보통 이 정도 가격대의 레스토랑이라면 '우리는 이 가격을 받아야 해.'라고 말하고 싶은 듯 화려한 재료를 보여주는 곳이 많다. 여기는 특별한 재료는 없어도 공간과 조리 기술에서 자신감을 그대로 보여주는 것 같다. 거의 모든 접시가 (최고는 아니어도) 최고에 가까웠고, 실망스

아름다운 전망의 다이닝 홀

러운 음식이 없었다는 점과 지역과 공간에서부터 음식, 와인, 서비스 등 모든 면에서 흠잡을 곳이 전혀 없었다는 결론이 나왔다.

일주일에 4일만 영업하고 문을 닫는 때도 꽤 있지만, 알프스의 레스토랑치고 사계절 전부 영업하는 몇 안 되는 고급 레스토랑이니 시간 내서 한 번쯤 가보라고 권하고 싶다. 꼭 겨울이 아니더라도 알프스는 계절마다 각자의 매력을 갖고 있는 곳이고 주위에 관광지도 많은 편이니 언제 가도 좋을 듯싶다. 그리 멀지 않은 곳에 전설적인 셰프인 마르크 베라의 레스토랑도 있으니 이왕이면 묶어서 두 곳 모두 방문하는 편을 추천하고 싶다.

결론적으로 이곳은 프랑스의 모든 미슐랭 3스타 중에서 톱 5에 둘 만한 레스토랑이자 근시일 내에 다시 방문하고 싶은 곳이다.

◆ 구분	fine dining	◆ 음식 스타일	modern
◆ 가이드북	Michelin 3 stars Les Grandes Tables du Monde Relais & Chateaux	◆ 셰프	Emmanuel Renaut
◆ 인테리어	알프스에 둘러싸인 전망과 모던한 실내	◆ 요약	음식: 5/5 가성비: 3/5 인테리어: 5/5 서비스: 5/5
◆ 가격	메뉴 250유로, 점심 180/130유로 (단품 가능)	◆ 키워드	미식여행 스타셰프 와인 애호가 신혼여행 로맨틱 전망
◆ 예산	300~500유로		
◆ 와인선택	리스트: 5/5 가격대: 3/5 상대적 가격: 4/5		
· 훌륭한 와인 리스트를 가지고 있으며 부르고뉴 와인의 가격이 좋은 편.			

Flocons de Sel

D business casual
A 1775 Route du Leutaz, 74120 Megève
T +33 4 50 21 49 99
H https://www.floconsdesel.com/fr
R 홈페이지, 전화 예약

O	월	화	수	목	금	토	일
점심				12:00~14:00			
저녁				19:00~21:00			

론 알프스 근교

레지 에 자크 마르콩
Régis & Jacques MARCON

버섯의 왕이 펼치는 근사한 다이닝

MICHELIN

프랑스를 대표하는 또 하나의 전설적인 셰프 중 한 명인 레지 마르콩Regis Marcon이 아들과 함께 운영하는 호텔 겸 레스토랑 레지 에 자크 마르콩은 리옹에서 차로 한 시간 반 정도 떨어진 내륙 산간지방의 고원에 자리하고 있다. (엄밀히 말하면 론 알프스 지방은 아니고 오베르뉴 지방에 속한다. 그러나 이곳을 방문하는 관광객 대부분은 리옹에서 출발할 듯하고 오베르뉴에 별다른 레스토랑이 없어 책에서는 론 알프스 지역으로 묶었다.) 프랑스의 외딴 시골 마을에 있는 유명 레스토랑은 확실하게 손님을 끌 수 있는 매력적인 요소를 가지고 있다. 맛이면 맛, 가격이면 가격, 와인이면 와인까지. 이런 장소에 있어도 운영이 되는 이유기 때문에 가장 기대가 컸던 레스토

1 아뮈즈로 나온 굴
3 완두콩과 모렐 버섯
2 버섯 콩소미
4 트러플과 가리비

랑 중 하나다.

    레지 마르콩 셰프는 1956년생으로, 1979년 지역 전통음식을 내는 부모님의 여관을 이어받아 셰프로서의 첫발을 내딛게 된다. 1987년 건물을 리모델링해서 레스토랑을 확장하고 〈고미요〉에 수록되었으며 1990년 마침내 미슐랭 1스타를 받았다. 1995년에는 보퀴즈 도르 수상자가 되기도 했으며 1997년 미슐랭 2스타를 받고 〈를레 에 샤토〉에 등재되었을 뿐만 아니라 2001년에는 〈고미요〉의 '올해의 셰프'로 선정되었다. 또한 2003년에는 레지옹도뇌르 훈장을 받고 2005년 마침내 3스타를 거머쥐어 현재까지 유지하고 있으며 현재의 위치로 레스토랑을 옮기게 된다. 2008년에는 〈를레 에 샤토〉의 '그랑 셰프' 상을 받았고 아들 이름을 넣어 레스토랑의 이름을 르 클로 데 심Le Clos des Cimes에서 지금의 이름으로 변경하며 4성급 호텔을 함께 열었다.

사바용 소스의 민물생선

염소갈비

2013년부터 보퀴즈 도르 심사위원장을 맡는 등 그야말로 받지 않은 상이 없고 프랑스에서 요리로 올라갈 데까지 올라간 사람이라 할 수 있다. 알랭 뒤카스나 조엘 로뷔숑 같은 셰프처럼 제국을 확장하는 데 심혈을 기울이는 것이 아니라, 이 레스토랑과 인근의 베이커리, 비스트로 정도만 운영하고 있다. 그야말로 진짜 요리사의 모습을 엿볼 수 있다.

모던한 느낌의 레스토랑에 들어가니 고원 지대의 전망을 충분히 조망할 수 있었고 경치가 훌륭하여 기분 좋게 식사할 수 있었다. 레스토랑 곳곳에 버섯 문양의 소품이 많은데, 레지 마르콩 셰프가 '버섯의 왕 King of Mushroom'이라 불릴 정도로 다양한 버섯을 요리에 쓰기 때문인 것 같다. 아니 거의 모든 요리에 버섯이 들어간다고 해도 과언이 아니다.

음식은 단품으로도 주문할 수 있으며 210유로와 16유로의 코스 메뉴가 있다. 와인 리스트는 3스타치고 많은 종류를 가지고 있지는 않지만, 전반적인 가격이 좋아 기쁜 마음으로 와인을 고를 수 있었다.

아뮤즈 부슈에서부터 디저트까지 거의 모든 접시에 버섯이 들어가는데, 10여 가지의 아뮤즈 부슈부터 다채로운 음식이 나왔다. 다양하게 나온 전채 중에서는 가리비와 트러플이 가장 인상 깊었고, 메인으로 나온 민물 생선요리나 소고기 또한 흠잡을 곳이 없었다. 뭔가 감동을 받을 정도의 요리는 아니지만 다른 곳에서 맛볼 수 없는 새로움과 재미가 있어서인지 전반적인 만족도가 아주 높았다. 심지어 디저트에도 버섯이 들어가고 커피에 들어가는 설탕까지 버섯 모양이니 음식의 정체성과 개성을 확실하게 보여주는 것 같다.

인근에 관광지가 없고 대도시와도 멀어 힘들게 운전해 가야 하지만, 공간, 전망, 서비스, 음식, 와인, 그리고 그 모든 것을 더 빛나게 해주는 가격까지 완벽한 레스토랑이 아닌가 싶다.

◆ 구분	fine dining	◆ 음식 스타일	modern
◆ 가이드북	Michelin 3 stars Les Grandes Tables du Monde Relais & Chateaux	◆ 셰프	Regis Marcon
		◆ 요약	음식: 5/5 가성비: 3/5 인테리어: 5/5 서비스: 5/5
◆ 인테리어	내부는 모던하고 깔끔하며 전망이 시원함		
◆ 가격	코스 160/210유로	◆ 키워드	미식여행 와인애호가 스타셰프 전망
◆ 예산	200~500유로		
◆ 와인선택	리스트: 4/5 가격대: 3/5 상대적 가격: 4/5		

· 3스타임에도 와인이 많은 편은 아니지만, 상대적으로 가격이 좋다.

Régis & Jacques MARCON

D business casual
A 18 Chemin de Brard, 43290 Saint-Bonnet-le-Froid
T +33 4 71 59 93 72
H http://www.regismarcon.fr
R 홈페이지, 전화 예약

O

	월	화	수	목	금	토	일
점심					12:00~13:00		
저녁					19:30~21:00		

론 알프스 근교

Le 1947

르 1947 (밀 뇌프 성 카랑트 세트)

1년에 네 달만 영업하는 배짱 좋은 레스토랑

MICHELIN ✹✹✹

〈미슐랭 가이드〉에서 파비용 르두아양의 야닉 알레노를 차기 주자(알랭 뒤카스, 조엘 로뷔숑 등 거장의 뒤를 잇는)로 밀고 있다는 소문이 있었다. 그러던 중 2017년 알프스의 르 1947(밀 뇌프 성 카랑트 세트)이 3스타를 받으며 야닉 알레노는 갑자기 6스타 셰프가 되었다. 르 1947은 12월 중순부터 4월 초까지, 스키 리조트가 문을 여는 4개월만 영업을 하다 보니 쉽게 갈 수 있는 곳이 아니다. 그동안 인연이 닿지 않다가 2018년 2월에 마음먹고 다녀왔다.

이곳이 있는 호텔의 이름은 슈발 블랑Cheval Blanc, 즉 백마다. 호텔 앞에 말의 모형이 만들어져 있는데, 보르도 유명 와인(소위 보르도 8대 와인 중 하나인) 생테밀리

1 가리비 스크램블과 캐비아
2 숯불에 구운 양갈비
3 푸아그라와 성게, 버섯

옹의 샤토 슈발 블랑에서 운영하는 호텔이다. 참고로 슈발 블랑은 럭셔리 그룹인 루이비통 모엣 헤네시LVMH가 소유하고 있는데, 그냥 이 레스토랑 자체가 럭셔리의 끝판왕과도 같다고 보면 된다. 1947은 슈발 블랑의 전설적인 빈티지를 뜻한다.

야닉 알레노 셰프는 1968년생으로, 15살 때부터 풀타임으로 요리를 시작했다. 유럽권에서 대개 요리사들이 이때부터 요리를 시작하는데 그 이유가 의무교육 연한과 관련이 있다고 들었다. 실제로 고등학교 중간에 의무교육 나이가 지나면 다음 날부터 딱 학교를 그만두고 일을 하는 학생이 많다고 한다. 아무튼 야닉 알레노 셰프는 여러 레스토랑을 거친 후 본인의 레스토랑을 열어 1999년 첫 미슐랭 스타를 받고 2002년에 2스타를 받게 되었다. 2003년에는 파리의 팔라스급 호텔인 르 뫼리스의 총주방장으로 스카우트된다. 르 뫼리스는 2004년 2스타를 받고 2007년 마침내 별

머랭과 아이스크림

버섯과 셀러리악 파이

세 개를 받은 곳이다. 몇 번 이야기한 적이 있지만, 2007년은 프랑스 전통의 강호들이 2스타로 내려오고 신생주자(르 프레 카틀랑, 라스트랑스)가 3스타로 올라온, 꽤 역사적인 해다. 거기에 야닉 알레노도 동참했다.

2008년에는 그룹 야닉 알레노를 런칭해서 프랑스 곳곳과 세계 곳곳에 본인의 레스토랑을 내면서 사업을 확장하고 있다. 귀공자스러운 외모 때문에 '궁전의 왕자 Prince of Palaces'라는 별명을 갖고 있기도 하다. 2013년 1월에 르 뫼리스와 결별한 알레노는 2014년 7월, 파리의 전설적인 레스토랑 중 하나인 파비용 르두아양을 맡게 되고 이내 3스타를 받아내서(사실은 유지했다고 보는 것이 맞을 듯하다.) 명성에 걸맞은 별을 안게 되고 2017년에는 르 1947까지 3스타를 받아낸다.

내부는 생각보다 넓지 않고, 눈을 모티브로 하여 모던하면서도 럭셔리한 느낌이 들게 잘 꾸며놨다. 테이블 보가 없는 대신에 송아지 가죽으로 테이블을 깔아 한층 고급스러운 느낌이다. 음식은 단품으로도 주문할 수 있는데, 코스메뉴의 가격은 390

유로로 프랑스 최고 수준이다. 하지만 코스 숫자가 긴 것도 아니고 전채-메인-디저트, 딱 3코스 구성이다. 메인이 생선/고기로 나뉜 것도 아니고 코스에 선택 가능한 선택지가 있는 것도 아닌데 놀랄 정도의 가격이었다. 물론 아뮈즈 부슈나 전채, 메인 한 코스가 한 접시로 끝나지 않을 거라는 사실을 잘 알고 있기는 하지만, 저 가격을 내고 먹기에는 망설여져 단품으로 주문했다. 단품으로 3코스를 구성하면 250유로에서 330유로 정도 되니 이편이 다양하게 맛볼 수 있고 훨씬 가성비(?)가 좋은 듯했다.

와인 리스트는 생각보다 종류도 많지 않고 가격대도 무척 비싸서 마음에 드는 와인을 고르기는 힘들었다. 슈발 블랑은 별도의 리스트로 나온다. 워낙에 희귀한 올 빈을 보유하고 있어 한 병쯤 먹어줘야 또 그게 재미일 텐데, 능력이 부족하여 그건 불가능했다.

원래 프랑스에 가면 레스토랑 서버들은 남자 비중이 훨씬 높고 예전에는 아예 여성이 들어올 수 없는 영역이었다고 하는데 (그것도 다 오래된 과거의 이야기지만), 이곳은 모든 서버들이 여성인 데다 다소 몽환적인 느낌이 절로 드는 복장을 하고 있어서 인상적이었다.

음식은 전반적으로 모던하면서도 맛있었다. 겉보기에는 3코스지만 한 코스 내에서도 두세 가지 접시를 내줘서 다양하게 맛볼 수 있다. 뭔가 직관적으로 엄청나게 맛있다거나 클래식한 레시피로 음식을 내는 것도 아니다. 그렇다고 플레이팅이 아주 화려하거나 이런 저런 기교를 써서 신기하고 재미를 추구하는 것도 아니었다. 그 중간 어디쯤에 있는 것 같은데 딱히 맛에서 와닿는 접시가 없었다.

야닉 알레노 셰프에 대한 기대가 별로 없어서 그랬는지 전반적으로 맛있기는 하지만 기억에 남는 인상적인 접시가 없었다. 하지만 두루두루 괜찮았고 생소한 재료나 처음 보는 조합이 많은데도 크게 어색하지 않고 직관적으로 괜찮다고 느낀 점은 분명히 셰프의 재능이 만들어낸 결과인 것 같다. 다만 이 가격을 지불하면서까지 맛볼 가치가 있는지는 의문이지만 말이다.

누군가 가고 싶다면 말릴 것 같지는 않은데…. 굳이 추천까지는 하지 않을 것 같고

럭서리의 끝을 보여준 레스토랑

맛있냐고 물으면 맛있다라는 대답은 할 것 같은 그런 레스토랑이다. 메뉴가 바뀌어도 어느 정도 잘할 것 같지만, 굳이 내가 시험해보고 싶지는 않다.

◆ 구분	fine dining	◆ 음식 스타일	modern
◆ 가이드북	Michelin 3 stars Les Grandes Tables du Monde	◆ 셰프	Yannick Alléno
◆ 인테리어	모던하면서도 럭셔리한 실내	◆ 요약	음식: 4/5 가성비: 2/5 인테리어: 4/5 서비스: 5/5
◆ 가격	코스 390유로 (단품 가능)		
◆ 예산	300~600유로	◆ 키워드	미식여행 스타셰프 신혼여행 로맨틱
◆ 와인선택	리스트: 4/5 가격대: 1/5 상대적 가격: 2/5		

· 다양한 와인을 보유하고 있지만 가격대가 높다. 슈발 블랑의 리스트가 훌륭하다.

Le 1947

D business casual
A Cheval Blanc Courchevel – Rue du Jardin Alpin, 73120 Courchevel 1850
T +33 4 79 00 50 50
H http://www.courchevel.chevalblanc.com/fr/art-culinaire/1947.html
R 홈페이지, 전화 예약

O	월	화	수	목	금	토	일
시간				19:30~21:30			

12월 초~ 4월 초에만 영업한다.

론 알프스 근교

라 부이트
La Bouitte

환상적인 하드웨어, 아쉬운 소프트웨어

MICHELIN ✿✿✿

알프스 지역에 있는 3스타 중 한 곳인 라 부이트는 우리나라 신라호텔과 갈라디너를 하는 곳이라 한국 사람들에게 어느 정도 알려져 있다. 알프스의 레스토랑이 그러하듯 주변 풍경과 분위기는 환상적이다. 나무로 만든 샬레 풍의 레스토랑 겸 호텔은 보기만 해도 동화 속의 공간에 들어와 있는 것 같은 느낌을 준다.

이 레스토랑은 1976년에 문을 열었고 부자지간의 셰프인 르네^{René}와 막심 메유외르^{Maxime Meilleur}가 주방을 맡고 있다. 아버지 르네는 독학으로 요리를 공부했다고 알려져 있는데 문을 연 지 한참 뒤인 2003년에 첫 미슐랭 별을 받았다. 그리고 2008년에 2스타, 2015년에는 마침내 3스타를 거머쥐게 된다. 3스타에 〈레 그랑드

1 아뮈즈로 나온 굴
2 치즈 그라탱
3 유일하게 맛있었던 민물생선요리

타블르 뒤 몽드〉, 그리고 〈를레 에 샤토〉까지 가지고 있으니 좋은 것은 다 가지고 있고 이 정도면 맛있을 확률이 80%라고 봐도 무방하다. 하지만 결론부터 이야기하면 썩 만족스러운 식사는 아니었다.

다이닝 홀의 모습은 들어서는 순간 아늑하고 환상적이라는 느낌이 들었고, 자리에 앉아도 아름다운 알프스의 전망이 눈에 들어왔다. 음식은 단품으로도 주문할 수 있으며 코스는 총 8가지 음식 중에 3, 4, 5, 8개가 나오는 것 중 선택할 수 있고 가격은 149~315유로였다. 점심인지라 전채-해산물-고기-디저트 네 코스가 나오는 179유로 메뉴를 주문했다.

와인 리스트는 상당한 두께로 나왔는데 종이가 두껍고 글씨가 커서 그렇지 생각보다 고를 것이 없었다. 구성도 좋지 않고 가격도 워낙에 비싸 마실 만한 와인을 쉽게 고를 수가 없었다. 그래서 어지간하면 주문하지 않는, 네 잔이 나오는 95유로 와인 페어링을 주문했다.

빵과 버터는 엄지손가락을 치켜들 정도로 맛있었는데 아뮈즈 부슈와 굴은 별맛이 없어 불안감을 더했다. 첫 번째로 나온 음식은 제네바 호수에서 나오는 페라 피시 féra fish라는 생선으로 만든 요리였다. 이곳의 시그니처 메뉴답게 지금까지의 아쉬움이 그냥 한번에 씻겨 내려갈 정도로 맛있었다. 완벽하게 익혀낸 후 껍질 위에 뭔가를 튀겨서 겹쳐냈는데, 간이며 살짝 들어간 치즈 베이스의 소스까지 너무 잘 어울렸다. 두 번째는 이 동네의 파스타라면서 리조토 같은 음식이 나왔다. 아무 맛도 느껴지지 않는 데다 와인 페어링인데 와인도 이 접시를 다 먹고 나서야 서빙해줬다.

메인 고기 요리는 무려 45분을 기다려서야 받을 수 있었다. 프랑스에서 소고기 메인을 맛있게 먹어본 경험이 거의 없어 불안함이 있었는데 그게 현실로 드러났다. 소고기를 살짝 익힌 후 허브와 함께 얇게 말았는데, 무슨 로스 편채도 아니고 이게 메인으로 맛있을 리가 있겠는가? 레드 와인 역시 고기를 다 먹은 뒤에야 서빙을 해주었는데 (음식이 나오자마자 달라고 했음에도) 기본적인 부분부터 결여된 곳이라는

1

2

3

1 알프스 지역의 전통 파스타
2 실망스러운 소고기 요리
3 프리 디저트

특유의 알프스 풍 인테리어가 인상적이다.   다양한 빵이 진짜 맛있었다.

생각이 든다.

디저트는 그나마 맛이 괜찮았는데 먹다가 수세미가 나왔다. 서버에게 이야기하니 다시 가져다주겠다고 했지만 시간도 오래 지체되었고 굳이 다시 먹고 싶은 생각도 없어서 됐다고 물렀다. 하지만 나중에 계산서에는 전혀 반영되어 있지 않았다. 나는 디저트를 먹지 않은 셈이니 (내 의지가 아니라 그들의 잘못으로) 최소한 디저트 가격은 계산하지 않는 것이 맞는데 그들의 실수에 대해 다른 보상이나 사과도 전혀 없었다. 심지어 매니저는 음식에서 이물질이 나왔다는 사실을 전혀 모르고 있었다. 항의를 하고 나서야 그제서야 확인해보겠다며 "20유로 할인해줄게~ 됐지?"라고 말한다.

보통 이런 경우에는 그 즉시 매니저가 와서 사과하고 다른 음식을 더 내준다거나 계산을 할 때 할인을 해주거나, 나갈 때 샴페인 한 병을 주기도 한다.(생각보다 이런 실수는 고급 레스토랑에서도 종종 생기는 일인데, 뒤처리가 중요하다. 실제로 음식 값의 반을 깎아준 경우도 있었다.) 20유로 할인받아도 그만, 안 받아도 그만이라 생각하지만 응대 자체가 형편없다. 그 와중에 디저트 와인 역시 디저트를 다 먹을 때가 되어서야 따라주었다. 95유로에 이 정도 와인 페어링 구성이면 우리나라에서도 이것보다 잘할 수 있겠다 싶으니 전혀 메리트를 느끼지 못했다.

전체적으로 음식도 민물생선요리를 빼면 맛있던 것도 없고 가격 대비 구성도 너무 빈약했다. 와인 리스트도 별로고 가격도 높은 데다 고를 것도 없으며 서비스의 기본

환상적인 전망의 레스토랑

적인 규칙도 지키지 않는 영혼이 느껴지는 서비스도 없었다. 왠지 이 동네 자체가 관광객이 몰려와 소비하는 동네다 보니 그런 것이 아닐까 싶기도 하다. 프랑스에서 경험한 3스타 중에 모든 면에서 이 정도로 실망스러운 곳은 처음이었다.

지금 와서 생각해보면 참 다행인 것. 와인 리스트가 좋지 않아서 와인을 별로 시키지 않았던 것, 그리고 저녁에 일정이 있어 코스가 짧은 메뉴를 시켰다는 점이 아닐까 싶다.

◆ 구분	fine dining
◆ 가이드북	Michelin 3 stars Les Grandes Tables du Monde Relais & Chateaux
◆ 인테리어	알프스 샬레 풍의 인테리어와 아름다운 전망
◆ 가격	코스 149/179/209/315유로 (단품 가능)
◆ 예산	200~500유로
◆ 와인선택	리스트: 4/5 가격대: 1/5 상대적 가격: 2/5

· 다양한 와인을 보유하고 있지만 전반적으로 가격대가 높고, 상대적으로도 비싼 편이다.

◆ 음식 스타일	modern
◆ 셰프	René / Maxime Meilleur
◆ 요약	음식: 3/5 가성비: 1/5 인테리어: 5/5 서비스: 2/5
◆ 키워드	알프스

La Bouitte

D business casual
A 73440 Hameau de St Marcel, Saint-Martin-de-Belleville
T +33 4 79 08 96 77
H http://www.la-bouitte.com/en
R 홈페이지, 전화 예약

O

	월	화	수	목	금	토	일
점심			12:30~14:00				
저녁			19:30~21:00				

론 알프스 근교

라 메종 데 부아 – 마르크 베라
La Maison des Bois – Marc Veyrat

기나긴 여정의 끝

MICHELIN ✾✾✾

2018년 〈미슐랭 가이드〉에서는 프랑스의 3스타 레스토랑은 2곳이 새롭게 추가되어 총 28곳이 되었다. 남프랑스의 크리스토프 바키에 Christophe Bacquié와 알프스에 있는 라 메종 데 부아 – 마르크 베라였다. 2018년 〈월드50베스트레스토랑〉 행사가 빌바오에서 있어 잠시 다녀오면서 남프랑스를 거쳐 오기로 했는데, 이 일정을 그대로 소화하고 나면 가보지 못한 3스타 레스토랑이 이곳 딱 하나만 남게 되는 상황이었다. 항상 큰 욕심이 없다고 입으로는 말을 하지만, 막상 한 군데 3스타만 남겨둔다는 것이 찜찜하기도 하고 약간 오기도 생겨서 당일치기로 다녀올 방법을 물색했다.

결국 새벽 6시에 파리~안시 테제베TGV를 타고 가서 렌트를 한 후 1시간가량 운전

1 테라스에서 즐기는 아뮈즈
2 허브 소스의 푸아그라
3 테라스에서 즐기는 아페리티프, 샴페인

을 해서 점심을 먹고 다시 안시 역으로 돌아와 안시~파리 테제베를 타고 밤 10시에 파리로 돌아오면 된다는 결론이 났다. 프랑스 철드파업이 걱정되기는 했지만, 미리 파업일을 공지하고 있어 확인해 보니 마침 파업일이 아니었다. 안심하고 기차도 예매하고 렌트도 해서 교통비만 거의 40만원이 들었다. 아침 일찍 파리의 리옹 역으로 갔는데 웬걸, 내가 탈 기차가 전광판에 나오지 않는다. 젠장! 6시에 문을 여는 안내소에 갔더니 파업이 연장되어서 운행을 안 한다고!! (3일 전에 결정되었다고 한다.) 가끔 운행하는 열차를 타면 안시에 도착하는 시간이 오후 2시….

원래 내 성격과 신조는 "인연이 안 되는 거 무리하지 말자"이기 때문에 이쯤에서 포기하는 것이 정상이다. 하지만 3스타 레스토랑이 딱 하나 남았는데 여기서 포기할 수 없다는 생각이 들었다. 그래서 재빨리 리옹에서 당일 렌트 가능한 차량을 수배해

치즈 카트

보니 리옹 공항에 가능한 차량이 있었다. 7시 기차를 타고 9시에 리옹 역에 도착해서 트램을 타고 리옹 공항으로 간 뒤 리옹 공항에서 차를 렌트해 2시간 운전해서 알프스까지 간다. 식사를 하고 다시 2시간을 운전해서 리옹에 와서 파리로 오면 가능하겠다는 계산이 나왔다. 예전 같으면 불가능했겠지만 모바일 어플리케이션으로 모든 것을 해결하고 출발! (사실은 돈으로 해결한 것이지만.)

막상 알프스로 가는 길이 너무 아름다워 2시간 운전이 하나도 지루하지 않았다. 레스토랑에 차를 주차하고 경치를 보니 오길 너무 잘했다는 생각이 들었다. 목도 타고 뿌듯해서 샴페인 두 잔을 쭉 들이켜고 본격적인 식사를 시작했다.

이 레스토랑은 세 가지 코스 요리가 준비되어 있다. 395유로의 메뉴와 395유로의 채식주의자 메뉴, 그리고 295 유로의 점심 메뉴다. (이렇게 비싼 점심 메뉴는 처음!) 서버가 점심때 395유로는 너무 헤비하다면서 295유로 메뉴로 권하길래 그걸 선택했다. 와인 리스트는 두꺼운 책이 엣지 있어 보였다. 책 자체가 엣지 있어 보이는 경우 의외로 와인 리스트가 매력적이지 않다는 그동안의 학습효과가 있었는데, 역시나 리스트 자체는 평균적인 3스타 와인 리스트인데 와인 가격이 무척 비싼 편이다.

이 레스토랑의 오너 셰프 마르크 베라는 프랑스는 물론 유럽에서 아주 유명한 셰프이자 괴짜로 통하고 있다. 1950년생인 셰프는 분자요리를 많이 낸다고 알려져 있으며(그래서 내가 3스타 받기 전에는 오기 싫었던 것) 산에서 나는 식물과 허브를 잘 사용한다고 한다. 지금까지 알프스 지역에 세 개의 레스토랑을 운영했는데, 라 메종 데 마르크 베라와 라 페름 드 몽 페르, 그리고 이곳 모두 미슐랭 3스타를 받았다. 라 메종 데 마르크 베라와 라 페름 드 몽 페르를 운영하던 시절에는 〈고미요〉에서 최초로 20점 만점을 받기도 했다. 이는 〈고미요〉의 오너가 "완벽한 레스토랑은 존재하지 않는다"라고 늘 말하던 것과 배치되는 일이라 더욱 세간의 화제를 모았다. 라 페름 드 몽 페르는 2005년 문을 닫고 대기업에 매각되었고, 셰프는 라 메종 데 마르크 베라의 운영에 집중했다. 2009년 건강상의 이유로 (스키를 타다 심각한 다리 부상을 입음) 문을 닫게 되었고 호텔로 운영하다가 심각한 화재가 나기도 했다.

사실 뜬금없이 3스타를 받은 것은 아니다. 워낙에 대단한 업적을 이룬 셰프기도 했으니 몇 년 전 이곳을 다시 리모델링해서 복귀했을 때 언젠가 3스타를 받게 될 것이라고들 했다. 그 날짜가 생각보다 빨리 온 셈이다.

다이닝 홀로 들어서면 여기가 바로 알프스의 샬레라고 외치는 듯 목조로 된 실내가 너무 아늑하고 근사했다. 창으로 보이는 알프스의 전망, 심지어 저 멀리 몽블랑까지 보이니 혼자 왔다는 사실만이 유일한 아쉬움이었다.

커다란 트레이에 가져온 빵만 봐도 클래스가 느껴졌다. 여러 가지 전채가 나왔는데 좋은 주재료를 돋보이게 만드는 것은 산에서 나는 각종 식물과 다양한 허브였다. 이걸 과하지 않고 적재적소에 잘 배치하니 새로움도 느껴지고 분자요리도 완성도가 높게 느껴졌다. 샤르트뢰즈 아이스를 곁들인 랑구스틴이나 숯 향이 밴 연어 요리도 훌륭했고, 양고기 역시 흠잡을 데 없이 완벽했다. 치즈 트레이와 깜찍했던 프리 디저트를 거쳐 커다란 디저트 플레이트가 나왔다. 여느 레스토랑의 디저트 서너 접시는

1 돌판에 구운 랑구스틴
2 얼린 샤르트뢰즈

될 양이라 놀랍기도 하고 숨이 막힐 정도였다.

　다시 돌아가는 길이 결코 쉽지만은 않았다. 하지만 아름다운 풍경을 바라보며 맛있으면서도 재밌고 새로움이 가득한 식사를 해서 그런지, 아니면 마지막 숙제를 해치웠다는 생각에서였는지 돌아가는 내내 흐뭇한 미소를 짓고 있었던 것 같다.

◆ 구분	fine dining
◆ 가이드북	Michelin 3 stars Relais & Chateaux
◆ 인테리어	알프스에 둘러싸인 전망과 샬레의 분위기
◆ 가격	코스 295/395유로
◆ 예산	350~600유로
◆ 와인선택	리스트: 4/5 가격대: 2/5 상대적 가격: 2/5

· 3스타 평균 수준의 리스트, 가격은 전반적으로 비싼 편.

◆ 음식 스타일	creative
◆ 셰프	Marc Veyrat
◆ 요약	음식: 5/5 가성비: 3/5 인테리어: 5/5 서비스: 5/5
◆ 키워드	미식여행 스타셰프 신혼여행 로맨틱 전망

La Maison des Bois–Marc Veyrat

D business casual
A Col de la Croix-Fry, 74230 Manigod
T +33 4 50 60 00 00
H http://www.marc-veyrat.fr/fr
R 홈페이지, 전화 예약

O

	월	화	수	목	금	토	일
점심						12:15~13:30	
저녁					19:15~21:00		

리옹

기타 추천 레스토랑

Brasserie Léon de Lyon 브라스리 레옹 드 리옹

- ◆ 주소   1 Rue Pleney, 69001 Lyon
- ◆ 전화번호   +33 4 72 10 11 12
- ◆ 가격   코스 25,5/29,5유로 (단품 가능)
- ◆ 특징   브라스리 조르주 Brasserie Georges와 함께 리옹을 대표하는 레스토랑
             브라스리 겸 부숑
- ◆ 영업시간

	월	화	수	목	금	토	일
점심			12:00~14:30				
저녁			19:00~23:00				

Le Garet 르 가레

- ◆ 주소   7 Rue du Garet, 69001 Lyon
- ◆ 전화번호   +33 4 78 28 16 94
- ◆ 가격   코스 33유로 (단품 가능)
- ◆ 특징   미슐랭 빕 구르망을 받은 대표적인 부숑
- ◆ 영업시간

	월	화	수	목	금	토	일
점심			12:00~13:00				
저녁			19:30~21:00				

Chez Hugon 셰 위공

- ◆ 주소   12 Rue Pizay, 69001 Lyon   ◆ 가격   코스 28유로 (단품 가능)
- ◆ 전화번호   +33 4 78 28 10 94   ◆ 특징   리옹의 가정식을 내는 부숑
- ◆ 영업시간

	월	화	수	목	금	토	일
점심			12:00~14:00				
저녁			19:30~22:00				

La Pyramide Patrick Henriroux
라 피라미드 파트릭 앙리루

- ◆ 주소　　　14 Boulevard Fernand Point, 38200 Vienne
- ◆ 전화번호　+33 4 74 53 01 96
- ◆ 가격　　　코스 135/164/179유로, 점심 67유로 (단품 가능)
- ◆ 특징　　　20세기 중반까지 프랑스 최고의 레스토랑으로 꼽히던 전설적인 곳
　　　　　　　페르낭 푸앙Fernand Point 셰프 사후 부침을 겪다 파트릭 앙리루Patrick Henriroux
　　　　　　　셰프가 맡은 후 2스타를 유지하고 있다.
- ◆ 영업시간

	월	화	수	목	금	토	일
점심				12:00~13:30			
저녁				19:30~22:30			

Auberge du Père Bise – Jean Sulpice
오베르주 뒤 페르 비즈 – 장 쉴피스

- ◆ 주소　　　303 Route du Crêt, 74290 Talloires–Montmin
- ◆ 전화번호　+33 4 50 60 72 01
- ◆ 가격　　　코스 98/210유로 (단품 가능)
- ◆ 특징　　　1906년 문을 연 전통의 레스토랑으로, 안시호에 자리하고 있다.
　　　　　　　젊은 셰프의 기수 장 쉴피스의 레스토랑
- ◆ 영업시간

	월	화	수	목	금	토	일
점심				12:30~14:30			
저녁				19:30~21:00			

기타 지역

Le Clos des Sens 르 클로 데 성스

MICHELIN ✿✿✿

- ◆ 주소　　　13 Rue Jean Mermoz, 74940 Annecy-le-Vieux
- ◆ 전화번호　+33 4 50 23 07 90
- ◆ 가격　　　메뉴 120/160/190유로, 점심 60유로 (단품 가능)
- ◆ 특징　　　안시 시내에 자리 잡은 아름다운 레스토랑
- ◆ 영업시간

	월	화	수	목	금	토	일
점심				12:00~13:30			
저녁			19:30~21:30				

Albert 1er 알베르 프르미에

MICHELIN ✿✿✿

- ◆ 주소　　　38 route du Bouchet, 74400 Chamonix-Mont-Blanc
- ◆ 전화번호　+33 4 50 53 05 09
- ◆ 가격　　　코스 73/102/156유로, 점심 49/89유로 (단품 가능)
- ◆ 특징　　　샤모니에 자리한 아름다운 전망의 레스토랑
- ◆ 영업시간

	월	화	수	목	금	토	일
점심						12:30~13:30	
저녁				19:15~21:00			

Yoann Conte 요안 콩트

MICHELIN ✿✿✿

- ◆ 주소　　　13 Vieille Route des Pensières, 74290 Veyrier-du-Lac
- ◆ 전화번호　+33 4 50 09 97 49
- ◆ 가격　　　코스 175/179/210/249유로, 점심 98유로 (단품 가능)
- ◆ 특징　　　안시호에 자리 잡은 그림 같은 레스토랑
- ◆ 영업시간

	월	화	수	목	금	토	일
점심				12:00~13:00			
저녁			19:30~20:30				

쇼핑

Les Halles de Lyon Paul Bocuse 레 알 드 리옹 폴 보퀴즈

전설적인 셰프 폴 보퀴즈의 이름을 딴 재래시장으로, 실내에 자리하여 시설이 매우 깔끔하다. 메종 시빌리아 Maison Sibilia (샤르퀴테리)와 셰 레옹 Chez Léon (굴, 해산물), 파시오네멍 트뤼프 Passionnément Truffes (트러플)이 특히 들러볼 만하다.

- ◆ 주소   Halles de Lyon Paul Bocuse, 102 Cours Lafayette, 69003 Lyon
- ◆ 특징   파르디유 역 인근에 자리한 리옹 최대 규모의 실내 재래시장
  간단한 식사가 가능한 곳도 많다.
- ◆ 영업시간

시간	월	화	수	목	금	토	일
	07:00~19:00					일요일 07:00~13:00	

Malleval 말르발

- ◆ 주소   11 Rue Émile Zola, 69002 Lyon
- ◆ 특징   벨쿠르 광장 인근에 있는 리옹 최대 규모의 와인숍
  파리에서도 보기 힘든 규모의 와인숍으로, 리스트가 훌륭하고 가격도 좋다.
- ◆ 영업시간

시간	월	화	수	목	금	토	일
	09:30~19:30		월요일 15:00~19:30			토요일 10:00~19:30	

Bernachon 베르나숑

- ◆ 주소   42 Cours Franklin Roosevelt, 69006 Lyon
- ◆ 특징   리옹은 물론 프랑스 전역에서 손꼽히는 초콜릿 가게
- ◆ 영업시간

시간	월	화	수	목	금	토	일
	08:30~19:00						

CAPTER 6

Bourgogne 부르고뉴

94. Maison Lameloise 메종 라믈루아즈

95. La Côte Saint Jacques 라 코테 생 자크

96. Aux Terrasse 오 테라스

97. Le Soufflot 르 수플로

Bourgogne

와인, 고기, 겨자, 그리고 부르고뉴

세계 최고의 와인을 만들어내는 부르고뉴의 미식은 와인을 빼놓고는 생각할 수 없다. 와인도 그렇지만 고급 레스토랑의 음식도 모던함보다는 클래식한 스타일에 가깝고, 전통 음식인 코코뱅이나 뵈프 부르기뇽 등의 음식에 와인을 사용하는 경우가 많다.

달팽이 요리 또한 이 지역이 특산물이며 디종에서 생산하는 머스터드 소스도 세계적인 명성을 얻고 있다. 흔히 부르고뉴 음식의 3요소로 와인, 고기, 겨자를 꼽고는 한다.

부르고뉴 최고의 레스토랑 Maison Lameloise 메종 라믈루아즈
와인 마시기 좋은 레스토랑 Aux Terrasse 오 테라스
깜짝 놀랄 만한 와인 가격 Le Soufflot 르 수플로

부르고뉴

핵심 레스토랑

1. 메종 라믈루아즈
2. 라 코트 생 자크
3. 오 테라스
4. 르 수플로

기타 추천 레스토랑

5. 르 를레 베르나르 루아조
6. 카브 마들렌

쇼핑

7. 라 비노테크

메종 라믈루아즈
Maison Lameloise

부르고뉴 최고의 레스토랑

MICHELIN ✿✿✿

자타공인 부르고뉴 최고의 레스토랑은 이 지역 내 유일한 미슐랭 3스타 레스토랑인 메종 라믈루아즈다. 이 레스토랑의 역사는 1921년으로 거슬러 올라가며 1960년부터 지금의 이름으로 운영되고 있다. (1933년 〈미슐랭 가이드〉에서 별을 부여하는 시스템이 처음 나왔을 때 이 레스토랑의 이름은 코메르스Commerce였고 1스타였다.) 1971년 3대째에 자크 라믈루아즈Jacques Lameloise 셰프가 이어받으며 이 레스토랑의 전성기가 시작되는데, 1974년 2스타를 받고 1979년 마침내 3스타가 된다. 이후 2004년까지 별 세 개를 유지하고 있었으나 2005년과 2006년 2스타로 강등되었다가 2007년에 다시 3스타로 복귀하는데 이는 매우 이례적인 일이었다. 2008년에 지금의 에

1 다양한 아뮈즈
2 가자미 요리
3 시그니처 디저트인 크레프 수제트를 만드는 모습

릭 프라^{Eric Pras} 셰프가 왔으며 2009년 자크 라믈루아즈 셰프가 은퇴한 후 이 레스토랑을 이어받아 지금까지 3스타를 유지하고 있다.

에릭 프라 셰프는 그야말로 프랑스를 대표하는 셰프 밑에서 일을 배웠는데 미셸 트루아그로, 피에르 가니에르, 베르나르 루아조와 일을 했다. 마지막에는 레지 에 자크 마르콩의 수 셰프로 오래 일했으며 2004년에는 MOF가 되었다.

안으로 들어가면 카브를 연상케 하는 아늑한 느낌이 드는 실내 공간이 나온다. 화려하거나 럭셔리한 느낌은 아니지만 따뜻하고 왠지 기분이 좋아진다. 레스토랑의 전반적인 서비스도 편안해서인지 인테리어와 뭔가 합이 맞는 느낌이다.

1 아늑한 느낌의 실내
2 달콤한 소스의 오리

1 블루 랍스터
2 부르고뉴 전통 음식인 달팽이
3 가장 좋아하는 도멘의 화이트 와인

    라믈루아즈에서는 코스만 주문할 수 있다. 215유로와 145유로 메뉴가 있고 점심 때는 82유로 메뉴도 있는데, 가장 상위 코스를 주문했다. 부르고뉴의 최고 레스토랑답게 와인 리스트는 역시 훌륭했다. 종류가 어마어마하게 많은 편은 아니지만 딱 먹을 만한 와인으로 셀렉션이 잘 되어 있었다. 너무 많아서 고르기 힘들 정도도 아니고 가격도 상대적으로 괜찮으며 마실 만한 와인이 꽤 있는 편이다.

    전형적이지만 맛있는 몇 가지 아뮈즈 부슈가 나오고 본격적으로 식사가 시작되었다. 첫 번째 블루 랍스터와 생선요리인 가자미 모두 조리도 완벽했고 소스도 전형적이지 않으면서 맛있었다. 사이드에 배치된 채소 하나까지 단순히 장식이 아니라 주재료와 맛의 조화를 생각하며 구성된 것으로 느껴져 그 섬세함에 감탄했다.

    다음으로 달팽이 요리가 나왔다. 일반적인 프랑스의 파인 다이닝에서 달팽이 요리가 나오지는 않지만 부르고뉴 지역이 원래 달팽이 요리로 유명해서 나온 것 같다. 소스로 달팽이 껍데기 모양을 만들고 화이트 트러플을 넣어 향을 풍성하게 했는데 여기에 콩소메를 붓고 프레골라 파스타를 곁들이면 지역의 전통요리가 근사한 고급 음식으로 변모하게 된다. 달팽이 손질도 잘했고 소스 맛도 좋아 정말 깔끔한 식감임과 동시에 진한 풍미를 보여줬다.

마지막 메인은 샬란 덕Challan duck으로, 프랑스에서 가장 유명한 오리다. 오리를 손질 단계에서부터 차별화해서 풍미를 모두 고기에 담아냈다. 완벽하게 조리한 후 살짝 달콤한 소스를 곁들여 훌륭한 오리 요리를 냈다.

치즈 트레이에서 남은 와인과 함께할 치즈를 고른 후 디저트를 먹는데, 이곳에 오면 크레프 수제트를 꼭 주문해야 한다. 게리동 서비스로 앞에서 직접 만들어준다. 맛도 좋지만 보는 재미가 훨씬 크다.

아늑한 공간에서부터 군더더기 없는 완벽한 서비스, 섬세하고 맛있는 음식, 거기에 좋은 가격의 맛있는 와인까지. 더할 나위 없이 좋은 식사로 기억된다.

◆ 구분	fine dining	
◆ 가이드북	Michelin 3 stars Les Grandes Tables du Monde Relais & Chateaux	
◆ 인테리어	카브를 연상케 하는 아늑한 실내	
◆ 가격	코스 145/215유로, 점심 82유로	
◆ 예산	200~400유로	
◆ 와인선택	리스트: 5/5 가격대: 3/5 상대적 가격: 4/5	

· 부르고뉴산을 중심으로 다양한 가격대의 와인을 보유하고 있다. 고급 부르고뉴 와인 가격이 전반적으로 저렴하다.

◆ 음식 스타일	classic
◆ 셰프	Eric Pras
◆ 요약	음식: 5/5 가성비: 3/5 인테리어: 5/5 서비스: 5/5
◆ 키워드	미식여행 와인애호가 인테리어

Maison Lameloise

- **D** business casual
- **A** 36 Place d'Armes, 71150 Chagny
- **T** +33 3 85 87 65 65
- **H** http://www.lameloise.fr
- **R** 홈페이지, 전화 예약

O	월	화	수	목	금	토	일
점심				12:00~13:30			
저녁				19:30~21:00			

라 코트 생 자크
La Côte Saint Jacques

전형적인 지방의 2스타 레스토랑

MICHELIN ✸✸

부르고뉴에는 최근까지 3스타를 유지하다 2스타로 떨어진 레스토랑이 두 군데 있다. 하나는 별의 압박감으로 자살한 셰프의 레스토랑으로 알려져 있는 르 를레 베르나르 루아조(그러나 그 뒤로도 3스타를 오래 유지하다 최근에 2스타가 됨)이고, 또 하나는 2015년까지 3스타였던 라 코트 생 자크이다. 그중에 이동하는 동선상에 있던 라 코트 생 자크를 방문했다.

라 코트 생 자크는 현재 셰프인 장 미셸 로랭Jean-Michel Lorain의 할머니가 제2차세계대전 이후 문을 연 레스토랑이다. 게스트 하우스 수준이던 곳을 1958년 부모님이 이어받으며 럭셔리 호텔로 탈바꿈시켰다. 셰프는 어렸을 때부터 요리를 시작했는데

1 굴 테린
2 아뮈즈 부슈
3 홀스래디시 크림을 곁들인 캐비아
4 두 가지 스타일로 조리한 양고기

    1977년 학교를 마치자마자 트루아그로와 타유벙 같은 곳에서 경력을 쌓고 1983년 이곳으로 돌아왔으며, 얼마 뒤 3스타를 받게 된다.

    욘 강을 바라보는 강변에 자리한 호텔 겸 레스토랑 건물은 전체적으로 차분하면서도 클래식하고 고급스러운 느낌의 인테리어다. 음식은 단품 주문도 가능하지만 몇 가지 코스도 있다. 전채 두 가지와 메인 네 가지 중에 몇 개를 선택하느냐에 따라 165유로, 198유로, 238유로로 가격이 달라진다. 우리가 선택한 165유로 메뉴는 전채 하나에 메인 두 가지를 선택할 수 있다. 지방의 오래된 고급 레스토랑, 특히 와인 산지인 부르고뉴에 있는 2스타 (그것도 얼마 전까지 오랫동안 3스타를 유지한) 와인 리스트가 별로일 리는 없지만 양에서나 질에서나 솔직히 기대보다는 아쉬웠다. 종류도 많지 않고 가격대도 생각보다 좋지 않아 한껏 기대했지만 적당한 와인을 시킬 수밖에 없었다.

아뮈즈 부슈는 단순하고 다소 올드한 느낌이었는데, 전채로 나온 굴 테린은 재료와 조리 모두 아주 만족스러웠다. 생선요리에서 고른 튀르보는 조리도 훌륭하고 특유의 탄탄한 식감을 잘 살렸고 양고기도 단순하지만 무척 맛있었다. 이어진 치즈 트레이와 조금은 단순했던 디저트까지 먹고 나니 딱 프랑스 지방에서 볼 수 있는 전형적인 2스타 레스토랑이라는 생각이 들었다. 이 정도로 오래 3스타를 유지하지는 못했을 것 같기도 하지만, 나름 오랜 역사를 가지고 있는 곳이다. 최전성기 때 3스타기도 했고 지금은 약간 비수기 off peak의 느낌도 들지만, 맛이나 서비스 모두 매우 안정적이라는 생각이 들었다. 그렇다고 특별하다는 느낌을 받지는 못했지만.

어느 누구에게 추천해도 큰 불만 없이 만족할 만한, 반면 감동을 받기는 힘든 레스토랑이 아닌가 싶다.

1 치즈 카트
2 최고의 샤블리를 만드는 도멘

1

2

◆ 구분	fine dining
◆ 가이드북	Michelin 2 stars Les Grandes Tables du Monde Relais & Chateaux
◆ 인테리어	깔끔하고 클래식한 인테리어
◆ 가격	코스 168/198/238유로, 점심 79유로 (단품 가능)
◆ 예산	200~400유로
◆ 와인선택	리스트: 4/5 가격대: 3/5 상대적 가격: 3/5
	· 전형적인 2스타의 와인 리스트

◆ 음식 스타일	classic
◆ 셰프	Jean-Michel Lorain
◆ 요약	음식: 5/5 가성비: 3/5 인테리어: 5/5 서비스: 5/5
◆ 키워드	미식여행 와인애호가

La Cote Saint Jacques

- **D** business casual
- **A** 14 Fbg de Paris, 89300 Joigny
- **T** +33 3 86 62 09 70
- **H** https://www.cotesaintjacques.com/en
- **R** 홈페이지, 전화 예약

O	월	화	수	목	금	토	일
점심			12:00~13:30				
저녁			19:30~21:30				

오 테라스
Aux Terrasse

기대 이상의 와인 리스트를 만나다

  부르고뉴의 변방, 작은 시골 마을에 자리한 오 테라스는 3성급 호텔 겸 레스토랑으로, 늘 사람들로 북적이는 곳이다. 2017년 여름에 방문했을 때는 별이 없었는데 2018년 〈미슐랭 가이드〉에서 1스타를 받고 더 인기가 올라갔다고 한다.

  별을 받기 전에 인기를 끈 이유는 단 하나, 1스타답지 않은 와인 리스트에 있다. 여느 3스타 부럽지 않은 방대한 리스트, 특히 부르고뉴와 론 와인의 리스트가 매우 훌륭하다. 그 양보다는 상대적인 가격에 메리트가 더 크다. 다른 레스토랑이나 심지어 소매점에 비해서도 무척이나 좋은 가격으로 파는 와인이 많으니 부르고뉴를 찾는 전 세계 와인 애호가를 이곳까지 불러 모으고 있다.

1 버섯 소스의 넙치
2 아뮈즈 부슈
3 굴 튀김과 소고기 타르타르

    메뉴는 95유로, 60유로, 40유로짜리가 있는데 저녁에 와인과 함께 즐기려면 60유로 메뉴가 적당한 것 같다. 음식은 큰 특징이 없지만, 주재료를 강조한 모던한 느낌의 요리를 주로 낸다.

1 캐주얼한 실내
2 론 최고의 와인 중 하나인 Rayas

◆ 구분	fine dining		◆ 음식 스타일	modern
◆ 가이드북	Michelin 1 star		◆ 셰프	Jean-Michel Carrette
◆ 인테리어	모던하고 캐주얼한 인테리어		◆ 요약	음식: 3/5 가성비: 4/5 인테리어: 3/5 서비스: 3/5
◆ 가격	코스 40/65/95유로, 점심 26유로			
◆ 예산	100~300유로		◆ 키워드	와인애호가
◆ 와인선택	리스트: 5/5 가격대: 4/5 상대적 가격: 5/5			

- 1스타답지 않게 방대한 와인 리스트를 가지고 있다. 부르고뉴와 론에서 생산된 와인의 리스트가 좋고, 상대적인 가격도 좋은 편이다.

Aux Terrasse

D smart casual
A 18 Avenue du 23 Janvier, 71700 Tournu
T +33 3 85 51 01 74
H https://www.aux-terrasses.com/fr/restaurant.html
R 홈페이지, 전화 예약

O	월	화	수	목	금	토	일
점심		12:00~13:30					
저녁		19:30~21:30					

르 수플로
Le Soufflot

가볍게 즐기는 와인

부르고뉴의 거의 최북단, 오세르Auxerre와 샤블리Chablis 인근에 도착하면 이랑시 Irancy라는 작은 마을이 있다. 그곳에 동네 사람들이 모이는 작은 레스토랑이 하나 있다. 예약하려고 프랑스어를 하는 친구에게 부탁해 전화를 했다. 그냥 와서 먹으면 된다고 해서 오픈 시간에 맞춰서 방문했는데 오후 1시가 되자 거의 모든 테이블이 차 버렸다. 홈페이지에도 예약을 권장한다고 되어 있는데 이게 무슨 상황?

아무튼 간판도 작은 그냥 동네 레스토랑인데, 안으로 들어서면 실내에 포도나무가 있어 묘하게 예쁘고 정원에서 먹는 듯한 느낌이 난다. 별도의 메뉴판은 없고 28유로의 코스 단일 메뉴가 준비된다.

1 샐러드 2 비트 소스의 넙치
3 고급 와인을 저렴하게 맛볼 수 있다.

　의외로 실험적이고 독특한 음식이 쭉 이어지는데 솔직히 음식이 맛있다고는 못할 것 같다. 그럼에도 이 레스토랑을 찾는 것은 와인 때문이다. 생각보다 작은, 얼마 되지 않는 와인 리스트임에도(동네가 동네이니만큼 화이트 와인이 좀 더 많음), 몇몇 고급 와인을 엄청나게 저렴한 가격에 마실 수 있다.
　굳이 찾아가는 수고를 해야 하나 싶지만, 지나가는 길에 가벼운 마음으로 들른다면 '득템'한 기분으로 나설 수 있는 곳이다.

1 의외로 운치 있는 실내
2 큰 특징은 없었던 음식

◆ 구분	bistro
◆ 인테리어	포도나무가 있는 정원 느낌의 실내
◆ 가격	코스 28유로
◆ 예산	40~100유로
◆ 와인선택	리스트: 3/5 가격대: 5/5 상대적 가격: 5/5

· 인근 지역의 와인을 중심으로 하는 많지 않은 리스트. 가격은 무척 저렴한 편이다.

◆ 요약	음식: 2/5 가성비: 4/5 인테리어: 4/5 서비스: 2/5
◆ 키워드	와인 애호가

Le Soufflot

D 없음
A 33 Rue Soufflot, 89290 Irancy
T +33 3 86 42 39 00
H http://www.restaurant-irancy.fr
R 전화 예약

O		월	화	수	목	금	토	일
	점심		12:00~13:30					
	저녁					19:30~21:15		

기타 추천 레스토랑

Le Relais Bernard Loiseau 르 를레 베르나르 루아조

- ◆ 주소: 2 Rue d'Argentine, 21210 Saulieu
- ◆ 전화번호: +33 3 80 90 53 53
- ◆ 가격: 코스 150/195/245유로, 점심 75유로 (단품 가능)
- ◆ 특징: 부르고뉴에서 오랫동안 3스타를 유지한 레스토랑. 2003년 미슐랭 별에 대한 스트레스로 베르나르 루아조 셰프가 자살한 후에도 3스타를 유지하다 최근에 2스타가 됨
- ◆ 영업시간:

	월	화	수	목	금	토	일
점심						12:00~13:15	
저녁						19:00~21:15	

Caves Madeleine 카브 마들렌

- ◆ 주소: 8 Rue du Faubourg Madeleine, 21200 Beaune
- ◆ 전화번호: +33 3 80 22 93 30
- ◆ 가격: 인당 20~50유로
- ◆ 특징: 부르고뉴 전통 음식을 부르고뉴 와인과 페어링해주는 부담 없는 레스토랑. 스페인의 엘 세예르 데 칸 로카 El Celler de Can Roca의 호셉 로카 Josep Roca 소믈리에가 추천
- ◆ 영업시간:

	월	화	수	목	금	토	일
점심	12:00~13:30			12:00~13:30			
저녁	19:10~21:45			19:10~21:45			

쇼핑

La Vinothèque 라 비노테크

오텔 디외Hôtel Dieu 인근에 가면 음식점 사이로 작은 와인숍을 여러 곳 발견할 수 있다. 대부분은 규모도 작고 비교적 저렴한 지역의 와인을 취급한다. 도멘 데 뱅 Domaine des Vin이나 니콜라Nicolas, 라 비노테크La Vinothèque 등 50유로 이상의 고급 와인을 다양하게 취급하는 곳이다.

◆주소	4 Rue Pasumot, 21200 Beaune
◆특징	작은 규모의 숍이 많은 본에서 비교적 큰 규모의 와인숍 토요일과 일요일은 브레이크 타임 없음

◆영업시간	월	화	수	목	금	토	일
시간	09:30~12:00/14:30~19:00					09:30~19:00	

Alsace 알자스

98. L'Auberge de L'ill 로베르주 드 릴
99. Maison Kammerzell 메종 캄메르젤

프랑스에 독일의 색채를 더하다, 알자스

독일의 색채가 그대로 나타나는 알자스, 로렌 지방의 문화는 음식에서도 드러난다. 관광지에 가면 양배추 절임인 슈쿠르트 choucroute를 돼지고기, 소시지 등 다양한 음식과 함께 파는데 맥주를 곁들여 한 번쯤 먹어볼 만하다.

알자스식 피자인 타르트 플랑베 tarte flambée도 쉽게 찾을 수 있고 지금은 프랑스 전역에서 맛볼 수 있는 파테 엉 크루트 pâté en croute도 알자스에서 시작되었다. 질 좋은 푸아그라가 나오는 곳으로도 유명하며, 손꼽히는 화이트 와인과 다양한 맥주가 발달해 있다.

알자스 최고의 레스토랑 L'Auberge de L'ill 로베르주 드 릴
스트라스부르에서 가장 유명한 레스토랑 Maison Kammerzell 메종 캄메르젤
스트라스부르에서 식료품을 사고 싶다면 Rue des Orfèvres 오르페브르 거리

알자스

핵심 레스토랑
1. 로베르주 드 릴
2. 메종 캄메르젤

기타 추천 레스토랑
3. 오 크로코딜
4. 오 퐁 생 마르탱
5. 란스부르

디저트
6. 아모리노
7. 파티스리 크리스티앙 스트라스부르
8. 오 밀레짐

쇼핑
9. 오르페브르 거리

스트라스부르

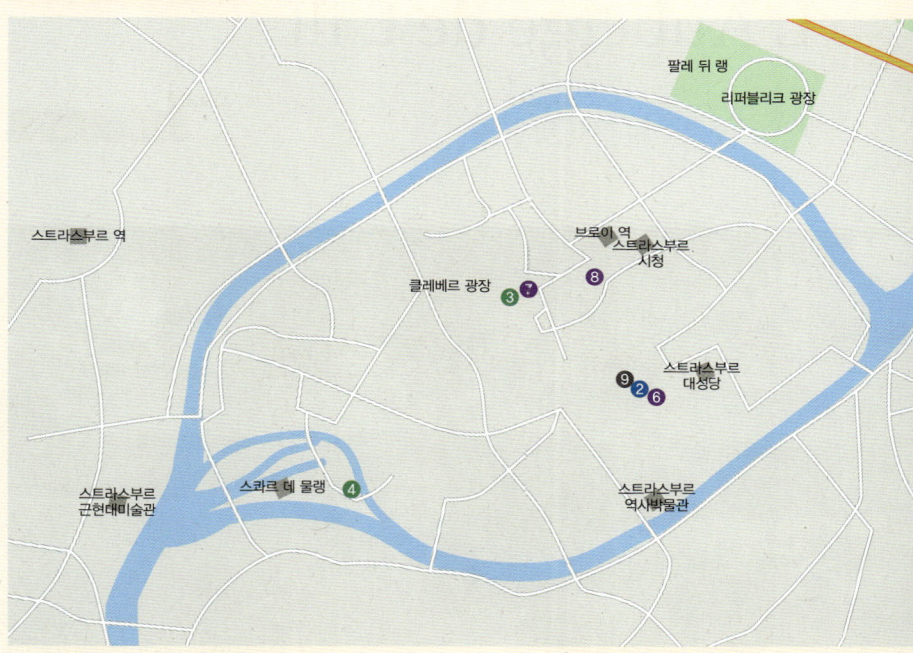

L'Auberge de L'ill

로베르주 드 릴

50년째 3스타를 지킨 비결

MICHELIN ✿✿✿

프랑스에서 제일 가보고 싶던 레스토랑 중 하나가 알자스의 작은 마을 일라외제른 Illhaeusern에 자리한 로베르주 드 릴이었다. 마을 입구에서부터 아름다운 알자스 특유의 풍경이 연출되는데, 레스토랑에 들어가기 전부터 설레는 기분이다.

  2017년 여름에 방문했을 때 레스토랑 안으로 들어서자 50주년을 기념하는 여러 장식이 보였다. 레스토랑을 오픈한 지 50주년을 기념하고 있는 것이 아니라 미슐랭 3스타를 받고 유지한 지 50주년을 기념하고 있다. (폴 보퀴즈의 레스토랑보다 2년 늦은 기록으로, 현재 3스타 레스토랑 중 두 번째다.)

  로베르주 드 릴은 1950년에 이 지역 출신 폴 애베를랭Paul Haeberlin이 문을 열었

정원에서 맛보는 아뮈즈 일본풍 소스의 랑구스틴

다. 1952년 1스타를 받고 1957년에 2스타, 그리고 1967년에 3스타를 받아서 지금까지 유지해오고 있다. 1976년부터는 폴Paul의 아들인 마르크Marc가 주방을 이어받았는데 공식적으로는 2007년 폴이 은퇴하고 나서 셰프가 된 것으로 나온다. (참고로 폴은 2008년 사망했으며, 알자스 출신의 미국 유명 셰프 장 조지의 스승으로 알려져 있다.)

아페리티프를 정원에서 하기를 권해서 나갔는데, 같이 간 동생(남자)과도 사랑에 빠질법한 그림 같은 정원이다. 따뜻한 햇살과 선선하게 부는 바람에 시원하게 칠링된 알자스 리슬링을 한잔하는데 절로 미소가 지어지고 행복이 멀지 않다는 생각이 든다. 음식은 단품으로 주문할 수 있으며 테이스팅 메뉴는 195유로, 주말 점심때만 주문 가능한 메뉴는 132유로다. 독특하게도 35세 이하의 경우 평일 점심과 수/목/일 저녁에 102유로의 메뉴를 주문할 수 있다.

얼핏 보면 두껍지 않은 와인 리스트인데 오히려 지역별로 엄선한 와인이 잘 선택되어 있고 종류도 결코 적지 않았다. 알자스의 훌륭한 화이트 와인을 필두로 부르고뉴 와인 셀렉션이 참 좋았고, 가격대도 좋아서 무엇을 마실지 한참을 고민할 수밖에 없었다. 실내는 정원처럼 화려하지는 않지만 깔끔하고 아늑한 분위기였고 화사한 정원의 전망에 눈이 부실 정도였다. 지역적 특성에 맞게 대부분 영어와 독일어까지 구사하는 홀 직원의 서비스 수준도 인상적이다.

진한 소스에 채소와 생선이 들어간 아뮈즈 부슈부터 돌직구 같은 맛이 그대로 느

1 과일 소스의 랍스터
2 달고기 리조토
3 최고의 부르고뉴 와인 중 하나

껴졌다. 첫 번째로 나온 랑구스틴은 감칠맛이 폭발하는 느낌이었다. 서버가 다시를 넣었다고 설명해주는데 우리가 농담처럼 혼다시(가쓰오부시 맛의 일본 조미료)를 넣은 것이 아닌가 말했을 정도였다. 어색하지 않고 버터가 듬뿍 들어간 소스와도 잘 어울리는 느낌이다. 생선요리로 달고기가 나왔는데 촉촉하게 잘 구워졌다. 위에는 짭조름하고 크런키한 식감을 주는 무언가가 올라가 있고, 아래에는 자작한 소스에 몇 가지 채소와 리조토가 깔려 있어 다양한 식감과 맛을 동시에 배려한 느낌이다. 혀에서 느껴지는 촉감, 씹는 식감, 그리고 최종적으로 머리까지 전달되는 맛, 단순해 보이지만 모든 것을 다 고려한 예술작품이 아닌가 싶다. 단순해 보이는 접시에 셰프의 많은 생각이 전달되는 듯 느껴졌다. (아마 기분이 좋아서 그랬을 수도 있기는 하다.)

다음으로 랍스터를 둥글게 말아서 얇은 피로 감싼 독특한 요리가 나왔다. 여기에도 다양한 식감을 내는 재료가 복합적으로 들어가 있고 위에는 말린 과일 소스를 써서 킥을 낸 것도 특이하다. 얼핏 보면 비슷한 소스의 반복이 아닌가 싶지만, 소스마다 전혀 느낌이 다른 데다 비스크 소스도 독창적인 맛을 더하니 개성이 뚜렷하게 느껴진다. 메인은 양고기가 단순하고 터프한 느낌으로 나왔는데, 역시 맛에서는 전혀 부족함이 없었다.

이어 훌륭한 치즈 카트와 단순하지만 직관적인 디저트가 나오고 식사가 마무리되었다. 아무래도 약간 파리의 팬시한 레스토랑은 디저트가 쭉 깔아 나오는 강점이 있고, 지방의 레스토랑은 약간 클래식하고 단순하게 가는 편이다. 개인적으로 디저트를 많이 즐기는 편은 아니라 이 정도가 적당한 것 같다.

환상적인 공간과 완벽하면서도 상대적으로 합리적인 가격의 음식, 훌륭한 서비스, 그리고 무엇을 먹을지 고르기 힘들 정도로 흥미로운 와인 리스트까지. 사랑하는 사람과 꼭 다시 오고 싶은 곳이다.

1 환상적인 정원
2 아름다운 강과 정원

◆ 구분	fine dining	
◆ 가이드북	Michelin 3 stars Les Grandes Tables du Monde	
◆ 인테리어	환상적인 정원과 깔끔하고 모던한 실내	
◆ 가격	코스 132/195유로 (단품 가능)	
◆ 예산	250~400유로	
◆ 와인선택	리스트: 5/5 가격대: 3/5 상대적 가격: 4/5	

◆ 음식 스타일	classic
◆ 셰프	Marc Haeberlin
◆ 요약	음식: 5/5 가성비: 4/5 인테리어: 5/5 서비스: 5/5
◆ 키워드	미식여행 와인 애호가 스타셰프 신혼여행 정원 로맨틱

- 방대한 와인 리스트를 가지고 있다. 다양한 가격대의 와인이 많이 구비되어 있으며, 좋은 가격의 고급 와인이 많다.

L'Auberge de L'ill

D business casual
A 2 Rue de Collonges au Mont d'Or, 68970 Illhaeusern
T +33 3 89 71 89 00
H https://www.auberge-de-l-ill.com/en
R 홈페이지, 전화 예약

O	월	화	수	목	금	토	일
점심			12:00~14:00				
저녁			19:00~21:00				

메종 캄메르젤
Maison Kammerzell

스트라스부르 최고 인기 레스토랑

스트라스부르 대성당 앞의 광장에 있는 메종 캄메르젤은 1427년 지어진 후 1467년과 1589년에 보수공사를 거친 목조 건물을 지금까지 사용하고 있다. 이곳은 스트라스부르에서 가장 맛있는 레스토랑은 아닐지라도 가장 유명한 레스토랑으로 꼽힌다. 워낙에 위치도 좋고 알자스의 전통 음식을 적당한 가격과 적당한 맛에 즐길 수 있어 늘 인기 있는 곳으로, 몇 년 전 방송된 〈꽃보다 할배〉에 여기에서 식사하는 장면이 나오기도 했다.

안으로 들어서면 전 세계의 유명인사, 여러 명의 미국 대통령을 포함해서 할리우드 배우 등이 다녀간 흔적을 볼 수 있다. 관광 레스토랑이다보니 영어 메뉴판도 있고

1 푸아그라 테린
2 사우어크라우트
3 다양한 맥주와 즐기기 좋다.

영어도 잘 통하며 코스 메뉴는 없고 단품으로만 주문할 수 있다. 단품은 전채의 경우 10~20유로, 메인은 20~30유로 정도다. 꼭 3코스에 맞춰 하나씩 시킬 필요는 없지만 메인은 인당 하나 정도는 시켜주는 것이 기본적인 매너다. 와인 리스트는 별로 신통치 않고 알자스에 왔으니 맥주를 주문하는 것도 괜찮다.

전채에서는 푸아그라가 괜찮고 메인은 아무래도 슈쿠르트choucroute/사우어크라우트sauerkraut 메뉴에서 고르는 것이 좋다. 사우어크라우트는 알자스에서 많이 먹는 양배추 절임인데, 세 가지 생선을 곁들인 사우어크라우트sauerkraut with 3 sort of fish, 돼지 정강이 요리를 곁들인 사우어크라우트sauerkraut with knuckle of ham, 여덟 가지 고기를 곁들인 사우어크라우트sauerkraut strasbourg style가 대표 메뉴다. 여러 명이 오면 이 중의 하나는 꼭 시킨다고 한다. 다른 메뉴 중에서는 코코뱅coq au vin/코코리슬링coq au riesling이 괜찮은데, 와인에 절인 닭찜 정도로 생각하면 된다. 다른 곳의 코코뱅은 대개 (부르고뉴) 레드 와인을 사용하는 데 비해 여기에서는 이 지역에서 많이 나는 리슬링 품종을 사용한다.

관광 레스토랑이라기에는 여러모로 누구나 맛있게 먹을 수 있는 음식을 파는 곳이어서 여러 면에서 추천하고 싶은 곳이다.

1 슬라이스한 양 다리
2 코코리슬링
3 파인애플 슈트루델

◆ 구분	restaurant	
◆ 인테리어	1427년 세워진 건물에 자리한 고풍스러운 레스토랑	
◆ 가격	전채 10~20유로, 메인 20~30유로	
◆ 예산	50~70유로 (1인 기준)	
◆ 요약	음식: 3/5 가성비: 4/5 인테리어: 3/5 서비스: 3/5	
◆ 키워드	알자스 슈쿠르트	

Maison Kammerzell

- **D** 없음
- **A** 16 Place de la Cathédrale, 67000 Strasbourg
- **T** +33 3 88 32 42 14
- **H** https://www.maison-kammerzell.com/en/le-restaurant-et-ses-salons
- **R** 홈페이지, 전화 예약

O	월	화	수	목	금	토	일
점심			12:00~14:30				
저녁			19:00~22:30				

스트라스부르

기타 추천 레스토랑

Au Crocodile 오 크로코딜

MICHELIN ✦

- ◆ 주소　10 Rue de l'Outre, 67000 Strasbourg
- ◆ 전화번호　+33 3 88 32 13 02
- ◆ 가격　코스 108/145유로, 점심 48/65유로 (단품 가능)
- ◆ 특징　스트라스부르 시내에 자리한 가장 유명한 고급 레스토랑 1989년부터 2002년까지 3스타였다.
〈를레 에 샤토〉
- ◆ 영업시간

	월	화	수	목	금	토	일
점심			12:00~13:30				
저녁			19:00~21:30				

Au Pont St Martin 오 퐁 생 마르탱

- ◆ 주소　15 Rue des Moulins, 67000 Strasbourg
- ◆ 전화번호　+33 3 88 32 45 13
- ◆ 가격　20~40유로 (1인 기준)
- ◆ 특징　프티 프랑스 지구의 운하가 보이는 전망 좋은 레스토랑 저렴한 가격에 알자스 전통 음식을 맛볼 수 있다.
- ◆ 영업시간

	월	화	수	목	금	토	일
시간			12:00~22:30				

기타 지역

L'Arnsbourg 란스부르

MICHELIN ✦

- ◆ **주소**　18 Untermuhlthal, 57230 Baerenthal
- ◆ **전화번호**　+33 3 87 06 50 85
- ◆ **가격**　코스 79/109/139유로 (단품 가능)
- ◆ **특징**　한때 3스타였으나 근래 1스타까지 떨어졌다.
　　　　아름다운 공간과 훌륭한 와인 리스트로 유명하다.
　　　　〈레 그랑드 타블르 뒤 몽드〉, 〈를레 에 샤토〉
- ◆ **영업시간**

	월	화	수	목	금	토	일
점심			12:00~13:30				
저녁			19:15~21:00				

디저트

Amorino 아모리노

- ◆ 주소   11 Rue Mercière, 67000 Strasbourg
- ◆ 특징   스트라스부르 대성당 앞에 있는 젤라토 전문점
- ◆ 영업시간

시간	월	화	수	목	금	토	일
	\multicolumn{7}{c	}{10:00~01:00 (익일)}

Pâtisserie Christian Strasbourg 파티스리 크리스티앙 스트라스부르

- ◆ 주소   12 Rue de l'Outre, 67000 Strasbourg
- ◆ 특징   스트라스부르를 대표하는 초콜릿 및 디저트 전문점
- ◆ 영업시간

시간	월	화	수	목	금	토	일
		\multicolumn{5}{c	}{07:00~18:00}	

쇼핑

Au Millesime 오 밀레짐

- ◆ 주소   7 Rue du Temple Neuf, 67000 Strasbourg
- ◆ 특징   스트라스부르 최대 규모의 와인 및 주류 전문점
- ◆ 영업시간

시간	월	화	수	목	금	토	일
		\multicolumn{5}{c	}{09:30~19:00}	

Rue des Orfèvres 오르페브르 거리

니콜라 (와인숍)

메종 로르호 (치즈 전문점)

대성당에서 클레버 광장으로 가는 작은 골목길에 다양한 식료품점, 디저트 숍 등이 모여 있다.

- 다망 프레르 Dammann Frères : 차 전문점
- 제프 드 브뤼주 Jeff de Bruges : 초콜릿 전문점
- 조르주 브뤽 Georges Bruck : 푸아그라 전문점
- 파스칼 카페 Pascal Caffet : 초콜릿 전문점
- 니콜라 Nicolas : 와인숍
- 나겔 Naegel : 제과점
- 프릭 뤼츠 Frick Lutz : 식료품점
- 올프베르주 Wolfberger : 와인숍
- 르 쇼콜라 바이스 Le Chocolat Weiss : 초콜릿 전문점
- 메종 로르호 Maison Lorho : 치즈 전문점
- 팽 베스터만 Pains Westermann : 빵집/제과점

Champagne 샹파뉴

100. L'Assiette Champenoise 라시에트 샹프누아즈
101. Le Parc Les Crayères 르 파르크 레 크레예르
102. Café de la Paix 카페 드 라 페

CAPTER 8

샴페인의 본고장, 샹파뉴

프랑스 왕의 대관식이 열렸던 랭스 대성당을 제외하면 샴페인을 마시고 구입하는 일 이외에 이 지역에 올 일이 있을까? 파리에서 테제베^{TGV}로 한 시간이 채 안 걸리는 샹파뉴의 중심 도시 랭스와 그 옆에 자리한 에페르네에는 오로지 샴페인 하나 때문에 방문하는 관광객으로 가득하다.

도시 전체의 미식 문화가 발달했다는 느낌은 없지만, 프랑스 최고의 서비스 수준을 보여주는 라시에트 샹프누아즈$^{L'Assiette\ Champenoise}$와 가격까지 포함하면 프랑스 최고의 와인 리스트라고 할 수 있는 르 파르크 레 크레예르$^{Le\ Parc\ Les\ Crayères}$, 이 두 곳만으로도 방문할 가치는 충분하다. 1박을 하지 않더라도 파리에서 아침에 떠나 둘 중 한 곳의 레스토랑을 들르고 와인 몇 병 사서 돌아가는 행복한 여정을 꿈꿔보도록 하자. 분명 다음에는 이 동네에서 1박을 하고 싶어질 테니까.

시내 곳곳에서 만날 수 있는 포시에^{Fossier}의 비스킷 로즈$^{biscuit\ rose}$도 잊지 말자.

샹파뉴 최고의 레스토랑 L'Assiette Champenoise 라시에트 샹프누아즈
샹파뉴 최고의 와인 리스트 Le Parc Les Crayères 르 파르크 레 크레예르
샹파뉴 최고의 와인숍 Caves du Forum 카브 뒤 포럼

샹파뉴

핵심 레스토랑

1. 라시에트 샹프누아즈
2. 르 파르크 레 크레예르
3. 카페 드 라 페

기타 추천 레스토랑

4. 라신

쇼핑

5. 르 520 (생크 성 뱅)
6. 카브 뒤 포럼
7. 르 그랑 부티크 뒤 뱅
8. 캬브 데 사크르
9. 라 비노카브
10. 르 뱅타주

라시에트 샹프누아즈
L'Assiette Champenoise

최고의 서비스를 경험한 레스토랑

MICHELIN ✿✿✿

샹파뉴를 대표하는 레스토랑은 현재 미슐랭 3스타를 유지하고 있는 라시에트 샹프누아즈이다. 호텔을 같이 운영하고 있으며 〈를레 에 샤토〉와 〈레 그랑드 타블르 뒤 몽드〉 멤버기도 하다. 외관도 예쁘고 정원도 훌륭한 전형적인 지방의 3스타 레스토랑 느낌이다. 샹파뉴에 왔으니 확실히 수많은 샴페인을 정원에서 아페리티프로 즐길 수 있는 것도 좋다.

셰프인 아르노 랄르멍 Arnaud Lallement은 누벨 퀴진의 기수였던 알랭 샤펠 Alain Chapel과 미셸 게라르 Michel Guérard 밑에서 일을 했으며, 1997년 20여 년간 레스토랑을 운영하던 아버지와 함께 이곳에 왔다. 2001년 1스타를, 2005년 2스타를 받았으

다양한 아뮈즈 부슈   채소 콩소메

며 2014년 마침내 3스타 레스토랑이 되었다.

  이곳에서는 단품 주문도 가능하며 저녁 코스 메뉴는 185유로, 275유로 두 가지가 있고, 평일 점심은 95유로 메뉴도 주문할 수 있다. 당연히 모든 메뉴에 와인 페어링을 할 수 있다. 285유로 테이스팅 메뉴의 와인 페어링(185유로)이 샴페인 위주로 잘 나온다고 해서 그렇게 주문했다. 3만 병 정도 보유하고 있다는 와인 리스트는 아이패드로 보여주는데, 전반적인 가격이 높아 주문할 만한 것이 별로 없으니 와인 페어링을 시키는 것이 좋을 것 같다.

  아뮈즈 부슈 및 초반에 나온 전채는 섬세한 맛이기는 하지만 큰 매력을 느낄 수 없었다. 감자와 대구, 캐비아가 같이 나온 요리부터는 아주 마음에 들었다. 이때 이미 세 번째 샴페인인 돔페리뇽이 나왔는데, 한 자리에서 다양한 스타일과 포도로 만든 샴페인을 일부러 섞어서 매칭해주는 것도 재밌었다. 전형적인 블렌딩 NV, 전형적인 블렌딩 밀레짐, 블랑 드 블랑, 블랑 드 누아 등을 골고루 보여주려는 소믈리에의 의도가 느껴졌다.

  이어진 브르타뉴의 랍스터와 달고기 모두 완벽한 조리를 보여줘 양이 적다는 점이 짜증 날 정도였다. 메인은 비둘기였는데 역시 무척이나 간결하게 나오고 라임과 펜넬을 같이 갈아줘서 상큼하면서도 오묘한 풍미가 나는 것이 마음에 들었다. 샴페인 이후에 화이트 와인과 레드 와인 모두 샹파뉴 지역에서 나오는 와인으로 주는 것도 재밌었다. 디저트에는 맥주나 칵테일을 자리에서 직접 만들어줘서 즐거운 페어링을 경험했다. 뒤이어 치즈 장인으로 유명한 필리프 올리비에Philippe Olivier가 선별한 치즈가 나왔다. 프리 디저트 없이 레몬의 모습을 본딴 디저트로 마무리된 점이 조금 아쉬웠다.

우리 일행은 세 명이었는데 보통 이 정도 레스토랑에서 서빙을 할 때, 모든 접시를 같이 내려놓고 뚜껑을 같이 여는 것이 흔하게 있는 일이다. 근래 들어 반드시 그런 것을 다 지키지는 않지만 여전히 격식을 중요시 생각하는 곳이 꽤 있다. 이곳은 엄격하게 지키는 편이었다. 심지어 음식을 내올 때도 세 명이 문에서부터 발걸음을 맞춰서 들어온다. 동시에 접시를 내려놓고 뚜껑을 여는 동작, 소스를 뿌리는 동작까지 절도 있게 맞추다 보니 정말 제식훈련이라도 하는 것인가 싶을 정도로 각이 딱 맞는다. 엄격하고 각 맞춘 엣지 있는 서비스는 하는 사람이 힘들지, 보는 사람의 입장에서는 진짜 '간지 나고' 멋있었다. 물론 여기에 소믈리에와 매니저가 농담도 하면서 편안하게 대해주기도 한다. 여러 가지 측면에서 서비스는 지금까지 경험한 레스토랑 중 최고였던 것 같다.

좋은 공간과 하드웨어, 완벽한 서비스, 다소 비싸지만 훌륭한 음식, 그리고 지역 특성에 맞는 재밌는 와인까지. 가격이 다소 비싼 감이 있지만 어느 부분을 떼어놓고 봐도 부족함을 찾을 수가 없는 훌륭한 식사였다.

토마토 샐러드

완벽한 달고기

◆ 구분	fine dining
◆ 가이드북	Michelin 3 stars Les Grandes Tables du Monde Relais & Chateaux
◆ 인테리어	잘 꾸민 정원과 아름다운 실내
◆ 가격	코스 185/285유로, 점심 95유로 (단품 가능)
◆ 예산	250~500유로
◆ 와인선택	리스트: 5/5 가격대: 2/5 상대적 가격: 2/5

· 3만 병의 와인을 보유하고 있다. 전반적으로 가격이 높은 편이다.

◆ 음식 스타일	modern
◆ 셰프	Arnaud Lallement
◆ 요약	음식: 5/5 가성비: 3/5 인테리어: 5/5 서비스: 5/5
◆ 키워드	미식여행 신혼여행 인테리어 로맨틱 샴페인

L'Assiette Champenoise

D business casual
A 40 Avenue Paul Vaillant-Couturier, 51430 Tinqueux
T +33 3 26 84 64 64
H https://www.assiettechampenoise.com
R 홈페이지, 전화 예약

O

	월	화	수	목	금	토	일
점심				12:00~14:00			
저녁				19:30~22:00			

르 파르크 레 크레예르
Le Parc Les Crayères

환상적인 공간, 특별한 와인 리스트

MICHELIN

랭스의 2스타 레스토랑 르 파르크 레 크레예르는 라시에트 샹프누아즈와 함께 샹파뉴를 대표하는 레스토랑으로, 훨씬 오랜 전통과 역사를 가진 곳이다. 〈레 그랑드 타블르 뒤 몽드〉에 하늘에서 내려다본 건물과 정원의 모습이 항상 나오고는 해서 이 멋들어진 레스토랑을 로망으로 남겨두고 있었는데 와보니 실제는 더 대단했다.

폼므리 Pommery 샴페인 하우스 바로 옆, 2만여 평의 대지에 지어진 호텔 겸 레스토랑으로, 1904년에 완공되었으며 오랫동안 샹파뉴 최고의 레스토랑으로 이름을 날렸다. 제라르 부아예 Gérard Boyer라는 전설적인 3스타 셰프가 1983년에 다른 지역에서 이곳으로 이전해오면서 3스타를 받아 2003년 셰프가 은퇴할 때까지 이를 유지했다.

1 아뮈즈로 나온 토마토 크림
2 연어
3 무척 저렴하게 마신 최고의 샴페인

그 뒤에 수 셰프가 맡아서 2스타를 유지하기는 했으나 옛 명성을 잃고 운영의 어려움을 겪었다고 한다. 2010년 셰프와 매니저가 떠나자 그 별마저 잃었는데 경영진이 2011년에 르 뫼리스에서 야닉 알레노 밑에 있던 필리프 밀 Philippe Mille을 데려오면서 1스타를 다시 받고 이듬해 2스타가 되어 아직까지 유지하고 있다. 참고로 필리프 밀 셰프는 2011년 MOF를 받기도 했다.

호텔에 여러 개의 레스토랑이 있어 다소 헷갈릴 수 있는데, 전체 이름은 도멘 레 크레예르 Domaine Les Crayères이고 5성급 호텔은 르 샤토 Le Château, 2스타 레스토랑은 르 파르크 Le Parc, 브라스리는 르 자르댕 Le Jardin, 바는 르 로통드 Le Rotonde라고 한다.

이런 곳에 오면 정원에서의 아페리티프를 빼놓을 수 없다. 마침 석양이 지는 정원에서의 샴페인이라니, 이보다 더 바랄 것이 있을까? 정원 위 테이블에 잔으로 시킬

1 메추리
2 토마토소스의 대구

수 있는 샴페인 아페리티프의 종류와 가격이 적혀 있는데, 눈을 비비고 다시 봐야 할 정도로 가격도 좋고 마음에 들었다.

먼저 와인 리스트부터 받았는데 와인의 종류가 1,100여 종, 샴페인만 600종류를 가지고 있다. 수만 병의 재고를 자랑한다는데 와인 가격도 오히려 시중의 숍보다 훨씬 저렴한 것이 대부분이었다. 심지어 이 레스토랑은 콜키지를 내고 (우리나라 레스토랑보다도 저렴한) 와인 반입도 가능하다는데, 한 평론가는 여기에 와인을 가져가서 콜키지를 내고 마시는 바보 같은 짓을 해서 웃음거리가 되지 말라는 이야기를 하

레스토랑 옆에 자리한 바

기도 했다. 일반인들은 와인 대부분을 여기서 파는 가격보다 절대로 싸게 살 수 없다는 이야기이기도 하다. 음식은 단품으로 주문할 수 있으며 가장 긴 코스 메뉴는 290유로, 조금 간소화한 190유로와 140유로 메뉴가 있다. 점심도 잘 먹고 난 터라 140유로 메뉴를 주문했다.

  다이닝 홀로 들어가는데 바를 지나칠 때부터 인테리어가 카메라를 절로 들게 만든다. 이 호텔에 묵으면서 식사도 하고 바로 밤에 내려와 한잔하고…. 이런 것은 언제쯤 가능할까? 얼른 돈을 벌어야겠다는 마음이 들게 만드는 곳이다.

  아뮈즈 부슈에 이어진 첫 번째 전채는 연어 요리였는데 개인적으로 연어를 싫어해서 특별한 경우가 아니면 먹지 않는다. 그런데 연어마저 맛있으니 뒤이어 나온 대구나 메추리 요리는 맛있는 것이 당연했다. 조금 저렴한 메뉴를 시켜서인지 요리에 큰 특징이나 개성이 드러나지 않았지만, 이곳은 와인을 메인으로 삼고 음식을 곁들이는 거라 생각해도 무방할 것 같다. 메인 디저트는 레몬 수플레였다. 페이스트리 셰프가

레몬 수플레

레몬으로 2011년 프랑스 최고 디저트 상을 받은 아서 페브르Arthur Fevre라고 하니 왠지 더 맛있는 느낌이다.

　미식이라는 행위를 단순한 음식의 맛뿐만 아니라, 레스토랑을 찾아가는 과정에서부터 외관, 인테리어, 전망과 와인 리스트, 와인 가격, 거기에 종합적인 서비스와 가성비 등 모든 요소를 감안해야 한다고 본다면, 여기도 주머니 속의 별을 다 던져주고 싶었다. 무엇보다 와인 때문에라도 반드시 다시 방문하고 싶다.

◆ 구분	fine dining	
◆ 가이드북	Michelin 2 stars Les Grandes Tables du Monde Relais & Chateaux	
◆ 인테리어	광활하고 아름다운 정원과 럭셔리한 인테리어	
◆ 가격	코스 140/190/290유로, 점심 70유로 (단품 가능)	
◆ 예산	200~400유로	
◆ 와인선택	리스트: 5/5 가격대: 4/5 상대적 가격: 5/5	

· 프랑스에서도 손꼽히는 와인 리스트, 가격도 놀랄 정도로 저렴하다.

◆ 음식 스타일	modern
◆ 셰프	Philippe Mille
◆ 요약	음식: 4/5 가성비: 3/5 인테리어: 5/5 서비스: 5/5
◆ 키워드	미식여행 신혼여행 인테리어 로맨틱 샴페인

Le Parc Les Crayères

D business casual
A 64 Boulevard Henry Vasnier, 51100 Reims
T +03 26 24 90 00
H https://lescrayeres.com
R 홈페이지, 전화 예약

O	월	화	수	목	금	토	일
점심			12:00~13:30				
저녁			19:15~21:30				

619

Café de la Paix
카페 드 라 페

랭스 시내에서 가볍게 식사하기 좋은 곳

랭스 대성당과 가까운 중심부에 있는 드루에 데를롱 광장 Place Drouet d'Erlon 인근에 야외 좌석이 많은 브라스리 카페 드 라 페가 있어 비교적 가벼운 점심 식사를 하러 들렀다.

의외로 1919년 문을 연 100년 역사를 가진 브라스리인데, 해산물 플래터를 비롯한 이런저런 브라스리 메뉴를 판다. 의외로 햄버거와 타이 소스의 새우 요리를 맛있게 먹었고 샴페인도 비교적 저렴하게 판매하고 있으니 가벼운 마음으로 들르면 좋을 것 같다.

의외로 맛있는 햄버거

간소한 해산물 플래터

◆ 구분	brasserie		◆ 요약	음식: 2/5 가성비: 3/5 인테리어: 2/5 서비스: 2/5
◆ 인테리어	모던한 느낌의 실내, 야외좌석이 많음			
◆ 가격	코스 30/38/44유로 (단품 가능)		◆ 키워드	브라스리 해산물 플래터 야외 테이블
◆ 예산	40~70유로			
◆ 와인선택	리스트: 2/5 가격대: 4/5 상대적 가격: 3/5			

· 비교적 저렴한 와인으로 구성되어 있으며 샴페인은 다양하게 갖추고 있다.

Café de la Paix

D 없음
A 25 Place Drouet d'Erlon, 51100 Reims
T +33 3 26 47 00 45
H http://www.cafedeturin.fr
R 홈페이지, 전화 예약

O	월	화	수	목	금	토	일
점심			12:00~14:30				
저녁			19:00~22:30				

기타 추천 레스토랑

Racine 라신

MICHELIN ✦

◆ 주소	6 Place Godinot, 51100 Reims
◆ 전화번호	+33 3 26 35 16 95
◆ 가격	코스 100유로, 점심 75유로
◆ 특징	일본인 셰프 다나카 카즈유키 Kazuyuki Tanaka의 1스타 레스토랑 섬세하고 가성비 좋은 레스토랑으로 인기를 끌고 있음

◆ 영업시간		월	화	수	목	금	토	일
	점심						12:15~13:30	
	저녁						19:15~21:00	

쇼핑

에페르네

Le 520 르 520 (생크 성 뱅)

◆ 주소	1 Avenue Paul Chandon, 51200 Épernay
◆ 특징	다양한 샴페인과 부르고뉴, 론 지방 와인 리스트가 좋은 와인숍

◆ 영업시간		월	화	수	목	금	토	일
	시간			10:00~13:00 / 14:30~19:30				

Caves du Forum 카브 뒤 포럼

◆ 주소　　10 Rue Courmeaux, 51100 Reims

◆ 특징　　랭스에서 가장 좋은 리스트를 가진 와인숍
　　　　　샹파뉴뿐만 아니라 부르고뉴, 론 등 다양한 산지의 와인을 보유하고 있음

◆ 영업시간

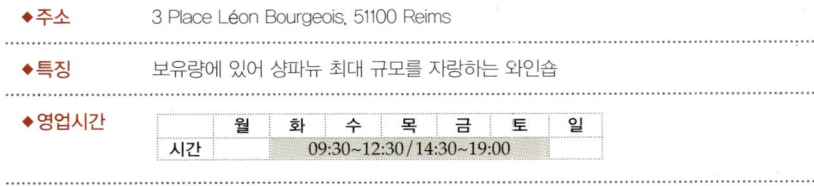

시간	월	화	수	목	금	토	일
	14:00~19:30	10:00~12:30 / 14:00~19:30					

Le Grand Boutique du Vin 르 그랑 부티크 뒤 뱅

◆ 주소　　3 Place Léon Bourgeois, 51100 Reims

◆ 특징　　보유량에 있어 샹파뉴 최대 규모를 자랑하는 와인숍

◆ 영업시간

시간	월	화	수	목	금	토	일
		09:30~12:30 / 14:30~19:00					

Caves des Sacres 카브 데 사크르

◆ 주소　　7 Place du Cardinal Luçon, 51100 Reims

◆ 특징　　랭스 대성당 앞에 있는 샴페인 위주의 와인숍

◆ 영업시간

시간	월	화	수	목	금	토	일
		09:30~19:00					

랭스

Champagne

La Vinocave 라 비노카브

- ◆주소　43 Place Drouet d'Erlon, 51100 Reims
- ◆특징　시내 중심부에 있는 소규모 와인숍
- ◆영업시간

	월	화	수	목	금	토	일
시간	09:30~13:00 / 14:30~19:30					09:30~19:30	09:30~13:00

Le Vintage 르 뱅타주

- ◆주소　3 Cours Anatole France, 51100 Reims
- ◆특징　규모에 비해 괜찮은 가격의 샴페인과 와인을 보유한 작은 와인숍
- ◆영업시간

	월	화	수	목	금	토	일
시간	09:00~12:30 / 14:00~19:30						10:00~13:00

CAPTER 9

Loire 루아르

103. L'Orangerie de Château a Blois 로랑주리 드 샤토 아 블루아
104. La Roche Le Roy 라 로슈 르 루아

아름다운 자연을 가진 관광지, 루아르

파리에서 남쪽으로 테제베TGV를 타고 한 시간 정도 가면 루아르(혹은 루아르 강, 루아르 계곡)가 나온다. 풍요로운 자연과 풍경이 아름다워 '프랑스의 정원'이라고 불린다.

고급 와인이 나오는 곳은 아니지만, 스파클링부터 화이트, 레드, 그리고 디저트 와인까지 다양한 와인을 생산하고 있다. 루아르 강을 중심으로 샤토(고성, château)가 많이 있어 늘 많은 관광객이 찾는 지역으로, 이렇다 할 특별한 음식이 유명하거나 꼭 방문해야 할 레스토랑이 있는 지역은 아니다.

루아르는 관광을 위해 찾는 곳이지 먹기 위해 갈 만한 곳은 아니다!

루아르에서 딱 한 군데만 간다면 La Roche le Roy 라 로슈 르 루아

루아르

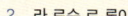

핵심 레스토랑
1. 로랑주리 드 샤토 아 블루아
2. 라 로슈 르 루아

기타 추천 레스토랑
3. 도멘 데 오 데 루아르

L'Orangerie de Château a Blois

로랑주리 드 샤토 아 블루아

블로아 성 앞에 있는 고급 레스토랑

루아르의 여러 성 중에서도 인기 있는 블루아Blois 성을 오전에 구경하고 성 바로 뒤에 있는 미슐랭 1스타 레스토랑 로랑주리 드 샤토 아 블루아를 찾았다. 근사한 샤토까지는 아니라도 꽤 오래전에 지어진 넓은 건물에 자리 잡고 있으며 내부는 아늑하고 따뜻한 느낌이라 가족 식사에 딱 알맞은 곳이었다.

음식은 단품으로도 주문할 수 있고 86유로, 78유로, 60유로, 41유로의 다양한 메뉴가 있다. 가격이 비싸지 않아 가장 상위 코스를 주문했다. 와인 리스트는 비교적 간단한 편인데 인근 지역의 저렴한 와인이 주를 이룬다.

토마토와 랑구스틴이 나온 전채나 랍스타 라비올리 모두 클래식하지만 직관적인

1 버섯 수프
2 토마토와 랑구스틴
3 인근 지역에서 만든 와인

맛이 느껴지는 요리였다. 생선요리인 튀르보는 진한 머스터드 소스와 무척 잘 어울렸다. 메인은 소고기였다. 프랑스에서 소고기를 맛있게 먹은 기억이 별로 없음에도 육향도 풍부하고 육질도 좋아서 무척 마음에 들었다. 이어 치즈 카트와 디저트로 마무리되었다. 인상적인 음식은 없지만 가성비가 무척 좋다는 생각이 들었다.

1 그린빈과 머스터드 소스의 넙치
2 육향이 풍부한 소고기

◆ 구분	fine dining
◆ 가이드북	Michelin 1 star
◆ 인테리어	아늑하고 따뜻한 느낌의 실내
◆ 가격	코스 41/60/78/86유로 (단품 가능)
◆ 예산	60~120유로
◆ 와인선택	리스트: 3/5 가격대: 4/5 상대적 가격: 3/5

· 인근 지역을 중심으로 적당한 규모의 와인을 보유하고 있다.

◆ 음식 스타일	classic
◆ 셰프	Jean-Marc Molveaux
◆ 요약	음식: 3/5 가성비: 5/5 인테리어: 4/5 서비스: 4/5
◆ 키워드	미식여행 신혼여행

L'Orangerie de Château a Blois

D business casual
A 1 Avenue du Dr Jean Laigret, 41000 Blois
T +33 2 54 78 05 36
H http://www.orangerie-du-chateau.fr
R 홈페이지, 전화 예약

O	월	화	수	목	금	토	일
점심		12:00~13:00					
저녁		19:00~21:00					

La Roche le Roy

라 로슈 르 루아

샤토에서 맛본 가성비 좋은 식사

투르 외곽에 자리한 레스토랑 라 로슈 르 루아는 2017년까지 1스타였지만 2018년에 별을 잃었다. 작지만 나름 샤토에 있는 레스토랑이다. 루아르 지역에 뚜렷한 레스토랑은 잘 없지만, 별의 유무와 상관없이 루아르를 대표하는 레스토랑 중 하나다.

아뮈즈에 이어 나온 전채는 랍스터 비스크 소스의 카푸치노로, 고소한 맛이 일품이었다. 이어 나온 개구리 다리 튀김이나 랍스터 그라탱은 클래식한 맛을 잘 살렸다. 고기는 비둘기 요리가 나왔는데, 북부 론의 와인과 잘 어울려 기대 이상으로 맛있게 먹었다. 전반적인 요리도 괜찮고 가성비도 좋아 마무리로 알마냑 두 잔까지 주문해서 먹었다. 가족이 둘러앉아 이렇게 식사를 하니 괜히 기분이 더 좋았던 것 같다.

비둘기

랍스터 그라탱

◆ 구분	fine dining		◆ 음식 스타일	classic
◆ 인테리어	오렌지 톤의 아늑한 인테리어		◆ 셰프	Maximilien Bridier
◆ 가격	코스 60/75유로, 점심 35유로 (단품 가능)		◆ 요약	음식: 3/5 가성비: 5/5 인테리어: 4/5 서비스: 5/5
◆ 예산	90~150유로			
◆ 와인선택	리스트: 3/5 가격대: 4/5 상대적 가격: 4/5		◆ ㅋ.워드	미식여행 와인애호가 신혼여행

· 인근 지역을 중심으로 저렴한 와인의 구성이다. 특히 몇몇 고급 와인을 좋은 가격에 보유하고 있다.

La Roche le Roy

D business casual
A 55 Route de Saint-Avertin, 37200 Tours
T +33 2 47 27 22 00
H https://www.facebook.com/LaRocheLeRoy
R 홈페이지, 전화 예약

O	월	화	수	목	금	토	일
점심			12:00~13:15				
저녁			19:00~21:15				

기타 추천 레스토랑

Domaine des Hauts de Loire 도멘 데 오 드 루아르

- ◆ 주소　　　79 Rue Gilbert Navard, 41150 Onzain
- ◆ 전화번호　+33 2 54 20 72 57
- ◆ 가격　　　코스 75/105/165유로
- ◆ 특징　　　루아르 전통 요리를 선보이는 루아르 지역 유일의 2스타 레스토랑
- ◆ 영업시간

	월	화	수	목	금	토	일
점심				12:00~13:30			
저녁				19:00~21:00			

CAPTER 10

Normandie & Bretagne
노르망디 & 브르타뉴

105. SaQuaNa 사카나

106. La Mére Poulard 라 메르 풀라르

107. Le Pré Salé 르 프레 살레

108. Cancale Marché aux Huîtres 캉칼 마르셰 오 위트르 (캉칼 굴 시장)

109. La Couronne 라 쿠론

Normandie & Bretagne

노르망디 & 브르타뉴

대서양에 접해 있는 노르망디와 브르타뉴는 파리에서 가장 가까운 바닷가로, 많은 관광객이 찾는 곳이다. 노르망디를 대표하는 특산물은 해산물과 사과, 그리고 우유다. 낙농업이 발달해서 다양한 치즈와 버터 등 질 좋은 유제품이 많이 생산된다. (카망베르, 리바호 등의 치즈가 모두 노르망디에서 나왔다.) 또 사과를 사용한 발포주인 시드르나 브랜디인 칼바도스도 널리 알려져 있다.

브르타뉴는 해산물과 여러 가지 과자로 이름을 날리고 있는 지역이다. 그 유명한 게랑드 소금과 캉칼 굴, 바닷가재 모두 이 지역의 것을 최고로 친다. 크레프나 갈레트, 쿠안 아망도 이 지역에서 유래된 과자다.

프랑스에서 가장 오래된 여관 겸 레스토랑 La Couronne 라 쿠론
노르망디 최고의 레스토랑 SaQuaNa 사카나
길거리에서 먹는 굴과 와인 Calcale Marché aux Huîtres 캉칼 마르셰 오 위트르 (캉칼 굴 시장)

노르망디 & 브르타뉴

핵심 레스토랑

1. 사카나
2. 라 메르 풀라르
3. 르 프레 살레
4. 캉칼 마르셰 오 위트르
   (캉칼 굴 시장)
5. 라 쿠론

기타 추천 레스토랑

6. 라 메종 드 레아
7. 앙트르 테르 에 메르
8. 레스토랑 파트릭 제프루아
9. 안 드 브르타뉴
10. 오베르주 데 글라딕스

쇼핑

11. 마르셰 트라디시오넬
12. 메종 조르주 라르니콜
13. 라 메종 뒤 장봉

| 105 | 사카나
SaQuaNa

모던하고 가성비 좋은 레스토랑

MICHELIN ✦✦

노르망디의 유명한 관광 도시인 옹플뢰르 한복판에 미슐랭 2스타 레스토랑 사카나가 있다. 약간 올드한 느낌의 도시에 있는 모던하고 소박한 느낌마저 드는 작은 레스토랑이다. 해산물을 콘셉트로 할 것 같은 선입견과는 달리 의외로 프랑스 산간 지역인 아베롱Aveyron을 모토로 하고 있는 독특한 레스토랑이다.

이 레스토랑의 셰프인 알렉상드르 부르다Alexandre Bourdas는 원래 라귀올의 전설적인 레스토랑 미셸 브라의 수 셰프였다. 이후 홋카이도 토야에 있는 미셸 브라 토야의 오픈 멤버로 일하다가 프랑스로 돌아가 옹플뢰르에 사카나를 열어 2스타를 받았고, 지금은 파리에도 작은 가게가 있다고 한다. 셰프의 고향은 노르망디이고, 어머니는

1 아뮈즈 부슈
3 와인 소스의 오리
2 연어
4 폴렌타와 망고

아베롱 출신이다. 미셸 브라에서 일을 하고 노르망디에 자신의 레스토랑 문을 연 이유가 될 수 있을 것 같다. 노르망디에 있는 레스토랑인데, 서버가 아베롱 지방의 스타일을 이야기한다. (빵이나 나이프를 바꾸지 않고 계속 쓰는 것 등 라귀올의 미셸 브라에서 보던 방식) 셰프의 정체성이 라귀올과 미셸 브라를 빼놓고 이야기할 수 없으니 이런 부분이 나타나는 것 같다. 사전 정보가 없다면, "애네들 왜 이러지?"하기 십상일 듯.

음식은 단품 없이 코스 주문만 할 수 있으며 130유로, 90유로 두 가지가 있다. 2스타 레스토랑치고 무척이나 저렴한 가격인데 90유로가 5코스, 130유로가 8코스다. 와인은 2스타치고 약간 빈약하고 가격도 저렴한 편은 아니었으나 비싸지 않은 와인도 많아서 부담 없이 주문할 수 있다.

아뮈즈 부슈가 여러 개 나오고 초반에 연어가 들어간 샐러드와 생선요리가 나왔다. 전반적으로 일본의 영향을 희미하게 느낄 수 있었다. 셰프가 일본에서 오래 근무해서 그런 것 같은데 과하지 않고 일본 요소를 조금씩 집어넣은 센스가 돋보였다.

메인 오리 요리는 미셸 브라의 소고기 요리에서 모티브를 얻은 듯 얇게 커팅해서 말아 나왔다. 다른 곳에서 맛보는 천편일률적인 오리와 다른 스타일이라 신선했다. 코스는 치즈와 망고 디저트로 마무리되었다. 90유로의 메뉴치고 구성도 괜찮고 완성도도 높아 가성비가 좋다는 생각이 먼저 들었다.

전체적으로 "이 정도면 2스타가 충분하다."라는 이야기를 하기는 약간 애매하기도 하지만, 가격대도 합리적이고 1, 2스타의 경계 선상에서 자신만의 음식을 잘 풀어낸 곳이다.

1 치즈
2 계란 노른자로 만든 소스를 곁들인 명태
3 독특한 블렌딩의 샴페인

◆ 구분	fine dining
◆ 가이드북	Michelin 2 stars
◆ 인테리어	나무로 된 모던한 인테리어
◆ 가격	코스 90/130유로
◆ 예산	130~200유로
◆ 와인선택	리스트: 3/5 가격대: 3/5 상대적 가격: 2/5 · 2스타 레스토랑치고 비교적 단순한 와인 리스트
◆ 음식 스타일	modern
◆ 셰프	Alexandre Bourdas
◆ 요약	음식: 4/5 가성비: 4/5 인테리어: 3/5 서비스: 4/5
◆ 키워드	미식여행 신혼여행 가성비

SaQuaNa

D business casual
A 22 Place Hamelin, 14600 Honfleur
T +33 2 31 89 40 80
H http://www.alexandre-bourdas.com/en/saquana-our-restaurant
R 전화 예약

O	월	화	수	목	금	토	일
점심				12:30~14:30			
저녁				19:30~21:30			

645

La Mére Poulard

라 메르 풀라르

140년 전통의 오믈렛 전문점

몽 생 미셸에 가면 그 지역의 전통 음식인 커다란 오믈렛을 파는 곳이 여럿 있다. 그 중에 가장 대표적인 곳이 라 메르 풀라르다. 몽 생 미셸의 입구에서 조금만 가면 나오는데, 전통 복식을 하고 오믈렛을 만드는 사람들의 모습을 입구에서 볼 수 있다.

관광지 레스토랑이지만 비교적 깔끔한 분위기로, 예약하지 않으면 2층의 관광 레스토랑 같은 자리로 안내되므로 가급적 온라인으로 예약하고 가는 편을 권한다.

와인 리스트는 별것이 없으니 맥주를 마시거나 노르망디 전통 술인 시드르cidre를 마시는 편이 좋다. 시드르는 사과 발효주 같은 술로, 도수가 진한 맥주 정도로 그리 높지는 않다.

푸아그라 오믈렛

가리비 오믈렛

30유로 언저리의 코스 메뉴도 있지만 어지간하면 오믈렛 하나를 먹으면 점심 식사로 충분하다. 오믈렛을 먹다 보면 약간 질리는 감도 있으니, 두 명이 가서 오믈렛 하나와 프레 살레(양고기)^(pre sale) 하나를 시키면 더 괜찮다.

◆ 구분	restaurant	◆ 요약	음식: 2/5 가성비: 3/5 인테리어: 2/5 서비스: 3/5
◆ 인테리어	관광지의 올드한 레스토랑 인테리어		
◆ 가격	코스 29유로, 오믈렛 38유로	◆ 키워드	몽 생 미셸 오믈렛
◆ 예산	50~70유로		

La Mére Poulard

D 없음
A Grande Rue, 50170 Le Mont-Saint-Michel
T +33 2 33 89 68 68
H https://lamerepoulard.com/en
R 홈페이지, 전화 예약

O	월	화	수	목	금	토	일
시간			11:30~22:00				

Le Pré Salé

르 프레 살레

부드럽고 풍미 좋은 양고기 전문점

몽 생 미셸 인근에서는 수많은 양 떼를 볼 수 있는데, 그래서인지 양고기를 내는 레스토랑을 어렵지 않게 찾을 수 있다. 이 요리를 아뇨 드 프레 살레agneau de pré-salé라고 하는데, 메르퀴르Mercure호텔에 있는 레스토랑 르 프레 살레가 양고기 요리를 잘한다고 해서 방문했다.

아뇨 드 프레 살레는 영어로 'salt marsh meadow lamb'이라고 한다. 다시 말해 소금기가 있는 목초를 먹고 자란 양고기라는 뜻이다. 보통 소고기의 경우, 소금기 있는 풀을 먹은 소의 육질은 좋지 않다고 하지만, 양고기는 독특한 풍미가 생기고 맛도 훨씬 좋아진다고 한다. 그래서 노르망디 쪽이나 남프랑스 쪽 해안가에서 키운 양고

그릴에 구운 양고기   양파 수프

기가 좋은 대접을 받고는 한다.

가장 대표적인 메뉴는 갈릭 크림 소스를 곁들인 구운 양갈비roast rack of lamb with garlic cream sauce이고, 그 다음으로 인기 있는 것은 그릴 양고기 커틀릿grilled lamb cutlet 과 그릴 양고기 필렛grilled lamb fillet, 두 가지가 나오는 메뉴. ('salt marsh lamb' 카테고리에서 시키는 메뉴) 인당 32유로 정도 하는 3코스 메뉴도 있지만, 이곳은 양고기를 먹으러 오는 곳이니 무조건 단품으로 시키기를 권한다.

대표메뉴이자 가장 비싼 48유로짜리인 갈릭 크림 소스를 곁들인 구운 양갈비는 프랑스어 메뉴판에 카레 다뇨 드 프레 살레 로티carré d'agneau de pré salé rôti라고 쓰여 있다. 더 말할 필요 없이 그냥 먹어보기를 권한다. 미슐랭 스타 레스토랑에서 일하던 동생이 이곳의 양고기를 전혀 기대하지 않고 먹었는데 맛있어서 놀랐다고 했다. 그래서 "내가 양고기 좀 먹어봤는데"라고 응수하고 믿지 않았는데, 진짜 양고기 하나만큼은 어떤 고급 레스토랑도 부럽지 않았다.

1 시그니처 메뉴인 프레 살레 로티
2 가족 단위 손님이 대다수인 레스토랑

◆ 구분	restaurant
◆ 인테리어	전형적인 관광지 레스토랑
◆ 가격	코스 24/32유로, 시그니처 양고기 요리 단품 48유로
◆ 예산	50~75유로
◆ 와인선택	리스트: 2/5 가격대: 4/5 상대적 가격: 3/5
	· 비교적 저렴한 와인 위주의 단순한 리스트

◆ 요약	음식: 4/5 가성비: 4/5 인테리어: 2/5 서비스: 3/5
◆ 키워드	몽 생 미셸 양고기

Le Pré Salé

D 없음
A Route du Mont Saint Michel, 50170 Le Mont-Saint-Michel
T +33 2 33 60 24 17
H http://www.les-110-taillevent-paris.com
R 전화 예약

O	월	화	수	목	금	토	일
점심			12:00~14:30				
저녁			19:00~21:30				

캉칼 마르셰 오 위트르
Calcale Marché aux Huîtres

신선한 굴을 마음껏, 캉칼 굴시장

프랑스에서도 굴 양식으로 유명한 캉칼Cancale의 굴 양식장 앞에 바로 가져온 신선한 굴을 사서 바닷가에서 먹는 굴시장이 있다고 해서 찾아가봤다. 주차하고 나서 시장이라기보다는 텐트를 치고 몇몇 좌판이 있는 곳으로 가면 된다.

  찾아간 날의 날씨가 좋지 않아서 사람이 별로 없었지만, 주말이나 시즌 때는 이 주변에 서거나 앉아서 굴과 와인을 먹는 사람들로 가득하다고 한다. 둘러보다가 가장 비싸고 좋은 굴을 파는 가게에서 구매했다. 보통 한 개 단위로 팔고 조금 큰 크기는 여섯 개, 아주 큰 굴은 한 개씩도 주문할 수 있다. 우리나라의 일반적인 석화보다 큰 크기로, 12개에 4~6유로 사이, 아주 큰 굴은 하나에 2유로 정도 한다.

캉칼 굴   굴을 크기별로 구매할 수 있다.

가게에서 굴을 구매하면 굴 껍데기를 까서 레몬과 함께 그릇에 담아준다. 보통 와인 한 병씩 사들고 와서 굴과 함께 먹는다는데 이날 비가 와서 후딱 먹느라 굴만 먹은 점이 아쉽다. 우리나라에서 보기 힘들 정도로 크기도 크고 안에 꽉 차 있는 굴은 워낙 신선해서 지금도 생각이 날 정도. 다 먹고 껍데기를 바닷가 쪽으로 버리는 것도 먹는 재미 중 하나다.

야외에서 먹는 것이 부담스럽다면 인근에 있는 해산물 전문 레스토랑 중 하나를 가도 괜찮을 것 같다.

◆ 구분	길거리 시장	◆ 요약	음식: 3/5 가성비: 5/5 인테리어: 2/5 서비스: 1/5
◆ 예산	10~20유로		
◆ 키워드	굴		

Calcale Marché aux Huîtres

A   1 Rue des Parcs, 35260 Cancale

O	월	화	수	목	금	토	일
시간			09:00~19:00				

La Couronne
라 쿠론

오랜 역사의 전설적인 레스토랑

루엉Rouen은 노르망디 지방의 최대 도시라 할 수 있는 지역으로, 잔 다르크로 잘 알려진 도시이자 엄청난 규모의 대성당이 있는 곳이다. 레스토랑 라 쿠론은 루엉의 중심부, 비외 마르셰 광장Place du Vieux Marché 한편에 자리 잡고 있다. 이 광장에는 독특한 디자인으로 잘 알려진 교회인 잔다르크 교회Church of St Joan of Arc, (프) Église Sainte-Jeanne-d'Arc가 있다. 이 광장이 잔 다르크가 화형을 당한 곳이라고 한다.

라 쿠론은 몇 가지 의미에서 꽤 유명한 곳이다. 일단 1345년에 문을 연 프랑스에서 가장 오래된 여관으로, 예전에 여관이라고 하면 숙박도 하고 음식도 팔고 했던 곳이니 프랑스에서 가장 오래된 레스토랑이라 봐도 무방할 것 같다. (지금은 레스토

1 퀴노아 타르타르
2 푸아그라 테린
3 의외로 훌륭한 와인 리스트

랑의 기능만 하고 있다.) 1345년이 얼마나 오래된 것인지 감이 잘 안 잡히는 독자들을 위해 비교를 잠시 해보자. 프랑스에서 가장 오래된 레스토랑으로 알려진 파리의 라 투르 다르정이 1582년 문을 열었다고 주장하는데, 그것보다 거의 240년 전이다. 1582년이 무려 임진왜란이 일어나기 10년 전이니까 고려 시대라는 이야기다. 좀 더 정확히 이야기하면 고려 시대의 누구나 알 만한 공민왕이 왕위에 오르기 몇 년 전인 셈이다.

이 레스토랑이 유명한 데는 또 하나의 이유가 있다. 미국에 프랑스 요리를 전파한 대모 격인 줄리아 차일드Julia Child가 처음으로 맛보고 감동한 프렌치 레스토랑이 바로 이곳이다. 줄리아 차일드가 1948년에 처음 이 레스토랑에 와서 굴과 솔 뫼니에르 등을 먹고 프랑스 요리에 감명을 받아 르꼬르동 블루에서 요리를 공부해 미국 가정에서도 먹을 수 있게 TV 프로그램 등에 나와 소개하면서 명성을 얻게 되었다. 그녀의 인생을 바꿔준 레스토랑이라고 할 수 있다.

몇 개의 홀로 나뉜 내부는 꽤나 고풍스러운 모습이 매력적이다. 관광지이다 보니 가족 단위의 손님이 많이 보인다. 음식은 몇 가지 코스와 단품으로 구성되어 있다. 레스토랑을 다니다 보면 코스 요리를 주문해야 하는 곳이 있고, 단품 요리를 주문해야 하는 곳이 있다. 일반적으로 가성비는 코스 요리가 높지만 코스와 단품 선택에 있어서 나만의 기준은 코스요리에 레스토랑의 시그니처 메뉴가 포함되어 있느냐 마느냐에 따라 결정된다.

1 장봉 플래터
2 솔 모니에르
3 시그니처 오리 요리

이 레스토랑의 코스 요리 가격과 단품 메인 가격은 비슷하지만, 코스에 시그니처 메뉴인 오리 요리나 솔이 들어 있지 않아 단품으로 주문할 수밖에 없었다. 가격대가 그리 높지 않은 레스토랑임에도 그 역사를 반영하듯 와인 리스트는 기대 이상이었다. 부르고뉴 와인은 많지 않았지만, 보르도 컬렉션은 솔직히 살짝 놀라울 정도였다. 5대 샤토나 페트뤼스 등의 올 빈을 가지고 있고 가격도 나쁘지 않아 몇몇 와인은 마시고 싶을 정도였다. 가족 식사임을 감안해서 90년대 크뤼 브루조아급의 보르도를 시켰음에도 한 병에 40~60유로밖에 되지 않았던 것은 축복에 가까운 일이다.

우리 테이블 바로 옆에는 압착기가 있었다. 오리 요리로 유명한 파리의 라 투르 다르정에도 같은 압착기가 있다. 오리 뼈에서부터 쥐jus를 뽑아내는 압착기인데, 루엉의 전통요리인 이 요리를 제일 처음 시작한 곳이 이 레스토랑이라고 한다. 오리 요리는 1인분에 48유로씩이고 한 마리가 나오는 2인분부터 주문할 수 있다. 서버가 살짝 익혀서 가져온 오리를 게리동으로 해체한 후 요리를 아예 여기서 다 만들기 때문에 시간이 약간 오래 걸린다. 그런 느긋함을 즐기는 법을 터득해야 유럽에서 식사할 때 화가 나지 않는다. 우리나라 불고기처럼 만들고 나서 보면 크게 볼품은 없고 대단한 맛은 아니지만, 왠지 만드는 과정을 보는 것이 가격에 포함된 것도 같다. 나중에 다리와 날개 쪽은 튀겨서 가져다줬는데 이것까지 감안하면 아주 잘 먹었다는 생각이 든다. 유명한 솔도 가격 대비 괜찮았다. 45유로라는 가격이 전혀 아깝지 않았고 랍스터 리조토도 괜찮았다.

모네의 연작으로 유명한 루엉 대성당이 이 레스토랑에서 걸어서 10분 정도 거리에 있다. 하도 재밌고 괜찮은 숍이 많아 구경하면서 가느라 한 시간도 넘게 걸린 것 같다. 여러모로 루엉에 다시 오고 싶은 생각이 들게 만든 것은 이 레스토랑 때문이 아닐까!

1 고풍스러운 실내 인테리어
2 2층 복도

◆ 구분	restaurant	
◆ 인테리어	고풍스러운 느낌의 인테리어	
◆ 가격	코스 37/52유로, 점심 25유로 (단품 가능)	
◆ 예산	50~100유로	
◆ 와인선택	리스트: 4/5 가격대: 4/5 상대적 가격: 3/5	

· 예상외로 와인 리스트가 훌륭하며 고급 와인도 많이 가지고 있다. 올드 빈티지 와인의 가격이 좋은 편.

◆ 요약	음식: 3/5 가성비: 4/5 인테리어: 4/5 서비스: 4/5
◆ 키워드	와인 애호가 신혼여행

La Couronne

D 없음
A 31 Place du Vieux Marché, 76000 Rouen
T +33 2 35 71 40 90
H http://www.lacouronne.com.fr
R 홈페이지, 전화 예약

O

	월	화	수	목	금	토	일
점심			12:00~14:30				
저녁			19:00~21:30				

옹플뢰르

기타 추천 레스토랑

La Maison de Léa 라 메종 드 레아

- ◆ 주소　　Place Sainte-Catherine, 14600 Honfleur
- ◆ 전화번호　+33 2 31 14 49 40
- ◆ 가격　　코스 60~80유로 (1인 기준), 점심 26유로
- ◆ 특징　　옹플뢰르 중심부에 있는 고급 레스토랑
　　　　　노르망디 전통 음식을 내며 아늑하고 로맨틱한 인테리어로 유명함
- ◆ 영업시간

	월	화	수	목	금	토	일
점심				12:00~13:45			
저녁				12:00~13:45			

Entre Terre et Mer 앙트르 테르 에 메르

- ◆ 주소　　12 Place Hamelin, 14600 Honfleur
- ◆ 전화번호　+33 2 31 89 70 60
- ◆ 가격　　코스 33/48/64유로 (단품 가능)
- ◆ 특징　　다양한 해산물 요리를 비교적 합리적인 가격에 맛볼 수 있는 레스토랑
- ◆ 영업시간

	월	화	수	목	금	토	일
점심				12:15~14:30			
저녁				19:15~22:00			

Restaurant Patrick Jeffroy 레스토랑 파트릭 제프루아   MICHELIN ✣✣

- ◆ 주소   20 Rue du Kelenn, 29660 Carantec
- ◆ 전화번호 +33 2 98 67 00 47
- ◆ 가격   코스 86/112/148유로 (단품 가능)
- ◆ 특징   대서양의 아름다운 전망이 있는 브르타뉴 최고의 레스토랑
- ◆ 영업시간

	월	화	수	목	금	토	일
점심					12:00~14:30		
저녁					20:00~22:30		

Anne de Bretagne 안 드 브르타뉴

- ◆ 주소   163, Boulevard de la Tara44770 La Plaine–sur–Mer
- ◆ 전화번호 +33 2 40 21 54 72
- ◆ 가격   코스 77/115/155유로, 점심 49유로 (단품 가능)
- ◆ 특징   해산물 요리에 강점이 있는 전망 좋은 레스토랑
- ◆ 영업시간

	월	화	수	목	금	토	일
점심					12:30~13:45		
저녁			19:30~21:30				

Auberge des Glazicks 오베르주 데 글라직스   MICHELIN ✣✣

- ◆ 주소   7 Rue de la Plage, 29550 Plomodiern
- ◆ 전화번호 +33 2 98 81 52 32
- ◆ 가격   코스 98/125/225유로, 점심 60유로 (단품 가능)
- ◆ 특징   주로 브르타뉴 재료를 사용하는 모던 프렌치
- ◆ 영업시간

	월	화	수	목	금	토	일
점심					12:00~13:00		
저녁				19:00~21:00			

옹플뢰르

쇼핑

Marché Traditionnel 마르셰 트라디시오넬

포세 광장 Cours des Fossés과 생트 카트린 광장 Place Sainte-Catherine 인근에 많은 식료품 가게가 몰려 있다.

- 엉 주르 엉 노르망디 Un Jour en Normandie : 주류 전문점, 칼바도스의 여러 빈티지를 보유하고 있다.
- 라틀리에 뒤 푸아소니에 L'atelier du Poissonnier : 생선 가공품, 통조림 전문점
- 카라멜 드 노르망디 Caramels de Normandie : 캐러멜 전문점
- 라 메종 뒤 누가 La Maison du Nougat : 누가 전문점
- 라 트리니탠 La Trinitaine : 비스킷과 노르망디 특산물

◆ 주소	Place Sainte-Catherine						
◆ 특징	생 카트린 교회 앞 광장에서 열리는 주말 재래시장						
◆ 영업시간							

시간	월	화	수	목	금	토	일
						08:00~13:00	

Maison Georges Larnicol 메종 조르주 라르니콜

- ◆ 주소   26 Rue du Dauphin, 14600 Honfleur
- ◆ 특징   초콜릿 장인의 제과점
- ◆ 영업시간

시간	월	화	수	목	금	토	일
			10:00~20:00				

La Maison Du Jambon 라 메종 뒤 장봉

- ◆ 주소   9 Rue du Dauphin, 14600 Honfleur
- ◆ 특징   장봉, 햄, 소시송 및 샤르퀴테리를 전문으로 하는 매장
- ◆ 영업시간

시간	월	화	수	목	금	토	일
			10:00~19:00				

비밀이야가 뽑은 프랑스 BEST 10

레스토랑 BEST 13

인테리어 BEST 10

전망 BEST 10

정원 BEST 10

전채 BEST 15

생선 BEST 10

해산물 BEST 10

고기 BEST 10

디저트 BEST 10

와인 리스트 BEST 10

단골이 되어 자주 가고 싶은 레스토랑

한 번쯤 더 가보고 싶은 레스토랑

파리에서의 아침 식사

파리에서 일요일에도 영업하는 곳

L'Auberge de L'ill
로베르주 드 릴 (알자스)

미슐랭 3스타 레스토랑으로, 50년째 미슐랭 3스타를 유지하고 있는 레스토랑이다. 환상적인 공간과 완벽하면서도 상대적으로 합리적인 가격의 음식, 훌륭한 서비스, 그리고 흥미로운 와인 리스트까지, 모든 것이 완벽한 레스토랑이다.

Auberge du Vieux Puits–Gilles Goujon
오베르주 뒤 비유 퓌–질 구종 (남서부)

미슐랭 3스타 레스토랑으로, 프랑스 최고로 손꼽히는 레스토랑 중 하나다. 상대적으로 저렴한 코스 가격을 비롯해 서비스, 와인 리스트까지 완벽한 레스토랑이다. 프랑스 미식 가이드북인 〈고미요〉에서 최고 등급인 모자 5개를 받은 20개 레스토랑 중 하나.

Flocons de Sel
플로콩 드 셀 (론 알프스)

미슐랭 3스타 레스토랑으로, 그림처럼 아름다운 알프스의 산자락에 자리하고 있다.
코스에 나오는 거의 모든 요리가 최고에 가까웠고, 실망스러운 음식이 없다.
눈 덮인 알프스가 한눈에 보이는 아름다운 전망과 공간, 음식, 와인, 서비스가 어우러지는 곳.

Georges Blanc
조르주 블랑 (론 알프스)

1981년부터 미슐랭 3스타를 유지하고 있는 레스토랑. 의심의 여지 없이 세계 최고의 레스토랑 중
하나이며 손에 꼽을 만한 미식 경험이었다. 고개 갸웃하는 거 하나 없이 완벽했던 식사였으며,
개인적으로 프랑스에서 맛본 레스토랑 중 톱 3에 들어간다.

Guy Lassausaie
기 라소제 (론 알프스)

미슐랭 2스타 레스토랑으로, 상대적으로 저렴한 가격에 3스타 레스토랑의 퀄리티를 느낄 수 있는 곳이다.
요리 하나하나의 완성도는 물론이고 코스 구성도 훌륭하며 가격대 성능비에 있어서 최고를 자랑한다.
주머니 속에 별이 한가득 있다면, 곳곳에 뿌려주고 싶은 곳 중 하나.

L'Astrance
라스트랑스 (파리)

미슐랭 3스타 레스토랑으로, 파리에서 가장 예약하기 힘든 레스토랑 중 하나다. 전반적으로 무거운 소스는 배제하고 간결하고 완벽한 조리와 명확한 간으로 재료의 맛을 끌어내는 데 중점을 두고 있다.

Le Pré Catelan
르 프레 카틀랑 (파리)

미슐랭 3스타 레스토랑으로, 파리에 있는 수많은 3스타 레스토랑 중에서 단 한 곳만 꼽는다면 이곳을 꼽고 싶을 정도로 완벽한 곳이다. 단순한 플레이팅과 직관적인 음식, 그리고 좋은 가격에 선보이는 와인, 서비스까지 인상적인 레스토랑이다.

L'Oustau de Baumaniere
루스토 드 보마니에르 (프로방스)

미슐랭 2스타 레스토랑으로, 6만 병 넘게 보유하고 있는 와인 리스트는 프랑스 남서부 최고로 손꼽힌다. 아름답고 멋진 공간, 완벽한 서비스, 엄청난 와인 리스트, 합리적인 가격과 최고의 맛. 무엇 하나 부족함이 없는 곳이다. 다시 한번 꼭 가보고 싶은 레스토랑 중 하나.

Maison Rostang
메종 로스탕 (파리)

미슐랭 2스타 레스토랑으로, 상대적으로 좋은 가격에 다양한 와인을 만날 수 있다.
특히 '인생급' 푸아그라로 칭할 만큼 대단한 푸아그라를 맛볼 수 있으며, 강렬하고 진한 요리와
모던함이 가미된 요소가 적절히 조화를 이루고 있다.

Les Prés d'Eugénie–Michel Guérard
레 프레 되제니–미셸 게라르 (남서부)

1977년부터 미슐랭 3스타를 유지하고 있는 곳이자,
폴 보퀴즈와 함께 프랑스 가스트로노미의 전설인 미셸 게라르 셰프의 레스토랑이다.
먼 곳까지 특별한 가치를 부여하고 찾아올 만큼 매력적인 요소를 갖추고 있다.

Mirazur
미라쥐르 (코트다쥐르)

미슐랭 2스타 레스토랑이자 2018년 〈월드50베스트레스토랑〉 3위에 오른 곳이기도 하다.
뻔하지 않은 새로운 맛의 조합을 완성도 높게 풀어내는 점이 매력적이다.
해를 거듭할수록 진화하고 있다는 것을 느낄 수 있는 곳.

Regis et Jacques Marcon
레지 에 자크 마르콩 (론 알프스)

미슐랭 3스타 레스토랑으로, 전설적인 셰프 중 한 명인 레지 마르콩이 아들과 함께 운영하는 곳이다. '버섯의 왕'이라 불릴 만큼 버섯을 활용한 다양한 음식을 만날 수 있다. 찾아가기 힘든 외딴곳에 있지만, 충분히 찾아갈 만한 가치가 있는 완벽한 레스토랑이다.

Taillevent
타유벙 (파리)

미슐랭 2스타 레스토랑으로, 파리를 대표하는 레스토랑 중 하나다. 전반적으로 클래식한 음식이며, 어느 하나 빠지는 느낌이 드는 요리가 없다. 맛이 강렬하거나 튀지 않아서 와인과 함께 즐기기에 더없이 좋은 음식이다. 매년 한 번씩 방문하고 싶은 마음이 드는 레스토랑.

비밀이야가 뽑은
인테리어 BEST 10

Le Cinq
르 생크 (파리)

베르사유에 있는 그랑 트리아농의 인테리어를 참고한, 럭셔리한 팰리스 풍 인테리어.

La Tour d'Argent
라 투르 다르정 (파리)

고풍스럽고 럭셔리한 인테리어.

Le Grand Véfour
르 그랑 베푸 (파리)

다소 몽환적이고 독특한 장식과 인테리어. 19세기 초의 화려한 인테리어를 그대로 유지하고 있다.

L'Ambroisie
랑부아지 (파리)

클래식한 인테리어. 고급스러우면서도 기품 있는 분위기다.

Le Meurice
르 뫼리스 (파리)

유명 디자이너 필립 스탁이 베르사유궁전 살롱 드 라 페(평화의 방)를 모티프로 디자인한 럭셔리한 인테리어

Le Pré Catelan
르 프레 카틀랑 (파리)

벨 에포크 시대의 인테리어를 재현하고 있으며, 지나치게 화려하지 않으면서도 럭셔리하게 꾸민 공간이다.

Les Prés d'Eugénie–Michel Guérard
레 프레 되제니–미셸 게라르 (남서부)

다른 곳과 클래스가 다른 압도적인 정원과 따뜻하고 로맨틱한 분위기. 공간마다 조금씩 인테리어가 달라진다.

Michel Trama
미셸 트라마 (남서부)

13세기에 지어져 성채로 사용되던 건물을 사용하고 있으며, 중세 궁전이나 귀족의 저택을 연상케 한다. 13세기부터 이어진 소품을 그대로 간직하고 있다.

L'Auberge du Pont de Collonges –Paul Bocuse
로베르주 뒤 퐁 드 콜롱주–폴 보퀴즈 (론 알프스)

차분하면서도 럭셔리한 실내 인테리어. 고풍스럽고 클래식한 느낌이 든다.

Relais Louis XIII
를레 루이 트레즈 (파리)

고풍스러운 19세기 인테리어를 간직한 레스토랑. 아늑한 분위기여서 로맨틱한 느낌이 든다.

비밀이야기가 뽑은
전망 BEST 10

Château de la Chèvre d'Or
샤토 드 라 셰브르 도르 (코트다쥐르)

에즈 마을과 파란 바다가 한눈에 내려다보이는 환상적인 전망.

Château Eza
샤토 에자 (코트다쥐르)

바다가 한눈에 보이는 압도적인 바다 전망. 옛 스웨덴 왕실의 별장이 있던 곳에 자리하고 있다.

Flocons de Sel
플로콩 드 셀 (론 알프스)

눈 덮인 알프스가 한눈에 내려다보이는 아름다운 전망.

La Tour d'Argent
라 투르 다르정 (파리)

수백 년 역사의 노트르담 대성당과 센 강이 보이는 파리 최고의 전망.

Le Petit Nice Passédat
르 프티 니스 파세다 (프로방스)

마르세유 바닷가가 내려다보이는 근사한 전망.

673

Le Saint James
르 생 제임스 (남서부)

눈앞에 아름다운 정원과 포도밭이 펼쳐지는 전망.

Le Suquet–Maison Bras
르 쉬케–메종 브라 (남서부)

통유리창으로 되어 있어 끝없이 펼쳐진 광활한 대지와 하늘을 한눈에 볼 수 있다.

La Maison des Bois–Marc Veyrat
라 메종 데 부아–마르크 베라 (론 알프스)

창 너머로 보이는 알프스 전망. 저 멀리 만년설산인 몽블랑까지 내다보인다.

Mirazur
미라쥐르 (코트다쥐르)

망통 시내와 푸른 지중해가 내려다보이는 환상적인 전망.

Dan B. - La Table de Ventabren
당 B.(베)–라 타블르 드 방타브랑 (프로방스)

전면으로 내다보이는 탁 트인 전망이 환상적이다.

비밀이야기가 뽑은 정원 BEST 10

Alexandre–Michel Kayser
알렉상드르–미셸 케제르 (프로방스)

군더더기 없이 잘 가꿔진 정원이 아름답기로 유명하다.

L'Auberge de L'ill
로베르주 드 릴 (알자스)

소담한 강을 접하고 있는 따뜻한 느낌의 정원.

Christophe Bacquié
크리스토프 바키에 (프로방스)

울창한 나무와 잘 정돈된 꽃이 조화를 이루는 환상적인 정원.

La Bastide de Capelongue - Restaurant Edouard Loubet
라 바스티드 드 카펠롱그 – 레스토랑 에두아르 루베 (프로방스)

시원하게 탁 트인 정원. 아페르티프와 디저트, 프티 푸르까지 정원에서 즐겼을 정도로 아름답다.

La Côte Saint Jacques
라 코트 생 자크 (부르고뉴)

욘 강이 유유하게 흐르는 아늑한 정원.

La Vague d'Or
라 바그 도르 (코트다쥐르)

그림 같이 아름다운 생트로페 해변이 눈앞에 펼쳐지는 환상적인 정원.

Le Parc Les Crayères
르 파르크 레 크레예르 (샹파뉴)

광활하게 펼쳐진 아름다운 정원. 고풍스러운 건물과 조화롭게 어우러진다.

Le Pré Catelan
르 프레 카틀랑 (파리)

울창한 불로뉴 숲이 눈앞에 펼쳐지는 정원.

L'Oustau de Baumaniere
루스토 드 보마니에르 (프로방스)

조화롭게 조경된 나무로 꾸며진 정원. 따사로운 햇살이 내리쬔다.

Regis et Jacques Marcon
레지 에 자크 마르콩 (론 알프스)

광활한 고원 지대가 눈앞에 펼쳐지는 정원.

비밀이야가 뽑은

전채 BEST 15

Auberge du Vieux Puits–Gilles Goujon
오베르주 뒤 비외 퓌–질 구종 (남서부) – 달걀요리

'인생급', '역대급' 달걀요리. 블랙 트러플과 노른자를 섞어 만든 크림, 샹피뇽으로 만든 소스, 그리고 슬라이스한 트러플이 어우러진 환상적인 요리다.

Guy Savoy
기 사부아 (파리) – 트러플 아티초크 수프

기 사부아의 시그니처 메뉴. 수프 한 그릇 먹으러 다시 찾아가고 싶을 정도로 놀라운 맛이다.

La Tour d'Argent
라 투르 다르정 (파리) – 푸아그라

수많은 푸아그라를 만났지만, 그중에서도 가장 압도적인 푸아그라.

L'Arpège
라르페주 (파리) – 감자와 콩 요리

콩과 감자, 그리고 좋은 버터가 어우러진 요리.

Lasserre
라세르 (파리) – 트러플 마카로니

라세르의 시그니처 메뉴. 치즈로 붙인 마카로니 안에 푸아그라와 블랙 트러플을 듬뿍 채운 진한 풍미의 요리.

L'Astrance
라스트랑스 (파리) - 아스파라거스

세 종류의 아스파라거스가 나오는 요리. 끝내주는 퀄리티의 아스파라거스를 맛볼 수 있다.

L'Astrance
라스트랑스 (파리) - 푸아그라와 버섯 갈레트

라스트렁스의 시그니처 메뉴. 생트러플과 생푸아그라를 층층이 쌓은 요리로, 두께가 상당하다.

Le Suquet–Maison Bras
르 쉬케-메종 브라 (남서부) - 가르구유

전설적인 샐러드 요리인 가르구유. 수십 종류의 채소를 모아놓은 샐러드 요리다.

Maison Rostang
메종 로스탕 (파리) - 푸아그라

라 투르 다르정의 푸아그라와 우열을 가리기 힘들 만큼 '인생급'으로 꼽히는 푸아그라 요리.

Les Prés d'Eugénie–Michel Guérard
레 프레 되제니-미셸 게라르 (남서부) - 수프

트러플과 크림 베이스의 수프에 다양한 버섯이 들어간 수프. 충격적으로 맛있는 수프였다.

Mirazur
미라쥐르 (코트다쥐르) - 비트루트

염장한 비트루트에 크림소스를 붓고 오세트라 캐비아를 넉넉하게 올린 요리. 의외로 재료간의 조합이 잘 어울려 깜짝 놀랐다.

Mirazur
미라쥐르 (코트다쥐르) – 전채

상큼함과 달콤함이 폭발하는 요리. 다소 드라이한 샐러드와 상큼달콤한 맛이 어우러진다.

L'Auberge du Pont de Collonges– Paul Bocuse
로베르주 뒤 퐁 드 콜롱주–폴 보퀴즈 (론 알프스) – 트러플 수프

폴 보퀴즈의 시그니처 메뉴 중 하나. 파이를 깨부수면 트러플과 푸아그라가 잔뜩 들어 있는 진한 풍미의 수프가 나온다.

Relais Louis XIII
를레 루이 트레즈 (파리) – 라비올리

진한 푸아그라와 탄력 있는 바닷가재살, 그리고 세페버섯소스가 환상적인 조화를 이루는 라비올리.

Taillevent
타유벙 (파리) – 크레송&캐비아 수프

타유벙의 시그니처 메뉴 중 하나. 질 좋은 캐비아가 넉넉하게 올라간다.

비밀이야가 뽑은 생선 BEST 10

Auberge du Vieux Puits–Gilles Goujon
오베르주 뒤 비외 퓌–질 구종 (남서부) – 광어

포르치니 버섯 향이 은은하게 밴 소스와 완벽한 퀴송. 그리고 자몽이 주는 희미한 산미가 최고의 완성도를 보여준다.

Guy Lassausaie
기 라소제 (론 알프스) – 광어

기 라소제의 시그니처 요리. 레몬 소스를 더한 굴과 가리비를 올린 광어 요리로, 감탄사가 절로 나온다.

La Bouitte
라 부이트 (론 알프스) – 민물생선

라 부이트의 시그니처 요리. 제네바 호수에서 잡히는 페라 피시라는 생선을 사용하며, 적절한 간과 치즈 베이스의 소스가 잘 어울린다.

La Table d'Aki
라 타블르 다키 (파리) – 농어

최고의 생선 요리. 완벽한 퀴송과 딱 맞는 소금간이 어우러져 직관적인 맛을 느낄 수 있다.

L'Ambroisie
랑부아지 (파리) – 솔

탄탄하면서도 쫀득한 식감을 그대로 살린 요리. 알바산 화이트 트러플까지 넉넉하게 올라가 황홀한 맛이다.

L'Assiette Champenoise
라시에트 샹프누아즈 (샹파뉴) - 달고기

완벽한 퀴송으로 익힌 달고기와 소스의 조합. 가히 완벽한 생선 요리다.

Le Petit Nice Passédat
르 프티 니스 파세다 (프로방스) - 부야베스

작은 게를 넣어 고소함을 가미한 부야베스 국물과 통째로 익혀 손질한 생선과 감자의 조화. 진한 맛을 느낄 수 있다.

Le Pré Catelan
르 프레 카틀랑 (파리) - 대구

완벽한 퀴송의 대구와 레몬 라임 소스, 김가루 등이 어우러진 최고의 요리. 김대천 셰프가 운영하는 '톡톡'의 대구 요리의 모태가 된 음식이다.

L'Oustau de Baumaniere
루스토 드 보마니에르 (프로방스) - 솔

완벽한 퀴송에서 나오는 솔 텍스처와 생선뼈를 우려 단순하면서도 직관적인 맛의 소스가 어우러지는 요리. 환상적인 맛!

Maison Pic
메종 픽 (론 알프스) - 노랑 촉수

사프란과 카보스, 레몬그라스가 들어간 소스와 함께 나오는 노랑 촉수 요리. 색감, 모양이 아름답다.

비밀이야가 뽑은
해산물 BEST 10

Alexandre–Michel Kayser
알렉상드르-미셸 케제르 (프로방스) - 굴

퀄리티 좋은 굴과 헤이즐넛 오일과의 근사한 조합. 다양한 조개를 익혀서 올린 주키니가 함께 나온다. 좋아하지 않는 주키니를 다 먹었을 만큼 인상적인 요리였다.

L'Auberge de L'ill
로베르주 드 릴 (알자스) - 랑구스틴

다시가 들어간 진한 소스와 폼이 어우러진 랑구스틴. 감칠맛이 폭발하는 요리.

Flocons de Sel
플로콩 드 셀 (론 알프스) - 랑구스틴

랑구스틴 세비체 위에 캐비아를 듬뿍 얹어낸 요리. 말할 필요도 없이 맛있는 조합.

Georges Blanc
조르주 블랑 (론 알프스) - 굴

살짝 익힌 굴과 퀄리티 좋은 캐비아의 조합. 시트러스 풍미의 젤리로 살짝 덮어 더욱 풍미를 살린다.

Georges Blanc
조르주 블랑 (론 알프스) - 랍스터

'인생' 랍스터 요리! 모렐버섯과 쥐라 와인을 넣은 소스가 완벽하게 익힌 랍스터와 만나 천상의 궁합을 보여준다.

Guy Lassausaie
기 라소제 (론 알프스) – 가리비

환상적인 퀴송과 적절한 간이 밴 가리비와 트러플 향이 나는 예루살렘 아티초크 소스가 어우러지는 요리.

L'Ambroisie
랑부아지 (파리) – 랍스터

랑부아지의 시그니처 요리 중 하나. 진한 풍미의 비스크 소스와 큼지막한 랍스터 살이 어우러진다. 감탄사가 절로 나오는 요리.

Le Petit Nice Passédat
르 프티 니스 파세다 (프로방스) – 조개 카르파치오

다양한 조개, 성게, 홍합 등을 올리브오일과 시트러스 풍미의 소스, 허브와 함께 낸 요리. 어패류를 날 것으로 먹는데 독특하고 의외로 맛있다.

Maison Rostang
메종 로스탕 (파리) – 게

메종 로스탕의 시그니처 요리. 부드러운 게살과 퀄리티 좋은 캐비아가 어우러진다.

Les Prés d'Eugénie–Michel Guérard
레 프레 되제니 – 미셸 게라르 (남서부) – 랍스터

조르주 블랑, 랑부아지의 랍스터와 함께 영원히 기억될 만한 최고의 랍스터. 은은한 레몬 향의 소스를 곁들여 무겁지 않게 맛의 균형을 잘 잡아준다.

비밀이야가 뽑은
고기 BEST 10

Auberge du Vieux Puits–Gilles Goujon
오베르주 뒤 비외 퓌-질 구종 (남서부) – 비둘기

탄탄한 육질의 비둘기 살과 진하게 뽑은 쥐^{jus}와 달콤한 과일 소스가 어우러진 완벽한 비둘기 요리

Flocons de Sel
플로콩 드 셀 (론 알프스) – 투르트

야생동물로 만든 투르트로, 푸아그라와 트러플이 듬뿍 들어가 있다. 지금껏 먹어본 투르트 중에서 단연 최고였다.

La Mère Brazier
라 메르 브라지에 (론 알프스) – 브레스 치킨

촉촉한 속살과 탄탄한 껍질의 브레스 닭, 그리고 100년 된 레시피로 만든다는 환상적인 소스.

L'Astrance
라스트랑스 (파리) – 오리

정확한 퀴송을 생명처럼 여긴다는 셰프의 철학처럼, 환상적으로 익힌 오리를 맛볼 수 있다.

L'Oustau de Baumaniere
루스토 드 보마니에르 (프로방스) – 양 다리

통으로 로스팅한 양 다리를 게리동 서비스로 바로 썰어준다. 지금껏 먹었던 양 다리는 다 뭐였는지 싶을 정도로 완벽한 맛이다.

Maison Lameloise
메종 라믈루아즈 (부르고뉴) - 오리

프랑스에서 가장 유명한 살란 덕 요리. 완벽하게 조리한 오리와 달콤한 소스가 어우러져 훌륭한 맛을 탄생시켰다.

Mirazur
미라쥐르 (코트다쥐르) - 비둘기

프랑스에서 맛본 비둘기 요리 중 최고였던 미라쥐르의 비둘기. 폭발하는 감칠맛의 비둘기 육수가 함께 나온다.

Mirazur
미라쥐르 (코트다쥐르) - 양

전혀 다른 새로운 스타일로 나온 양고기. 인생급 양고기 중 하나로 꼽힌다.

Regis et Jacques Marcon
레지 에 자크 마르콩 (론 알프스) - 염소

아름다운 비주얼의 염소 갈비. 끝내주게 맛있다.

Maison Troisgros
메종 트루아그로 (론 알프스) - 토끼

보들보들한 껍질과 입에서 사르르 녹는 토끼 고기 안에 푸아그라와 트러플이 들어가 있다. 라이트하고 산미 있는 소스와 잘 어우러진다.

비밀이야가 뽑은

디저트 BEST 10

Auberge du Vieux Puits–Gilles Goujon
오베르주 뒤 비외 퓌-질 구종 (남서부)
– 클레멘타인 소르베, 초콜릿, 피스타치오

시트러스의 일종인 클레멘타인 소르베와 초콜릿, 피스타치오가 어우러져 산미, 당도 모두 훌륭하다.

Guy Savoy
기 사부아 (파리) – 밀푀유

기 사부아의 시그니처 디저트. 클래식한 스타일의 밀푀유로, 비주얼과 맛 모두 압도적이다.

L'Ambroisie
랑부아지 (파리) – 초콜릿 케이크

랑부아지의 시그니처 디저트. 화려하지 않고 단순한 스타일의 초콜릿 케이크다. 인정하지 않을 수 없는 맛!

L'Astrance
라스트랑스 (파리) – 에그녹

재스민이 들어간 에그녹. 황홀한 향과 맛

Le Cinq
르 생크 (파리) – 쿠안 아망

브르타뉴 지방의 페이스트리 겸 디저트로, 바스부서지는 텍스처에 달콤함이 녹아 있다. 누구나 사랑에 빠지고 마는 맛!

Le Grand Restaurant Jean-François Piège
르 그랑 레스토랑 장 프랑수아 피에주 (파리)
– 밀푀유

피에주 셰프의 시그니처 디저트. 입에 넣으면 절로 미소가 지어지는 환상적인 맛이다.

Maison Lameloise
메종 라믈루아즈 (부르고뉴) – 크레페 수제트

게리동 서비스로 앞에서 직접 만들어주는 수제트. 맛도 물론이고 보는 재미가 상당하다.

La Maison des Bois–Marc Veyrat
라 메종 데 부아–마르크 베라 (론 알프스)
– 디저트 플레이트

탄성이 절로 나오는 놀라운 양의 디저트 플레이트. 수플레와 소르베, 프티 푸르 등 어마어마한 양의 디저트가 한 접시에 나온다.

Les Prés d'Eugénie–Michel Guérard
레 프레 되제니–미셸 게라르 (남서부)
– 수플레

미셸 게라르 셰프의 시그니처 디저트. 아이스크림과 라즈베리 소스를 얹어 먹으면 그야말로 환상.

Maison Pic
메종 픽 (론 알프스) – 밀푀유

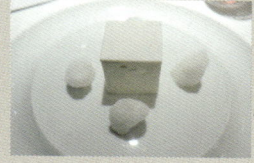

바닐라빈 크림으로 뒤덮인 화이트 밀푀유. 메종 픽에서 가장 맛있었던 음식.

비밀이야가 뽑은
와인 리스트
BEST 10

L'Auberge de L'ill
로베르주 드 릴 (알자스)

지역별로 엄선한 와인이 잘 선택되어 있다. 특히 부르고뉴 와인 셀렉션이 좋다.

Carré des Feuillants
카레 데 푀이양 (파리)

파리에서도 손꼽히는 와인 리스트. 다양한 가격대의 와인이 있으며 전반적인 가격도 아주 좋다.

Flocons de Sel
플로콩 드 셀 (론 알프스)

빼어난 와인 리스트. 부르고뉴 와인 셀렉션이 괜찮고 부담 없는 가격대 와인도 많다.

Georges Blanc
조르주 블랑 (론 알프스)

13만 병을 보유하고 있는 와인 리스트. 전반적인 가격대가 많이 비싸지 않다.

La Tour d'Argent
라 투르 다르정 (파리)

어마어마한 두께의 와인 리스트. 특히 몇몇 와인의 올드 빈티지를 파격적인 가격에 판매하기도 해서 올드 빈티지 와인을 마시기에도 좋다.

L'Oustau de Baumaniere
루스토 드 보마니에르 (프로방스)

남프랑스 최고의 와인 리스트를 보유하고 있으며 6만 병이 넘는 컬렉션을 자랑한다. 시중에서 보기 힘든 와인도 많아, 와인 애호가라면 반드시 들려야 하는 곳.

Maison Rostang
메종 로스탕 (파리)

1,300종 정도 보유하고 있는 와인 리스트. 가격도 무척이나 좋다.

Les Prés d'Eugénie–Michel Guérard
레 프레 되제니–미셀 게라르 (남서부)

5만 병 정도 보유하고 있는 와인 리스트. 특히 보르도 와인 리스트가 압도적이다.

Regis et Jacques Marcon
레지 에 자크 마르콩 (론 알프스)

3스타 레스토랑치고 많은 종류는 아니지만, 전반적인 와인 가격이 좋다.

Taillevent
타유벵 (파리)

2천여 종. 수십만 병에 이르는 와인 리스트. 워낙 다양한 와인을 갖추고 있어 와인 애호가라면 꼭 들러야 할 곳.

〈단골이 되어 자주 가고 싶은 레스토랑〉

음식 혹은 와인 등 여러 가지가 마음에 들어 여러 번 방문해서 단골이 되고 싶은 레스토랑이다.

- 르 프레 카틀랑Le Pré Catelan (파리)
- 타유병Taillevent (파리)
- 메종 로스탕Maison Rostang (파리)
- 라 투르 다르정La Tour d'Argent (파리)
- 라 타블르 다키La Table d'Aki (파리)
- 보팽제Bofinger (파리)
- 르 쾡시Le Quincy (파리)
- 오 리오네Aux Lyonnais (파리)
- 미라쥐르Mirazur (코트다쥐르)
- 루스토 드 보마니에르L'Oustau de Baumaniere (프로방스)
- 레 프레 되제니 – 미셸 게라르Les Prés d'Eugénie–Michel Guérard (남서부)
- 오베르주 뒤 비외 퓌 – 질 구종Auberge du Vieux Puits–Gilles Goujon (남서부)
- 기 라소제Guy Lassausaie (론 알프스)
- 르 파스 텅Le Passe Temps (론 알프스)
- 조르주 블랑Georges Blanc (론 알프스)
- 로베르주 드 릴L'Auberge de L'ill (알자스)
- 르 파르크 레 크레예르Le Parc Les Crayères (샹파뉴)

〈한 번쯤 더 가보고 싶은 레스토랑〉

방문했을 당시 최상위 코스나 시그니처 메뉴를 맛보지 못한 아쉬움이 남거나, 다른 계절의 음식이나 변화된 모습이 궁금해 다시 찾아가고 싶은 곳을 정리해봤다.

- 알랭 뒤카스 오 플라자 아테네 Alain Ducasse au Plaza Athénée (파리)
- 르 생크 Le Cinq (파리)
- 에피퀴르 Epicure (파리)
- 르 뫼리스 Le Meurice (파리)
- 르 그랑 베푸 Le Grand Véfour (파리)
- 카레 데 푀이양 Carré des Feuillants (파리)
- 르 그랑 레스토랑 장 프랑수아 피에주 Le Grand Restaurant Jean-François Piège (파리)
- 를레 루이 트레즈 Relais Louis XIII (파리)
- 라 트뤼피에르 La Truffière (파리)
- 에에스 ES (파리)
- 라 바그 도르 La Vague d'Or (코트다쥐르)
- 르 쉬케 – 메종 브라 Le Suquet-Maison Bras (남서부)
- 미셸 트라마 Michel Trama (남서부)
- 로베르주 뒤 퐁 드 콜롱주 – 폴 보퀴즈 L'Auberge du Pont de Collonges–Paul Bocuse (론 알프스)
- 라 메르 브라지에 La Mère Brazier (론 알프스)
- 메종 트루아그로 Maison Troisgros (론 알프스)
- 플로콩 드 셀 Flocons de Sel (론 알프스)
- 레지 에 자크 마르콩 Regis et Jacques Marcon (론 알프스)
- 라 메종 데 부아 – 마르크 베라 La Maison des Bois–Marc Veyrat (론 알프스)
- 르 프티 니스 파세다 Le Petit Nice Passédat (프로방스)

〈파리에서의 아침 식사〉

파리에서의 아침 식사는 보통 카페에서 크루아상 등의 빵과 커피, 오렌지 주스로 간단하게 먹는다. 하지만 다양한 아침 식사를 맛볼 수 있는 레스토랑이나 카페가 곳곳에 있어 한 번쯤 찾아갈 만하다. (고급 호텔의 레스토랑－리츠호텔이나 플라자 아테네 같은－에 찾아가서 아침 식사나 브런치를 먹을 수도 있지만, 인당 70~100유로에 육박하는 돈을 내야 한다.) 비교적 합리적인 가격에 괜찮은 아침 식사를 할 수 있는 곳을 골라봤다.

- 라 쿠폴 La Coupole
- 라 로통드 La Rotonde
- 브라스리 리프 Brasserie Lipp
- 카페 드 플로르 Café de Flore
- 카페 레 되 마고 Café les deux Magots
- 르 트랭 블뢰 Le Train Bleu
- 뷔베트 Buvette
- 라자르 Lazare
- 라뒤레 Ladurée
- 앙젤리나 Angelina
- 세바스티앙 고다르 Sebastien Gaudard
- 록시땅 엉 프로방스 × 피에르 에르메 L'Occitane en Provence × Pierre Hermé

〈파리에서 일요일에도 영업하는 곳〉

파리에서 일요일에 문을 여는 고급 레스토랑을 찾기는 쉽지 않다. 잘 찾아보면 일부 비스트로와 관광지 레스토랑이 문을 열기는 하지만, 한국에서 오래 전에 예약해야 하는 고급 레스토랑은 문을 여는 곳이 거의 없어 일정을 짤 때 난감한 경우가 있어 정리해봤다. 비스트로나 브라스리의 영업시간은 본문 내 개별 레스토랑 정보를 Pascal Caffet하면 된다.

- 르 생크 Le Cinq
- 에피퀴르 Epicure
- 라틀리에 드 조엘 로뷔숑 L'Atelier de Joël Robuchon
- 브누아 Benoit
- 라 타블르 드 레스파동 La Table de l'Espadon
- 르 가브리엘 Le Gabriel
- 르 비올롱 댕그르 Le Violon d'Ingres
- 라 그랑드 카스카드 La Grande Cascade
- 디블렉 Divellec
- 르 쥘 베른 Le Jules Verne
- 레 110 (성디스) 드 타유벙 Les 110 de Taillevent
- 클로베 그릴 Clover Grill
- 레 종브르 Les Ombres
- 메종 블랑슈 Maison Blanche
- 르 콩투아 뒤 를레 Le Comptoir du Relais

저자 소개

배 동 렬 (블로거 비밀이야)

서울과학고를 다니던 시절에도 왠지 이 길이 내 길이 아닌 것 같다 생각했지만, 결국 토목공학과를 들어갔다. 사실상 교양을 전공한 후 13년간 환경 회사에 다니며 전국에 수도 없는 하수관을 깔고 하수처리장을 지었다.

그럼에도 여행과 맛있는 음식에 대한 열정을 포기할 수 없어 2004년부터 네이버 블로그를 시작해서 15년째 맛집 및 여행 관련 블로그를 운영하고 있다. 몇 년째 꾸준히 하루에 1~2개의 글을 올리며 왕성히 활동하고 있다.

2003년부터 직장생활을 하며 스물한 번의 유럽 여행을 했고, 그중 프랑스에만 열네 번을 다녀왔다. 최근에는 유럽뿐만 아니라 각 나라의 맛있는 음식을 찾아다니는 여행을 주로 다니고 있다.

저서: 비밀이야의 맛있는 스페인 (BR미디어, 2017)
　　　비밀이야의 전국해장음식열전 (BR미디어, 2017)
　　　비밀이야의 맛있는 이탈리아 (BR미디어, 2016)

 http://blog.naver.com/mardukas
 https://www.instagram.com/bimirya

비밀이야의 맛있는 프랑스

2018년 11월 5일 초판 1쇄 인쇄
2018년 11월 12일 초판 1쇄 발행

지은이: 배동렬 | 발행처: BR미디어
표지 일러스트 : Getty Images Bank

등록번호: 제2011-000074호 | 등록일: 2011년 3월 8일

BR미디어 주식회사 03142 서울 종로구 중학동 14 트윈트리빌딩 A동 16층

문의전화: 02 512 2146 | 팩스: 02 565 9632 | e-mail: webmaster@blueR.co.kr
website: http://www.blueR.co.kr

정가 18,000원

ISBN 978-89-93508-49-9 13980

ⓒ 배동렬 2018

* 이 책 저작권자의 서면 동의 없이는 이 책의 내용을 전체적으로나 부분적으로나 또한
  어떤 수단・방법으로나 아무도 복제・전재하거나 전자 장치에 저장할 수 없습니다.
* 잘못된 책은 바꾸어 드립니다.

* 이 도서의 국립중앙도서관 출판예정도서목록(CIP)은 서지정보유통지원시스템 홈페이지
  (http://seoji.nl.go.kr)와 국가자료종합목록시스템(http://www.nl.go.kr/kolisnet)에서
  이용하실 수 있습니다. (CIP제어번호 : CIP2018034557)